Gonglu Gongcheng Shiyan Jiance Renyuan Kaoshi Yongshu

公路工程试验检测人员考试用书

Qiaoliang

桥 梁

（第二版）

交通运输部工程质量监督局
交通运输部职业资格中心 组织编写
何玉珊　章关永 主编

人民交通出版社

内 容 提 要

本书为交通运输部工程质量监督局、交通运输部职业资格中心组织编写并审定的公路工程试验检测人员考试用书之一，根据《公路水运工程试验检测人员考试大纲(2012年版)》的要求编写。

本书主要内容包括：桥梁工程试验检测的目的、内容、依据，工程质量等级评定、养护检查和安全评估的基础知识；桥梁试验检测常用仪器的原理和运用方法；桥梁工程基本的几种原材料的力学性能试验检测方法；桥梁工程制品锚具、支座、伸缩缝、波纹管的检查与检测；地基与基础试验检测；桥梁材质状况及耐久性检测评定；桥梁静、动载试验的目的、内容、加载、测试方法、计算分析，桥梁承载能力评定。

该书主要作为公路工程试验检测人员业务考试用书，也可供相关专业技术人员和高等院校相关专业师生参考使用。

图书在版编目(CIP)数据

公路工程试验检测人员考试用书. 桥梁/交通运输部工程质量监督局，交通运输部职业资格中心组织编写. —2版. --北京：人民交通出版社，2012. 3

ISBN 978-7-114-09685-3

Ⅰ. ①公… Ⅱ. ①交… ②交… Ⅲ. ①桥梁工程—资格考试—教材 Ⅳ. ①U44

中国版本图书馆CIP数据核字(2012)第040152号

书　　名： 公路工程试验检测人员考试用书　桥梁（第二版）
著 作 者： 交通运输部工程质量监督局
交通运输部职业资格中心
责任编辑： 曲　乐　王文华
出版发行： 人民交通出版社
地　　址： （100011）北京市朝阳区安定门外外馆斜街3号
网　　址： http://www.ccpress.com.cn
销售电话： （010）59757969，59757973
总 经 销： 人民交通出版社发行部
经　　销： 各地新华书店
印　　刷： 北京市密东印刷有限公司
开　　本： 787×1092　1/16
印　　张： 21.5
字　　数： 496千
版　　次： 2010年6月　第1版　2012年3月第2版
印　　次： 2012年3月　第1次印刷　总第7次印刷　累计第7次印刷
书　　号： ISBN 978-7-114-09685-3
定　　价： 52.00元

《公路水运工程试验检测人员考试用书(第二版)》

编审委员会

序

工程试验检测贯穿于设计、施工、监理、验收、养护、维修等各个环节，已成为控制和评判工程质量的重要基础，对保证工程质量起着举足轻重的作用。工程试验检测对专业性、技术性、实际操作性要求高，而检测人员素质的高低直接影响到试验检测结果的准确性。特别是近年来，许多新技术、新材料在工程上的广泛应用，使得检测岗位更需要高素质的复合型人才。因此，为保证试验检测数据的公正、准确、可靠、有效，就必须有行之有效的制度来加强对试验检测从业人员的管理，不断提高试验检测从业人员水平。

交通运输部历来对工程试验检测工作十分重视。1998 年，颁布了《公路水运工程试验检测人员资质管理暂行办法》等一系列规章制度，强化对试验检测人员的管理。2003 年，印发了《关于公布已取消和改变管理方式的交通部行政审批项目后续监管措施的通知》，明确要求对公路水运工程试验检测人员实施从业标准管理。2005 年，颁布了《公路水运工程试验检测管理办法》，再次明确自 2007 年 11 月 31 日起，试验检测从业人员需通过业务考试方能上岗，随后我局印发了《公路水运工程试验检测人员考试办法》，全面开展公路水运工程试验检测人员业务考试。2009 年以来，我局会同部职业资格中心在全国范围内先后组织了四次公路水运工程试验检测人员过渡考试，共有约 32 万人参加考试。

试验检测从业人员的素质，决定着试验检测工作的质量和水平。组织实施试验检测从业人员的考试和继续教育，是提高试验检测人员业务能力和水平的有效途径。为此，我局会同部职业资格中心组织编写了《公路水运工程试验检测人员考试用书》。该套用书结合当前我国公路水运工程建设技术水平和国家、行业有关标准、规范的发展情况，紧扣 2012 年新版试验检测考试大纲要求，全面系统地介绍了公路水运工程试验检测基础理论和实用技术，可作为公路水运工程试验检测人员考试的复习指导用书，同时也适用于广大试验检测人员业务学习和继续教育，具有较强的实用性和可操作性，基本能满足公路水运工程试验检测工作的实际需要。

在该套用书的编写过程中，部职业资格中心精心组织，克服时间紧、任务重的困难，按时完成了编写任务；人民交通出版社为编写工作的完成提供了有力的保证；有关专家认真审查、严格把关，提出了很好的意见和建议。在此向他们表示衷心的感谢！

交通运输部工程质量监督局

2012年3月

出版说明

质量是工程的生命，试验检测是工程质量管理的重要手段。客观、准确、及时的试验检测数据，是工程实践的真实记录，是指导、控制和评定工程质量的科学依据。加强公路水运工程试验检测，充分发挥其在质量控制、评定中的重要作用，已成为公路水运工程质量管理的重要手段。

随着我国公路水运工程建设标准、规范体系的不断完善和试验检测技术的日益发展，对试验检测人员的职业能力和水平提出了更新、更高的要求。原交通部1998年以来陆续颁布了《公路水运工程试验检测人员资质管理暂行办法》、《公路水运工程试验检测管理办法》和《公路水运工程试验检测人员考试办法》等一系列规章制度，启动了公路水运工程试验检测人员从业资格管理。2007年，原交通部基本建设质量监督总站以省为单位组织了公路水运工程试验检测人员业务考试；2009年以来，交通运输部工程质量监督局会同交通运输部职业资格中心，在全国范围内先后组织了四次公路水运工程试验检测人员过渡考试。

为满足试验检测行业发展要求，并为试验检测人员考试提供复习参考，部质监局会同部职业资格中心组织编写了《公路水运工程试验检测人员考试用书》。本套考试用书内容丰富、系统、涵盖面广，每本用书内容相对独立、完整、自成体系，结合当前我国公路水运工程建设技术水平和国家、交通运输部有关标准、规范的发展情况，收录了当前公路水运工程试验检测的前沿理论和新技术。整套考试用书有理论，有基本操作讲解，有实例，全面系统地介绍了公路水运工程试验检测理论和实用技术。作为公路水运工程试验检测人员考试的复习指导用书，本套考试用书在编写时，紧密结合考试大纲要求，适用于广大试验检测人员全面系统地学习和掌握公路水运工程试验检测技术，具有较强的实用性和可操作性，基本能够满足公路水运工程试验检测工作的实际需要。

本套考试用书包括《公共基础》、《公路工程试验检测人员考试用书》、《水运工程试验检测人员考试用书》，共9册。

《公共基础》由解先荣主编，主要介绍公路水运工程试验检测发展概况、公路水运工程试验检测管理有关法律法规、试验检测基础知识等。

《公路工程试验检测人员考试用书》包括《材料》、《公路》、《桥梁》、《隧道》、《交通安全设施及机电工程》5 册。《材料》由李福普、李闯民主编，内容包括土工试验、集料、水泥和水泥混凝土、沥青和沥青混合料、钢材以及土工合成材料等的试验检测。《公路》由和松主编，主要介绍公路工程质量检验评定和路基路面现场测试等。《桥梁》由何玉珊、章关永主编，主要介绍桥梁工程质量等级评定、桥梁工程结构常用仪器设备的性能和使用、桥梁静动力荷载试验等。《隧道》由陈建勋主编，主要介绍超前支护与围岩施工质量检查、开挖质量检测、施工监控量测、混凝土衬砌质量检测等内容。《交通安全设施及机电工程》由韩文元、包左军主编，主要介绍交通工程试验检测基础知识，交通管理设施、监控设施、通信设施、收费设施等的试验检测。

《水运工程试验检测人员考试用书》包括《材料》、《地基与基础》和《结构》3 册。《材料》由谭华主编，主要从所用的工程部位、组批原则、取样方法、检验项目、试验设备、试验步骤、试验结果分析等环节详细阐述了水运工程常用材料的试验检测。《地基与基础》由徐满意、周福田主编，主要介绍土工基础知识、常用的土工试验方法、主要的原位测试方法、主要的地基处理方法和复合地基桩身质量检测等。《结构》由朱光裕主编，主要介绍混凝土结构力学及缺陷现场检测、结构与构件的静动力试验、桩的静荷载试验、基桩高应变动力检测、锚杆试验与检测技术等。

本套考试用书以国家和交通运输部颁发的有关法规及标准规范为依据，虽经全面审查和补充修改，但其中仍难免有不足之处，诚挚希望广大读者在学习使用过程中及时将发现的问题函告我们，以便进一步修改和补充。该套考试用书在编写过程中得到人民交通出版社和有关专家的大力支持，在此一并致谢。

交通运输部工程质量监督局
交通运输部职业资格中心
2012 年 3 月

前　言

本书为交通运输部工程质量监督局、交通运输部职业资格中心组织编写的《公路工程试验检测人员考试用书》之一。根据交通运输部工程质量监督局、交通运输部职业资格中心编制的《公路水运工程试验检测人员考试大纲(2012 年版)》的要求编写,为了保持与原交通运输部基本建设质量监督总站组织编写的公路工程试验检测技术培训教材的连贯性并反映技术发展的需求,吸收了长安大学王建华教授等主编的《桥涵工程试验检测技术》、交通运输部公路科学研究院张劲泉研究员等编著的《混凝土旧桥材质状况与耐久性检测评定指南及工程实例》和同济大学章关永教授主编的《桥梁结构试验》等书的相关内容。

考试用书编写时,规范、标准、规程较完整的按现行有效标准介绍相应技术内容,尚不完善的将行业通用的做法整理列出。本书编写过程也尽力按现行规范、标准对名词术语、检测项目进行了梳理。同时也根据当前行业发展需要和专家、同行们的建议,增加了仪器设备、耐久性检测、荷载试验内容的分量。编写力求条理清楚、层次分明,适量增加了一些应用实例,以便大家更好地了解技术,又能在工程实际中正确应用。

这次考试用书的修订主要考虑了近两年有些标准的修订或颁布,对一些内容进行了补充和修改。

修订后全书仍分七章,第一章介绍桥梁工程试验检测的目的、内容、依据以及工程质量等级评定和养护检查的基础知识,增加了安全评估的基本知识;第二章介绍桥梁试验检测常用仪器的原理和运用方法;第三章介绍桥梁工程基本的几种原材料的力学性能试验检测方法;第四章介绍桥梁工程制品锚具、支座、伸缩缝、波纹管的检查与检测;第五章的内容为地基与基础的试验检测;第六章介绍桥梁构件状况及耐久性检测评价,大多涉及无损检测的内容;第七章为桥梁静、动载试验的目的、内容、加载、测试方法、计算分析,对承载能力评定按现行规范进行了疏理。

本书第一章由何玉珊、刘静、王国亮,编写,第二章由章关永编写,第三章由刘祖华和计亦奇编写,第四章由高俊元、卢达义编写,第五章由吴成元、何玉珊编写,第六章由何玉珊、宿建、李湛编写,第七章由章关永编写。全书由何玉珊、章关永统稿。本书在编写过程中得到了人民交通出版社的大力帮助,赵荣欣、王建华提出了许多宝贵建议,刘静、王迪荣、何小钰、王陶、陈寿山为本书的编辑、整理、校对做了大量工作,在此对他们表示衷心的感谢。

由于时间仓促,书中会有不妥和差错,诚请读者来函告知。来信请寄:北京海淀西土城路8号交通运输部公路科学研究院，何玉珊、刘静收。邮编：100088，电话：010—62045675、010—62078519。

编　者

2012年2月

目　　录

第一章

概　述

第一节　桥梁工程试验检测的任务和意义

一、背景

1. 工程建设质量保证的需求

近十几年来，我国公路交通事业发展迅猛。到2010年底，全国公路通车里程达400.82万公里，其中高速公路7.41万公里。公路桥梁近65.81万座、3 048.31万延米，先后在长江、黄河、珠江、海上建成一批大跨径、深水基础的桥梁，使我国在长大跨径悬索桥、斜拉桥、拱桥和连续刚构桥建设方面跨入世界先进行列，成为桥梁大国。

根据原交通部制定的《国家高速公路网规划》，中国要建设总规模8.5万km的高速公路网。国家高速公路网建成后，可以覆盖10多亿人口，直接服务范围东部地区超过90%、中部地区达83%、西部地区近70%。到2020年前，长三角15城市高速公路网将做到互通，形成"3小时都市圈"。另外，全国所有省会城市、83%的50万以上人口大城市和74%的20万以上城镇人口中等城市和机场、铁路枢纽，都将被高速公路网连接起来，届时，中国将形成快速综合运输网。

根据交通运输部制定的《全国农村公路建设规划（草案）》中确定的目标，到2009年底，全国农村公路（含县道、乡道、村道）里程达到336.91万km，全面完成农村公路"通达"工程。

到2020年，具备条件的乡（镇）和建制村通沥青（水泥）路，全国农村公路里程达370万km，全面提高农村公路的密度和服务水平，形成以县道为局域骨干、乡村公路为基础的干支相连、布局合理、具有较高服务水平的农村公路网，适应全面建设小康社会的要求。使农民群众出行更便捷、更安全、更舒适，基本适应全面建设小康社会的总体要求。

由此可见，在今后一个时期，中国公路建设仍将保持高速发展，而质量是公路建设中永恒的主题。在公路建设中，为了加强公路工程施工质量管理，工程建设实行"政府监督、社会监理和企业自检"的质量保证体系，而各级质量监督部门、建设监理机构以及承担建设施工任务企业控制质量的主要手段则是依据国家和交通运输部颁布的有关法规、技术标准、规范和规程的试验检测，以确保监督、监理和自检工作的有效实施。

2. 科学养护管理的需求

随着公路大规模建设的开展，桥梁数量迅猛增长，由于使用荷载、环境因素以及结构本身缺陷等的作用，桥梁使用性能衰退、结构安全与耐久性降低，致使桥梁适应性不足，甚至出现安全事故。从发达国家桥梁使用状况看，混凝土桥梁使用20～30年后，即出现安全与耐久性方面的问题。桥梁性能退化、承载能力不足、适应性不够，已成为世界各国普遍关心的问题，而通过先进、适用、有效的方法对桥梁结构进行合理的试验检测与诊断评定是对在用桥梁进行预防性养护管理，科学维修加固的重要手段。

二、桥梁工程试验检测的任务和意义

近几年，苏通长江公路大桥、润扬长江公路大桥、杭州湾跨海大桥、东海大桥、西堠门大桥、青岛海湾大桥等一批具有国际先进水平的特大桥梁已经建成，马鞍山长江大桥、港珠澳大桥等许多特大桥正在建设，新桥型、新材料和新工艺在桥梁施工中得到了广泛应用。这些桥涵施工监控中的试验检测，桥梁状态的整体性能试验，以及各种桥涵施工质量控制、试验检测和在用桥梁的检查检测是公路部门试验检测技术人员必须完成的光荣而艰巨的任务。

(1)对于在施工中的大跨径悬索桥、斜拉桥、拱桥和连续刚构桥，为使结构达到或接近设计的几何线形和受力状态，施工各阶段需对结构的几何位置和受力状态进行监测，根据测试值对下一阶段控制变量进行预测和制订调整方案，实现对结构的施工控制，而试验检测是施工控制的重要手段。

(2)对于各类常规桥涵，施工前先要试验鉴定进场的原材料、成品和半成品部件是否符合国家质量标准和设计文件的要求，对其做出接收或拒收决定。从桥位放样到每一工序和结构部位的完成，均须通过试验检测判定其是否符合质量标准要求，经检验符合质量标准后方可进行下一工序施工，否则，就需采取补救措施或返工。桥涵施工完成后需全面检测进行质量等级评定，必要时还需进行荷载试验，以对结构整体受力性能是否达到设计文件和标准规范的要求做出评价。

(3)对于新桥型结构、新材料、新工艺，必须通过试验检测鉴定其是否符合国家标准和设计文件的要求，同时为完善设计理论和施工工艺积累实践资料。

(4)试验检测又是评价桥涵工程质量缺陷和鉴定工程事故的手段，通过试验检测为质量缺陷或事故判定提供实测数据，以便准确判别质量缺陷和事故的性质、范围和程度，合理评价事故损失，明确事故责任，从中总结经验教训。

(5)开展桥梁检测、评定与维修加固，是保证桥梁安全、路网畅通的重要措施。

总之，桥梁试验检测是大跨径桥梁施工控制，新桥型结构性能研究，各类桥梁施工质量评定，在用桥梁养护管理工作的重要手段。认真做好桥梁试验检测工作，对推动我国桥梁建设水平，确保桥梁工程施工质量，提高建设投资效益，保障人民生命财产安全，都具有十分重要的意义。

第二节　桥梁工程试验检测的内容和依据

一、桥梁工程试验检测的内容

桥梁工程试验检测的内容随桥梁所处的位置、结构形式和所用材料不同而异，应根据所建桥梁的具体情况按有关标准规范选定试验检测项目，一般常规试验检测的主要内

容包括：

1.施工准备阶段的试验检测

(1)桥位放样测量；

(2)钢材原材料试验；

(3)钢结构连接性能试验；

(4)预应力锚具、夹具和连接器试验；

(5)水泥性能试验；

(6)混凝土粗细集料试验；

(7)混凝土配合比试验；

(8)砌体材料性能试验；

(9)台后压实标准试验；

(10)其他成品、半成品试验检测。

2.施工过程中的试验检测

(1)地基承载力试验检测；

(2)基础位置、尺寸和高程检测；

(3)钢筋位置、尺寸和高程检测；

(4)钢筋加工检测；

(5)混凝土强度抽样试验；

(6)砂浆强度抽样试验；

(7)桩基检测；

(8)墩、台位置、尺寸和高程检测；

(9)上部结构(构件)位置、尺寸检测；

(10)预制构件张拉、运输和安装强度控制试验；

(11)预应力张拉控制检测；

(12)桥梁上部结构高程、变形、内力(应力)监测；

(13)支架内力、变形和稳定性监测；

(14)钢结构连接加工检测；

(15)钢构件防护涂装检测。

3.施工完成后的试验检测

(1)桥梁总体检测；

(2)桥梁荷载试验；

(3)桥梁使用性能监测。

4.在用桥梁试验检测

(1)桥梁几何形态参数测定；

(2)桥梁结构恒载变异状况调查；

(3)桥梁结构构件材质强度检测与评定；

(4)混凝土中钢筋锈蚀电位的检测；

(5)混凝土中氯离子含量的测定；

(6)混凝土电阻率的检测；

(7)混凝土碳化状况的检测；

(8)混凝土结构钢筋分布状况的调查；

(9)桥梁结构固有模态参数的测定；

(10)索结构索力的测量；

(11)桥梁墩台与基础变位情况调查；

(12)地基与基础的检验。

二、桥梁工程试验检测的依据

公路桥梁工程试验检测应以国家和交通运输部颁布的有关公路工程的法规、技术标准、设计施工规范和材料试验规程为依据进行，对于某些新结构以及采用新材料和新工艺的桥梁，有关的公路工程规范、规程暂无相关条款规定时，可以借鉴执行国外或国内其他行业的相关标准、规范的有关规定。我国结构工程的标准和规范可以分为四个层次。

第一层次：综合基础标准，如《工程结构可靠性设计统一标准》(GB 50153—2008)，是指导制定专业基础标准的国家统一标准。

第二层次：专业基础标准，如《公路工程技术标准》(JTG B01—2003)、《公路工程结构可靠度设计统一标准》(GB/T 50283—1999)，是指导专业通用标准和专业专用标准的行业统一标准。

第三层次：专业通用标准。

第四层次：专业专用标准。

公路工程标准体系包括：综合、基础、勘测、设计、检测、施工、监理、养护与管理七大类。

公路桥梁工程设计、施工和试验检测主要涉及的专业通用标准和专业专用标准包括以下内容。

1)专业通用标准

公路工程地质勘察规范(JTJ 064—98)

公路勘测规范(JTG C10—2007)

公路工程水文勘测设计规范(JTG C30—2002)

公路桥涵设计通用规范(JTG D60—2004)

公路圬工桥涵设计规范(JTG D61—2005)

公路钢筋混凝土及预应力混凝土桥涵设计规范(JTG D62—2004)

公路桥涵地基与基础设计规范(JTG D63—2007)

公路桥涵钢结构及木结构设计规范(JTJ 025—86)

公路桥涵施工技术规范(JTG/T F50—2011)

公路工程质量检验评定标准(JTG F80/1—2004)

公路工程岩石试验规程(JTG E41—2005)

公路工程金属试验规程(JTJ 055—1983)

公路工程集料试验规程(JTG E42—2005)

公路土工试验规程(JTG E40—2007)

公路桥涵养护规范(JTG H11—2004)

《公路桥梁技术状况评定标准》(JTG/T H21—2011)

《公路桥梁承载能力检测评定规程》(JTG/T J21—2011)

2)专业专用标准

公路斜拉桥设计细则(JTG/T D65-01—2007)

大跨径悬索桥设计规范(即将出版)

公路桥梁抗风设计规范(JTG/T D60-01—2004)

公路桥梁抗震设计细则(JTG/T B02-01—2008)

公路桥梁板式橡胶支座(JT/T 4—2004)

公路桥梁盆式支座(JT/T 391—2009)

桥梁球型支座(GB/T 17955—2009)

公路桥梁伸缩装置(JT/T 327—2004)

公路桥梁波形伸缩装置(JT/T 502—2004)

预应力混凝土用钢绞线(GB/T 5224—2003)

预应力混凝土用钢丝(GB/T 5223—2002)

预应力用锚具、夹具和连接器(GB/T 14370—2007)

公路桥梁预应力钢绞线用锚具、夹具和连接器(JT/T 329—2010)

预应力混凝土桥梁用塑料波纹管(JT/T 529—2004)

桥梁结构用芳纶纤维复合材料(JT/T 531—2004)

第三节 桥梁工程质量检验评定的依据和方法

一、桥梁质量检验的依据

公路工程质量检验和等级评定是依据原交通部颁布的《公路工程质量检验评定标准》(JTG F80/1—2004)(下文简称《质量检评标准》)进行的，该标准是公路桥梁工程质量等级评定的标准尺度，是公路质量监督部门进行质量检查鉴定、监理工程师进行质量检查认定与施工单位质量自检，以及工程交竣工验收质量评定的依据。对于部分省依据部《质量检评标准》结合各自实际情况制定的本省“补充规定”或“质量管理指导意见”，质量检验评定时还应同时满足这些规定。

《质量检评标准》包含检验标准和评定准则两部分内容。检验标准部分规定了检查项目、方法、数量及检查项目合格应满足的要求，评定准则部分规定了质量等级制度和如何利用检验结果进行评判的方法。按照《质量检评标准》对公路桥涵进行质量检验时，具体试验检测还要以设计文件和《公路桥涵施工技术规范》(JTG/T F50—2011)的有关规定为依据。设计文件中对桥涵各部分结构尺寸、材料强度的要求是试验检测的基本依据，结构施工过程的工艺要求、施工阶段结构材料强度、结构内力和变形控制要以施工技术规范的有关规定为依据。

对于新结构或采用新材料、新工艺的桥梁以及有特殊要求的桥梁，在《质量检评标准》缺乏适宜的技术规定时，在确保工程质量的前提下，可参照相关标准(国内外公路行业或其他行业的标准、规范）按照实际情况制定相应的技术标准，并按规定报主管部门批准。

二、桥梁质量等级评定的方法

桥梁质量等级评定首先应进行工程划分，然后按照“两级制度、逐级评定、按分定质”的原则进行评定。

1. 桥梁质量等级评定的工程划分

《质量检评标准》按桥涵工程建设规模大小、结构部位和施工工序将建设项目划分为单位工程、分部工程和分项工程，对复杂工程，还可设立子分部工程。

单位工程：在建设项目中，根据签订的合同，具有独立施工条件的工程，如独立大桥、中桥、互通式立交应划分为单位工程。

分部工程：在单位工程中，应按结构部位、路段长度及施工特点或施工任务划分为若干个分部工程。

分项工程：在分部工程中，应按不同的施工方法、材料、工序等划分为若干个分项工程。

工程划分应注意规模均衡、主次区别、层次清晰，避免“高分低质”的现象。表 1-1 和表 1-2 中给出了《质量检评标准》中关于公路桥涵质量等级评定工程划分的规定，其中小桥和涵洞被划分到路基单位工程。

单位工程、分部工程和分项工程的划分 表 1-1

单位工程	分部工程	分项工程
桥梁工程[①]（特大、大、中桥）	基础及下部构造*（每桥或每墩、台）	扩大基础，桩基*，地下连续墙*，承台，沉井*，桩的制作*，钢筋加工及安装，墩台身（砌体）浇筑*，墩台身安装，墩台帽*，组合桥台*，台背填土，支座垫石和挡块等
	上部构造预制和安装*	主要构件预制*，其他构件预制，钢筋加工及安装，预应力筋的加工和张拉*，梁板安装，悬臂拼装*，顶推施工梁*，拱圈节段预制，拱的安装，转体施工拱*，劲性骨架拱肋安装*，钢管拱肋制作*，钢管拱肋安装*，吊杆制作和安装*，钢梁制作*，钢梁安装，钢梁防护*等
	上部构造现场浇筑*	钢筋加工及安装，预应力筋的加工和张拉*，主要构件浇筑*，其他构件浇筑，悬臂浇筑*，劲性骨架混凝土拱*，钢管混凝土拱*等
	总体、体面系和附属工程	桥梁总体*，钢筋加固及安装，桥面防水层施工，桥面铺装*，钢桥面铺装*，支座安装，搭板，伸缩缝安装，大型伸缩缝安装*，栏杆安装，混凝土护栏，人行道铺设，灯柱安装等
	防护工程	护坡，护岸*，导流工程*，石笼防护，砌石工程等
	引道工程	路基*，路面*，挡土墙*，小桥*，涵洞*，护栏等
互通立交工程	桥梁工程*（每座）	桥梁总体，基础及下部构造*，上部构造预制、安装或浇筑*，支座安装，支座垫石，桥面铺装*，护栏，人行道等
	主线路基路面工程*（1～3km 路段）	见路基、路面等分项工程
	匝道工程（每条）	路基*，路面*，通道*，护坡，挡土墙*，护栏等

续上表

单 位 工 程	分 部 工 程	分 项 工 程
路基工程	小桥及符合小桥标准的通道*,人行天桥,渡槽(每座)	基础及下部构造*,上部构造预制、安装或浇筑*,桥面*,栏杆,人行道等
	涵洞、通道(1～3km 路段)	基础及下部构造*,主要构件预制、安装或浇筑*,填土,总体等
路面工程(每 10km 或每标段)	路面工程(1～3km 路段)*	底基层,基层*,面层*,垫层,联结层,路缘石,人行道,路肩,路面边缘排水系统等
交通安全设施(每 20km 或每标段)	标志*(5～10km 路段)	标志*
	标线、突起路标(5～10km 路段)	标线*,突起路标等
	护栏*、轮廓标(5～10km 路段)	波形梁护栏*,缆索护栏*,混凝土护栏*,轮廓标等
	防眩设施(5～10km 路段)	防眩板、网等
	隔离栅、防落网(5～10km 路段)	隔离栅、防落网等

注:①斜拉桥和悬索桥可参照表 1-2 进行划分。

②表内标注 * 号者为主要工程,评分时给以 2 的权值;不带 * 号者为一般工程,权值为 1。

特大斜拉桥和悬索桥为主体建设项目的工程划分 表 1-2

单 位 工 程	分 部 工 程	分 项 工 程
塔及辅助、过渡墩(每座)	塔基础*	钢筋加工及安装,扩大基础,桩基*,地下连续墙*,沉井*等
	塔承台*	钢筋加工及安装,双壁钢围堰,封底,承台浇筑*等
	索塔*	索塔*
	辅助墩	钢筋加工,基础,墩台身浇(砌)筑,墩台身安装,墩台帽,盖梁等
	过渡墩	
锚碇	锚碇基础*	钢筋加工及安装,扩大基础,桩基*,地下连续墙*,沉井*,大体积混凝土构件*等
	锚体*	锚固体系制作*,锚固体系安装*,锚碇块体,预应力锚索的张拉与压浆*等
上部结构制作与防护(钢结构)	斜拉索*	斜拉索制作与防护*
	主缆(索股)*	索股和锚头的制作与防护*
	索鞍*	主索鞍和散索鞍制作与防护*
	索夹	索夹制作与防护
	吊索	吊索和锚头制作与防护*等
	加劲梁*	加劲梁段制作*,加劲梁防护*等
上部结构浇筑与安装	悬浇*	梁段浇筑*
	安装*	加劲梁安装*,索鞍安装*,主缆架设*,索夹和吊索安装*等
	工地防护*	工地防护*
	桥面系及附属工程	桥面防水层的施工,桥面铺装,钢桥面板上防水黏结层的洒布,钢桥面板上沥青混凝土铺装*,支座安装*,抗风支座安装,伸缩缝安装,人行道铺设,栏杆安装,防撞护栏等
	桥梁总体	桥梁总体*

续上表

单位工程	分部工程	分项工程
引桥	（参见表 1-1“桥梁工程”）	
引道	（参见表 1-1“路基工程”和“路面工程”）	
互通立交工程	（参见表 1-1“互通立交工程”）	
交通安全设施	（参见表 1-1“交通安全设施”）	

2. 工程质量评分方法

工程质量检验评分以分项工程为基本单元，采用100分制进行。在分项工程评分的基础上，逐级计算各相应分部工程、单位工程、合同段和建设项目评分值。

施工单位应对各分项工程按《质量检评标准》所列基本要求、实测项目和外观鉴定进行自检，按“分项工程质量检验评定表”及相关施工技术规范提交真实、完整的自检资料，对工程质量进行自我评定。工程监理单位应按规定要求对工程质量进行独立抽检，对施工单位检评资料进行签认，对工程质量进行评定。建设单位根据对工程质量的检查及平时掌握的情况，对工程监理单位所做的工程质量评分及等级进行审定。质量监督部门、质量检测机构可依据《质量检评标准》对工程质量进行检测评定。

1)分项工程质量评分

分项工程质量检验内容包括基本要求、实测项目、外观鉴定和质量保证资料四个部分。只有在其使用的原材料、半成品、成品及施工工艺符合基本要求的规定，且无严重外观缺陷和质量、保证资料真实并基本齐全时，才能对分项工程质量进行检验评定。

分项工程的评分值满分为100分，按实测项目采用加权平均法计算。存在外观缺陷或资料不全时，须予减分。

$$\text{分项工程得分}=\frac{\sum(\text{检查项目得分}\times\text{权值})}{\sum\text{检查项目权值}}$$

$$\text{分项工程评分值}=\text{分项工程得分}-\text{外观缺陷减分}-\text{资料不全减分}$$

(1)基本要求检查

分项工程所列基本要求，对施工质量优劣具有关键作用，应按基本要求对工程进行认真检查。经检查不符合基本要求规定时，不得进行工程质量的检验和评定。

(2)实测项目计分

对规定检查项目采用现场抽样方法，按照规定频率和下列计分方法对分项工程的施工质量直接进行检测计分。

检查项目除按数理统计方法评定的项目以外，均应按单点(组)测定值是否符合标准要求进行评定，并按合格率计分。

$$\text{检查项目合格率}(\%)=\frac{\text{检查合格的点(组)数}}{\text{该检查项目的全部检查点(组)数}}\times 100$$

$$\text{检查项目得分}=\text{检查项目合格率}\times 100$$

检查项目分为一般项目和关键项目。涉及结构安全和使用功能的重要实测项目为关键项目，在《质量检评标准》中以“△”标志，其合格率不得低于90%(属于工厂加工制造的桥梁金属构件不低于95%，机电工程为100%)。除关键项目外的其他项目均为一般项目。

对少数实测项目还有规定极值的限制，这是指任一单个检测值都不能突破的极限值，不符合要求时该实测项目为不合格，所在分项工程可直接判为不合格，并要求必须进行返工处理。

采用《质量检评标准》附录B至附录I所列方法进行评定的关键项目，不符合要求时则该分项工程评为不合格。

(3)外观缺陷减分

对工程外表状况应逐项进行全面检查，如发现外观缺陷，应进行减分。对于较严重的外观缺陷，施工单位须采取措施进行整修处理。

(4)资料不全减分

分项工程的施工资料和图表残缺，缺乏最基本的数据，或有伪造涂改者，不予检验和评定。资料不全者应予减分，减分幅度视资料不全情况，每款减1～3分。质量保证资料应包括以下六个方面：

①所用原材料、半成品和成品质量检验结果；

②材料配比、拌和加工控制检验和试验数据；

③地基处理、隐蔽工程施工记录和大桥、隧道施工监控资料；

④各项质量控制指标的试验记录和质量检验汇总图表；

⑤施工过程中遇到的非正常情况记录及其对工程质量影响分析；

⑥施工过程中如发生质量事故，经处理补救后，达到设计要求的认可证明文件等。

【例】 钻孔灌注桩。

(1)基本要求

①桩身混凝土所用的水泥、砂、石、水、外掺剂及混合材料的质量和规格必须符合有关规范的要求，按规定的配合比施工。

②成孔后必须清孔，测量孔径、孔深、孔位和沉淀层厚度，确认满足设计或施工技术规范要求后，方可灌注水下混凝土。

③水下混凝土应连续灌注，严禁有夹层和断桩。

④嵌入承台的锚固钢筋长度不得低于设计规范规定的最小锚固长度要求。

⑤应选择有代表性的桩用无破损法进行检测，重要工程或重要部位的桩宜逐根进行检测。设计有规定或对桩的质量有怀疑时，应采取钻取芯样法对桩进行检测。

⑥凿除桩头预留混凝土后，桩顶应无残余的松散混凝土。

(2)实测项目

钻孔灌注桩实测项目见表1-3。

(3)外观鉴定

①桩的质量有缺陷，但经设计单位确认仍可用时，应减3分。

②桩顶面应平整，桩柱连接处应平顺且无局部修补，不符合要求时减1～3分。

(4)质量保证资料

质量保证资料包括：混凝土的原材料、配合比、抗压强度试验报告，钢筋力学性能试验报告，钢筋焊接质量试验报告，钻孔、清孔和灌注记录，泥浆性能检测报告，桩的无损检测或取芯检测报告，异常现象的处理方法和结果记录等。

2)分部工程和单位工程质量评分

进行分部工程和单位工程评分时，采用加权平均值计算法确定相应的评分值。

$$分部(单位)工程评分值=\frac{\sum[分项(分部)工程评分值\times相应权值]}{\sum分项(分部)工程权值}$$

权值按表 1-1 和表 1-2 所列一般工程和主要工程，分别为 1 和 2。

钻孔灌注桩实测项目　　表 1-3

<table>
<tr><th>项次</th><th colspan="3">检查项目</th><th>规定值或允许偏差</th><th>检查方法和频率</th><th>权值</th></tr>
<tr><td>1Δ</td><td colspan="3">混凝土强度(MPa)</td><td>在合格标准内</td><td>按 JTG F80/1—2004 附录 D 检查</td><td>3</td></tr>
<tr><td rowspan="3">2Δ</td><td rowspan="3">桩位(mm)</td><td colspan="2">群桩</td><td>100</td><td rowspan="3">全站仪或经纬仪：每桩检查</td><td rowspan="3">2</td></tr>
<tr><td rowspan="2">排架桩</td><td>允许</td><td>50</td></tr>
<tr><td>极值</td><td>100</td></tr>
<tr><td>3Δ</td><td colspan="3">孔深(m)</td><td>不小于设计</td><td>测绳量：每桩测量</td><td>3</td></tr>
<tr><td>4Δ</td><td colspan="3">孔径(mm)</td><td>不小于设计</td><td>探孔器：每桩测量</td><td>3</td></tr>
<tr><td>5</td><td colspan="3">钻孔倾斜度(mm)</td><td>1%桩长，且不大于 500</td><td>用测壁(斜)仪或钻杆垂线法：每桩检查</td><td>1</td></tr>
<tr><td rowspan="2">6Δ</td><td rowspan="2">沉淀厚度(mm)</td><td colspan="2">摩擦桩</td><td>设计规定，设计未规定时按施工规范要求</td><td rowspan="2">沉淀盒或标准测锤：每桩检查</td><td rowspan="2">2</td></tr>
<tr><td colspan="2">支承桩</td><td>不大于设计规定</td></tr>
<tr><td>7</td><td colspan="3">钢筋骨架底面高程(mm)</td><td>±50</td><td>水准仪：测每桩骨架顶面高程后反算</td><td>1</td></tr>
</table>

3)合同段和建设项目工程质量评分

合同段和建设项目工程质量评分值按《公路工程竣(交)工验收办法》计算。

3. 工程质量等级评定

工程质量等级评定分为合格与不合格，应按分项工程、分部工程、单位工程、合同段和建设项目逐级评定。

1)分项工程质量等级评定

分项工程评分值不小于 75 分者为合格，小于 75 分者为不合格；机电工程、属于工厂加工制造的桥梁金属构件不小于 90 分者为合格，小于 90 分者为不合格。

评定为不合格的分项工程，经加固、补强或返工、调测，满足设计要求后，可以重新评定其质量等级，但计算分部工程评分值时按其复评分值的 90%计算。

2)分部工程质量等级评定

所属各分项工程全部合格，则该分部工程评为合格；所属任一分项工程不合格，则该分部工程为不合格。

3)单位工程质量等级评定

所属各分部工程全部合格，则该单位工程评为合格；所属任一分部工程不合格，则该单位工程为不合格。

4)合同段和建设项目质量等级评定

合同段和建设项目所含单位工程全部合格,其工程质量等级为合格;所属任一单位工程不合格,则合同段和建设项目为不合格。

三、桥梁质量检验评定的变化趋势

随着管理理念、质量水平和检测技术的发展变化,桥梁质量检验评定也将随之发生变化,并趋向更加合理、更加高效和更加适合桥梁建设的需要。

(1)施工过程对桥梁质量有重要影响,除重视对最终成品的质量检验外,还应加强过程质量的检验控制。

(2)现行《质量检评标准》对一般实测项目的最低合格率及最大偏差无明确要求和标准,需要补充,以加强对不合格点的限制,完善评定准则。

(3)质量保证资料不仅是进行桥涵质量检验评定的条件,也是桥梁养护的基础资料,检验评定时应进一步明确质量保证资料的要求。

(4)用检测数据反映桥梁工程质量,检验评定中的一些定性规定应调整为定量规定,适当增加检测频率,提高评定结果的准确性和可信度。

(5)采用高效、准确的检测技术和设备,特别是无损检测技术。

(6)在总结经验的基础上,调整检验评定中的技术指标,使之更加适合桥梁实际施工质量,促进质量水平提高。

(7)吸纳新结构、新工艺等相关分项工程的检验评定研究成果,不断丰富《质量检评标准》的内容。

第四节 桥梁养护管理检查与评定

一、桥梁检查的一般规定

桥梁检查分为经常检查、定期检查和特殊检查。

(1)经常检查:主要指对桥面设施、上部结构、下部结构及附属构造物的技术状况进行的检查。

(2)定期检查:为评定桥梁使用功能、制订管理养护计划提供基本数据,对桥梁主体结构及其附属构造物的技术状况进行的全面检查,它为桥梁养护管理系统搜集结构技术状态的动态数据。

(3)特殊检查:特殊检查是查清桥梁的病害原因、破损程度、承载能力、抗灾能力,确定桥梁技术状况的工作。

特殊检查分为专门检查和应急检查。

①专门检查:根据经常检查和定期检查的结果,对需要进一步判明损坏原因、缺损程度或使用能力的桥梁,针对病害进行专门的现场试验检测、验算与分析等鉴定工作。

②应急检查:当桥梁受到灾害性损伤后,为了查明破损状况,采取应急措施,组织恢复交通,对结构进行的详细检查和鉴定工作。

桥梁管养单位应对辖区内所有桥梁建立“桥梁基本状况卡”，将有关信息输入数据库，建立永久性档案。

二、经常检查

(1)经常检查的周期根据桥梁技术状况而定，一般每月不得少于一次，汛期应加强不定期检查。

(2)经常检查采用目测方法，也可配以简单工具进行测量，当场填写“桥梁经常检查记录表”，现场要登记所检查项目的缺损类型，估计缺损范围及养护工作量，提出相应的小修保养措施，为编制辖区内的桥梁养护(小修保养)计划提供依据。

(3)经常检查中发现桥梁重要部件存在明显缺损时，应及时向上级提交专项报告。

三、定期检查

1)定期检查周期根据技术状况确定，最长不得超过三年。新建桥梁交付使用一年后，进行第一次全面检查。临时桥梁每年检查不少于一次。

2)在经常检查中发现重要部(构)件的缺损明显达到三、四、五类技术状况时，应立即安排一次定期检查。

3)定期检查以目测观察结合仪器观测进行，必须接近各部件仔细检查其缺损情况。定期检查的主要工作有：

(1)现场校核桥梁基本数据。

(2)当场填写“桥梁定期检查记录表”，记录各部件缺损状况并做出技术状况评分。

(3)实地判断缺损原因，确定维修范围及方式。

(4)对难以判断损坏原因和程度的部件，提出特殊检查(专门检查)的要求。

(5)对损坏严重、危及安全运行的危桥，提出限制交通或改建的建议。

(6)根据桥梁的技术状况，确定下次检查时间。

4)特大型、大型桥梁的控制检测。

(1)设立永久性观测点，定期进行控制检测。控制检测的项目及永久性观测点包括：

①墩、台身、索塔、锚碇的高程；

②墩、台身、索塔倾斜度；

③桥面高程；

④拱桥桥台、悬索桥锚碇水平位移；

⑤悬索桥索卡滑移。

(2)新建桥梁交付使用前，公路管理机构应事先要求桥梁建设单位在竣工时设置便于检测的永久性观测点。大桥、特大桥必须设置永久性观测点。

(3)应设而没有设置永久性观测点的桥梁，应在定期检查时按规定补设。测点的布设和首次检测的时间及检测数据等，应按竣工资料的要求予以归档。

(4)桥梁主体结构维修、加固或改建前后，必须进行控制测量，以保持观测资料的连续性。若控制点有变动，应及时检测，建立基准数据。

(5)桥梁永久性观测点的设置要牢固可靠，当永久控制测点与国家大地测量网联络有困难时，可建立相对独立的基准测量系统。

(6)特大、大、中桥墩(台)旁，必要时可设置水尺或标志，以观测水位和冲刷情况。

5)桥梁定期检查后应提出下列文件：

(1)桥梁定期检查数据表。

(2)典型缺损和病害的照片及说明。缺损状况的描述应采用专业标准术语，说明缺损的部位、类型、性质、范围、数量和程度等。

(3)两张总体照片。一张桥面正面照片，一张桥梁上游立面照片。桥梁改建后应重新拍照一次。如果桥梁拓宽改造后，上下游桥梁结构不一致，还要有下游侧立面照片，并标注清楚。

(4)桥梁清单。

(5)桥梁基石状况卡片。

(6)定期检查报告。内容应该包括要求进行特殊检查桥梁的报告，说明检验的项目和理由。

四、特殊检查

(1)特殊检查应委托有相应资质和能力的单位承担。

(2)在下列情况下应作特殊检查：

①定期检查中难以判明损坏原因及程度的桥梁。

②桥梁技术状况为四、五类者。

③拟通过加固手段提高荷载等级的桥梁。

④条件许可时，特殊重要的桥梁在正常使用期间可周期性进行荷载试验。

桥梁遭受洪水、流水、滑坡、地震、风灾、漂流物或船舶撞击，因超重车辆通过或其他异常情况影响造成损害时，应进行应急检查。

(3)特殊检查应根据桥梁的破损状况和性质，采用仪器设备进行现场测试、荷载试验及其他辅助试验，针对桥梁现状进行检算分析，形成鉴定结论。

(4)实施专门检查前，承担单位负责检查的工程师应充分收集资料，包括设计资料(设计文件、计算所用的程序及计算结果)、竣工图、材料试验报告、施工记录、历次桥梁定期检查和特殊检查报告，以及历次维修资料等。原资料如有不全或疑问时，可现场测绘构造尺寸，测试构件材料组成及性能，勘察水文地质情况等。

(5)桥梁特殊检查应根据需要对以下方面问题做出鉴定：

①桥梁结构材料缺损状况。包括对材料物理、化学性能退化程度及原因的测试鉴定；结构或构件开裂状态的检测及评定。

②桥梁结构承载能力。包括桥梁抵抗洪水、流水、风、地震及其他地质灾害等能力的检测鉴定。

(6)桥梁结构材料缺损状况鉴定，可根据鉴定要求和缺损的类型、位置，选择表面测量、无破损检测和局部取试样等有效可靠的方法。试样应在有代表性构件的次要部位获取。

(7)桥梁结构检算及承载力试验应按国家及行业有关标准和技术规范进行。

(8)桥梁抗灾能力鉴定一般采用现场测试与检算的方法，特别重要的桥梁可进行模拟试验。

(9)原设计条件已经变化的,所有鉴定都应针对当时桥梁的实际状况,不能套用原设计的资料数据。

(10)特殊检查报告包括下列主要内容:

①概述检查的一般情况。包括桥梁的基本情况,检查的组织、时间、背景和工作过程等。

②描述目前的桥梁技术状况。包括现场调查、试验与检测的项目及方法、检测数据与分析结果和桥梁技术状况评价等。

③详细叙述检查部位的损坏程度及原因,并提出结构部件和总体的维修、加固或改建的建议方案。

五、桥梁评定

桥梁评定分为一般评定和适应性评定。

(1)一般评定是依据桥梁定期检查资料,通过对桥梁各部件技术状况的综合评定,确定桥梁的技术状况等级,提出各类桥梁的养护措施。

(2)桥梁适应性评定包括以下内容:依据桥梁定期及特殊检查资料,结合试验与结构受力分析,评定桥梁的实际承载能力、通行能力、抗洪能力,提出桥梁养护、改造方案。

(3)一般评定由负责定期检查者进行,适应性评定应委托有相应资质及能力的单位进行。

第五节　工程安全风险评估

为加强公路桥梁和隧道工程施工安全管理,优化施工组织方案,提高施工现场安全预控有效性,要在施工阶段实行公路桥梁和隧道工程安全风险评估制度,为此交通运输部工程质量监督局发文(交质监发[2011]217 号)《关于开展公路桥梁和隧道工程施工安全风险评估试行工作的通知》,对工程安全风险评估提出明确、具体的要求。检测工作是保证工程质量和运营畅通的重要手段,提高相关人员的安全意识是十分必要的。

一、目的与适用范围

1. 目的及意义

安全评估的目的是查找、分析和预测工程中存在的危险有害因素及可能导致事故的严重程度,提出合理可行的安全对策措施,指导危险源监控和事故预防,达到最低事故率、最少损失和最优的安全投资效益。

公路桥梁工程施工环境条件复杂,施工组织实施困难,作业安全风险居高不下,一直以来是行业安全监管的重要环节。在施工阶段建立安全风险评估制度符合国际通行做法。这项工作也是公路桥梁工程设计风险评估结果在施工阶段的落实和深化。

安全评估的意义在于,能够增强安全风险意识,改进施工措施,规范预案预警预控管理,有效降低施工风险,严防重特大事故发生,主要体现在以下五个方面:

(1)是安全生产管理的一个必要组成部分;

(2)有助于质检总局对施工单位的安全生产实行宏观控制;

(3)有助于安全投资的合理选择;

(4)有助于提高施工单位的安全管理水平；

(5)有助于施工单位提高经济效益。

安全评估是关系到被评估建设工程项目能否符合国家规定的安全标准，能否保障劳动者安全的关键工作，必须以被评估建设工程项目的具体情况为基础，以国家安全法规及有关技术标准为依据，遵循科学性、公正性、合法性和针对性原则。

2.适用范围

列入国家和地方基本建设计划的新建、改建、扩建以及拆除、加固等高级公路桥梁工程项目，在施工阶段，应进行施工安全风险评估。其他公路工程项目，可参照执行。

二、评估范围

公路桥梁工程施工安全风险评估范围，可由各地根据工程建设条件、技术复杂程度和施工管理模式，以及当地工程建设经验，并参考以下标准确定：

(1)多跨或跨径大于40m的石拱桥，跨径大于或等于150m的钢筋混凝土拱桥，跨径大于或等于350m的钢箱拱桥，钢桁架、钢管混凝土拱桥；

(2)跨径大于或等于140m的梁式桥，跨径大于400m的斜拉桥，跨径大于1 000m的悬索桥；

(3)墩高或净空大于100m的桥梁工程；

(4)采用新材料、新结构、新工艺、新技术的特大桥、大桥工程；

(5)特殊桥型或特殊结构桥梁的拆除或加固工程；

(6)施工环境复杂、施工工艺复杂的其他桥梁工程。

三、安全评估的基本内容

理想的安全评估包括危险识别、风险评估和风险控制三部分(图1-1)。

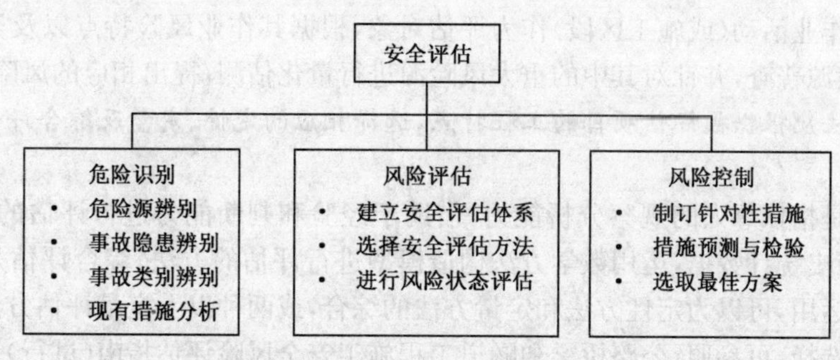

图1-1　安全评估组成

四、安全评估的基本原理

安全评估的思维方式依据的理论统称为安全评估原理。常用的安全评估原理有相关性原理、类推原理、惯性原理和量变到质变原理等。

1.相关性原理

相关性是指一个系统的属性、特征与事故和职业危害存在着因果的相关性。这是系统因果评估方法的理论基础。

事故和导致事故发生的各种原因(危险因素)之间存在着相关关系,表现为依存关系和因果关系。危险因素是原因,事故是结果,事故的发生是由许多因素综合作用的结果。分析各因素的特征、变化规律、影响事故发生和事故后果的程度,以及从原因到结果的途径,揭示其内在联系和相关程度,才能在评估中得出正确的分析结论,采取恰当的对策措施。

在评估过程中,借鉴历史、同类系统的数据、典型案例等资料,找出事故发展过程中的相互关系,建立起接近真实系统的数学模型,则评估会取得较好的效果。

2. 类推原理

类推原理是根据两个或两类对象之间存在着某些相同或相似的属性,从一个已知对象具有某个属性来推出另一个对象也具有此种属性的一种推理过程。

3. 惯性原理

任何事物在其发展过程中,从过去到现在以及延伸至将来,都具有一定的延续性,这种延续性称为惯性。利用惯性可以研究事物或评估系统的未来发展趋势。

4. 量变到质变原理

在一个系统中,许多有关安全的因素都存在从量变到质变的过程。在评估一个系统安全时,也都离不开从量变到质变的原理。

五、评估方法及分类

1. 公路桥梁工程施工安全风险评估分为总体风险评估和专项风险评估

(1)总体风险评估。桥梁工程开工前,根据桥梁工程的地质环境条件、建设规模、结构特点等孕险环境与致险因子,估测桥梁工程施工期间的整体安全风险大小,确定其静态条件下的安全风险等级。

(2)专项风险评估。当桥梁工程总体风险评估等级达到Ⅲ级(高度风险)及以上时,将其中高风险的施工作业活动(或施工区段)作为评估对象,根据其作业风险特点以及类似工程事故情况,进行风险源普查,并针对其中的重大风险源进行量化估测,提出相应的风险控制措施。

2. 评估方法应根据被评估项目的工程特点,选择相应的定性、定量及综合评估的风险评估方法

定性评估是指依靠人的观察分析能力,借助于经验和判断能力进行评估的方法;定量评估,是指依靠历史统计数据,运用数学方法构造模型进行评估的方法;综合评估是指两种及以上方法的综合运用,可以为定性方法和定量方法的综合,或两种以上定量评估方法的综合。具体评估方法的选择,可参照《公路桥梁和隧道工程施工安全风险评估指南(试行)》。

六、安全评估的基本程序及步骤

安全评估主要过程一般包括:前期准备,危险、有害因素识别与分析,评估单元划分,现场安全调查,定性、定量评估,提出安全对策措施及建议,作出安全评估结论,编制安全评估报告,安全评估报告评审等。

公路桥梁工程施工安全风险评估工作包括制订评估计划、选择评估方法、开展风险分析、进行风险估测、确定风险等级、提出措施建议、编制评估报告等方面。评估步骤一般如下:

(1)开展总体风险评估。根据设计阶段风险评估结果(若有),以及类似结构工程安全事故情况,用定性与定量相结合的方法初步分析本项目孕险环境与致险因子,估测施工中发生重大事故的可能性,确定项目总体风险等级。

(2)确定专项风险评估范围。总体风险评估等级达到Ⅲ级(高度风险)及以上桥梁工程,应进行专项风险评估。其他风险等级的桥梁工程可视情况开展专项风险评估。

(3)开展专项风险评估。通过对施工作业活动(施工区段)中的风险源普查,在分析物的不安全状态、人的不安全行为的基础上,确定重大风险源和一般风险源。宜采用指标体系法等定量评估方法时,对重大风险源发生事故的概率及损失进行分析,评估其发生重大事故的可能性与严重程度,对照相关风险等级标准,确定专项风险等级。

(4)确定风险控制措施。根据风险接受准则的相关规定,对专项风险等级在Ⅲ级(高度风险)及以上的施工作业活动(施工区段),应明确重大风险源的监测、控制、预警措施以及应急预案。其他风险等级的桥梁工程可根据工程实际情况,按照成本效益原则确定相应的风险控制措施。

第六节 本 章 小 结

桥梁工程试验检测是工程建设质量保证和科学养护管理的需求。本章介绍了桥梁工程试验检测工作人员的主要任务以及做好桥梁试验检测工作的意义;介绍了不同类型桥梁检测的主要项目以及试验检测依据的标准规范体系,列举了一些常用现行有效的规范、规程名称及代号,供试验检测人员查用;介绍了《公路工程质量检验评定标准》(JTG F80/1—2004)中规定的工程质量等级评定方法,以及《公路桥涵养护规范》(JTG H11—2004)中对养护检查、检测的要求,并介绍了桥梁安全风险评估的基础知识。通过本章学习,可使读者对桥梁工程试验检测技术有一个概括性了解,并为以后各章学习打好基础。

第二章

桥梁工程结构试验检测仪器设备

桥梁试验检测的目的是要获得桥梁结构作用与响应的各种参数,如图 2-1 所列。

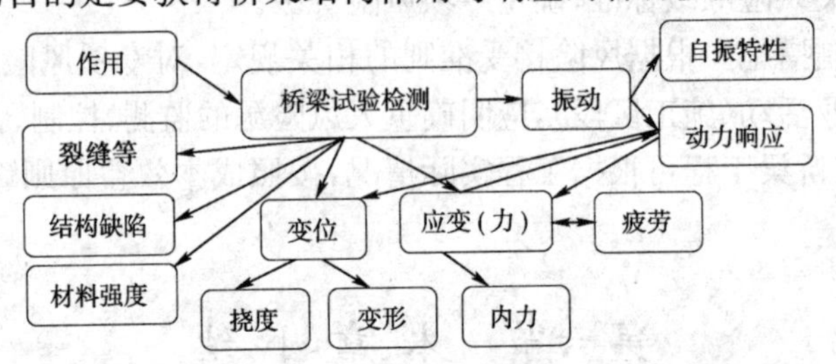

图 2-1　桥梁试验检测

为得到这些参数,需要使用各种各样的专业仪器设备。桥梁检测工程师的主要任务或者说首要问题,是如何选用合适的仪器设备,并正确地使用它们以满足试验检测要求,所以必须了解和掌握桥梁试验中一些常用测试仪器的基本性能和使用方法。

回顾我国桥梁(特别是实桥)试验检测的历史,可以追溯到 20 世纪 70 年代。那时野外测试桥梁应变使用千分表引伸仪(或手持应变仪),其原理是最简单的 $\varepsilon=\Delta L/L$,在一个固定标距(L)上用千分表读出微伸长(ΔL),求得应变。结构变形测试则基本靠精度有限的水准仪或经纬仪和各类直读式仪表器具。现代科学(特别是计算机)技术的发展,给桥梁试验检测带来了全新的内容,其中当然包括仪器设备和测试手段的更新。同时,大多数沿用至今的仪器设备(包括上述机械式设备器具)还是有它应有的地位,有的甚至仍不可或缺。

本章主要介绍桥梁静动载试验仪器设备及相关使用知识,其中振动试验仪器因比较特殊,另立一节,最后叙述几种常用的桥梁无损检测仪器。

第一节　仪器基本技术指标

对仪器基本技术指标的了解是正确选用仪器的基础,本节简要介绍桥梁检测常用仪器的基本技术指标。

1. 精度和分辨力

仪器的精度是反映仪器误差大小的术语,它一般指观测结果、计算值或估计值与真值之间的接近程度。作为仪器设备固有属性的分辨力是测量装置最小可检出的单位,即仪器所具有的可读数能力。分辨力通常以测量或分类的单位表示,如千分表的精度为 0.001mm,某静态电阻应变仪的最小可读数为 $1\mu\varepsilon$(10^{-6}应变)等。

精度和分辨力不是一个概念,相互之间没有关系。

2. 量程

仪器的最大测量范围(在动态测试中称作动态范围)。如一种千分表的量程是 1mm,某静态电阻应变仪的最大测量范围是 30 000$\mu\varepsilon$ 等。

3. 灵敏度

被测物理量的单位变化引起的仪器读数值(输出与输入的比值)的变化叫做灵敏度,灵敏度的量纲是输出、输入量的量纲之比。例如,电测位移计的灵敏度(S_d)=输出电压/输入位移。当位移变化 1mm 时,输出电压变化为 200mV,则其灵敏度应表示为 200mV/mm。当仪器的输出、输入量的量纲相同时,灵敏度可理解为放大倍数。

提高仪器灵敏度,可得到较高的测量精度。但灵敏度愈高,测量范围愈窄,稳定性也往往愈差。

4. 信噪比(S/N)

仪器测得的信号中信号(Signal)与同时测得的噪声(Noise)的比值,称作信噪比。一般来说信噪比越大,说明混在信号里的噪声越小,测量效果越好。

5. 稳定性

仪器稳定性指仪器较长时间使用或受环境条件干扰影响时,其指示值的稳定程度。如应变测量中应变的零飘问题(稳定性好的设备不会偏离零位,反之为零飘)。

6. 误差

试验离不开对物理量的测量,测量有直接的,也有间接的。由于仪器、试验条件、环境等因素的限制,测量不可能无限精确,物理量的测量值与客观存在的真实值之间总会存在着一定的差异,这种测量值与真值之间的差异就是测量误差,简称为误差。

1)绝对误差

测量值偏离真值大小的误差称为绝对误差,它反映一个测量结果的可靠程度。如设被测量的真值(真正的大小)为 a,测得值为 X,误差为 ε,则:$X-a=\varepsilon$。误差 ε 和测量值 X 具有相同的单位。

2)相对误差

相对误差是一种误差的表示方法,它是绝对误差与测量值或多次测量的平均值的比值。如设多次测量的平均值为 $\overline{X}$,绝对误差为 $|\varepsilon|$,则相对误差 $\varepsilon_d=|\varepsilon|/\overline{X}$。

如果说绝对误差可以反映一个测量结果的可靠程度,那么相对误差则可以比较不同测量结果的可靠性。

误差与错误不同,错误是应该而且可以避免的,而误差是不可能绝对避免的。试验时,往往采用精度高一级的计量设备所复现的被测值来代表约定真值,并以此来衡量实际误差。

7. 试验仪器标定和校准

试验仪器设备的出厂必须经过国家认可的计量论证或检测标定,并出具仪器性能指标说明。具体在使用过程中还需要定期(每年一次或半年一次)对仪器主要技术指标进行检验性标定或校准。对一些特别重要的测试,试验前要求做专门标定或校准。

8. 桥梁试验检测对仪器的特殊要求

(1)性能指标能够满足桥梁试验检测的具体要求。

(2)仪器使用时不影响原结构的受力性能和工作状态。

(3)使用方便、结构可靠、经济耐用。

每种仪器不一定能同时满足试验检测的特殊要求,有些还相互矛盾,所以选用时应该根据具体情况决定。

第二节 桥梁荷载试验仪器

桥梁静、动荷载试验仪器按测试对象分类,大致如表 2-1 所列。

桥梁静、动荷载试验仪器分类表　　表 2-1

序号	参数	机械式仪器	电(声、光)测仪器
1	应变	千分表引伸仪、手持应变仪	电阻应变计、电阻应变仪、数据采集器、数据采集系统
2	变位	千分表、百分表、挠度计	位移计、水准仪、经纬仪、全站仪、测距仪
3	裂缝	读数尺	超声波探测仪、读数显微镜、数码裂缝检测仪

机械式测试仪器被用在桥梁试验中已有相当长的历史,一般所说机械式测试仪器是指各种用于非电量测试的仪表、器具或设备。它的基本特点是:准确度高,对环境适应性强,读数有一定的灵敏度,工作可靠直观,可重复使用,其性能在许多方面能满足桥梁试验检测要求。实桥被测对象一般尺寸都比较大,在精度要求可满足的情况下,往往也还使用如百分表(测量支座位移)、引伸计(测试混凝土应变)这类简单的仪器。机械式测试仪器的不足之处是灵敏度较差,不便于远距离操纵,难以自动测量与记录。

当今桥梁结构试验中使用的仪器设备绝大部分都是电测仪器,或者说与电测技术有关(如许多现代光学仪器设备)。电测仪器的特点是发展更新快,精度比较高,量程也比机械式大得多,目前在许多方面已基本取代机械式仪器。

近年来,无损检测技术逐步进入桥梁试验领域,许多早年建造的混凝土桥梁的质量(如混凝土碳化、强度变化,开裂情况等)需要鉴定,有时一些桥梁梁体的施工质量也需要检测,在这些方面,无损检测技术已逐渐得到重视,并获得广泛应用。

下面将按表 2-1 分类,对应变、变位和裂缝测试仪器设备加以叙述。

一、应变测试仪器设备

应变(应力)是桥梁结构构件强度指标,也是桥梁试验检测最重要的参数之一。桥梁测试技术中很大一部分都与应变测试技术有关,本节将介绍应变测试技术原理及应变测试仪器设备。

1. 引伸计

利用千分表 0.001mm 的读数精度,可将其装配成检测大型结构构件应变的千分表引伸计。

如图 2-2 所示,当被测物受拉(或受压)时,L 会发生变化,应变 $\varepsilon=\pm\Delta L/L$。显然,被测应变的精度与引伸计的标距有关,如当 L 等于 100mm 和 200mm 时,对应引伸计的测量分辨力度分别为 $10\mu\varepsilon$ 和 $5\mu\varepsilon$,量程分别可达到 $\pm5\ 000\mu\varepsilon$ 和 $\pm2\ 500\mu\varepsilon$。

千分表引伸计在实桥测试中有较多的应用,因为它使用起来非常方便,标距 L 任意可调(最大可做到 500mm,测量精度可达到 $2\mu\varepsilon$,量程 $\pm1\ 000\mu\varepsilon$)。所以在精度能满足要求的情况下,千分表引伸仪对测量实际(如混凝土)构件表面应变有独到之处。

图 2-3 是一种“装配式应变传感器”，其实质就是将千分表引伸计一端的千分表换成了电子应变感应装置。其与千分表引伸计的主要区别是使用了电阻应变技术(相关原理下面再详细介绍)。这类引伸计的发展主要是提高了引伸仪的测量精度，且将千分表人工读数转换成自动读数。

千分表引伸计和电子引伸计分别属于机械式和半机械式应变测试仪器。

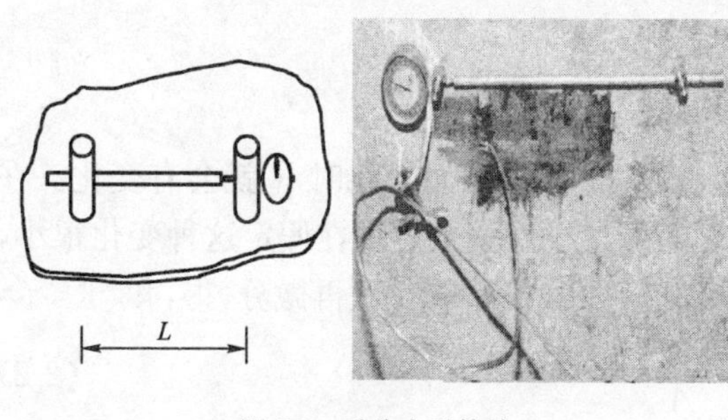
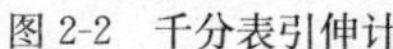

图 2-2　千分表引伸计

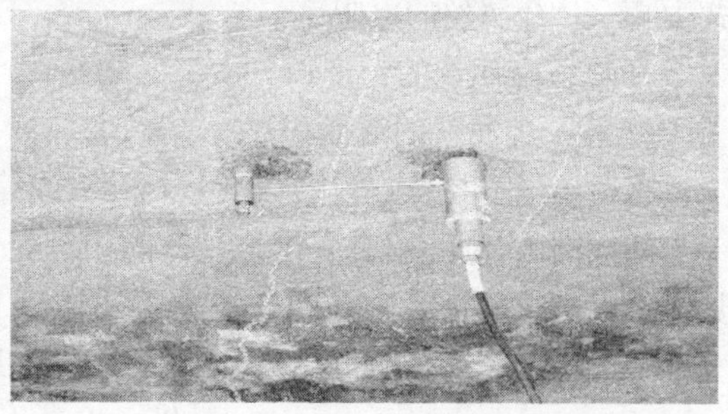

图 2-3　装配式应变传感器

2. 电阻应变计

在电阻应变测量仪器中，电阻应变测量技术是了解、使用这类电阻应变测量仪器的基础。电阻应变测量技术是用电阻应变计测定构件的应变，再根据应力、应变的关系，确定构件应力状态的一种实验应力分析方法。它的基本原理是：将电阻应变计粘贴在被测构件上，当构件变形时，应变计与构件一起变形，致使应变计的电阻值发生相应的变化；通过电阻应变测量装置，可将这种变化测量出来，换算成应变值或输出与应变成正比的模拟电信号，用记录仪器记录下来或直接存入计算机进行处理，得到所需要的应力、应变值。

相对机械式应变测量仪器来说，电阻应变测量技术的优点是：

(1)应变计(也称应变片)尺寸小(最小栅长 0.2mm)，质量轻，粘贴方便，一般能满足结构构件的应变梯度变化，同时也不会对构件的变形产生任何影响；

(2)测量灵敏度高，最小应变读数可达 10^{-6} 应变($1\mu\varepsilon$)；

(3)测量应变的量程大，一般可达到±20 000～30 000$\mu\varepsilon$；

(4)采取一定的措施，可测量水下构件(如桩身)、高温高压等特殊环境下的应变；

(5)测量结果是电信号，便于实现长距离测量和采集记录自动化；

(6)可制成各种各样精度很高的传感器，以测量力、位移、加速度等力学量。

基于以上优点，使得电阻应变测量技术已成为桥梁测试中应用最广和最有效的手段之一，作为从事桥梁检测工作的工程师，有必要从原理到应用全面了解并掌握电阻应变测量技术。

目前，各种不同规格及品种的电阻应变计和应变测量仪器种类繁多，但电阻应变测量的原理基本相同，其工作过程也大同小异。

电阻应变计是电阻应变测量技术中最重要的基本元件。早期的电阻应变计构造比较简单，把一根很细的高电阻率的金属丝放在两层薄纸中间，两头焊上较粗的引出线，以后为了提高灵敏度，又把金属丝排绕在纸基上，形成丝栅。电阻应变计一般由敏感栅(金属丝)、基底及引出线三部分组成。将电阻应变计粘贴在被测构件表面时，敏感栅随着构件一起变形，引起电阻变化，而这种变化与构件的应变有着确定的线性关系，这正是人们能用电阻应变计进行应变测量的依据。

1)工作原理

每一段有确定长度和截面的金属丝都有一个电阻值 R,即有:

$$R=\rho \cdot \frac{L}{A} \tag{2-1}$$

式中:ρ——金属丝的电阻率;

L——金属丝的长度;

A——金属丝的截面积。

当金属丝受拉(或受压)以后,L 伸长(或缩短),A 缩小(或扩大),此时 R 就会有变化。在一定的范围内,R 的相对变化与长度的相对变化之间保持线性关系。现在假定这种变化很小,数学上就可求得作为 ρ、L 和 A 函数的电阻 R 的变化,将式(2-1)取对数再微分,得:

$$\frac{\mathrm{d}R}{R}=\frac{\mathrm{d}\rho}{\rho}+\frac{\mathrm{d}L}{L}-\frac{\mathrm{d}A}{A} \tag{2-2}$$

式(2-2)中的 $\mathrm{d}A$ 表示金属丝变化时,由泊松效应引起的横截面积的改变。可以证明,对于圆形或矩形截面都有:

$$\frac{\mathrm{d}A}{A}=-2\mu\frac{\mathrm{d}L}{L} \tag{2-3}$$

式中:$\mathrm{d}L/L$——金属丝的纵向应变;

μ——材料的泊松比。

把式(2-3)代入式(2-2)得:

$$\frac{\mathrm{d}R}{R}=(1+2\mu)\frac{\mathrm{d}L}{L}+\frac{\mathrm{d}\rho}{\rho}$$

或

$$\frac{\mathrm{d}R}{R}=\left[(1+2\mu)+\frac{\frac{\mathrm{d}\rho}{\rho}}{\frac{\mathrm{d}L}{L}}\right]\frac{\mathrm{d}L}{L} \tag{2-4}$$

令:

$$k=1+2\mu+\frac{\mathrm{d}\rho}{\rho}/\frac{\mathrm{d}L}{L} \tag{2-5}$$

式(2-4)变成:

$$\frac{\mathrm{d}R}{R}=k\cdot\frac{\mathrm{d}L}{L}=k\cdot\varepsilon \tag{2-6}$$

或

$$\mathrm{d}R=k\cdot\varepsilon\cdot R \tag{2-7}$$

由式(2-6)或式(2-7)知 k 的物理意义是单位应变所造成的相对电阻变化,它反映了金属丝材料电阻的效应,故称为金属丝电阻变化率对应变的灵敏度,简称灵敏度。k 也表示电阻应变计输出信号与输入信号在数量上的关系,是应变计的主要工作特性之一。

式(2-5)由两项组成:$1+2\mu$ 项表达的是几何尺寸的改变,对一般金属材料该项约为 1.6;$\frac{\mathrm{d}\rho}{\rho}/\frac{\mathrm{d}L}{L}$ 项表达了电阻率随应变发生的变化,对于某种指定的丝材它是一个常数,其值为 0.4 左右。综合起来说，k 是一个由金属丝材料本身确定的系数，它与金属丝材料的成分、工艺等都有关系。各种材料的灵敏系数均由实验测定。因为一般应变计不能重复使用，因此实际应变计灵敏系数的测定，采用抽样方法，以样本的平均值为一批应变计的灵敏系数。实际应变计的灵敏系数一般在 1.9～2.3 之间。

公式(2-7)是一个很重要的关系式，它的意义不只在于揭示了电阻变化率与机械应变之间确定的线性关系，更重要的是，它建立了机械量与电量之间的相互转换关系。

现代电阻应变计，虽然它们的原理很简单，但实际上是一种高级复杂的测量工具。下面还要进一步叙述这种应变与导电体电阻之间的关系，其与先进的测试技术结合，给工程测试带来的便利。

2)种类

在市面上销售的应变计中，最常用的有丝式应变计和箔式应变计两种。

(1)丝式应变计

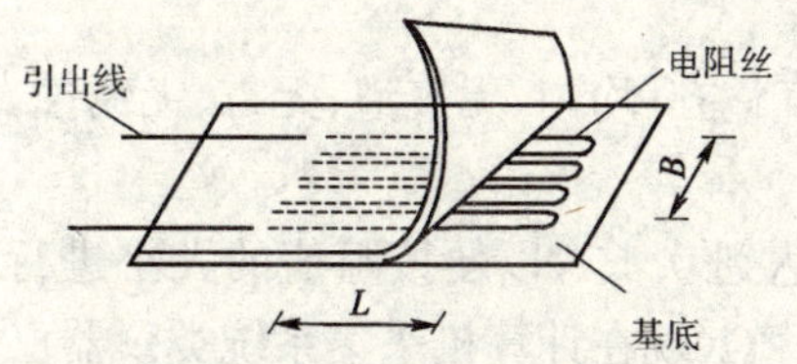

图 2-4　绕丝式电阻应变计

丝式应变计的敏感元件是丝栅电阻丝，如图 2-4 所示。丝式应变计的尺寸从几毫米到上百毫米不等，阻值一般为 50～400Ω。丝式应变计的基底层有纸质和胶质，目前市面上丝式应变计已比较少，有则多为大标距的。

(2)箔式应变计

箔式应变计的敏感元件是通过光刻技术、腐蚀工艺制成的一种很薄的金属箔栅，如图2-5a)。箔式应变计的尺寸从零点几毫米到几十毫米不等，阻值一般从 60～1 000Ω。由于金属箔栅极薄，同样截面积的箔材粘贴层的接触面比丝式要大，所以传递变形能力也优于丝式。另外，箔式应变计的模拟效应、通过电流的能力、散热性和防潮绝缘性均比丝式强。由于箔式应变计的上述优点，现在实践上绝大多数都是箔式应变计。

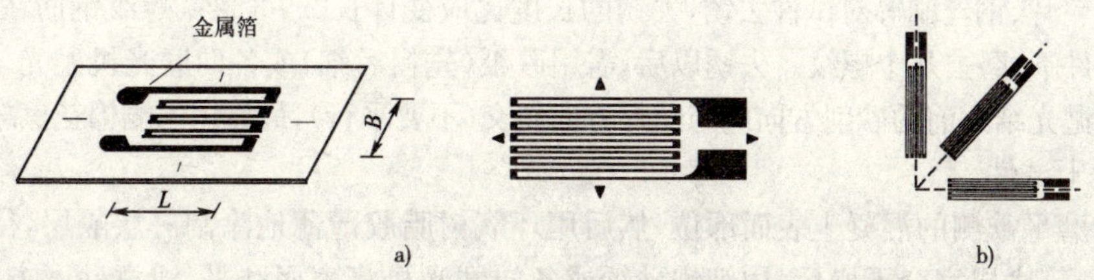

图 2-5　箔式电阻应变计和应变花

a)箔式应变计；b)应变花(45°)

(3)应变花

将单轴电阻应变计按不同角度(一般有 45°、60°、120°等，桥梁多用 45°)组合成应变花，测试构件的平面应力或平面应变。实桥上也可直接将三片大标距普通应变计组合起来使用[图 2-5b)]。

3)选用

应变计品种和规格很多，选用时必须从满足测试要求、使用方便和尽可能节省费用等原则出发，结合被测试件所处的环境条件、被测材料的匀质程度、测点部位的重要程度以及应变范围等多方面因素综合考虑。这里最需要把握的是标距和种类。

(1)标距

当结构材料为匀质(如钢材)或局部应力集中梯度比较大时，宜选用小标距应变计；当结构材料为非匀质(如混凝土)或应变梯度小又均匀时，可选用大标距应变计(对混凝土标距 $L \geqslant$

4～5 倍最大集料直径)。

(2)种类

箔式应变计适用于各种场合,且性能较丝式优越,是目前使用最多的一种应变计。

综合起来说,测钢构件(或混凝土内钢筋)应变,一般选用 2mm×3mm($B\times L$)或 2mm×6mm 的箔式应变计;测混凝土结构表面应变,一般选用 10mm×(80～100)mm($B\times L$)的丝式纸基片或胶基片。测试桥梁构件平面应力可选用 45°应变花。

4)电阻应变计的粘贴和连接

用测试术语来说,电阻应变计是一次仪表(传感元件),而一次仪表的能量转换或传感能力好坏将直接影响整体测试质量。有过电阻应变测试工作经验的都知道,这里所说的质量好坏很大程度上依赖于电阻应变计的粘贴质量,必须对电阻应变计的粘贴和连接环节有足够的重视。下面将简述该技术的一般步骤及应注意的事项。

(1)电阻应变计的选片

首先检查电阻应变计的外观质量,好的应变计丝栅平直整齐、均匀、无气泡、无霉、无锈蚀,基底和覆盖层无破损。

其次用惠斯顿电桥测定应变计的电阻值,其准确度应达到 0.1Ω,以便按阻值的大小进行编组配对。工作片与补偿片之间的电阻值之差不宜大于 0.2Ω(现在计算机采集系统类仪器已放宽到 0.5Ω),以免桥臂阻值不能调整至平衡。

(2)试件的表面处理

被测表面与电阻应变计之间是否能牢固地粘在一起,是直接影响被测物与应变计变形传递的关键。为使应变计贴得牢固(能完全与构件共同伸缩),应对被测表面进行专门处理。

①钢(或其他金属)试件

可用砂轮片、钢丝刷等对试件去锈,去锈的长度比应变计长 2～3 倍。螺纹钢筋在不损伤有效面积的条件下,磨去几个螺纹。去锈以后,需用砂纸(先粗后细)或各向磨光机抛光,使光洁度达到要求。抛光结束前的砂削方向应与贴片方向斜交(不要平行),最后用丙酮棉花擦净贴片处。

②混凝土试件

用砂轮磨平欲测的混凝土表面部位,然后用环氧树脂胶薄薄地涂刮一层隔层,待干(一般需要一天)。等底层完全干燥后,用细铁砂纸或各向磨光机将表面磨平,注意砂磨方向应与贴片方向斜交。最后用无水酒精棉花擦净贴片处。

(3)粘贴应变计

①目前适用于金属或混凝土的贴片,且较常用的胶黏剂为 502 胶(氰基丙烯酸乙酯类粘贴剂),502 胶在常温下吸收空气中的微量水分并固化,使用时仅用手指加压 0.5～1.0min 便能初步固化,现场使用特别方便。环氧树脂类粘贴剂也可用来贴应变计。

②贴片时,先看清贴片的位置和方向。把 502 胶水滴在应变计粘贴面上(注意应变计的正反面),片子贴上去以后,盖上一张塑料薄膜,用大拇指轻轻按住片子,挤出气泡和多余的胶水,注意留心电阻片的位置和方向不能移动。由于 502 胶是一种快干型粘贴剂,所以操作过程中需要熟练的技术和经验。

(4)应变计的干燥处理和质量检查

①应变计粘贴后必须使粘贴剂充分干燥,以保证应变计能够传递试件的变形,同时保证应

变计的绝缘度，不致引起读数飘移。

应变计的干燥方法可以分为自然干燥和人工干燥。当温度大于15℃，相对湿度低于60%时，可用自然干燥，干燥时间一般需要24h。人工干燥就是用红外灯泡或电吹风烘烤，温度一般控制在50℃以下，干燥时间一般只需1h。

②应变计的粘贴质量主要是指粘贴层的好坏、几何位置是否正确、粘贴层是否有气泡、引出线是否完好等。还有一个粘贴质量有关的试件与应变计引出线之间的绝缘度（绝缘度达不到要求会使仪器产生飘移），这个绝缘度值至少要大于100MΩ，对测量时间较长的情况，应在200MΩ以上。

(5)应变计的防潮处理

对应变计进行干燥处理和质量检查后，应及时对应变计进行防潮处理，这对野外试验是必需的。应变计的短期防潮处理比较简单，只需采用普通凡士林，或市售703胶等。对于应变计的长期防潮，一般采用环氧树脂配固化剂。

(6)应变计的导线连接

在每片应变计的引出线下面贴一条接线端子（或称"过桥"，可用铜箔板制成），把应变计的引出线和后续接线一起焊在过桥上，如图2-6示意。

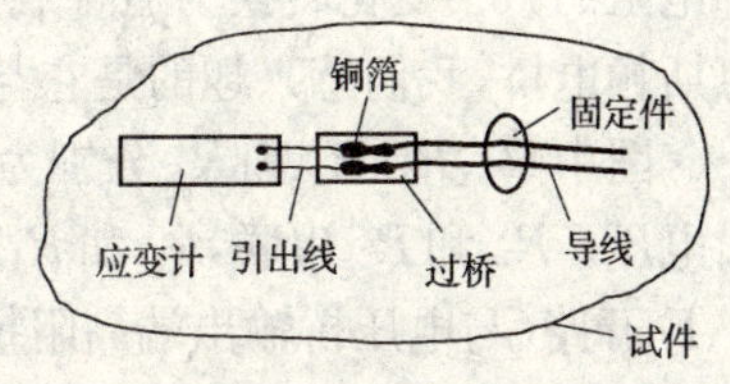

图2-6 应变计的导线连接

应变计的连接导线与采用的应变仪器和测试内容有关。一般情况下的静、动态应变测试，用线要求如表2-2所示。

一般情况下的静、动态应变测试用线要求 表2-2

测试内容 / 仪器	静态应变	动态应变
交流过桥	<10m 普通平行塑料线	多芯屏蔽线
	多芯屏蔽线	
直流过桥	普通平行塑料线	

电阻应变计的粘贴、焊接等是一项实践性很强的专门技术，要掌握这门技术仅凭这里的一点叙述是不够的。建议读者找机会加以实习，这将有助于大家对该项专门技术的认识实践。

3. 应变测量的仪器和设备

由机械应变引起的电阻应变计阻值的变化通常很小。举例来看：如果用$R=120\Omega$、$k=2$的电阻应变计来测量钢结构（$E_g=200\ 000$MPa）的应变，当某点应力为100MPa时，应变计电阻值的变化ΔR为：

$$\Delta R=k\cdot R\cdot \varepsilon=2\times 120\times 100/200\ 000=0.12(\Omega)$$

如果要求测量的相对误差为1%，那么测量电阻变化的仪器的刻度值要求不大于0.001Ω；如果同样以0.001Ω的精度去测量1MPa的应力，误差会偏大，这样就产生了对测量灵敏度要求高而且又要求量程大的矛盾。

可见，由应变计产生的电信号十分微弱，而且应变值还有拉、压和动、静之分，所以必须有专门测量应变的仪器才能获得信号结果。

这种专门的仪器设备的系统框图见图2-7。

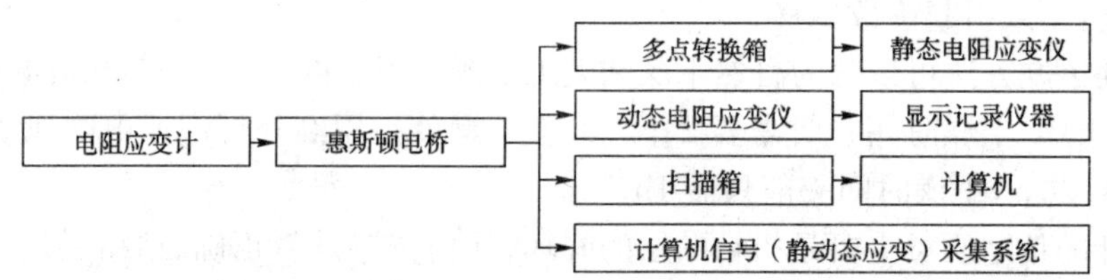

图 2-7　应变测试仪器系统

测量应变的仪器设备类型比较多，有静态和动态的，还有模拟的和数字式的，但从框图可以看出，无论采用何种仪器设备，都要通过惠斯顿电桥得到电信号。

下面以框图为序简述这部分内容。

1)惠斯顿电桥

惠斯顿电桥是一种常用的电阻—电压转换装置，它能把应变计电阻的微小变化转换为适合放大和处理的电压。图 2-8 是标准惠斯顿电桥，我们感兴趣的是它与应变计有关的输入输出特性。

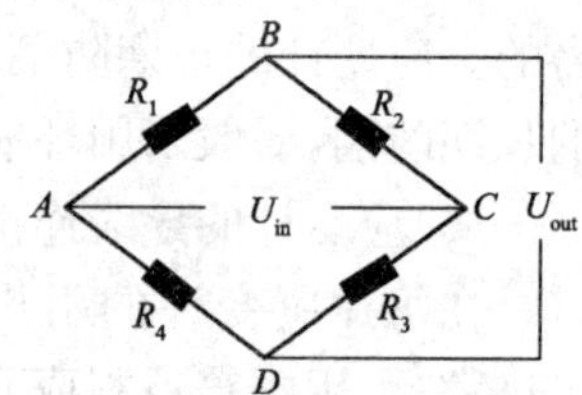

图 2-8　惠斯顿电桥

图中 R_1、R_2、R_3 和 R_4 分别为电阻器，U_{in} 为输入电压，U_{out} 为输出电压。R_1 和 R_2 串联，R_3 和 R_4 串联，两组并联于 A、C 两点。当 B、D 开路（与电压桥输出端高阻抗等价）时，B、D 之间的电位差：

$$U_{out}=U_{AB}-U_{AD}=\left(\frac{R_1}{R_1+R_2}-\frac{R_4}{R_3+R_4}\right)U_{in}=\frac{R_1R_3-R_2R_4}{(R_1+R_2)(R_3+R_4)}U_{in} \tag{2-8}$$

当 $U_{out}=0$，表示电桥处于平衡状态，得 $R_1R_3=R_2R_4$，此即电压桥的平衡条件。桥路中任何一个电阻的变化都会使电桥失去平衡（$U_{out}\neq 0$）。如果原各臂阻值分别都发生了变化，R_1 变成了 $R_1+\Delta R_1$，R_2 变成了 $R_2+\Delta R_2$，以此类推，将它们代入式(2-8)，得：

$$U_{out}=\frac{(R_1+\Delta R_1)(R_3+\Delta R_3)-(R_2+\Delta R_2)(R_4+\Delta R_4)}{(R_1+\Delta R_1+R_2+\Delta R_2)(R_3+\Delta R_3+R_4+\Delta R_4)}U_{in} \tag{2-9}$$

将此式展开，注意到 $R_1R_3=R_2R_4$，并略去二次项和非线性误差项，可得：

$$U_{out}=\frac{1}{4}\left(\frac{\Delta R_1}{R_1}-\frac{\Delta R_2}{R_2}+\frac{\Delta R_3}{R_3}-\frac{\Delta R_4}{R_4}\right)U_{in} \tag{2-10}$$

如果 R_i 是电阻应变计，注意到 $\Delta R/R=k\varepsilon$，则式(2-10)可写成：

$$U_{out}=\frac{1}{4}k(\varepsilon_1-\varepsilon_2+\varepsilon_3-\varepsilon_4)U_{in} \tag{2-11}$$

如果各电阻应变计的阻值都一样，即 $R_i=R$，则有：

$$U_{out}=\frac{1}{4}Nk\varepsilon U_{in} \tag{2-12}$$

式中：N——电桥有源工作臂的数目，也称桥臂系数。

由式(2-12)可见，电桥的输出与应变计本身的电阻值无关，并且是线性的。

下面结合图 2-8 和式(2-10)、式(2-12)对电桥的输出特性作进一步的讨论。

当阻值 R_1 发生变化时，电桥的输出 $U_{out}\neq 0$，如果相邻臂上的 R_4 也同时产生一个大小和极性都相同的变化，则仍能使 $U_{out}=0$；如果 R_4 产生一个大小相同、极性相反的变化，则电桥的输出 U_{out} 将是 R_1 一个臂上阻值产生电压的两倍（$N=2$）。如果 R_1 变化时，R_4 不变，R_1 相对的桥

臂上的 R_3 发生一个大小相同、极性相反的变化，则电桥的输出 $U_{out}=0$；如果 R_3 发生一个与 R_1 大小和极性都相同的变化，则电桥的输出 U_{out} 将是 R_1 一个臂上阻值产生电压的两倍($N=2$)。可见应变电桥有一个重要特性：电桥的输出电压与相邻两臂的电阻变化率之差，或相对两臂的电阻变化率之和成正比。如果相邻两臂的电阻变化率，大小相等、方向相同，或相对两臂的电阻变化率，大小相等、方向相反，则电桥将不会改变其平衡状态。式(2-11)中电桥的输出电压与相邻两臂的电阻变化之间的关系，可以简单地归纳为一句话：相对之和，相邻之差。

(1)温度补偿

接入电桥的电阻应变计的电阻值随温度变化，这一变化当然要引起电桥输出电压，一般每升温 1℃，应变放大器输出的变量可达几十微应变。显然，这是非受力应变，需要排除，这种排除温度影响的措施，叫温度补偿。

根据应变电桥的输出特性，应用上不难对温度进行补偿，只要用一片和工作片(贴在被测件上的应变计)阻值、灵敏系数和电阻温度系数都相同的应变计，贴在一块与被测件材料相同而不受力的试件上，并使它们处于同一温度场，电桥连接时使工作片和补偿片处在相邻桥臂中，见图 2-9，这样温度变化就不会造成电桥的输出电压。

补偿片可采用单点补偿多点的办法，具体补多少点要根据被测物的材料特性、测点位置及环境条件决定。一般(钢结构或混凝土)桥梁应变测量，可以一点补多点。野外应变测试温度补偿时必须注意大、小范围温度场的不同或变化(如迎风面和背风面，桥面上方和下方等)，对这种特殊场合的温度补偿一般要求一对一。有些实桥应变测试时，出现数据回零差、重复性差或飘移不稳等问题，很可能是温度补偿不到位，所以实桥温度补偿时要求是很严格的。

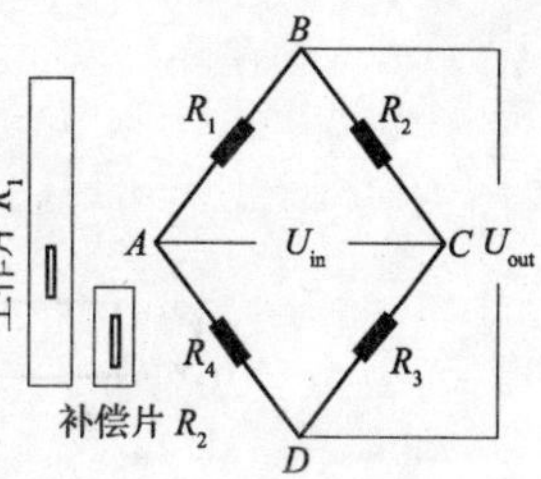

图 2-9 温度补偿

补偿片也可参与机械应变，只要知道补偿片与工作片所感受应变之间的比例关系，采取适当的桥路接法，就能起到温度补偿的作用，有时还能提高电桥的灵敏度，这一方法叫做温度自补偿。

(2)桥路组合

我们已经知道，电桥桥路的灵敏系数与电桥的有源工作臂数目 N 有关，N 越大，灵敏度愈高，电桥的这一特性在实用中非常重要。结合材料力学的有关知识，我们可以通过合理选择贴应变计的位置和方位，并调整应变计在桥臂上的组合，以便从比较复杂的组合应变中测出需求的成分而排除其他成分。这一调整的原则是，在满足特殊要求的条件下，选择测量电桥组合形式时，要优先选用输出电压较高、能实现温度互补偿且便于分析的组合。

实用上，利用电桥的桥臂特性，可以把不同数量的应变计接入电桥构成 1/4 桥、半桥和全桥等，其中最常用的是半桥和全桥，见图 2-10。

下面举两个例子，说明应变计在构件上的布置和在桥路上的接法。

【例 2-1】 试测图 2-11a)所示构件表面由弯矩引起的应变。

方法 1：如图 2-11a)所示，工作应变计 R_1 的应变变化由弯矩 M 和温度 T 引起的两部分变化组成，$\varepsilon_1=\varepsilon_M+\varepsilon_T$；补偿应变计 R_2(假定与工作应变计 R_1 是同一批产品)不受力，它的应变变化只是由温度 T 而致，$\varepsilon_2=\varepsilon_T$。根据式(2-12)，电桥的输出电压将为：

$$U_{out}=\frac{k}{4}(\varepsilon_M+\varepsilon_T-\varepsilon_T)U_{in}=\frac{k}{4}\varepsilon_M U_{in}$$

这里,温度影响被排除了,通过电阻应变仪可测得构件上缘的拉应变 ε_M 。

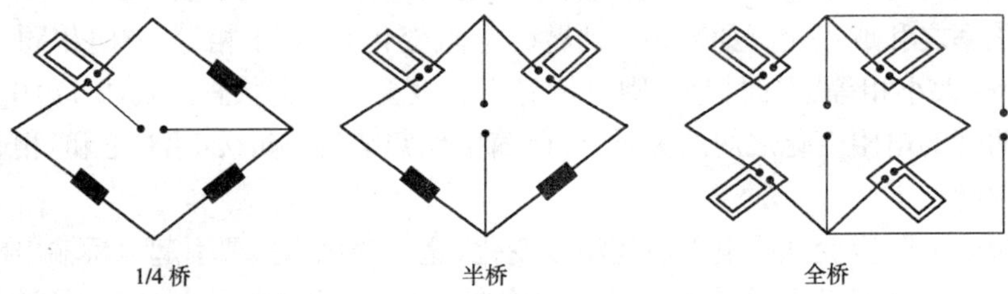

图 2-10 电桥桥路

方法 2:如图 2-11 b)所示,将温度补偿应变计 R_2 布置在构件下缘表面且轴线与 R_1 平行的位置上,仍按方法 1 方式接桥,温度效应可以排除,但构件在承受弯矩时 R_1 感受拉应变 ε_M ,R_2 感受的却是压应变 ε_M(假定构件截面有水平对称轴),两个应变只差一个负号。根据式(2-11),电桥的输出电压将为:

$$U_{out}=\frac{k}{4}[\varepsilon_M-(-\varepsilon_M)]U_{in}=\frac{2}{4}k\varepsilon_M U_{in}$$

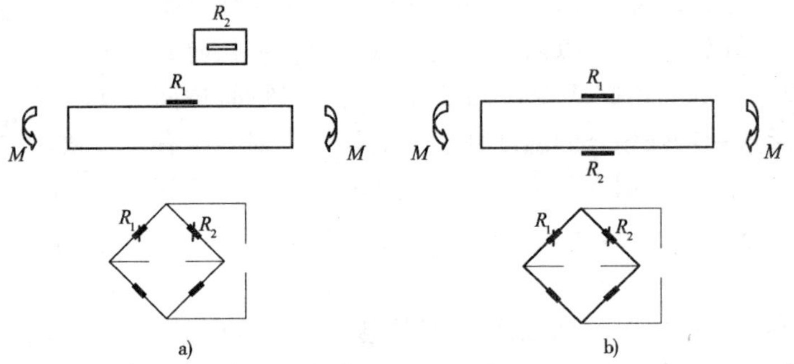

图 2-11 桥路组合例 2-1

这里,既消除了温度效应的影响,又使电桥的输出电压增加了一倍,实际要求的构件表面应变即为被测应变的一半。

【例 2-2】 图 2-12a)为一圆形受拉构件(钢筋),在钢筋上对称粘贴 4 枚应变计。

方法 1:构件受拉力后,R_1 和 R'_1 感应的是轴向拉应变 ε_p ,R_2 和 R'_2 感应的是构件受拉后由泊松效应引起的横向应变 $-\mu\varepsilon_p$ 。按图 2-12b)中桥路方式接桥,根据式(2-11),电桥的输出电压将为:

$$U_{out}=\frac{k}{4}[\varepsilon_p-(-\mu\varepsilon_p)]U_{in}=\frac{k}{4}(1+\mu)\varepsilon_p U_{in}$$

这里,电桥的输出电压增加了 $1+\mu$ 倍,实际要求的构件表面应变为被测应变的 $\frac{1}{1+\mu}$ 倍。

方法 2:仍是图 2-12a)钢筋受拉情况,在桥路接法上稍加变化,按图 2-12c)中桥路方式接桥。根据式(2-11),电桥的输出电压将为:

$$U_{out}=\frac{k}{4}[\varepsilon_p-(-\mu\varepsilon_p)+\varepsilon_p-(-\mu\varepsilon_p)]U_{in}=\frac{2}{4}(1+\mu)k\varepsilon_p U_{in}$$

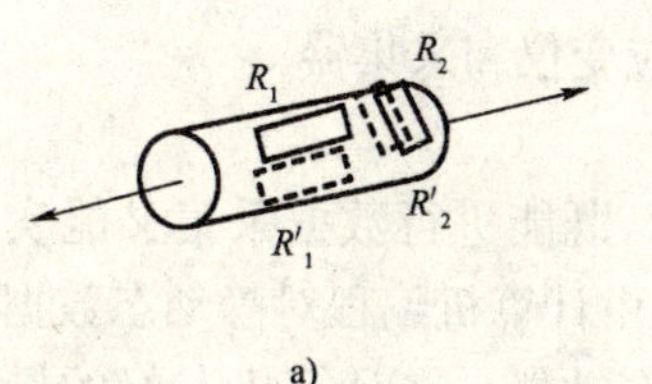

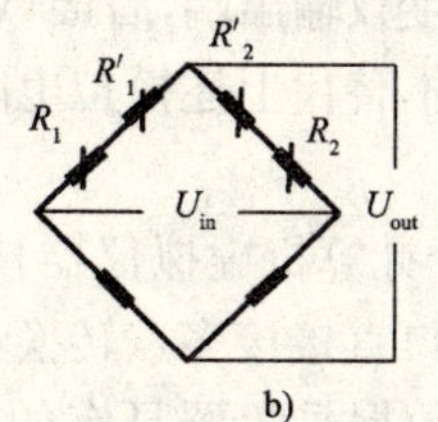

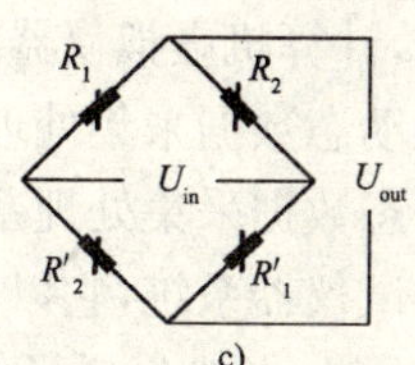

图 2-12　桥路组合(例 2-2)

这里,电桥的输出电压较方法 1 增加了一倍。

比较方法 1 和方法 2 可以得到一种认识,在构件上一样的应变计布置,不一样的桥路组合会产生不一样的放大倍数,就是说它们的工作效率不一样。实际应用上为了提高信噪比,减少误差,往往利用桥路的这种特性,采取扩大读数的方法。

2)电阻应变仪

电阻应变仪是一种专用应变测量放大器。一般具有如下三个功用:

(1)装有几个电桥补充电阻(以适用于 1/4 桥和半桥测量)并提供电桥电源;

(2)能把微弱的电信号放大;

(3)把放大后的信号变换显示出来或送给后续设备。

按测量对象的不同应变仪分成静态电阻应变仪和动态电阻应变仪,也有把静动态电阻应变仪做在一起的。静动态电阻应变仪从原理上讲没有本质不同,其主要区别在于:静态应变仪的信号与时间无关,可由应变仪直接读取应变值,多点测量只需通过多点转换箱(也称平衡箱)切换而不增加放大单元;而动态应变仪测量的信号与时间有关,应变仪本身无法读值,要靠后续显示记录设备得到应变值,多点测量一般需一对一地配置放大单元。

早期的静态电阻应变仪使用零读数法,此时的应变仪实质上是一台电桥平衡的指示器,按电阻变化→桥路不平衡→调节平衡装置→电桥重新平衡→产生读数差→被测应变值。后来,随着电子数显技术的发展,静态电阻应变仪又装上数显管,变成了直读式。

动态电阻应变测量,因为应变值是变化的,零读数法或直读式都无法读出应变值,所以要把动应变信号记录下来,再行取值。显然它需要与后续记录仪器一起工作,于是又发展了各式后续仪器。

上述电阻应变仪本质上都属于模拟电子仪器,在计算机数字化时代再讲模拟电阻应变仪的目的,主要是希望读者能了解电阻应变测试仪器技术发展的历史过程,并能从源头上对电阻应变技术加深认识。

在静动态应变采集处理计算机虚拟仪器技术之前,20 世纪 80～90 年代静态应变测量有一种基于单板计算机技术的静态数据采集器。用该类采集器测量静态应变的特点是硬件(特别是扫描箱等)质量好、测点多、速度快,同时也能对应变数据进行简单处理。除测量应变以外,它们还可以测量和处理其他物理量,成百上千个通道可以单独设定被测物理量的单位和常数,如应力、温度、压力、荷载、角度、电压、功率等。这类装置已不单为应变而设计,因此称为数据采集器,典型的如 7V08 和 3530 Data Logger。

受当时计算机技术发展的制约,这种采集器不能测量动态信号。主要是同时进行多路数据采集,要满足采样、速度、精度、信号再现等方面要求,当时的计算机能力不够。那时,对测量动态应变方法的主要改进是在动态电阻应变仪输出端，后接 A/D 转换箱，再用计算机进行采集处理。

目前，计算机虚拟仪器技术已基本替代上述模拟电阻应变仪和采集器。

3)静动态数据采集处理系统

静动态数据采集处理系统是基于计算机虚拟仪器技术，既能进行数据采集又能实时处理数据的测试仪器系统，它以计算机接口直接接多点转换箱，由计算机编程对静动态数据进行采样、分析处理，当然包括了上述静态数据采集器具有的所有功能。在计算机友好的操作界面下，完成所有的功能操作，如桥路平衡、定时采样、灵敏度修正、应变计算等。采样速率不等，一台计算机可以控制几百、上千个测点的测量和计算。

这类静动态数据采集处理系统实际分成静态数据采集处理系统、动态数据采集处理系统和静动态数据采集处理系统。

目前在市面上销售的静态数据采集处理系统一般量程为±20 000～30 000$\mu\varepsilon$，A/D 转换分辨率 12bit，可连接多个接口扫描箱。一些型号的数据采集箱前的电阻应变计也可以更换成其他传感元件，可对如温度、电压等参数测量，使用和携带都比较方便。

在动态数据采集处理方面，计算机软硬件技术的发展早已克服了前述动态测量的难度，或者说是颠覆了传统动态信号测试的方式方法。对桥梁等自振频率较低的土木工程结构物来说，它甚至可以不用区分静动态信号，直接采样、显现或回放，开放式数据可作任意再处理。

在硬件配置上，多通道的数据采集箱配一台笔记本计算机即可，所以它也被称为便携式多通道动态应变测试分析系统。

市面上的动态数据采集处理系统一般量程达到 30 000$\mu\varepsilon$，A/D 转换分辨率 16bit，采样频率超过 100kHz，可同时测量几百个通道数据。和静态数据采集器一样，数据采集箱前的电阻应变计也可以更换成其他参数传感器。

静动态数据采集处理系统尽管在使用上给应变测试带来了莫大的方便，但实桥测量中有时会出现各种抗干扰性差(如应变飘移、信噪比降低等)问题，应引起重视，个中原因也有待进一步研究解决。

4. 基于应变测量技术的传感器

1)力(或荷重)传感器

力(或荷重)电测传感器多数都是用应变计技术制成的，在圆柱形弹性元件上粘贴应变计(加以特殊固化处理)，已知元件截面积和实测应变值，通过标定就可求出拉、压力和荷重。图 2-13 所示是一种环形截面圆筒状的应变式力传感器，在它的内部筒壁上粘贴应变计(图右)。结合本章“桥路组合”内容，不难看出，这里为消除偏心和提高放大倍数所采用的应变计布置方式以及桥路接法上的特点。

该方法制成的力传感器，量程一般在 1～2 000kN。

2)钢筋应力计

钢筋应力计比较简单，在一根普通钢筋上粘贴 4 片应变计，接成全桥，其接线桥路可参见图 2-12。在试验机上对输入力和输出应变进行率定，得到该传感器的灵敏系数。钢筋应力计一般作钢筋混凝土构件应力测试的预埋用，使用时可直接焊在钢筋网上(见图 2-14)，应力计随构件一起受拉(压)时，其输出应变除以灵敏系数就可得到被测应力。

钢筋应力计在实际工程上应用比较广泛，它的优点是可以直接测量钢筋混凝土构件内部

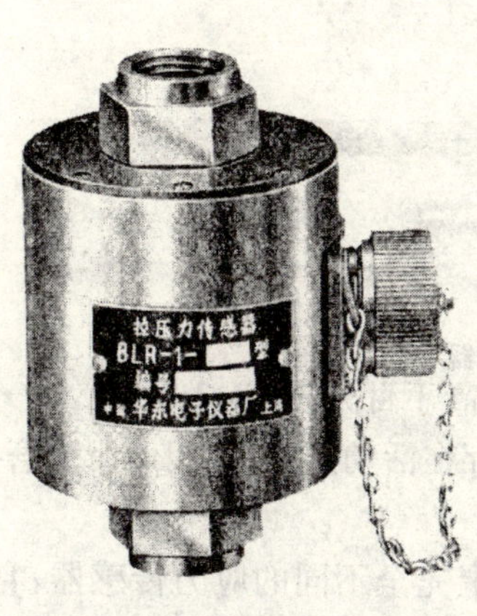

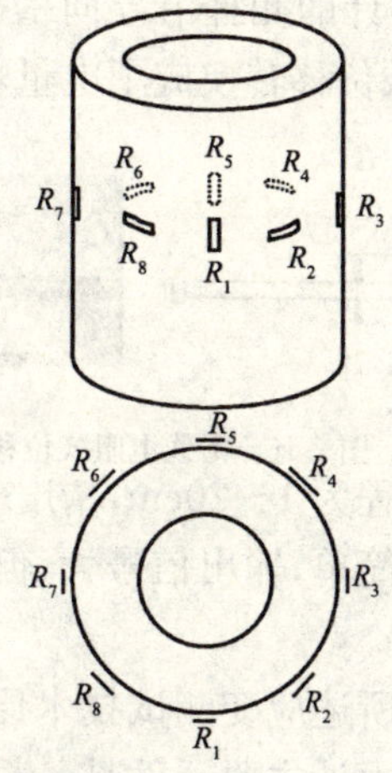

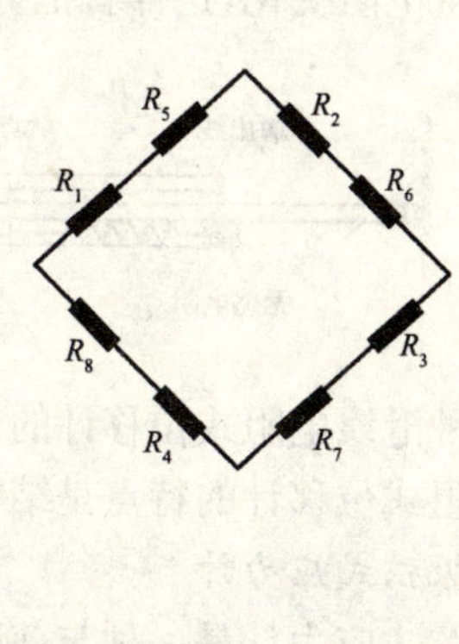

图 2-13　应变式力传感器

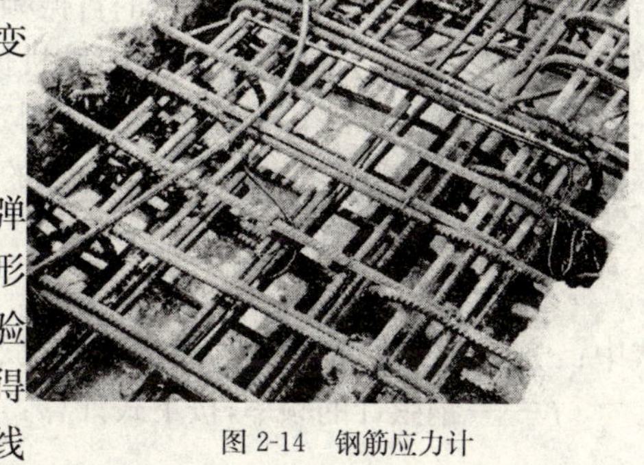

图 2-14　钢筋应力计

钢筋的应力，使用成本较低；缺点是只能一次性使用，不能连续长期读数，事实上这也是所有基于电阻应变计测试技术仪器的共性问题。

3）弓形应变传感器

弓形应变传感器设计的思路并不复杂，在一片弹性特别好的弓形钢质元件上粘贴 4 片应变计（弓形上、下方各一纵一横），接成全桥（见图 2-15）。在试验机（或标准梁）上对输入应变和输出应变进行率定，得到该传感器的灵敏系数。该应变传感器在受拉轴线上有一个固定标距（8cm 或 10cm），使用时将传感器固定在被测构件上，当应变计随构件一起变形时，其输出应变除以灵敏系数就可得到被测应变。

弓形应变传感器的优点是灵敏度比较高，可以避免现场贴片，传感器能被重复使用。但它对传感器元件材质本身弹性性能和制作加工工艺要求比较高。另外因为是全桥接线，相对会增加测量导线的数量。

图 2-15　弓形应变传感器

4）电阻式位移传感器

应变计电测位移传感器种类很多，其做法基本是在弹性很好的位移传感元件（如悬臂梁）上粘贴应变计，对输入位移和输出应变进行率定，得到该传感器的灵敏度。使用时读出应变就可算出位移。

这里我们介绍一种使用简单方便的滑线电阻式位移传感器（见图 2-16），这类位移计的工作原理也是利用应变电桥进行测量。仪器内部设有 4 个无感电阻 R_1、R_2、R_3 和 R_4，在 R_1 和

R_2之间串有一根电阻丝。当位移计的测杆沿导向槽移动时，带动触点在电阻丝上滑动，使桥臂上产生电阻变化，这样就把机械位移转换成了电量输出。

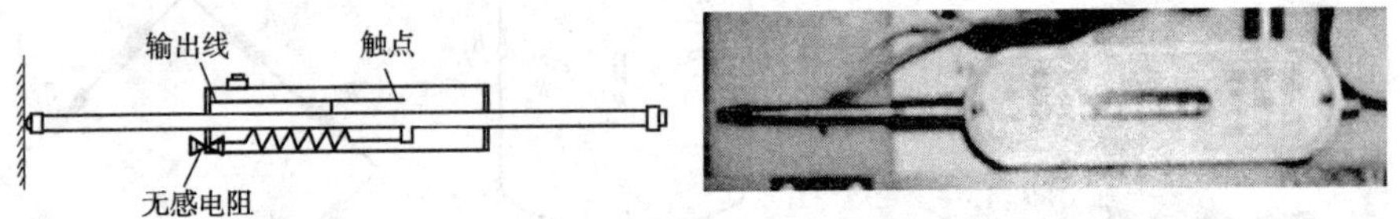

图 2-16 滑线电阻式位移传感器

这种滑线电阻式位移计的量程为 1～20cm，精度一般高于百分表 2～3 倍。

电阻式位移计的特点是结构简单，输出信号大，但因存在活动测点，使用寿命受磨损影响。

5. 振弦式应力计

振弦式应力计是一种与前面所述应变测试技术原理上完全不同的应力传感器，它的实质是一种振弦式换能器。振弦式应力计主要元件是一根长度、面积和质量都确定的张紧的钢丝（振弦），在一定的预拉力情形下该振弦有一个基本频率。其工作过程：当传感器受拉（压）力后，其钢丝的拉力产生变化，钢弦的自振频率会发生相应的变化。电脉冲信号通过传感器内的激振线圈产生电磁力，激发钢弦作正弦机械振动，该振动使钢弦一侧的拾振线圈感应出同频的正弦电信号，通过导线传输到钢弦频率测定仪，显示出振动频率值。按照预先标定的"力—频率"关系曲线，即可得出作用在应力计上的拉（压）力。

用公式来表示，有：

$$\varepsilon = \alpha f^2$$

式中：α——一个与钢丝特性有关的灵敏系数；

f——钢弦计的频率，按下式计算：

$$f=\frac{1}{2L}\sqrt{\frac{F}{m}}$$

其中 L——钢丝的长度，

F——拉力，

m——钢丝单位长度的质量。

振弦式传感器的测量范围一般可达几千 $\mu\varepsilon$，测量精度 $1\mu\varepsilon$（也有 $0.1\mu\varepsilon$ 的）。

该类传感器使用也比较方便，测钢或混凝土构件的应变时可直接安装在它们的表面（和引伸仪差不多），也可预埋在混凝土内部，见图 2-17。

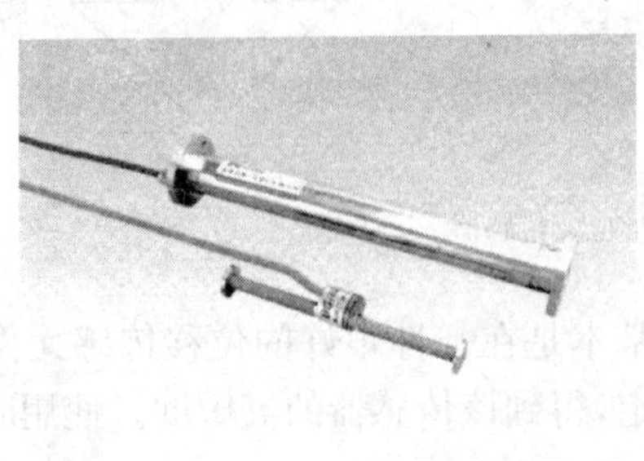

a)

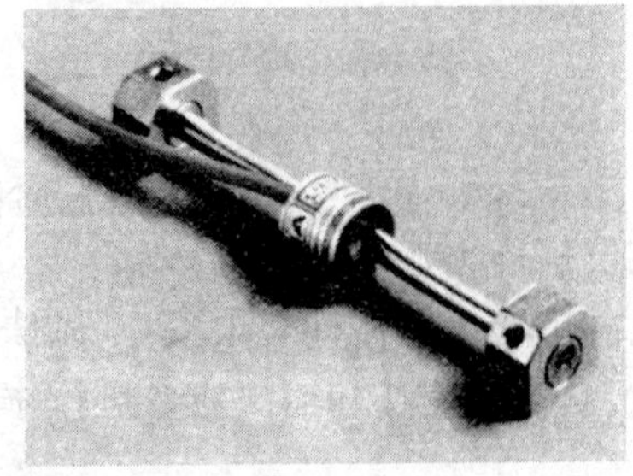

b)

图 2-17 振弦式应力计

a)埋入式；b)处置式

国外也有产品做成如图 2-18 式样的，注意它的测距 L[2in(约 0.05m)一节]是可调的，相当于引伸仪的标距。

图 2-18 可调测距的振弦式应力计

单个振弦式传感器的读数可用一台计算器大小的便携式读数仪测读。现在比较先进的振弦式应力计已做成数字式，使用中与计算机直接通信并处理数据。

从原理上可以看出，振弦式应力计有一个初始固有频率，当应力计被安装在结构内部不受力时，它有一个对应其固有频率的初读数，这个初读数不需要电源维持，所以是一种无源传感器。使用过程中，随时读取的应力变化均有源可循。由于振弦式应力计的初始值(记忆)特性，它被称为智能传感器(intelligent sensor)，并已成为目前桥梁结构应力监测中的首选。

6. 光纤传感器

早先，人们认知光纤的用途是一种传送信息的媒介或工具，殊不知光纤还可当作传感器使用。自从 1978 年美国人 K. O. Hill 发现掺锗光纤中的光致光栅特性以来，到 1989 年诞生光纤布拉格光栅(FBG)，经过 20 多年的发展，光纤传感器本身及其应用已有长足的进步。20 世纪 90 年代开始，这项新技术在国外已开始应用于土木工程界，人们从探索光纤传感器埋入混凝土构件和结构中进行结构完整性无损评估和内部应力状态的检测开始，目前光纤传感器已有用于各种材料、结构和环境的工程实践和最新发展。

本节简单介绍光纤传感器的基本原理、类型及其应用。

1)光纤光栅传感器的原理

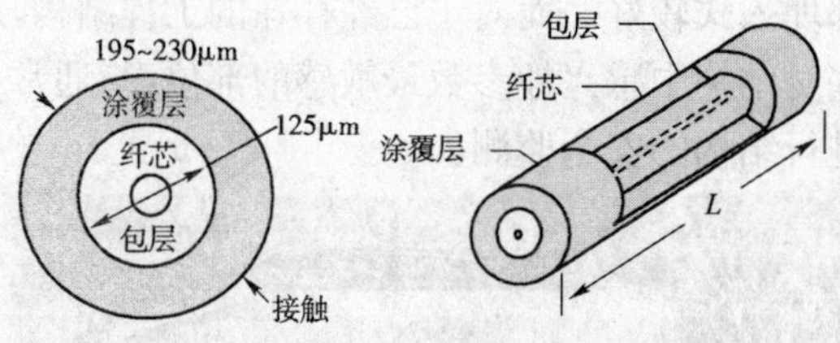

图 2-19 光纤构造图

光纤是光导纤维(fiber optic)的简称，其结构和同轴电缆很类似，也是中心为一根由玻璃或透明塑料制成的光导纤维芯，周围包裹着保护材料，根据需要还可以多根光纤并合在一根光缆里面。其基本构造见图 2-19。

光纤利用光的全反射原理引导光波，光纤光栅是指光纤纤芯中周期性的折射率变化所形成的光栅效应。当激光通过光纤时，光纤的折射率将随光强的空间分布发生相应变化，并在纤芯内形成空间相位光栅。对于光纤光栅，满足条件的入射光波长(中心波长)被光纤光栅反射：

$$\lambda = 2n\Lambda \tag{2-13}$$

式中：λ——光栅中心波长；

n——纤芯有效折射率；

Λ——纤芯折射率的调制周期。

当光纤光栅所处环境的物理量发生变化时，光栅周期或纤芯折射率会随之发生变化，使得光纤光栅反射光的布拉格波长发生变化；借助某种装置测量变化前后反射光波长的变化(并通过建立并标定光纤光栅的响应与被测参量变化关系)，就可以获得待测物理量的变化情况。

根据光纤光栅的弹光效应和弹性效应，当光纤光栅在纵向受到应变时会引起布拉格波长的变化，其满足以下关系：

$$\frac{\Delta\lambda_B}{\lambda_B} = (1 - P_e)\varepsilon \tag{2-14}$$

式中：P_e——光纤光栅的有效弹光系数；

ε——光栅在轴向的应变；

λ_B——光纤光栅的布拉格波长；

$\Delta\lambda_B$——布拉格波长变化量。

上式为光纤光栅传感器的应变传感机理，光纤光栅传感器的设计就是利用此原理，通过光纤应变与 Bragg 波长的一一对应关系，把应变量转化为波长的变化，使精确测量应变成为可能。

2)光纤光栅传感器的结构分类

光纤光栅主要分两大类：一是 Bragg 光栅(也称为反射或短周期光栅)，二是透射光栅(也称为长周期光栅)。光纤光栅从结构上可分为周期性结构和非周期性结构，从功能上还可分为滤波型光栅和色散补偿型光栅，色散补偿型光栅是非周期光栅，又称为 chirp 光栅。

目前，已经商业化的光纤传感器主要有：基于光栅反射原理的光纤传感器(可测量应变和温度)，基于 Michelson 干涉原理的位移传感器和基于 Fabry-Perot 干涉原理的应变传感器。

3)光纤传感器的安装

光纤传感器的安装方式基本可分为：外表粘贴式和内部埋入式，两种方式适用于不同情况，见图 2-20。对于那些在建或者将要兴建的大型工程，用于监测施工过程中材料内部的变化过程或者建成后结构使用期间的状态，用内部埋入式较好。而对于已经存在的工程结构，通常用外表粘贴式，将光纤传感器用胶粘贴在那些对结构中感兴趣参数最敏感的部位，与通常在结构上固定加速度传感器或者应变计相似，来进行结构的安全监测。

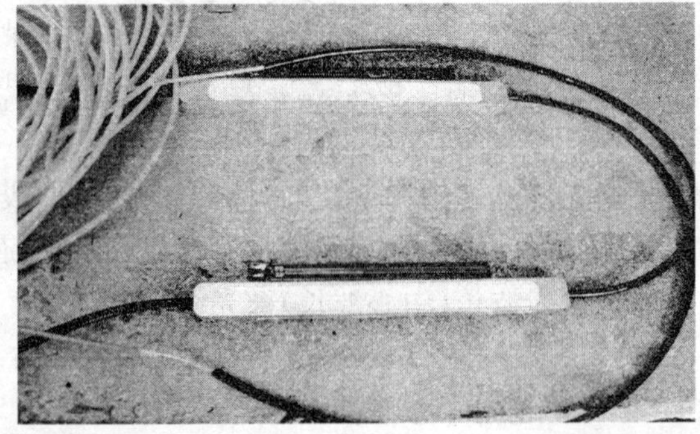

图 2-20 光纤传感器安装

光纤光栅传感器同传统的电子传感器相比，具有抗电磁干扰、尺寸小(标准裸光纤为 125μm，尤其适合于埋入材料内部构成所谓的智能材料或结构)、质量轻、耐温性好(工作温度上限可达 400～600℃)、复用能力强、传输距离远、耐腐蚀、高灵敏度、无源器件等优点。而且作为传感原件，它有一个最为突出的优点，即感应的信息用波长编码，而波长这个绝对参量不受光源功率的波动及连接或耦合损耗的影响，传感信号可长距离传输且不受电磁信号的干扰。它的特别之处还在于易在一根光纤中连续制作多个光栅，所制得的光栅阵列轻巧柔软，与时分复用和波分复用技术相结合，非常适于作为分布式传感原件埋入材料和结构内部或贴装在其表面实现多点监测。如大型桥梁应变监测需要长距离沿跨度布置测点时，只要在沿跨分布光纤上对应部位写入不同栅距的光纤光栅，就可以同时测定这些部位相应的应变及其变化，实现分布式应变光纤传感。

4)光纤光栅传感器的发展和应用现状

1989 年，美国布朗大学的门德斯(Mendez)等人首先提出了把光纤传感器用于混凝土结构的健康监测。此后，加拿大等国家的研究人员也对光纤传感系统在土木工程中的应用做了大量的研究工作。在土木工程结构中，现应用光纤光栅传感器最多的是桥梁的监测。最早的报道是在 1989 年，美国开始用光纤传感器测试一座州际公路桥的振动频率；而后加拿大 1993 年在一座钢桁架桥上应用光纤传感器进行运营状态下的动应力监测；1994 年德国在第一座预应力碳纤维复合材料桥应用光纤光栅应变传感器，检测碳纤维预应力的损失；1996 年，瑞士在一对碳纤维增强塑料(CFRP)索上安装光纤传感器和传统的电阻应变计、温度传感器，监测并比较施工荷载、日常和季节性风等作用下拉索的特性。1997 年美国在一座全复合材料的桥梁中预埋光纤光栅应变传感器，通过互联网技术监测桥梁的荷载响应；1999 年美国又在一座钢结构桥梁上安装了 120 个光纤光栅传感器，创当时一座桥梁上设置光纤光栅传感器最多的纪录。目前国外光纤光栅传感器基本已商品化，如埋有横向光纤光栅传感器的桥梁支座和各式应变、振动传感器。

我国从 20 世纪 90 年代开始光纤传感技术的应用研究，在土木工程领域比较有代表性的主要是一些高校、科研单位，且主要集中在理论分析和误差计算方面，也有少量关于系统和技术研究方面的报道。这几年国内光纤光栅传感器的发展比较快，有的光纤光栅传感器也已经商品化。比较有代表性的有：2000 年哈尔滨工程大学依据白光干涉原理设计的光纤传感器，通过比较光程差的方法来间接地测量斜拉桥模型拉索索力的变化特性；同年该技术还被清华大学应用在大型水坝的健康监测上。哈尔滨工业大学在黑龙江省呼兰河大桥(预应力钢筋混凝土箱形梁桥)上成功地将 15 个裸光纤光栅布设到主梁上，监测箱梁施工阶段与成桥状态的受力应变，研究光纤光栅现场布设技术。2004 年武汉理工大学建成“光纤传感器高科技产业化示范工程项目”，之前他们研制的光纤压力传感器被成功应用在汉江二桥实桥斜拉索索力测试上。2005 年同济大学在东海大桥主通航道斜拉桥上应用光纤光栅传感器测试桥梁动荷载试验时的动应力，并被用作大桥长期监测的测点。

光纤光栅传感技术尽管发展迅速，其系统研究仍然面临诸多技术问题，目前对光纤光栅传感器的研究进展主要集中在以下几个方面：

(1)对传感器本身及能力进行横向应变感测和高灵敏度、高分辨力，且能保持光纤光栅的时间稳定性研究，解决应变与温度的交差敏感性问题。

(2)光纤光栅传感头封装和贴附新技术新工艺的研究，包括多点分布、分离和处理技术等。

(3)对光栅反射信号或透射信号分析和测试系统的研究，目标是开发低成本、小型化、可靠且灵敏的探测技术。以适应未来光纤光栅传感系统网络化、大范围、准分布式测量，发展传感器网络技术。

二、变位测试仪器

1. 线位移测量仪表

桥梁测试中最常用的位移测量仪表是千分表、百分表和挠度计,应用这类仪表一般是机械式的,可以非常方便地直接测读结构的位移;另外由这类不同精度和量程的仪表再配以其他机械装置可组成各种测量其他参数的仪器(如测量应变的千分表引伸仪、测量拉压力的拉压式测力计等)。

表 2-3 列出了一些常用机械式位移测量仪表的主要性能指标。

常用机械式位移测量仪表的主要性能指标 表 2-3

名 称	精 度	量 程
千分表	0.001mm	1~30mm
百分表	0.01mm	10~50mm
挠度计	0.1mm	不限

位移测量仪表是利用精密齿条齿轮机构制成的通用长度测量工具。其工作原理都是利用顶杆、齿轮、滑轮、弹簧、指针和刻度盘等,将被测尺寸引起的测杆微小直线移动,经过齿轮传动放大,变为指计在刻度盘上的转动,从而读出被测尺寸的大小。它一般由三大部分组成:

(1)传感机构 —— 直接感受被测量的变化;

(2)转换机构 —— 把传感机构受到的变化转换成可直接读取的量;

(3)指示机构 —— 用指针在刻度盘或其他读数装置上指示出被测量的大小。

百分表和千分表是比较大众化的仪表,在桥梁模型测试中有十分广泛的应用。百分表的圆表盘上印制有 100 个等分刻度,即每一分度值相当于量杆移动 0.01mm。若在圆表盘上印制有 1 000 个或 500 个等分刻度,则每一分度值为 0.001mm 或 0.002mm。

图 2-21a)为典型机械式千分表和百分表,图 2-21b)是一种数字显示的千分表。百分表和千分表历经纯机械和机械电子结合的发展,目前市售种类较多,纯机械表仍在生产,有的在保持机械式传动机构功能的情况下,加入了电子感应元件,保留原表盘,同时具备原有的直读功能和电子测量功能。也有的为纯数显,且可外接计算机。多数表具的量程也较以前传统仪表大很多,一些百分表和千分表最大分别已可测到 50mm 和 30mm。

无论是传统千分表、百分表,还是具有较大量程的机械电子仪表,都需要相对(结构)不动的支架,实桥上一般较难实现,但该类仪表可较方便地用来测量支座位移(图 2-22)。

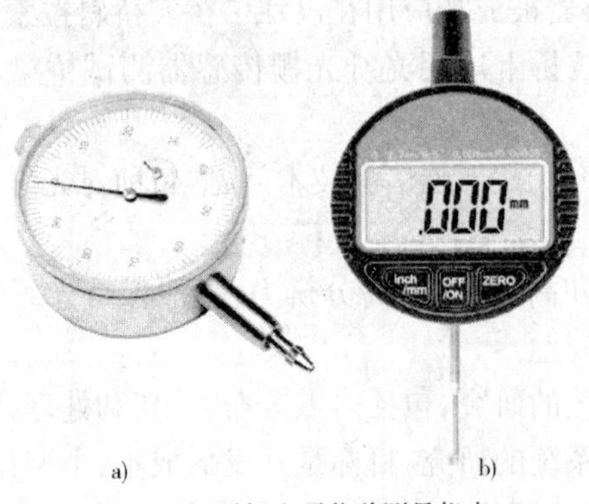

图 2-21 机械、电子位移测量仪表

a)机械式千分表和百分表;b)数字显示的千分表

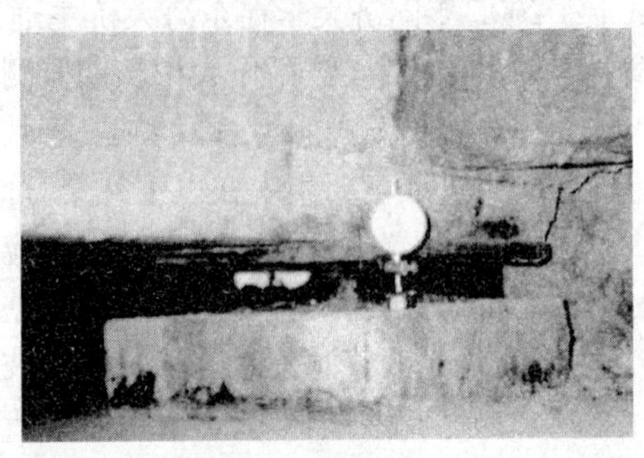

图 2-22 测量支座位移

图 2-23 是一种适用于中小桥挠度测量的绕丝式挠度计。

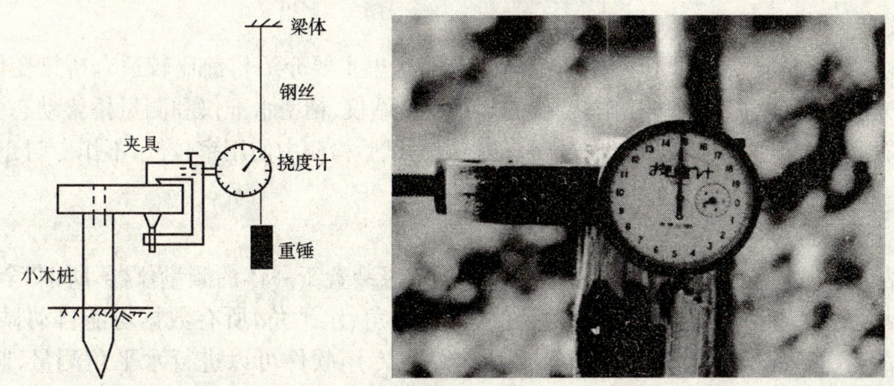

图 2-23　绕丝式位移计

使用时可将参考系设在地面(或河床)的相对固定物上(这是与千分表、百分表使用方法上的最大区别,也解决了上述"相对不动支架"的难题),通过细钢丝与结构物联系,细钢丝随着结构物的位移变化而变化并带动表面指针运动。

2. 连通管

连通管是一种可用来测量桥梁结构挠度的简单装置。利用物理学上"连通器中处于水平平面上的静止液体的压强相同"的原理,如图 2-24 所示,$p_a = p_1 + \gamma h_1 = p_2 + \gamma h_2$,即 $p_2 - p_1 = \gamma h$。表面压强相同,$p_2 = p_1$ 时,连通器两柱的液面高度相同,$h = 0$。

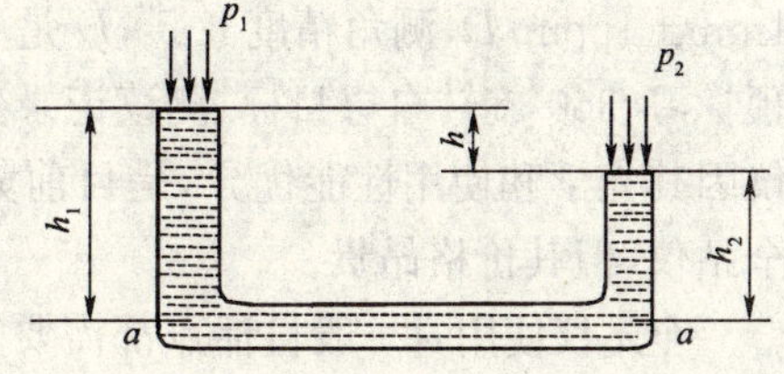

图 2-24　连通器

连通管临时用在桥上测挠度,可用 ϕ10～15mm 的白塑料软管和三通,配普通(毫米刻度的)钢卷尺,人工可测读到 1mm 精度,十分方便。

使用前先沿桥梁跨度方向布置管子,然后在每个测点位置剪断管子,接上三通,把三通开口的一端管子竖起来绑在支架上,最后灌水(或其他有色液体)至标尺位置,如图 2-25 所示。桥梁试验时加、卸荷载会引起桥梁结构下挠,此时水管中的水平液面仍需持平,但每个测点的相对水位会发生变化(注意下挠前后的水位线都必须在所安装标尺的有效范围内),读取这个变化值,经简单计算即可得到桥梁的挠度。

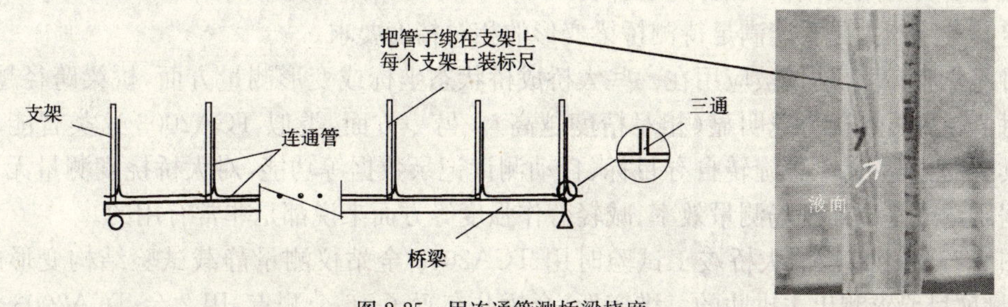

图 2-25　用连通管测桥梁挠度

连通管用来测量桥梁挠度的优点是可靠、易行,当挠度的绝对值大于 20mm 时,其中 1mm 的最小读数至少可有 5%的相对精度。这个精度对小跨度桥梁显然是不合适的,所以选用前须对挠度的期望值有所了解。为了提高连通管测量挠度的精度,还可以利用声反射原理在连通管顶部安装"超声波液位计"，该类设备的分辨率可达到 0.1mm。

3. 光学(光电)仪器

可用以测量桥梁变形的光学仪器设备比较多，这里主要介绍目前比较适合桥梁变位测量的几种(电)光学测量仪器，如测量静态变位的高精度全站仪、精密水准仪和测量桥梁动态变位的光电测量仪器等。普通水准仪或经纬仪因目前在桥梁试验检测中使用率较低，不作专门介绍。

1)高精度全站仪

(1)全站仪的类型

全站仪是集电子经纬仪、光电测距仪和数据记录装置于一体的测量仪器，所谓"全站仪"是指在测站上观测，能一站测得至被测对象的斜距、竖角、水平角，所有数据均能自动显示记录。现在全站仪一般都可以与计算机通信，利用全站仪专用软件可以进行水平角测量、竖直角测量、距离测量、坐标测量结果的计算。

测量桥梁变形，特别是静力荷载作用下的变形，要求用高精度全站仪。这里的高精度是指测距精度达到毫米级，测角精度不大于 1″类的全站仪。必须指出，工程上测桥梁变形，主要关注相对精度。以 5%相对精度计，如桥梁绝对位移有 10cm，仪器至少应有 5mm 精度。有些中小桥绝对位移几毫米，即使选用再高精度的全站仪，其测量精度还是存在问题。

图 2-26 为 TCA2003 型高精度智能型全站仪，该仪器的测距精度 1mm±1ppm/D，测角精度 0.5″，D 是测距。该全站仪具有可自动控制预学习、360°旋转自寻目标、测读记录数据等功能。该类型智能型全站仪因其光学和使用性能优异，是目前大中型桥梁变形测量比较理想的全站仪，但其价格昂贵。

全站仪使用时一般目标点都需要安装棱镜，但也有不用棱镜的"免棱镜"测量全站仪，如 TCRA1201＋R1000 型全站仪，其测角精度达到 1″，测距精度达到±1mm＋1.5ppm/D(D 可达 1.3km)。免棱镜全站仪比较适合测量悬索桥主缆、钢管混凝土拱肋坐标等无法安装棱镜的场合。

图 2-26 TCA2003 型全站仪

(2)全站仪的应用

全站仪最早作为施工测量仪器，出现在桥梁工程上，一般测角精度 2″～3″的机器居多，这种测角精度一般不能用来测量桥梁结构试验变形。选用全站仪前除应该全面了解所选用全站仪的能力及适用性，还必须考虑所测量桥梁变形的相对精度，即通过估算确定其实际能力是否能满足待测桥梁变形的相对精度要求。

目前，高精度全站仪被应用在一些大桥成桥状态坐标或变形测量方面，桥梁跨径越大(变形绝对值越大)，其优势越明显(相对精度越高)。另一方面，类似 TCA2003 这类智能型全站仪所具有的预学习、360°旋转自寻目标、自动测读记录数据等功能，对大桥挠度测量无论是保证数据质量或是提高现场测量效率、减轻劳作强度等方面来说都是非常有用的。

图 2-27 是上海卢浦大桥竣工试验时用 TCA2003 全站仪测量静载试验结构变形的情形(该测量项目要求测出主拱肋的三维变形，全桥共布置了 16 个测点，用 2 台 TCA2003 测量)。正式加载前让仪器预学习，即对所有测点初读数、存入仪器并给仪器设自动循环读数的指令。晚上正式加载试验时，每个工况加载前后读数时，只需按一个键，学习过的仪器可以按设定的程序扫描读数。

2)精密水准仪

(1)精密水准仪和数字水准仪

精密水准仪与一般水准仪比较,其特点是能够精密地整平视线和精确地读取读数。为此在结构上应满足:水准器具有较高的灵敏度,望远镜具有良好的光学性能,具有光学测微器装置,视准轴与水准轴之间的联系相对稳定,受温度变化影响小。此外精密水准仪必须配有精密水准尺。

目前已发展的数字电子水准仪是结合计算机电子与精密水准仪光学技术的新型精密水准仪。电子水准仪的观测精度高,如徕卡新一代数字水准仪 DNA03 型(图 2-28)的分辨力为 0.01mm,测距 150m,每千米往返测得高差中数的偶然中误差为 0.3mm。

电子水准仪要求有一根能与其配套使用的条形编码尺,该水准尺通常由玻璃纤维或铟钢制成。在电子水准仪中装有行阵传感器,它可识别水准标尺上的条形编码。电子水准仪摄入条形编码后,经处理器转变为相应的数字,再通过信号转换和数据化,在显示屏上直接显示中丝读数和视距。

图 2-27　全站仪用在卢浦大桥竣工试验中

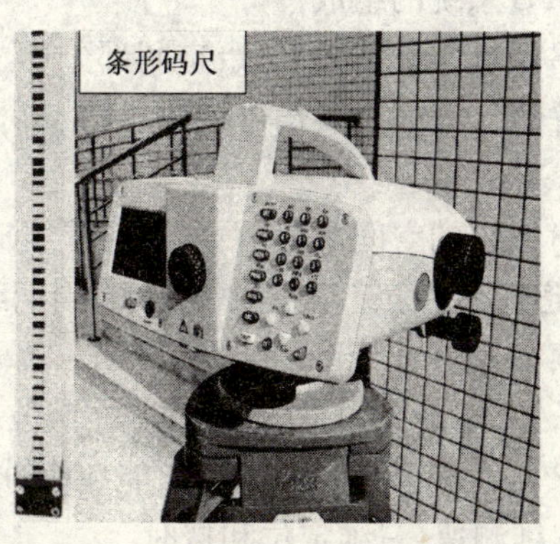

图 2-28　DNA03 型数字电子水准仪

电子水准仪的主要优点是:操作简捷,自动观测和记录,并立即用数字显示测量结果。整个观测过程在几秒钟内即可完成,从而大大减少观测错误和误差。仪器还附有数据处理器及与之配套的软件,从而可将观测结果输入计算机进行后处理,实现测量工作自动化和流水线作业。

(2)数字电子水准仪的使用

数字电子水准仪的应用领域十分广泛。在快速测量高程、高差和放样,以及一等、二等精密水准测量等领域,其外业使用方便、高效和内业处理计算机化的特点得到充分发挥,使测量效率大大提高。

一些中小跨桥梁的挠度测量,可以采用数字电子水准仪。

3)桥梁动挠度检测仪

桥梁动挠度的检测是实桥测试技术的一个难点,前面列举的高级光学仪器都因为采样频率跟不上而无法测读结构动挠度。

目前已有能够在几百米范围测量桥跨动挠度的 BJQN 型桥梁挠度检测仪,见图 2-29。该桥梁动挠度检测仪硬件由检测仪主机和目标靶组成。其工作原理是:在桥梁的测试点上安装一个测点目标靶,在靶上制作一个光学标志点,通过光学系统把标志点成像在 CCD(电荷耦合固体成像器件)的接收面上,当桥梁在动载作用下产生振动时,测试靶也跟着发生振动,通过测出靶上标志点在 CCD 接收面上图像位置的变化值,就可以得到桥梁振动的位移值,其最小可

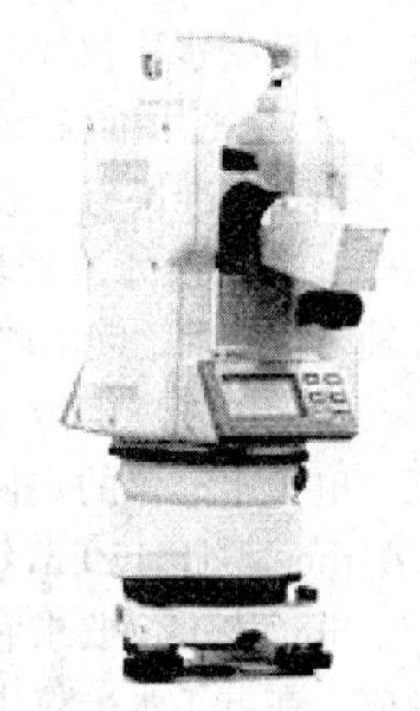
图 2-29 BJQN-4 型桥梁挠度检测仪

测动态范围由 CCD 器件像元的分辨率决定，最大测量范围由镜头的视场角、光学系统放大率和 CCD 有效像元阵列长度决定。

桥梁动挠度检测仪可同时实施两维测量。测量范围垂直不小于 0～0.80m，水平不小于 0～0.3m(最大测量距离处)，并具有自动旋转跟踪等功能。检测距离 5～500m。频率响应 0～20Hz。分辨率达到测量范围的 3‰。软件功能可完成对桥梁动态挠度最大值、最小值、挠度曲线等分析。

桥梁动挠度检测仪已经在一些桥梁实测上得到应用，以后的发展要求其在硬件和使用稳定性方面有进一步的改进。

4. 全球定位系统 GPS

近年来全球定位系统 GPS(global positioning system)已被引入桥梁变形测量，并有很好的应用前景。

1)GPS 系统的组成

GPS 系统包括三大部分：空间部分——GPS 卫星星座；地面控制部分——地面监控系统；用户设备部分——GPS 信号接收机。

(1)GPS 卫星星座

GPS 系统的空间部分由 24 颗卫星组成，均匀分布在 6 个轨道面上，地面高度为 20 000 余公里，轨道倾角为 55°，扁心率约为 0，周期约为 12h，卫星向地面发射两个波段的载波信号，载波信号频率分别为 1 575.442 MHz(L_1 波段)和 1 227.6 MHz(L_2 波段)，卫星上安装了精度很高的原子钟，以确保频率的稳定性，在载波上调制有表示卫星位置的广播星历，用于测距的 C/A 码和 P 码，以及其他系统信息，能在全球范围内，向任意多用户提供高精度、全天候、连续、实时的三维测速、三维定位和授时。

(2)地面监控系统

GPS 系统的控制部分由设在美国本土的 5 个监控站组成，这些站不间断地对 GPS 卫星进行观测，并将计算和预报的信息由注入站对卫星进行信息更新。卫星上的各种设备是否正常工作，以及卫星是否一直沿着预定轨道运行，都要由地面设备进行监测和控制。地面监控系统另一重要作用是保持各颗卫星处于同一时间标准 GPS 时间系统。这就需要地面站监测各颗卫星的时间，求出钟差。然后由地面注入站发给卫星，卫星再由导航电文发给用户设备。GPS 工作卫星的地面监控系统包括一个主控站、三个注入站和五个监测站。

(3)GPS 信号接收机

GPS 信号接收机的任务是：能够捕获到按一定卫星高度截止角所选择的待测卫星的信号，并跟踪这些卫星的运行，对所接收到的 GPS 信号进行变换、放大和处理，以便测量出 GPS 信号从卫星到接收机天线的传播时间，解译出 GPS 卫星所发送的导航电文，实时地计算出测站的三维位置、速度和时间。

GPS 的用户系统是一种单程系统，用户只接收而不必发射信号，因此用户的数量也是不受限制的。对于广大用户，只要拥有能够接收、跟踪、变换和测量 GPS 信号的接收设备，即 GPS 信号接收机，就可以在任何时候用 GPS 信号进行定位测量。根据使用目的的不同，用户所需的 GPS 信号接收机也各有差异。目前世界上已有数百种 GPS 接收机产品，这些产品的主要区别在于用途和功能方面。

接收机硬件和机内软件以及GPS数据的后处理软件包，构成完整的GPS用户系统。GPS接收机的结构分为天线单元和接收单元两大部分。对于测地型接收机来说，两个单元一般分成两个独立的部件，观测时将天线单元安置在测站上，接收单元置于测站附近的适当地方，用电缆线将两者连接成一个整机。也有的将天线单元和接收单元制作成一个整体，观测时将其安置在测站点上。

近几年，国内引进了许多种类型的GPS测地型接收机，这类测地型接收机用于精密相对定位时，其双频接收机精度可达5mm＋1ppm/D。各类GPS接收机体积也越来越小，重量越来越轻，便于野外观测。图2-30为530S型接收机(在桥梁测量坐标控制网放点时的实景)。

2)GPS技术在工程上的应用

GPS作为野外定位的最佳工具，在户外运动中有广泛的应用。对于测绘界的用户而言，GPS已给他们带来革命性的变化，目前，范围上数公里至几千公里的控制网或形变监测网，精度上从百米至毫米级的定位，一般都将GPS作为首选。

图2-31为GPS在布置舟山大陆连岛工程一期工程的坐标控制网中的实际应用。

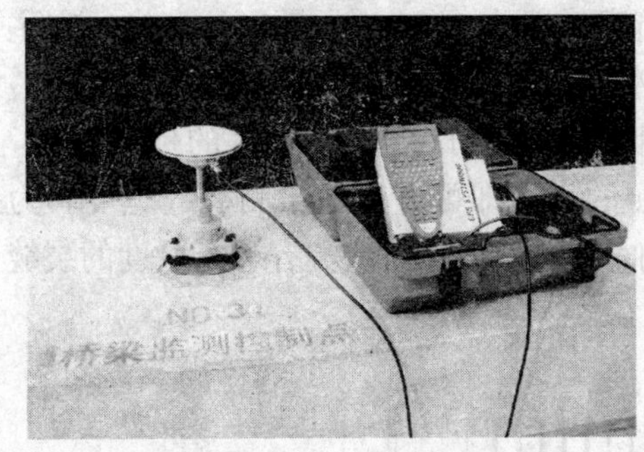

图2-30 530S型接收机

图2-31 GPS应用在坐标控制网测量上

近年来，随着技术发展和应用需求，卫星定位系统发展了多项实用技术，其中特别值得一提的是实时动态RTK(real－time kinematic)定位技术。

RTK定位技术是以载波相位观测值为根据的实时差分GPS技术，系统由基准站和流动站组成，测量时还需建立无线数据通信。它的工作原理是取精度较高且有已知坐标的控制点作为基准点，安置一台接收机作为基准站进行连续观测，基准站接收机在接收(流动站)卫星信号的同时，接收基准站上的观测数据，监测站解算结果随即传至服务器显示终端，实时计算显示出流动站的三维坐标和测量精度；同时，管理系统完成结构物计算、评估或预警。

RTK定位技术目前在桥梁测量中的应用主要有：大跨度桥梁施工放样、线形控制和结构变形测量等，其在公路桥梁工程中有广阔的应用前景。

如采用常规经纬仪或全站仪等做工程放样，一般要放样出一个设计点位时，往往需要来回移动目标，而且要2～3人操作，同时在放样过程中还要求点间通视情况良好。如果采用RTK技术放样，仅需把设计好的点位坐标输入到电子手簿中，背着GPS接收机，它会提醒你走到要放样点的位置，既迅速又方便。由于GPS是通过坐标来直接放样的，而且精度很高也很均匀，因而在外业放样中效率会大大提高，且只需一个人操作。

英国的Humber悬索桥，日本的明石海峡大桥，我国香港青马大桥、汀九大桥，广东虎门大桥和江阴长江大桥(图 2-32)上都安装 GPS,并采用 RTK 工作模式进行检测和监测。

GPS 测量规范的版本比较多(国内如 GB/T 18314—2009),这几年 RTK 方法也有了技术规范。

图 2-32 江阴长江大桥 RTK 基准站

三、裂缝量测仪器

桥梁工程上混凝土出现裂缝的情况十分普遍,这里将提到的裂缝均指可视性裂缝。对可视性裂缝的检测主要包括裂缝的长度、宽度和深度,还有裂缝的分布和走向。裂缝的长度、分布和走向等只需通过普通丈量即可得到,下面主要介绍裂缝宽度和深度测量仪器设备。

1. 测裂缝的读数显微镜和裂缝尺

读数显微镜是可以用来测量裂缝宽度的常用光学仪器,读数显微镜种类很多,图 2-33 为一种便携式读数显微镜照片。该类显微镜读数精度一般为 0.01mm,量程几毫米。它主要由物镜、目镜、刻度分划板和测微机械装置等组成,体积小,质量轻,便于现场使用。

裂缝读数尺,实质可以是一张硬质的纸片,上面刻印有许多大小不等的标准线条,见图 2-34。在现场测试中,只要再配一块放大镜,用比照的方法即可方便地量测裂缝宽度。为提高卡片使用寿命,有人将裂缝读数尺制作成磁卡大小的厚塑料片,对这类有一定厚度的裂缝尺在实际使用时要注意视角误差。

图 2-33 读数显微镜

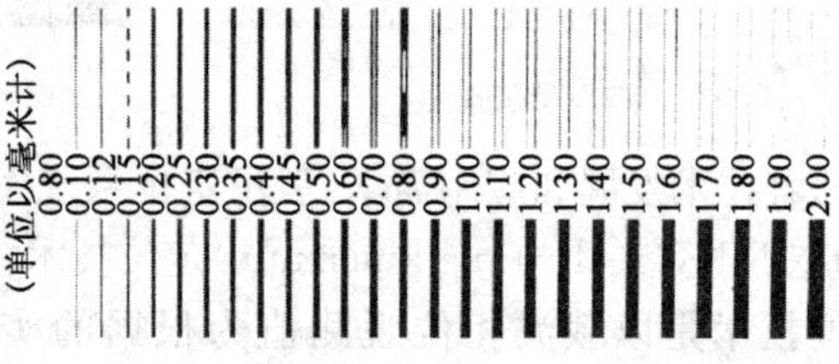

图 2-34 裂缝读数尺

2. 数显式裂缝测宽仪

数显式裂缝宽度测试仪是近年来随着计算机数码技术发展起来的新型测裂缝设备,它属于非接触式检测仪器。该类裂缝宽度测试仪主要由主机、探头(摄像头)及信号线等组成,适用于检测人员无法靠近(如用显微镜)测读的桥梁构件的裂缝宽度检测。

测量时程序自动扫描捕获(智能判读)裂缝并在显示屏上实时显示裂缝的宽度数值,也可以对需要的裂缝进行拍照(裂缝照片中同时保存裂缝图像,宽度数据,刻度尺,放大倍数和裂缝编号等图像信息),裂缝照片为标准 BMP 格式,方便用户进一步进行图像分析或打印存档。

图 2-35 是一种数显式裂缝宽度测试仪,标称的检测范围:0.02 ~8.0mm;估测精度:0.01mm。

对那些不易接触、远距离结构表面(如桥体、墙体、隧道等)裂缝的检测,有一种远距离裂缝检测系统(由长焦数码相机、角架、照明灯具等组成),可以在一定距离(2~25m)外对被测物体

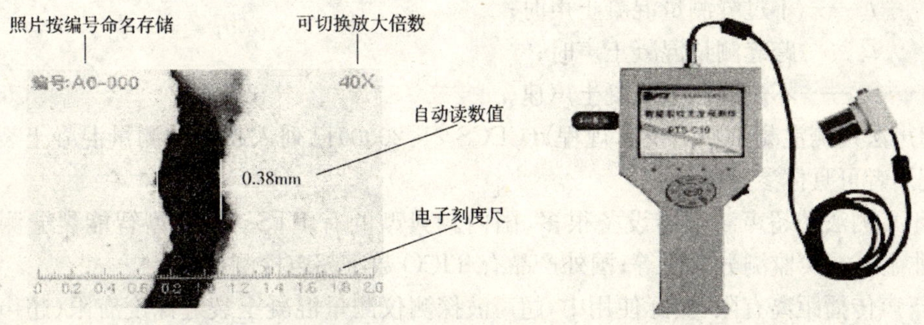

图 2-35　数显式裂缝宽度测试仪

进行现场拍照并保存，再由软件做进一步分析，获得所拍摄裂缝的长度和宽度（精度为0.01mm），还可用颜色标明图像中裂缝发展、分布的形状。

这类远距离裂缝检测系统解决了非接触乃至较远距离裂缝测量问题，目前已有商品化的产品。

目前数显式裂缝宽度测试仪实际测试摄像镜头成像清晰度对测量精度的影响比较大，其实际检测精度和使用效果还有待进一步改进和提高，但它的设计思路和应用前景理应被看好。

3. 裂缝深度测试仪

超声波脉冲法可以测量裂缝深度。有关超声波仪器的原理请参阅第三节。

用非金属超声波仪器能够测量裂缝深度的原理比较简单：当混凝土无裂缝时，如采用平测法[图 2-36b)]，超声波发射探头发射的信号沿着混凝土表面行进，被接收探头接收[图 2-36a)左部分]；当混凝土有裂缝时，超声波发射探头发射的信号绕过裂缝行进，被接收探头接收[图 2-36a)右部分]。为测得裂缝深度，要求分别测量不过缝混凝土声时和跨缝混凝土声时，再进行相应计算。

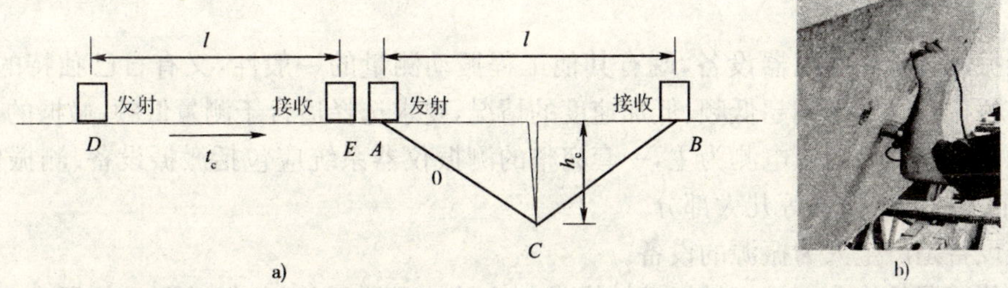

图 2-36　平测裂缝深度示意图

见图 2-36，根据几何学原理：

$$h_c^2 = AC^2 - (l/2)^2$$

因 $AC = v \cdot t_c^0/2$，而 $v = l/t_c$，故 $AC = (l/t_c \cdot t_t^0)/2$，所以有：

$$h_c^2 = (l/t_c \cdot t_c^0)^2/4 - l^2/4$$

则

$$h_c = \sqrt{[l^2(t_c^0/t_c)^2 - l^2]/4} = l/2 \cdot \sqrt{(t_c^0/t_c)^2 - 1} = l/2 \cdot \sqrt{(t_c^0 v/l)^2 - 1} \tag{2-15}$$

以上式中：h_c——裂缝深度；

l——超声测距；

t_c ——不过缝测量混凝土声时；

t_c^0 ——跨缝测量混凝土声时；

v ——不过缝测量混凝土声速。

《超声法检测混凝土缺陷技术规程》(CECS 21:2000)已列入超声波测量混凝土裂缝深度方法，使用者可具体参照施行。

基于平测法的超声波仪器设备很多，国内较典型的有 PTS－D20 型智能裂缝测深仪和 NM 型非金属超声监测分析仪等；国外产品有 TICO 数字超声探测仪等。

由于声传播距离有限，实际使用中，超声波探测仪测量混凝土裂缝深度有限(超声法检测规程规定仅适用于深度 500mm 之内的裂缝)。当裂缝深度过深，或受条件限制不能采用平测法时，还可采用钻孔法(图 2-37)，此时超声波发射探头和接收探头分置一边，沿空洞往下行进，根据接收信号的变化判断裂缝深度。

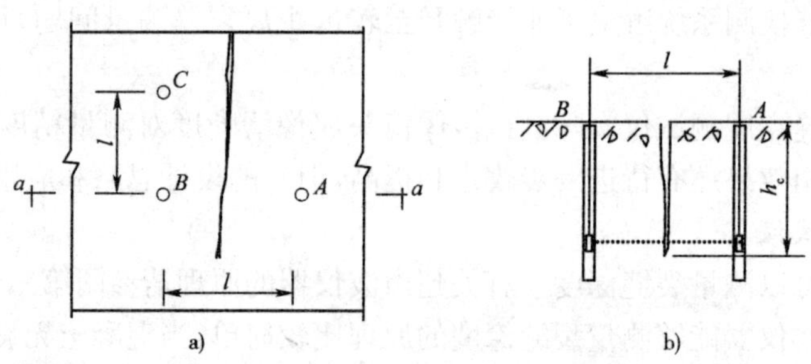

图 2-37 钻孔测裂缝深度

a)平面图(C 为比较孔)；b)$a-a$ 剖面图

第三节 桥梁振动试验仪器设备

桥梁振动试验用的仪器设备，既有其他工程振动测量的一般性，又有自己独特的一些要求。如实桥振动经常遇到超低频、低加速度的情况，要求选择适合于测量低频、微振的仪器。

振动测试仪器一般以电测为主，一套完整的测振仪器系统应包括激振设备、测振传感器、放大器、记录和分析设备等几大部分。

激振设备是产生人为振源的设备。

测振传感器是将非电量机械振动转换成电信号的电器元件，是振动测量仪器中起关键作用的一次仪表。

放大器用来放大测振传感器转换的电信号，是使微小信号得以记录或显现的二次仪表。

记录、储存信号是传统三次仪表——记录仪器的任务，记录仪器有各种类型，它们记录振动信号的方式也不一样。

称作四次仪表的分析设备可直接与二次仪表(或一次仪表)连接，也可接收来自记录仪器(回放)的信号。

电子工业和计算机技术的飞速发展已经模糊了传统三、四次仪表的任务分工，同时与计算机发展相适应的数据采集、存储和处理技术也已基本淘汰一些陈旧的记录设备和记录方式，这部分设备发展得非常快。

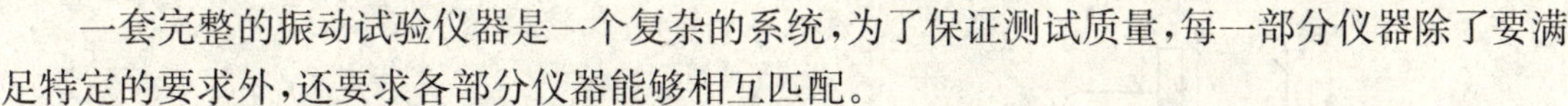

一套完整的振动试验仪器是一个复杂的系统，为了保证测试质量，每一部分仪器除了要满足特定的要求外，还要求各部分仪器能够相互匹配。

下面分别介绍振动试验仪器的各个部分。

一、桥梁测振常用仪器

1. 激振设备

桥梁振动试验使用的激振设备有两种：一种是适用于实桥试验的大型机械式激振器，另一种是适用于模型试验的小型电磁式激振器。

1）机械式激振器

机械式激振器的机械部分一般都是根据偏心质量块绕定轴旋转产生离心力的原理制作的。图 2-38 是它的作用原理。

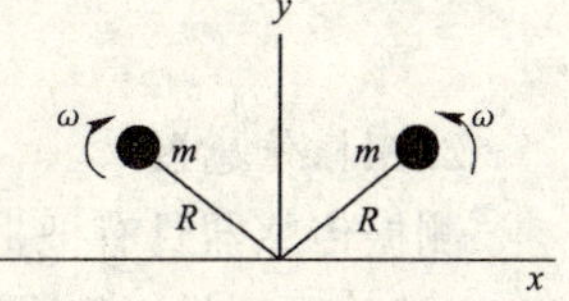

图 2-38　机械式激振器作用原理

两偏心质量绕轴心相向旋转，转至 y 方向时产生合力、x 方向则相互抵消，其转动过程出力大小为：

$$F = 2mR\omega^2\sin(\omega t) \tag{2-16}$$

最大值为：

$$F = 2mR\omega^2 \tag{2-17}$$

式中：m——偏心质量（大小可以调整）；

R——质量块重心到轴心的距离；

ω——偏心块旋转之角速度。

激振器的主要技术指标是出力的大小和激振频率范围，显然，出力随着质量的加大或频率的上升而增加。实际这类激振器有两种形式：一种是质量不变，出力随频率的变化而变化。这种激振器构造简单，电路控制方便，但在低频时出力偏小，使用范围有限；另一种是当激振频率改变时，随时调整质量的大小，使出力保持为常数。这种激振器的出力和频率范围主要受制于电路控制设备。

我国 20 世纪 70 年代曾生产过大型同步水平激振器，其最大出力为 20～30kN，频率范围在 10Hz 以下。由于桥梁建设、施工和科研的运营体制制约，目前国内建设的大桥极少使用大型机械激振器做振动试验。日本建设省研制使用的大型激振器，出力已超过 300kN。图 2-39 为日本多多拉桥实桥振动试验时采用的大型机械激振器，该激振器可竖向、水平向加振。

其主要技术参数：重约 370kN（包括 200kN 质量块），振幅±100cm，2 台 200kVA 发电机、同周期、同相、反向，AC 伺服电机（2 台 55kW）驱动，盘式紧急制动。

机械式激振器的体积和质量均比较大，实际使用时运输、安装都有一定的工作量。

2）电磁式激振系统

电磁式激振系统是利用电磁换能原理产生机械振动的装置，主要由三部分组成：

信号发生器→功率放大器→电磁激振器

信号发生器的任务是产生一种符合使用要求的电信号（如正弦信号、随机信号等）。功率放大器的作用是把信号发生器产生的控制信号放大并推动电磁激振器工作。电磁激振器则是将电信号转换成相应的机械振动信号的设备。

电磁式激振器出力都比较小，一般不适合做实桥振动试验。这里不做详细介绍。

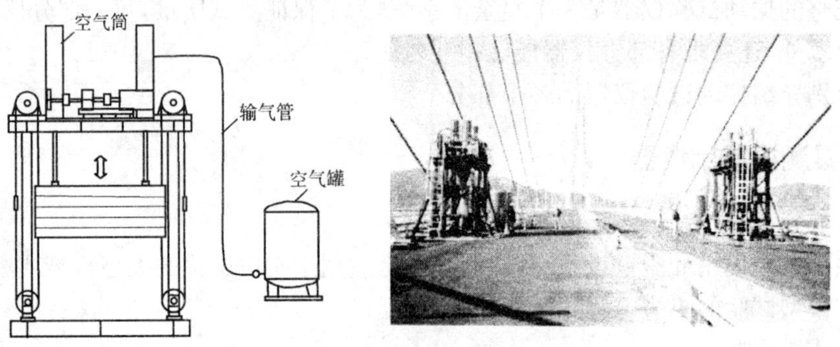

图 2-39 日本多多拉桥振动试验采用的大型机械激振器

2. 测振传感器

测振传感器具有把振动物理量（振动加速度、位移等）转换成电量的功能，它的性能好坏，直接关系到是否能真实反映原振动参数，所以在整个测振系统中测振传感器占有非常重要的地位。工程上将能够把振动位移、速度和加速度转换为电参量的测振传感器分别称为位移计、速度计和加速度计。

下面先讲述测振传感器的力学原理，而后介绍几种桥梁结构测振中实用的测振传感器，并提出选用的原则和方法。

1)惯性式测振传感器

力学原理：测量结构物某一点的振动，往往很难找到一个相对不动的基准点来安装仪器，因此就考虑设计这样一种仪器，其内部设置一个“质量弹性系统”(构成不动点)，见图 2-40。测振时，把它固定在被测物上，使仪器外壳与物体一起振动，直接测量得到质量块相对于外壳(被测物)的振动。力学上相当于研究由支座引起的弹簧质量系统的振动。

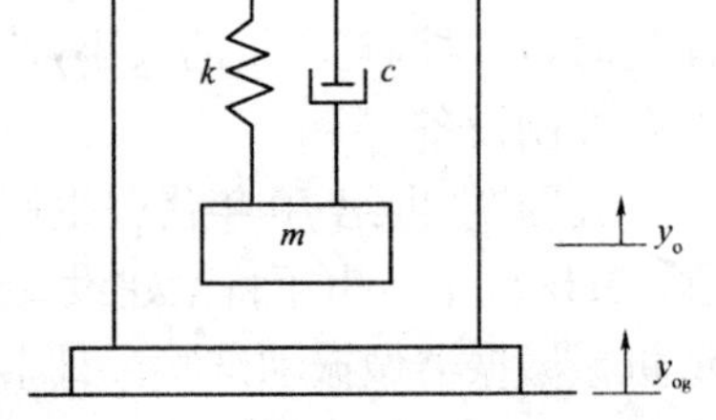

图 2-40 测振传感器力学原理

按照图 2-40，假定被测物作位移为 $y_g = y_{og}\sin(\omega t)$ 的简谐振动，则相应的加速度 $\ddot{y}_g = -\omega^2 y_{og}\sin(\omega t)$，据此可以建立测振传感器弹簧质量系统的运动方程：

$$m\ddot{y} + c\dot{y} + ky = -m\ddot{y}_g = m\omega^2 y_{og}\sin(\omega t) \tag{2-18}$$

令 $\omega_n^2 = \dfrac{k}{m}$，$\dfrac{c}{m} = 2D\omega_n$，$u = \dfrac{\omega}{\omega_n}$，解式(2-18)，可得：

$$y = e^{-D\omega_n t}(A_1 e^{j\omega_n t\sqrt{1-D^2}} + A_2 e^{-j\omega_n t\sqrt{1-D^2}}) + \frac{u^2 y_{og}}{\sqrt{(1-u^2)^2 + (2Du)^2}}\sin(\omega t - \varphi) \tag{2-19}$$

式(2-19)中前两项是测振传感器对外作用荷载的瞬态反应，由于测振传感器的阻尼作用，经过一定时间后会自行衰减，第三项为强迫振动部分，把它单独列出：

$$y = \frac{u^2 y_{og}}{\sqrt{(1-u^2)^2 + (2Du)^2}}\sin(\omega t - \varphi) \tag{2-20}$$

式中：u ——频率比(ω/ω_n)；

ω——被测振动圆频率；

ω_n ——测振传感器圆频率；

y_{og} ——被测物振动幅值；

D ——测振传感器阻尼比；

φ ——响应初相位角，$\tan\varphi = \frac{2Du}{1-u^2}$。

式(2-20)就是测振传感器动态响应的方程式。

我们感兴趣的是仪器如何反应被测运动的位移幅值和相位，即仪器的响应幅值 y_o 与被测物振幅 y_{og} 之间的比值和相位差值。据此可得到：

$$\frac{y_o}{y_{og}} = \frac{u^2}{\sqrt{(1-u^2)^2+(2Du)^2}} \tag{2-21}$$

$$\varphi = \tan^{-1}\frac{2Du}{1-u^2} \tag{2-22}$$

式中：y_o ——测振传感器响应幅值；

其他符号意义同前。

把式(2-21)绘成曲线簇见图 2-41。

由图 2-41 可见，当被测物振动频率与测振传感器固有频率比值很大，且测振传感器阻尼较小($u \gg 1$ 以及 $D < 1$)时，$y_o/y_{og} \to 1$，曲线趋于平直，它表示测振传感器相对位移的振幅(y_o)近似地等于被测振动体的振幅(y_{og})。通常把依此原理工作的能描述振幅变化情况的测振传感器叫做位移计。

位移计的使用范围就是图上的平直部分，平直部分的频率下限因不同阻尼比而异，当$D=0.6 \sim 0.7$ 时，频率下限可放宽到 $u \approx 1$，就是说用位移计测量振动信号，被测物的振动频率必须大于位移计的自振频率。这样就要求位移计的自振频率越低越好，由于机械构造上的原因，位移计的自振频率一般只能做到 1Hz 左右，所以它的可测频率下限不能很低。

把式(2-22)绘成曲线见图 2-42，可见位移计的相频特性（图上 $u > 1$ 部分）基本上是非线性的（除了 $D=0$，而那没有实际意义），仪器相位失真对振动测量的直接影响是测量复合振动波形（实际情况大多如此）时会产生波形畸变。

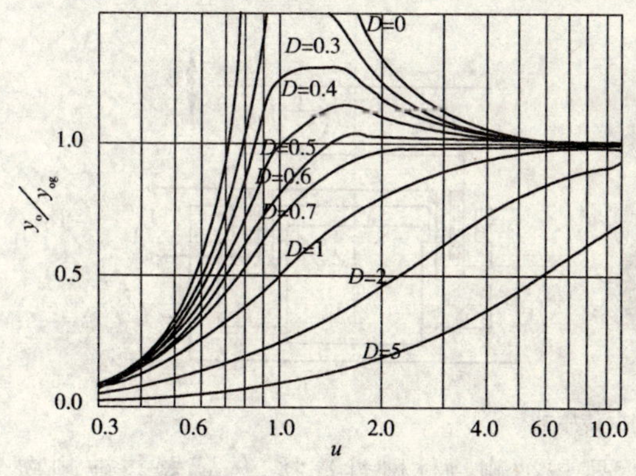

图 2-41　位移计幅频特性曲线

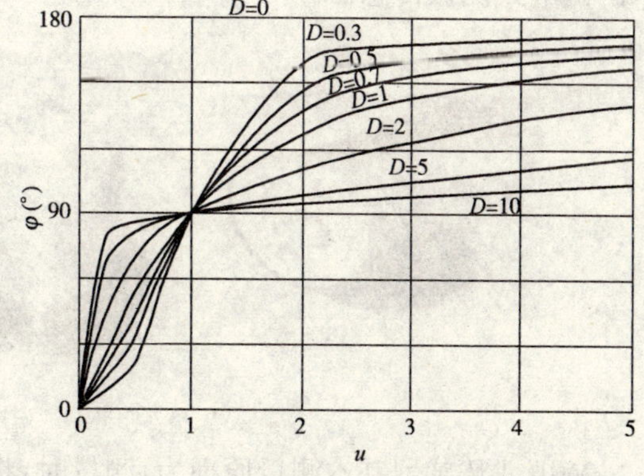

图 2-42　相频特性曲线

式(2-21)经变换可改成：

$$\frac{y_o\omega_n^2}{a} = \frac{y_o\omega_n^2}{y_{og}\omega^2} = [(1-u^2)^2+4D^2u^2]^{-\frac{1}{2}} \tag{2-23}$$

这里 a 是被测物体的加速度。把它绘成曲线簇，如图 2-43 所示。由图可见当被测物振动频率与测振传感器固有频率相比很低，且阻尼较小（$u \ll 1$ 以及 $D<1$）时，$\frac{y_o \omega_n^2}{a} \to 1$，它表示测振传感器相对位移的振幅与被测振动体的加速度成正比。通常把依此原理工作的能够反映被测物体加速度变化的测振传感器叫做加速度计。显然，加速度计的使用频率范围（图的平直部分）恰好与位移计相反，它受频率上限的制约。在最佳阻尼比（$D=0.6 \sim 0.7$）时，u 在 0～40%之间基本是平直的，就是说加速度计可测量频率的上限一般不能超过其自振频率0.4 倍。

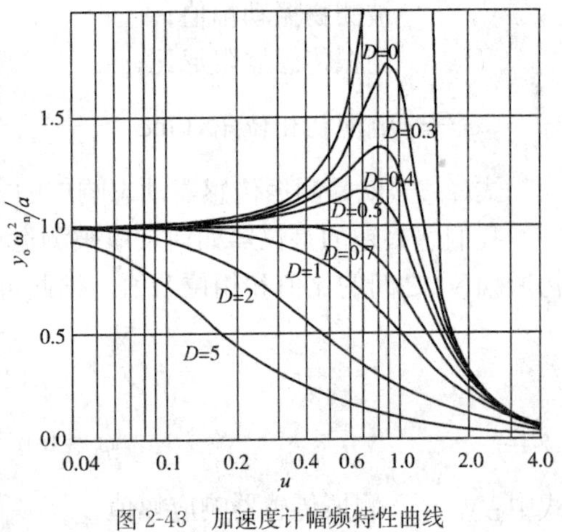

图 2-43　加速度计幅频特性曲线

加速度计的相频特性（图 2-42 上 $u<1$ 部分）比位移计好，在阻尼比等于 0.7 左右时，相位角与频率近似有线性关系；当阻尼比趋于零时（有的加速度计可以做到），加速度计反应被测物振动时基本没有相位失真问题。

测振传感器的幅频、相频特性，单从力学角度考虑是问题的一方面，实际测振传感器本身的物理性能（机械、换能方式、材料等）是十分重要的另一方面。下面通过一些常用测振传感器的介绍来说明这“另一方面”。

2）常用测振传感器

桥梁测振试验中常用测振传感器有以下三种：

（1）磁电式测振传感器

由式（2-21）知，当仪器系统的固有频率 ω_n 远低于被测物的频率 ω 时，$y_o/y_{og} \to 1$，这说明仪器系统相对于基座的振动可以代表基座的振动。根据这一力学原理可以制成如图 2-44 所示的磁电式测振传感器。

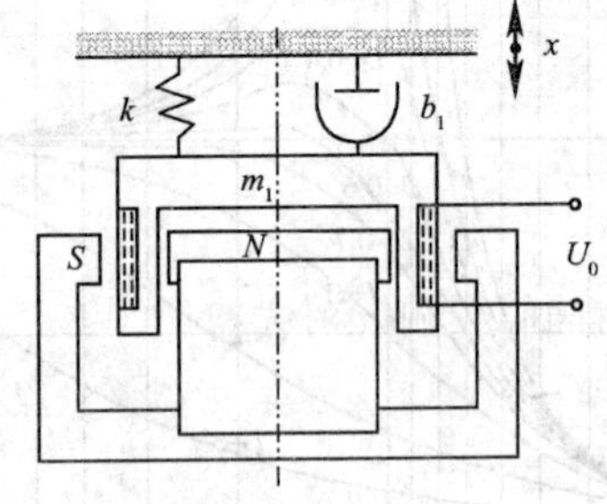

图 2-44　磁电式测振传感器

磁电式传感器基本测量原理为：测量时，将传感器与被测物体刚性连接，传感器与被测物体一起振动。传感器振动时，带动内部的摆体运动，摆体处在磁场中，摆体运动时，绕在摆体上的线圈（称为动圈）切割磁力线产生感应电动势，通过合理控制可以使该电动势与被测振动形成确定的函数关系，这样就能检测出外界振动，通过不同的控制，传感器可以测量速度、加速度，经积分变换还可以测量位移。

图 2-44 中主线圈用于输出传感器信号，标定线圈用于标定传感器参数，m_1 为摆体的质量，k 为弹性元件的刚度，b_1 为包括空气阻尼在内的机械阻尼力系数，S 为动圈的机电耦合系数，x 为被测振动的运动位移，U_0 为传感器的输出电压。

设计良好的磁电式测振传感器的频响特性在特定范围内相当好，输出灵敏度也比较高，频率范围一般在 0.5～100Hz(也可以做到 0.2Hz)，适用于测量一般桥梁的振动。

(2)压电式测振传感器

压电式测振传感器是一种加速度计。它的原理是利用某些晶体（如石英）的压电效应，将机械能转换成电能，如图 2-45a)所示。当被测物的频率远低于测振传感器的固有频率时，惯性质量块相对于基座的振幅，近似地与被测物的振动加速度峰值成正比。此时压电材料受到压力作用，致使加速度计产生与被测物加速度成正比的电荷。

压电加速度计可以做得很小(几克)，也可以做得较大（几百克)，它的突出优点是构造简单，频响范围宽；缺点是因阻抗太高，噪声偏大使其超低频特性不好。桥梁室内模型(因频响合适)测振中广泛采用上述压电式加速度计。

适用于实桥的则是改进型的大质量压电式加速度计[图 2-45b)]。该类传感器与普通压电式加速度计的主要区别首先是质量加大(一般为 400～500g)，其次是直接在传感器内部设置阻抗变换电路，把压电产生的电荷直接先转换成电压，再输出接电压放大器。这一转换降低了传感器电荷输出、放大过程的噪声，提高了加速度计的信噪比。另一方面由于传感器质量加大，其压电效应增加，不仅提高了传感器灵敏度，同时也较好降低了频率响应下限。

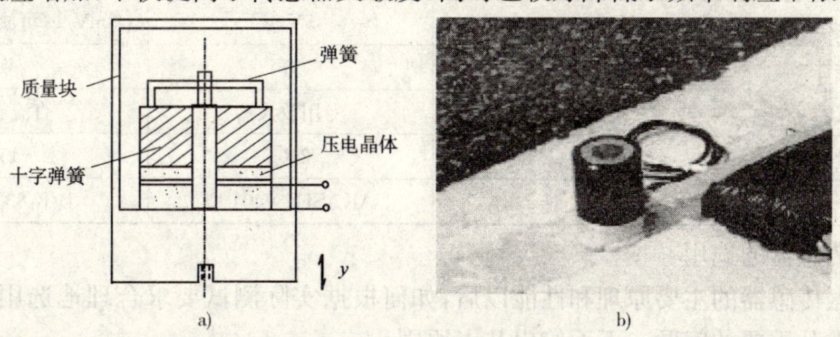

图 2-45　压电式测振传感器

大质量压电式加速度计以其较好的超低频特性和高灵敏度等优点，已成为大跨度桥梁振动测试传感器的首选。

(3)伺服式测振传感器

伺服式测振传感器是一种高灵敏度的加速度计。它的基本原理是一个受感振质量激励的机电反馈系统，如图 2-46 所示。当加速度计受到沿灵敏轴方向输入的加速度时，感振质量就有运动趋势，定位探测器把它转换成电信号，由此引起伺服放大器的输出电流变化，由电流反馈到位于永久磁场中的恢复线圈，使线圈产生与感振质量经受的初始惯性力大小相等、方向相反的恢复力，故此伺服式测振传感器又叫力平衡式加速度计。

整个伺服电路的作用就好像是一个刚硬的机械弹簧，因原始加速度是用正比于恢复力的恢复电流来度量的，所以在输出端以一个电阻两端的电压降来测量加速度。

伺服式测振传感器的优点是超低频响应性能好(几乎从零开始，比前述大质量压电式加速

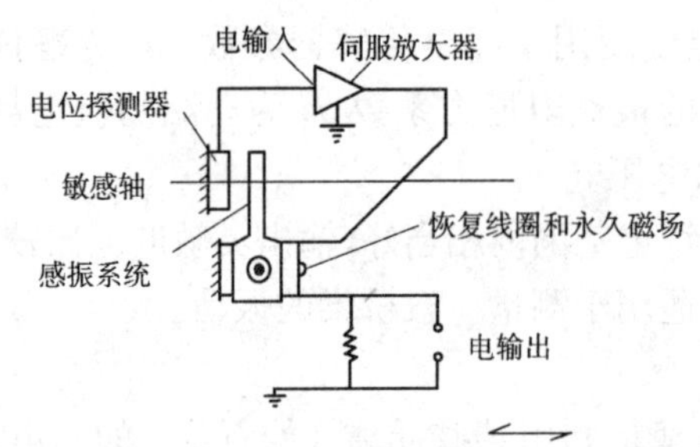

图 2-46 伺服式测振传感器

度计更好)，特别适用于长周期、低加速度的大跨度桥梁的振动测试。另一方面因伺服传感器的输出能够精确地反映传感器灵敏轴与重力加速度方向的夹角，它还可用于水准角和倾斜角的精确测量。它的缺点是需提供一个直流电源，在大跨度桥上设置多点长导线使用时不很方便，另外其价格也偏高。

表 2-4 是实桥测振试验常用的测振传感器，原理相近的测振传感器的性能可直接参考。

桥梁测振试验常用测振传感器 表 2-4

型号 性能	磁电式 (941B 型)	伺服式 (ASQ-1CA)	压电式(大质量) (510B 型)
频响范围(Hz)	1～100	0～100	0.03～250
量程	≤20mm；0.125V/(cm·s^{-1})	±1g	±0.3g
灵敏度	23V/(cm·s^{-1})	5V/g	8mV/g(可放大 1 000 倍)
抗干扰性	好	好	好
后续仪器	电压放大器	专用放大器	直流放大器
质量	1 000g	240g	452g
同类产品	891 型	AKASHI V401 型	B/K 8306，V935

3)测振传感器的选用

了解测振传感器的主要原理和性能以后，如何根据实际测试要求合理地选用测振传感器同样是一个十分重要的问题。下面给出几点原则。

(1)灵敏度

测振传感器灵敏度当然越高越好，但在要求高灵敏度传感器的同时，应考虑到与测量无关的噪声混入(有时它同样会被放大)，所以还要求测振传感器的信噪比愈大愈好。

(2)频率响应

测振传感器的频率响应特性是传感器选用技术的核心，前面传感器力学性能一节中已详细讲述了有关内容。实际选用时，除需了解传感器本身的频率响应特性及其适用范围外，还要估计(或计算出)被测桥梁的自振特性，原则是被测对象的频率(读者感兴趣的 n 阶)期望值必须在传感器适用范围之内。

(3)线性度

任何测振传感器都有一定的线性范围，线性范围宽，工作量程大(注意量程范围与灵敏度密切相关)。当输入量超出测振传感器标定的线性范围时，除非有专门的非线性校正措施；否则测振传感器不应进入非线性区域，更不能进入饱和区。

(4)稳定性

这里说的稳定性包括两方面:一是测振传感器受现场环境影响时使用性能的稳定;二是测振传感器使用一段时间后,受各种因素的影响,其性能指标是否变化。

(5)工作方式

测振传感器的工作方式,首先要看它的安装方式是惯性式还是非惯性式,是接触式还是非接触式等。其次要结合测振传感器与被测物的传感关系,选择能使测振传感器恰当工作的方式安装测量。

另外,测振传感器的选用还需结合桥梁结构的特殊性:

①摆式测振传感器性能稳定、灵敏度高、使用方便可靠,对一般自振频率在1Hz以上的桥梁结构都适用。类似测振传感器的不足是下限可测频率有限制(幅频特性下落),现在有些改进型的产品频率下限有所下降,但要注意它的实际频响曲线。

②加速度计是振动测试中用得最多的测振传感器,从原理上讲,利用它"零响应"、响应频带宽的优势可满足各种振动测试对象的要求。对大跨径桥梁的超低频($f<0.5$Hz)振动,可选用伺服式或大质量压电式加速度计;对室内模型振动试验,一般压电式加速度计都能满足要求。

在桥梁振动测试仪器中测振传感器是关键性的一次仪表,它的性能好坏,以及选择的恰当与否是整个振动测试成败之所在,一定要引起重视。

3.测振放大器

测振放大器的种类很多,其输入和输出特性、频响特性等往往都是根据所配测振传感器而定。如磁电式传感器通常只要求匹配带有微积分电路的电压放大器,以便求得速度、加速度等力学量;压电式加速度计因为它的输出阻抗相当高,一般配电荷放大器,但大质量的压电式加速度计因已在传感器内部实施了阻抗变换,所以可直接接电压放大器。所有测振放大器都是从电学原理出发,达到使测振传感器传来的信号真实地放大、输出,又能适应各种下一级仪器要求的目的。

有关放大器这部分内容,这里不做详细介绍,具体可参阅有关书籍资料。使用时应注意测振传感器与放大器的配套性能。

4.滤波器

在测试系统中,测振传感器拾取的信号一般会有比较宽的频带,有时也会包含许多与测量无关的信号(噪声)成分,怎样提取感兴趣的频率以及去掉那些噪声信号呢?采用对信号滤波的方法是解决这些问题的有效手段之一,而滤波器就是实现电信号滤波的装置。

滤波器可以使信号中有用的成分通过,滤去不需要的成分。根据它的选频特点,滤波器有低通(通带$0\sim f_c$)、高通(通带$f_c\sim\infty$)、带通(通带$f_{c1}\sim f_{c2}$)、带阻(通带$0\sim f_{c1}$,$f_{c2}\sim\infty$)四种,桥梁测振中最常用的是低通滤波器,有时也用带通滤波器。

滤波器根据处理信号的不同,分成模拟和数字式两类。测试仪器中使用较多的是模拟滤波,目前一些数据处理设备往往带有数字滤波功能。

上面叙述的滤波概念是常规的滤波方法,即把滤波器作为两次仪表的后续仪器,滤波是为后续信号分析服务的。桥梁测振仪器中,还用一种把滤波器置于放大器之前并与放大器为一体的"滤波放大器",其低通滤波频率可以设到很低(1Hz)。测振时,先把测振传感器感应的信号按需要的频率进行滤波,再把获取的感兴趣的低频信号进行放大,这对提高超低频信号的信噪比很有用处。目前该类"滤波放大器"应用亦较为普遍。

5. 显示记录仪器

各种显示记录仪器是测振系统人机联系的纽带。一套由测振传感器测到、放大器放大的振动信号，必须通过显示记录，才能供人们观察、分析，并对其作进一步的处理。

国内早先用得比较多的现场显示型记录仪器是光线示波器，光线示波器是利用细光束（包括紫外线光束）在感光胶卷、相纸上记录、显示被测信号的。它的频响范围为 DC～50kHz，当时许多二次仪表（如动态应变仪）都按光线示波器的输入要求设计了（低电阻输出）匹配电路。由于光线示波器技术本身的局限性，随着电子技术的发展，现基本上已遭淘汰。

在各类测振记录仪器中，磁带记录仪的应用曾极为普及，目前计算机直接采样、存储（这是另一种数字式磁记录器）方法已逐步取代磁带记录仪。但在某些比较特殊且重要的场合，为保证原始数据的完整性，磁带记录仪仍有其实用价值。

6. 信号分析处理设备

20 世纪 80 年代以后，信号分析处理设备应用于土建结构测试，从提高测试水平的意义上说，它不亚于桥梁结构分析中计算机有限元的应用。

通用的信号分析处理设备一般都是以快速傅里叶（FFT）变换为核心，它的数字化精度为 12bit，能高速采样，频带极宽（DC～上百 kHz），其处理功能分成硬件和软件控制，前者速度快，后者任意性强。多年来，这类专用信号分析处理设备遍布振动测试的各行各业，但几乎全部是国外产品。

20 世纪 90 年代后期开始，计算机软硬件技术的发展给信号处理技术带来全新的变革。由于计算机硬盘的容量很大，总体价格也远在专用信号分析仪之下，动态信号处理分析系统逐渐取代专用信号分析仪成为必然趋势。此后，国外一些著名厂商推出以 Windows 为操作平台的信号处理设备，该类设备秉承了原有信号分析处理设备的优点，使振动分析技术与当今最流行的软件趋于一体，使用十分方便。同时，国内一些单位也相继推出了一些基于计算机 Windows 操作系统编制的动态信号处理分析系统软件，不仅具有专用信号分析仪的几乎全部功能，且价格上远低于同类进口产品。

7. 动态信号采集分析系统

现今计算机动态信号采集分析系统已方便地将显示、记录和处理分析（前述 5、6 两部分）功能集合在了一起。见图 2-47，该类动态信号采集分析系统由数据采集箱（图中为 16ch 的 A/D 转换箱）加一台笔记本计算机组成，其便携性和使用功能均远胜于上述信号分析仪。

目前国内动态信号采集分析系统的研制和发展，其性能和价格均已优于国外同类产品。

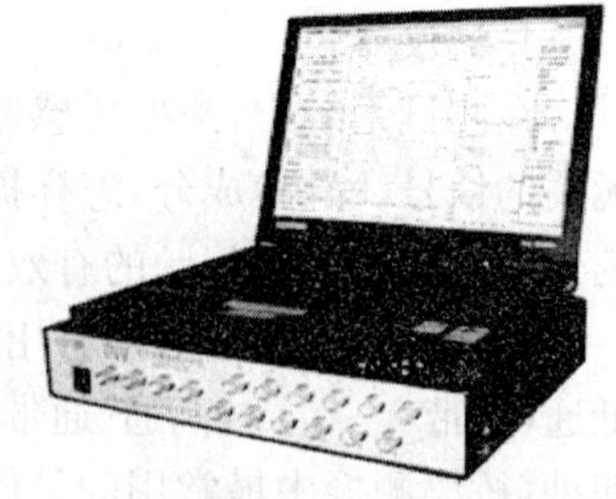

图 2-47 DASP 动态信号采集分析系统

二、测振仪器的标定

"标定"工作是整个测振过程中极重要的一环。任何一次试验在使用单台或是整套仪器系统前都有标定问题。"标定"分为系统标定和分部标定，考虑到实际工作中对测振仪器一般以系统标定居多，这里介绍系统标定的内容和方法。

1.标定内容

“标定”的内容比较多，仪器出厂时提供的各种性能指标一般都是经厂家标定得到的，用户在使用中主要有灵敏度、频率响应、线性度等三方面指标需要标定。

把测振传感器安装在振动台上，仪器按正常工作状态接好，就可以做系统标定了。

1)灵敏度

一套好的测振仪器，在它的频响范围内，整个系统的灵敏度应该是一个常数。

仪器系统的灵敏度为输出信号与相应输入信号的比值，如系统输出分析以电压或幅值表示，则灵敏度为：

位移计：

$$S_{\mathrm{d}} = \frac{U}{d}(\mathrm{mV/mm}) \quad 或 \quad S_{\mathrm{d}} = A/d(\mathrm{mm/mm}) \tag{2-24}$$

加速度计：

$$S_{\mathrm{a}} = \frac{U}{a}[\mathrm{mV/(cm \cdot s^{-2})}] \quad 或 \quad S_{\mathrm{a}} = \frac{A}{g}[\mathrm{mm/(cm \cdot s^{-2})}] \tag{2-25}$$

速度计：

$$S_{\mathrm{v}} = \frac{U}{v}[\mathrm{mV/(cm \cdot s^{-1})}] \quad 或 \quad S_{\mathrm{v}} = \frac{A}{v}[\mathrm{mm/(cm \cdot s^{-1})}] \tag{2-26}$$

式中：d、$a(g)$、v——分别代表输入位移量、加速度值和速度值；

U、A——分别代表输出电压和幅值。

2)频率响应

频率响应包括幅频响应和相频响应，用得较多的是幅频特性，就是在输入振幅不变、频率变化时，系统输出的变化。幅频特性用以确定仪器（系统）的频响范围。

标定曲线一般见图 2-48a)。

3)线性度

线性度是输入频率不变幅值变化时仪器(系统)输出的变化，用以确定仪器动态幅值的工作范围和误差，一般曲线见图 2-48b)。

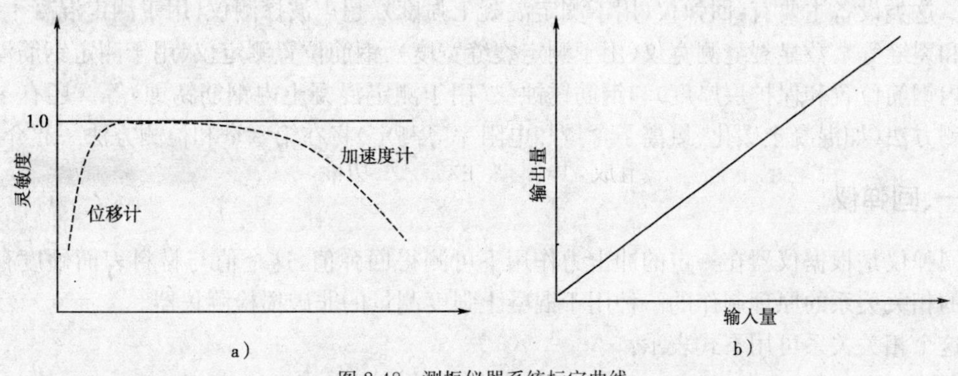

图 2-48　测振仪器系统标定曲线

a)频率响应；b)线性度

2.标定方法

1)振动台标定

试验室振动台系统标定是把选定的测振传感器、放大器和记录仪器连接好，标定整套仪器的系统灵敏度、频响特性和线性度。框图为：

控制台 → 振动台 → 测振传感器 → 放大器 → 记录或采样 → 定量分析

系统标定的准备工作要做细做好，所有仪器的编号、通道、衰减挡等都要一一记录清楚，然后以振动台的信号作输入信号。根据不同的使用要求，相应不同的增益、量级都要标定。实测回来后按实际使用情况最好再标定一次。

2)非振动台标定法

在没有振动台的情况下，标定有时也采用所谓背靠背标定法，把一枚已知其性能指标且精度高一级的测振传感器和要求标定的测振传感器背靠背安装在某个振动构件上（如标准梁），当构件振动时，两测试通道同时测出该振动信号，找出要求标定的测振传感器和标准测振传感器之间的比例关系，确定整个测试系统的灵敏度等。

这种方法不能标定测试仪器系统的幅频特性。

3)现场标定法

采用参考点标定法，在桥梁现场做系统标定。把多个测振传感器集中在某参考点上一起测量，得到整个测振系统各通道信号之间的相互关系。这对测量振型特别需要，而且相当方便，是实际工作中经常采用的方法。

现场标定法和背靠背标定法特别适合于一些常用的测试仪器的系统标定，因为一般测振传感器及后续仪器一经制成，其幅频特性和相频特性不会再出现大的变化，而真正感兴趣的往往只是每次测试时仪器系统各通道之间的相对灵敏度等指标。

标定工作的好坏，直接影响振动测试的成败，一次试验在现场做起来往往比较快，大量工作用在准备、标定和数据分析上。此外，不同精度的标定设备会影响标定的结果，一般视试验本身内容和重要性而定。

第四节　桥梁无损检测仪器

近年来，无损检测技术的发展比较快，本节介绍几种目前已较为普及的桥梁无损检测仪器设备。这类设备主要有：回弹仪(用于测定混凝土强度)、超声波探测仪(用于测定混凝土强度、缺陷和裂缝等)、数显裂缝测宽仪(用于测定裂缝宽度)、钢筋位置测定仪(用于测定钢筋混凝土构件内钢筋位置和保护层厚度)和钢筋锈蚀仪(用于测定混凝土内钢筋锈蚀)等。还有一些无损检测方法(如混凝土碳化、氯离子含量和电阻率等测定)将在第六章和检测方法一起介绍。

一、回弹仪

回弹仪是根据仪器在一定的冲击力作用下可测得回弹值，这个值与材料表面硬度存在着一定的相关关系的原理制作的一种用于混凝土强度测量的非破损检测仪器。

这个相关关系可用下式表示：

$$R = N \cdot A^{B} \tag{2-27}$$

式中：R——被测混凝土强度；

N——平均回弹值，选定一种回弹仪；

A、B——已知常数。

回弹仪按冲击力的大小可分为轻型、中型和重型三种，轻型一般用来测砖石和砂浆混凝土强度，中型和重型用于测混凝土强度。图 2-49 为普通中型回弹仪。

现在新型的回弹仪，已采用数显装置，仪器回弹后，直接显示、打印出混凝土强度，使用十分方便，见图 2-50。

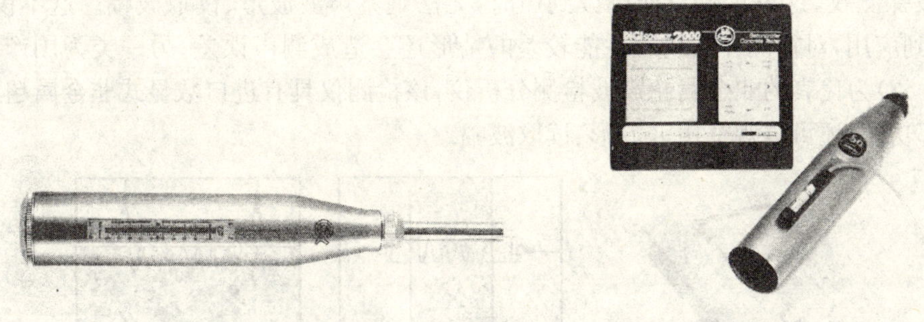

图 2-49　普通中型回弹仪　　　　图 2-50　数字式回弹仪

因为混凝土为非均质材料，用回弹仪测得的数据会有一定的离散性，要得到较为正确的强度值，必须测足够的点数，求统计平均值。这方面原建设部颁发有《回弹法检测混凝土抗压强度技术规程》(JGJ/T 23—2011)，使用者应参照执行。

回弹仪使用方便，价格低廉，适合于现场检验混凝土强度。

二、超声波探测仪

超声波是超声频率的机械振动在弹性介质中的传播过程。超声波探测仪是利用了超声波在物体中传播时，如遇到不同介质会在其界面反射的原理制成的。

超声波探测仪器框图见图 2-51。

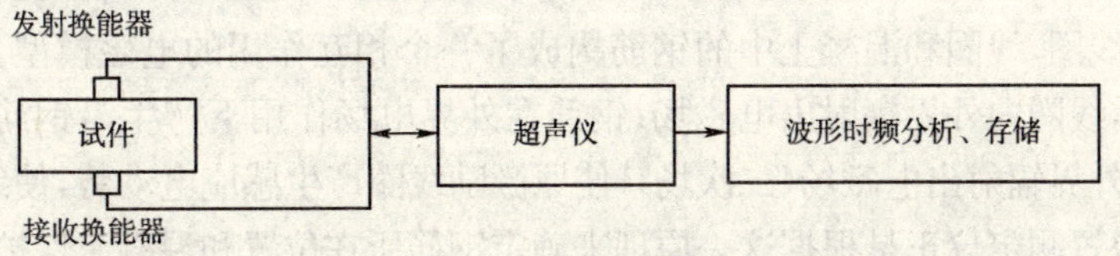

图 2-51　非金属超声波探测仪

这里换能器(探头)是电声能量转换的器件，一般用压电材料(如石英、陶瓷等)制成。发射换能器将来自超声仪发射系统的电信号转换成声信号，并向被测介质辐射；接收换能器接收被测介质传来的声信号，并转换成电信号，输入到超声仪的放大系统中。超声仪具有分频控制、发射接收、扫描示波以及计时显示等功能。

以往工程上比较成熟的超声波探测技术，主要用在对匀质材料(如金属)进行的无损检测上。现今土建行业积极把超声探测技术引入非金属材料(主要是混凝土)的探伤和检测，已有许多实际应用。非金属超声波检测仪可用来测定混凝土的均一性、裂缝、蜂窝以及强度、弹性模量等。

相对超声波金属探测系统而言，用于混凝土检测的超声波探测系统一般都是大功率、低频率(20～200kHz)的。这类设备可分为两类：模拟式和数字式。前者接收信号为连续模拟量，以显示屏上显示的时域波形为基础，直接读出声时、波形和波幅，就此再做分析，随着计算机技术的发展已趋淘汰；后者接收信号转化为离散数字量，具有采集、存储数字信号、测读声学参数和对数字信号处理的功能。

目前市售的数字式超声波检测仪分成两类：一类是以 TICO 型为代表的国外的数显式非金属超声波探测仪，这类仪器只能测读到声时，无法观察声波波形、读取波幅。这不仅使“波幅”无法得到应用，对被测介质物理性能较差的情形还会造成测声误差；另一类为国产 NM－4B 型(图 2-52)为代表的非金属超声波检测分析仪，该检测仪具有进口数显式非金属超声波探测仪的全部功能，还可以观察声波波形、读取波幅。

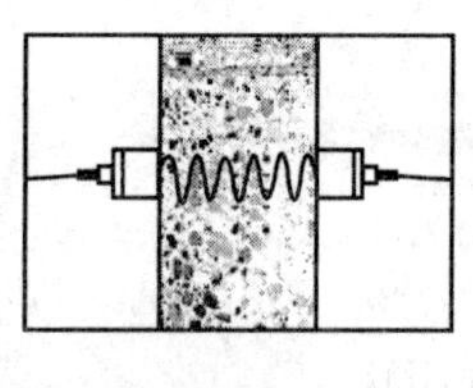

直接传递
（测混凝土缺陷等）

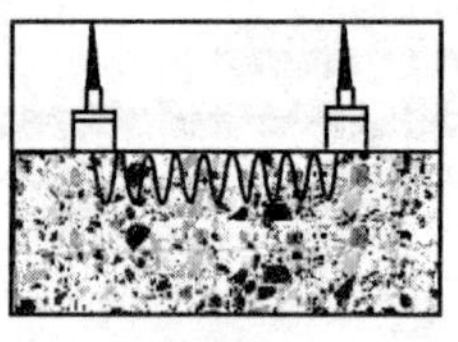

非直接传递
（测裂缝等）

图 2-52　NM－4B 型超声波检测分析仪

具体应参照颁发的《超声法检测混凝土缺陷技术规程》(CECS 21:2000)使用。该规程统一了超声法检测混凝土缺陷的检测程序和测试判断方法，主要内容包括超声法检测混凝土缺陷的范围，检测设备要求，声学参数测量方法，混凝土裂缝深度、混凝土不密实度区，新老混凝土结合质量，灌注桩和钢管混凝土缺陷等的检测及判断方法。

三、钢筋位置测定仪

目前市面出售的钢筋位置测定仪一般都属电磁感应型，主要由探头和主机组成。探头的核心部分是一个线圈，线圈和混凝土中的钢筋构成了一个相互作用的电磁模型。当主机信号源供给交变电流时，线圈向外界辐射出电磁场；钢筋在外界电场作用下产生沿钢筋分布的感应电流。该电流重新向外界辐射出电磁场(二次场)，使原激励线圈产生感应电动势，使线圈的输出电压产生变化，钢筋位置测定仪正是根据这一原理来确定钢筋所在位置和混凝土保护层厚度的。

当钢筋位置测定仪探头位于钢筋正上方，即探头与钢筋的距离最小时，电动势具有极大值。因此可以通过对扫描信号峰值的判断来准确判定钢筋的位置，钢筋位置确定后即可定出钢筋的间距。

钢筋保护层厚度的检测确定与已知或未知钢筋直径有关，信号幅值 E 与钢筋直径 D 和探头到钢筋的直线距离 L (保护层厚度)有关，$E=f(D,L)$ 。当钢筋直径已知时，信号幅值 E 仅与探头到钢筋的直线距离 L 有关，一般测定仪都预先标定出信号幅值与钢筋直线距离的关系。当钢筋直径未知时，采用同时检测钢筋直径和保护层厚度的方法。此时，测定仪预先标定出每一种钢筋直径 D 的信号幅值 E 与钢筋距探头的直线距离 L 的关系式，并得到对应于直径 D 与距离 L 的信号幅值 E 的二维矩阵。具体用联立方程法或最小二乘法可解得所检测钢筋直径和保护层厚度。

由钢筋保护层厚度检测的原理可知，钢筋位置测定仪可检测钢筋位置、直径等。

目前钢筋位置测定仪国产产品比较多，其中较有代表性的有 KON－RBL 钢筋位置测定仪，见图 2-53。它可以测钢筋直径：$\phi6 \sim \phi32$mm，保护层厚度：10～170mm。测试钢筋直径误差一般为 1～2mm，显然相对较细的钢筋误差要大一些。国外比较典型的如 Profometer 系列产品，其使用性能与国产的差别不大。

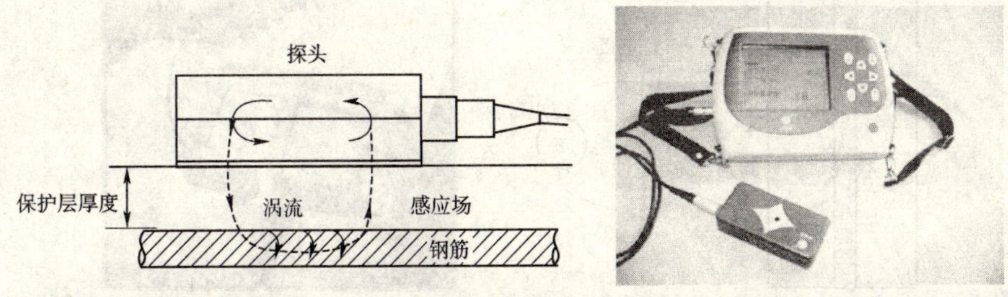

图 2-53 KON－RBL 钢筋位置测定仪

钢筋保护层厚度检测是一门相对成熟的无损检测技术，从 20 世纪 70 年代起就在全国得到普遍应用，但却一直未有国家级的技术标准或规范。原交通部《公路工程质量检验评定标准》(JTG F80/1—2004)《水运工程混凝土试验规程》(JTJ 270—98)、原建设部《混凝土结构工程施工质量验收规范》(GB 50204—2002)等规范中对混凝土中钢筋保护层检测的抽样数量、检测误差、验收合格标准等做了规定。

四、钢筋锈蚀仪

目前测量钢筋锈蚀的无损检测方法主要分三类：综合分析法、物理分析法和电化学检测法。其中综合分析法是根据混凝土强度变化、碳化程度、裂缝和环境条件等情况，其中定性和判定量值多，对检测结果作综合分析。物理分析法是通过测量钢筋的电阻(用电阻法)、电磁(用涡流探测法)、光影(用 X 光照相法)、热传导(用红外热像法)、声传播(用声发射探测法)等物理特性的变化分析钢筋锈蚀情况。由于受混凝土中其他损伤因素的干扰，且建立物理测定指标与钢筋锈蚀量之间的对应关系比较困难，所以物理分析法也只能提供定性结果。电化学检测法是反映钢筋锈蚀本质的检测技术，也是目前检测钢筋锈蚀的主要方法，因为钢筋锈蚀本身就是一个电化学过程。

这里介绍的钢筋锈蚀仪是指应用电化学检测法检测混凝土内部钢筋锈蚀的设备，目前电化学检测法检测钢筋锈蚀的应用及仪器开发，几乎都以半电池电位法为基础。

半电池电位法检测的是钢筋的自然腐蚀电位，腐蚀电位是钢筋上某区域的混合电位，它反映金属锈蚀的活动性。处于不同状态的钢筋，其腐蚀电位是不同的。钢筋在钝化时，腐蚀电位升高，电位偏正；而由钝化转入活化状态时，其腐蚀电位降低，电位偏负。活化区(也叫阳极区)和钝化区(也叫阴极区)的最大电位差达 500mV。由此，通过腐蚀电位的测量可以判断钢筋的锈蚀程度。

既然混凝土中钢筋的阳极区和阴极区显示不同的腐蚀电位，那么在两个区域之间就会形成电场，产生电流。混凝土中的钢筋可看作半个电池组，与合适的参比电极连通构成一个全电池系统。混凝土是电解质，由于参比电极的电位值相对恒定，而混凝土中的钢筋因锈蚀产生的不同区域的电化学活性的不同引起全电池电位的变化，它反映了混凝土中钢筋表面各点的电位，利用该电位值可以评定钢筋的锈蚀状态。

用半电池电位法检测钢筋锈蚀的钢筋锈蚀仪由铜/硫酸铜半电池、电连接夹、特殊的电压表和导线构成。具体做法是用导线把钢筋和电压表连通,电压表的另一端与参考电极连通,构成测量系统,如图 2-54 所示。

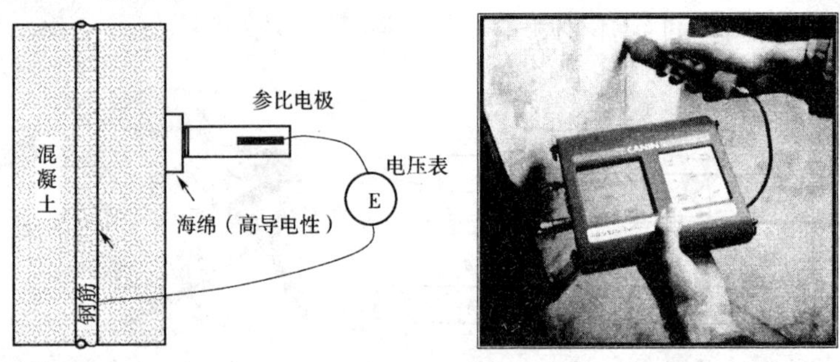

图 2-54 钢筋锈蚀仪

半电池电位法作为钢筋锈蚀程度的一种检测方法,优点是设备简单,操作简便,数据一目了然。该方法在美国早已得到普及(ASTM C876—91),我国住房和城乡建设部 2008 年 10 月颁发的《混凝土中钢筋检测技术规程》(JGJ/T 152—2008)和交通运输部 2011 年 10 月颁布的《公路桥梁承载能力检测评定规程》(JTG/T J21—2011)也已将其列入。

第五节 本章小结

本章介绍了桥梁试验检测常用仪器的力学、电学、机械原理和选用方法,重点是“选用”。我们要接触或要解决的问题是怎样用试验手段去得到如结构的挠度(整体刚度指标)、应力(截面强度指标)、裂缝(抗裂性)、动力特性(刚度分布)和混凝土材性等参数。本章叙述的测试仪器设备内容就是学用“试验手段”的基础。

通过本章的学习,我们应该知道:

电阻应变测量技术的基本原理尽管简单,但它非常重要。现代电阻应变测量技术无论是其技术本身,还是由它派生出的种种测试技术,几乎可以涵盖土木工程结构电测技术的所有领域,在工程上的应用也极其广泛。必须强调,应变测试技术中最重要的部分其实是应变计的粘贴、连接或温度补偿等技术,有时候应变测试数据产生飘移、不稳定等,问题往往出现在上述环节,而计算机数字化(即便程度再高)是不能涵盖这类问题的。

目前桥梁变位测试高性能仪器设备比较多,选用时除注重仪器性能、精度外,应以其能否满足实际工程(相对精度的)要求为最高原则。

桥梁测振技术的难点是它的超低频特性,所以测振仪器系统,特别在选择测振传感器时要注意它的频响特性和灵敏度。能够正确选择、使用各类测振传感器及其配套仪器,是学习振动测试仪器设备的最低要求。

近年来无损检测技术发展很快,在土木工程上的应用也日益普及,本书第六章有更详尽的应用介绍。要更多地了解此方面的内容,应关注其相关发展。

计算机信息化时代的来临,已使桥梁现场测试设备和数据处理技术趋向智能化和实时化,很多仪器设备更新很快,要不断学习、关心并适应这种发展。

第三章

桥梁工程原材料试验检测

第一节　石　　料

石料是由天然岩石经爆破开采得到的大块石，再按要求的规格经粗加工或细加工而得到的规则或不规则的块石、条石等，另一来源是由天然的卵石、漂石、巨石经加工而成。石料按地质形成条件可分为岩浆岩、沉积岩和变质岩三大类。

桥涵工程石料制品有片石、块石、粗料石。桥涵工程使用的石料主要用于砌体工程，如桥涵拱圈、墩台、基础、锥坡等。

一、桥涵结构物所用石料的要求

根据《公路桥涵施工技术规范》(JTG/T F50—2011)及《公路圬工桥涵设计规范》(JTG D61—2005)，桥涵结构物所用石料一般包括两方面的要求——石料制品的物理、几何尺寸要求和力学性能要求。

1. 物理、几何尺寸要求

石料应符合设计规定的类别和强度，石质应均匀、不易风化、无裂纹。一月份平均气温低于－10℃的地区，除干旱地区的不受冰冻部位外，所用石料及混凝土材料须通过冻融试验，抗冻性指标合格后方可使用。

累年最冷月份平均气温低于或等于－10℃的地区，所用的石料抗冻性指标应符合表3-1的规定。

石料的抗冻性指标　　表3-1

结构物类别	大、中桥	小桥及涵洞
镶面或表层石料的抗冻性指标	50次	25次

注：①抗冻性指标系指材料在含水饱和状态下经－15℃的冻结与融化的循环次数。试验后的材料应无明显损伤(裂缝、脱层和边角损坏)，其强度不低于试验前的0.75倍。

②根据以往实践经验证明材料确有足够抗冻性能者，可不作抗冻试验。

石料应具有耐风化和抗侵蚀性。用于浸水或气候潮湿地区的受力结构的石材的软化系数不应低于0.8。

片石：一般指用爆破或楔劈法开采的石块，厚度不应小于150mm。用作镶面的片石，应选择表面较平整、尺寸较大者，并应稍加修整。

块石：形状应大致方正，上下面大致平整，厚度200～300mm，宽度约为厚度的1.0～1.5倍，长度约为厚度的1.5～3.0倍(如有锋棱锐角，应敲除)。用作镶面的块石，应由外露面四周向内稍加修凿;后部可不修凿,但应略小于修凿部分。

粗料石:外形应方正,呈六面体,厚度200～300mm,宽度为厚度的1.0～1.5倍,长度为厚度的2.5～4.0倍,表面凹陷深度不大于20mm。用作镶面的粗料石,料石长度应比相邻顺石宽度至少大150mm;修凿面每100mm长须有錾路约4～5条,侧面修凿面应与外露面垂直,正面凹陷深度不应超过15mm;镶面粗料石的外露面如带细凿边缘时,细凿边缘的宽度应为30～50mm。

块石和粗石加工的形状要求分别如图3-1和图3-2所示。

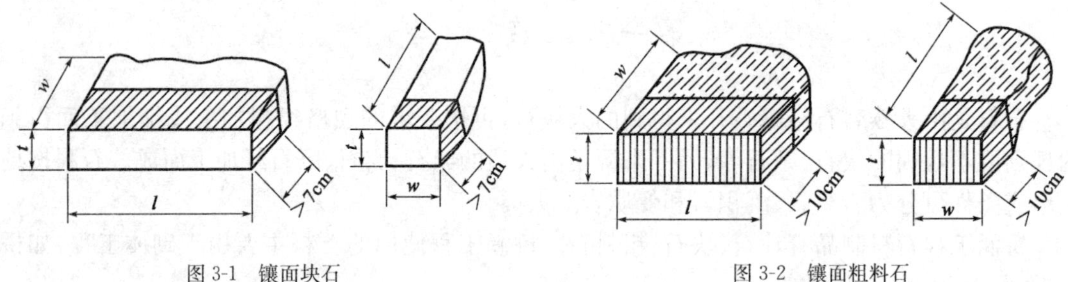

图3-1　镶面块石　　图3-2　镶面粗料石

2. 力学性能要求

石料强度、试件规格及换算应符合设计要求,石料强度的测定应按现行《公路工程岩石试验规程》(JTG E41—2005)执行。

二、石料的单轴抗压强度[JTG E41—2005(T 0221—2005)]

石料的抗压强度是反映石料力学性质的主要指标之一,本试验是测定规则形状石料试件单轴抗压强度的方法。

石料的抗压强度受一系列因素的影响和控制,如料石的矿物组成和结构、含水率、试件尺寸等。一般情况下试件的尺寸和高径比大的料石所包含的裂隙、孔隙等缺陷增多,形状不同试件因棱角部分应力集中造成应力分布不均会使石料强度降低,随含水率增大石料强度也会降低。

桥梁工程中的石料强度等级对应的是边长为70mm×70mm×70mm的立方体试件;试件的含水状态要在试验报告中注明。

软化性是指含水状态对石料强度的影响,用软化系数表示。

1.仪器设备

1)压力试验机或万能试验机

压力试验机(或万能试验机)要求:除应符合《液压式万能试验机》(GB/T 3159—2008)及《试验机通用技术要求》(GB/T 2611—2007)外,其测量精度为±1%,试件破坏荷载应大于压力试验机全程的20%且小于压力试验机全程的80%,同时应具有加荷速度指示装置或加荷速度控制装置,可以均匀地连续加荷卸荷,保持固定荷载,开机停机均灵活自如。试件两端的承压板为洛氏硬度不低于HRC58的圆盘钢板,承压板的直径应不小于试件的直径,也不宜大于试件直径的两倍。当压力试验机承压板直径大于试件直径的两倍以上时,必须在试件的上下两端加辅助承压板,其刚度和不平度均应满足压力试验机承压板的要求。

两压板之一应是球面座，球座钢质坚硬，面部平整度要求在100mm距离内，高低差值不超过0.05mm，球面及球窝粗糙度 $R_a=0.32\mu m$，研磨、转动灵活。球座最好放置在试件顶面（特别是棱柱试件），凸面朝上，并用矿物油稍加润滑，以使在滑块自重作用下仍能闭锁。不应在大球座上做小试件破型；试件、压板和球面座要精确地彼此对中，并与加载机器设备对中，球面座的曲率中心应与试件端面的中心相重合。当试件均匀受力后，一般不宜再敲动球座。

2)钻石机、切石机、磨石机等石料试件加工设备

3)烘箱、干燥器、游标卡尺(精度0.1mm)、角尺及水池等

2. 试件制备

边长为70mm±2mm立方体试件，每组试件共6个。

有显著层理的石料，分别沿平行和垂直层理方向各取试件6个。试件上、下端面应平行和磨平，试件端面的平面度公差应小于0.05mm，端面对于试件轴线垂直度偏差不应超过0.25°。

3. 试验步骤

(1)对试件编号，用游标卡尺在立方体试件顶面和底面上各量取其边长(精确至0.1mm)，以各个面上相互平行的两个边长的算术平均值计算其承压面积。

(2)试件的含水状态可根据需要选择烘干状态、天然状态、饱和状态。

试件的烘干方法：将试件放入温度为105～110°C的烘箱内烘至恒量，烘干时间一般为12～24h，取出置于干燥器内冷却至室温(20°C±2°C)，称其质量，精确至0.01g。

试件的强制饱和可任选如下一种方法：

①用煮沸法饱和试件：将称量后的试件放入水槽，注水至试件高度的一半，静置2h；再加水使试件浸没，煮沸6h以上，并保持水的深度不变。煮沸停止后静置水槽，待其冷却，取出试件，用湿纱布擦去表面水分，立即称其质量。

②用真空抽气法饱和试件：将称量后的试件置于真空干燥器中，注入洁净水，水面高出试件顶面20mm，开动抽气机，抽气时真空压力需达100kPa，保持此真空状态直至无气泡发生时为止(不少于4h)。经真空抽气的试件应放置在原容器中，在大气压力下静置4h，取出试件，用湿纱布擦去表面水分，立即称其质量。

(3)按石料强度性质，选定合适的压力机。将试件置于压力机的承压板中央，对正上、下承压板，不得偏心。

(4)以0.5～1.0MPa/s的速率加荷直至破坏，记录破坏荷载及加载过程中出现的现象。抗压试件试验的最大荷载记录以N为单位，精度1%。

4. 石料抗压强度的计算

石料的抗压强度按下式计算(精确至0.01)。

$$R_i = \frac{P_i}{A_i} \tag{3-1}$$

式中：R_i——第 i 个试件的抗压强度(MPa)；

P_i——第 i 个试件的极限破坏荷载(N)；

A_i——第 i 个试件的截面积(mm^2)。

石料的软化系数按下式计算：

$$K_p = \frac{R_w}{R_d} \tag{3-2}$$

式中：K_p——软化系数；

R_w——石料水饱和状态下的单轴抗压强度(MPa)；

R_d——石料烘干状态下的单轴抗压强度(MPa)。

单轴抗压强度试验结果应同时列出每个试件的试验值及同组石料单轴抗压强度的平均值；有显著层理的石料，分别报告垂直与平行层理方向试件强度的平均值。计算值精确至0.1MPa。

软化系数计算值精确至0.01；3个试件平行测定，取算术平均值；3个值中最大与最小之差不应超过平均值的20%，否则，应另取第4个试件，并在4个试件中取最接近的3个值的平均值作为试验结果，同时在报告中将4个值全部给出。

三、石料抗冻性试验[JTG E41—2005(T 0241—1994)]

石料的抗冻性试验是指试件在浸水条件下，经多次冻结和融化交替作用后测定试件的质量损失和单轴饱水抗压强度的变化。

石料的抗冻性是用来评估石料在饱和状态下经受规定次数的冻融循环后抵抗破坏的能力，分别用质量损失率和冻融系数表示。

评价石料抗冻性好坏有三个指标：冻融循环后强度变化、质量损失、外观变化。冻融试验后的材料无明显损伤(裂缝、脱层和边角损坏)，冻融后的质量损失率不大于2%，强度不低于试验前的0.75倍(冻融系数大于75%)时，为抗冻性好的石料。

1.仪器设备

(1)试件加工设备：切石机、钻石机及磨平机等石料试件加工设备。

(2)压力试验机或万能试验机：试验机的技术要求与本节二中石料单轴抗压强度试验中对试验机的要求相同。

(3)冰箱：温度能控制在－15～－20℃。

(4)天平：感量0.01g，称量大于500g。

(5)放大镜。

(6)烘箱：能使温度控制在105～110℃。

2.试样制备

边长为70mm±2mm立方体试件，每组试件不应少于3个，此外再制备同样试件3个，用于做冻融系数试验。

3.试验步骤

(1)对试件编号，用放大镜详细检验，并作外观描述，然后量出每个试件的尺寸，计算受压面积。将试件放入烘箱，在105～110℃下烘至恒量，烘干时间一般为12～24h，待在干燥器内冷却至室温后取出，立即称其质量m_s，精确至0.01g(以下皆同此)。

(2)将称量后的试件置于盛水容器内，先注水至试件高度的1/4处，以后每隔2h分别注水至试件高度的1/2和3/4处，6h后将水加至高出试件顶面20mm，以利试件空气逸出。试件全部被水淹没后再自由吸水48h。

(3)取出吸水饱和试件，擦去表面水分，放在铁盘中，试件与试件之间应留有一定间距。待冰箱温度下降到－15℃时，将铁盘连同试件一起放入冰箱，并立即开始计时。冻结4h后取出试件，放入20℃±5℃的水中融解4h，如此反复冻融至规定次数为止。

(4)每隔一定的冻融循环次数(如10次、15次、25次等),详细检查各试件有无剥落、裂缝、分层及掉角等现象,并记录检查情况。

(5)称量冻融试验后的试件饱水质量 m'_f,再将其烘干至恒量,称其质量 m_f,并按单轴抗压强度试验方法测定冻融试验后的试件饱水抗压强度,另取3个未经冻融试验的试件测定其饱水抗压强度。

4.质量损失率计算

试件冻融后的质量损失率按下式计算(精确至0.01):

$$L=\frac{m_s-m_f}{m_s}\times 100 \tag{3-3}$$

式中:L——冻融后的质量损失率(%);

m_s——试验前烘干试件的质量(g);

m_f——试验后烘干试件的质量(g)。

冻融后的质量损失率取3个试件试验结果的算术平均值。

5.冻融后的吸水率计算

冻融后的吸水率按下式计算,试验结果精确至0.1%。

$$w'_{sa}=\frac{m'_f-m_f}{m_f}\times 100 \tag{3-4}$$

式中:w'_{sa}——石料冻融后的吸水率(%);

m'_f——冻融试验后的试件饱水质量(g);

其他符号意义同前。

6.冻融系数计算

冻融系数按下式计算(精确至0.01):

$$K_f=\frac{R_f}{R_s} \tag{3-5}$$

式中:K_f——冻融系数;

R_f——若干次冻融试验后的试件饱水抗压强度(MPa);

R_s——未经冻融试验的试件饱水抗压强度(MPa)。

7.试验记录

抗冻性记录应包括石料名称、试验编号、试件编号、试件描述、冻融循环次数、冻融试验前后的烘干质量、冻融试验后的试件饱水抗压强度、未经冻融试验的试件饱水抗压强度。

四、砌筑用砂浆

(1)砌筑用砂浆的类别和强度等级应符合设计规定。

(2)砂浆中所用水泥、砂、水等材料的质量应符合本章第二节的相应规定。砂宜采用中砂或粗砂,当缺乏天然中砂或粗砂时,可采用满足质量要求的机制砂代替;在保证砂浆强度的基础上,也可采用细砂,但应适当增加水泥用量。砂的最大粒径,当用于砌筑片石时,不宜超过5mm;当用于砌筑块石、粗料石时,不宜超过2.5mm。

(3)砂浆的配合比应通过试验确定,当变更砂浆的组成材料时,其配合比应重新试验确定。砂浆应具有良好的和易性,用于石砌体时其稠度宜为50~70mm,气温较高时可适当增大。砂浆的配制宜采用质量比，并应随拌随用，保持适宜的稠度，且宜在3～4h内使用完毕；气温超过30℃时，宜在2～3h内使用完毕。在运输过程或在储存器中发生离析、泌水的砂浆，砌筑前应重新拌和；已凝结的砂浆，不得使用。

(4)各类砂浆均宜采用机械拌和，拌和时间宜为3～5min。

第二节　混　凝　土

普通混凝土通常是用水泥、水、砂、石子等材料按设计要求的比例混合，在需要时掺加适量的外加剂和掺和料。在混凝土组成材料中，砂、石是集(骨)料，对混凝土起骨架作用，其中小颗粒的集料填充大颗粒的空隙。水泥和水组成水泥浆，包裹在所有粗、细集料的表面并填充在集料空隙中。在混凝土硬化前，水泥浆起润滑作用，赋予混凝土拌和物流动性，便于施工；在混凝土硬化后起胶结作用，把砂、石集料胶结成为整体，使混凝土产生强度，成为坚硬的人造石材。

本节主要介绍普通混凝土的配制原材料要求(水泥、水、集料、外加剂、掺和料)及混凝土的力学性质(抗压强度、轴心抗压强度、静力受压弹性模量、抗弯拉强度、劈裂抗拉强度)。

一、混凝土的配制原材料

混凝土工程所用的各种原材料，均应符合现行国家或行业标准的规定，并应在进场时对其性能和质量进行检验。

1.水泥

公路桥涵工程采用的水泥应符合现行国家标准《通用硅酸盐水泥》(GB 175—2007)的规定，水泥的品种和强度等级应通过混凝土配合比试验选定，且其特性应不会对混凝土的强度、耐久性和工作性能产生不利影响。当混凝土中采用碱活性集料时，宜选用含碱量不大于0.6%的低碱水泥。水泥的检验试验方法应符合现行行业标准《公路工程水泥及水泥混凝土试验规程》(JTG E30—2005)的规定。

2.细集料

1)细集料技术指标

细集料宜采用级配良好、质地坚硬、颗粒洁净且粒径小于5mm的河砂；当河砂不易得到时，可采用符合规定的其他天然砂或人工砂；细集料不宜采用海砂，不得不采用时，应经冲洗处理。细集料的技术指标应符合表3-2的规定。

细集料技术指标　　表3-2

项　目		技术要求		
		Ⅰ类	Ⅱ类	Ⅲ类
有害物质含量	云母(按质量计,%)	≤1.0	≤2.0	≤2.0
	轻物质(按质量计,%)	≤1.0	≤1.0	≤1.0
	有机物(比色法)	合格	合格	合格
	硫化物及硫酸盐(按SO_3质量计,%)	≤1.0	≤1.0	≤1.0
	氯化物(以氯离子质量计,%)	<0.01	<0.02	<0.06

续上表

项　　目			技术要求		
			I类	II类	III类
天然砂含泥量(按质量计,%)			≤2.0	≤3.0	≤5.0
泥块含量(按质量计,%)			≤0.5	≤1.0	≤2.0
人工砂的石粉含量(按质量计,%)	亚甲蓝试验	MB值<1.4或合格	≤5.0	≤7.0	≤10.0
		MB值≥1.4或不合格	≤2.0	≤3.0	≤5.0
坚固性	天然砂(硫酸钠溶液法经5次循环后的质量损失,%)		≤8	≤8	≤10
	人工砂单级最大压碎指标(%)		<20	<25	<20
表观密度(kg/m³)			>2 500		
松散堆积密度(kg/m³)			>1 350		
空隙率(%)			<47		
碱集料反应			经碱集料反应试验后,由砂配制的试件无裂缝、酥裂、胶体外溢现象,在规定试验龄期的膨胀率应小于0.10%		

注:①砂按技术要求分为I类、II类、III类。I类宜用于强度等级大于C60的混凝土;II类宜用于强度等级C30～C60及有抗冻、抗渗或其他要求的混凝土;III类宜用于强度等级小于C30的混凝土和砌筑砂浆。

②天然砂包括河砂、湖砂、山砂、淡化海砂,人工砂包括机制砂和混合砂。

③石粉含量系指粒径小于0.075mm的颗粒含量。

④砂中不应混有草根、树叶、树枝、塑料、煤块、炉渣等杂物。

⑤当对砂的坚固性有怀疑时,应做坚固性试验。

⑥当碱集料反应不符合表中要求时,应采取抑制碱集料反应的技术措施。

2)砂的分类

砂的分类应符合表3-3的规定。

砂的分类　　表3-3

砂　组	粗　砂	中　砂	细　砂
细度模数	3.7～3.1	3.0～2.3	2.2～1.6

注:细度模数主要反映全部颗粒的粗细程度,不完全反映颗粒的级配情况,混凝土配制时应同时考虑砂的细度模数和级配情况。

3)细集料的颗粒级配

细集料的颗粒级配应处于表3-4中的任一级配区以内。

细集料的分区及级配范围　　表3-4

方孔筛筛孔边长尺寸	累计筛余(%)		
	级配区		
	I区	II区	III区
4.75mm	10～0	10～0	10～0
2.36mm	35～5	25～0	15～0
1.18mm	65～35	50～10	25～0

续上表

方孔筛筛孔边长尺寸	累计筛余(%)		
	级配区		
	I区	II区	III区
600μm	85～71	70～41	40～16
300μm	95～80	92～70	85～55
100μm	100～90	100～90	100～90

注:①表中除4.75mm和600μm筛孔外,其余各筛孔的累计筛余允许超出分界线,但其超出量不得大于5%。

②人工砂中150μm筛孔的累计筛余:I区可放宽到100%～85%,II区可放宽到100%～80%,III区可放宽到100%～75%。

③I区砂宜提高砂率配低流动性混凝土;II区砂宜优先选用配不同强度等级的混凝土;III区砂宜适当降低砂率保证混凝土的强度。

④对高性能、高强度、泵送混凝土宜选用细度模数为2.9～2.6的中砂。2.36mm筛孔的累计筛余量不得大于15%,300μm筛孔的累计筛余量宜在85%～92%范围内。

细集料检验试验方法应符合现行行业标准《公路工程集料试验规程》(JTG E42—2005)的规定。

3.粗集料

1)粗集料技术指标

粗集料宜采用质地坚硬、洁净、级配合理、粒形良好、吸水率小的碎石或卵石,其技术指标应符合表3-5的规定。

粗集料技术指标 表3-5

项目		技术指标		
		I类	II类	III类
碎石压碎指标(%)		<18	<20	<30
卵石压碎指标(%)		<20	<25	<25
坚固性(硫酸钠溶液法经5次循环后质量损失值,%)		<5	<8	<12
吸水率(%)		<1.0	<2.0	<2.5
针片状颗粒含量(按质量计,%)		<5	<15	<25
有害物质含量	含泥量(按质量计,%)	<0.5	<1.0	<1.5
	泥块含量(按质量计,%)	0	<0.5	<0.7
	有机物含量(比色法)	合格	合格	合格
	硫化物及硫酸盐(按SO_3质量计,%)	<0.5	<1.0	<1.0
岩石抗压强度(水饱和状态,MPa)		火成岩>80,变质岩>60,水成岩>30		
表观密度(kg/m^3)		>2 500		
松散堆积密度(kg/m^3)		>1 350		
空隙率(%)		<47		

续上表

项　目	技术指标		
	I类	II类	III类
碱集料反应	经碱集料反应试验后，试件无裂缝、酥裂、胶体外溢等现象，在规定试验龄期的膨胀率应小于0.10%		

注：①I类宜用于强度等级大于C60的混凝土；II类宜用于强度等级为C30～C60及抗冻、抗渗或其他要求的混凝土；III类宜用于强度等级小于C30的混凝土。

②粗集料中不应混有草根、树叶、树枝、塑料、煤块、炉渣等杂物。

③岩石的抗压强度除应满足表中要求外，其抗压强度与混凝土强度等级之比应不小于1.5。岩石强度首先应由生产单位提供，工程中可采用压碎值指标进行质量控制。

④当粗集料中含有颗粒状硫酸盐或硫化物杂质时，应进行专门检验，确认能满足混凝土耐久性要求后，方可采用。

⑤采用卵石破碎成砾石时，应具有两个及以上的破碎面，且其破碎面应不小于70%。

当混凝土结构物处于不同环境条件下时，粗集料坚固性试验的结果除应符合表3-5的规定外，尚应符合表3-6的规定。

粗集料的坚固性试验　　表3-6

混凝土所处环境条件	在硫酸钠溶液中循环5次后的质量损失(%)
寒冷地区，经常处于干湿交替状态	＜5
严寒地区，经常处于干湿交替状态	＜3
混凝土处于干燥条件，但粗集料风化或软弱颗粒过多时	＜12
混凝土处于干燥条件，但有抗疲劳、耐磨、抗冲击要求或强度等级大于C40	＜5

注：有抗冻、抗渗要求的混凝土用硫酸钠法进行粗集料坚固性试验不合格时，可再进行直接冻融试验。

2)粗集料级配范围

粗集料宜根据混凝土最大粒径采用连续两级配或连续多级配，不宜采用单粒级配或间断级配配制，必须使用时，应通过试验验证。粗集料的级配范围应符合表3-7的规定。

粗集料级配范围　　表3-7

级配情况	公称粒径(mm)	累计筛余(按质量计，%)											
		方孔筛筛孔边长尺寸(mm)											
		2.36	4.75	9.50	16.0	19.0	26.5	31.5	37.5	53.0	63.0	75.0	90.0
连续级配	5～10	95～100	80～100	0～15	0								
	5～16	95～100	85～100	30～60	0～10	0							
	5～20	95～100	90～100	40～80		0～10	0						
	5～25	95～100	90～100		30～70		0～5	0					
	5～31.5	95～100	90～100	70～90		15～45		0～5	0				
	5～40		95～100	70～90		30～65			0～5	0			

续上表

级配情况	公称粒径(mm)	累计筛余(按质量计,%)											
		方孔筛筛孔边长尺寸(mm)											
		2.36	4.75	9.50	16.0	19.0	26.5	31.5	37.5	53.0	63.0	75.0	90.0
单粒级配	10~20		95~100	85~100		0~15	0						
	16~31.5		95~100		85~100			0~10	0				
	20~40			95~100		80~10			0~10	0			
	31.5~63				95~100			75~100	45~75		0~10	0	
	40~80					95~100			70~100		30~60	0~10	0

3)粗集料最大粒径

粗集料最大粒径宜按混凝土结构情况及施工方法选取,但最大粒径不得超过结构最小边尺寸的1/4和钢筋最小净距的3/4;在两层或多层密布钢筋结构中,最大粒径不得超过钢筋最小净距的1/2,同时不得超过75.0mm。混凝土实心板的粗集料最大粒径不宜超过板厚的1/3且不得超过37.5mm。泵送混凝土时的粗集料最大粒径,除应符合上述规定外,对碎石不宜超过输送管径的1/3,对卵石不宜超过输送管径的1/2.5。

粗集料检验试验方法应符合现行行业标准《公路工程集料试验规程》(JTG E42—2005)的规定。

4.水

符合国家标准的饮用水可直接作为混凝土的拌制和养护用水;当采用其他水源或对水质有疑问时,应对水质进行检验。水的品质指标应符合表3-8的规定。

混凝土用水的品质指标 表3-8

项　目	预应力混凝土	钢筋混凝土	素混凝土
pH值	≥5.0	≥4.5	≥4.5
不溶物(mg/L)	≤2 000	≤2 000	≤5 000
可溶物(mg/L)	≤2 000	≤5 000	≤10 000
氯化物(以Cl^-计,mg/L)	≤500	≤1 000	≤3 500
硫酸盐(以SO_4^{2-}计,mg/L)	≤600	≤2 000	≤2 700
碱含量(rag/L)	≤1 500	≤1 500	≤1 500

注:①对设计使用年限为100年的结构混凝土,氯离子含量不得超过500mg/L;对使用钢丝或热处理钢筋的预应力混凝土,氯离子含量不得超过350mg/L。

②碱含量按$Na_2O+0.658K_2O$计算值表示。采用非碱活性集料时,可不检验碱含量。

混凝土用水尚应符合下列规定:

(1)水中不应有漂浮明显的油脂和泡沫,及有明显的颜色和异味。

(2)严禁将未经处理的海水用于结构混凝土的拌制。

5.外加剂

公路桥涵工程使用的外加剂,与水泥、矿物掺和料之间应具有良好的相容性。所采用的外加剂,应是经过具备相关资质的检测机构检验并附有检验合格证明的产品,且其质量应符合现行国家标准《混凝土外加剂》(GB 8076—2008)的规定。外加剂使用前应进行复验,复验结果满足要求后方可用于工程中。外加剂的品种和掺量应根据使用要求、施工条件、混凝土原材料的变化等通过试验确定。

在公路桥涵混凝土工程中采用的膨胀剂,其性能应符合现行国家标准《混凝土膨胀剂》(GB 23439—2009)的规定。膨胀剂的品种和掺量应通过试验确定。掺入膨胀剂的混凝土宜采取有效的持续保湿养护措施,且宜按不同结构和温度适当延长养护时间。

6. 掺和料

掺和料应保证其产品品质稳定,来料均匀;掺和料应由生产单位专门加工,进行产品检验并出具产品合格证书。掺和料的技术要求见《公路桥涵施工技术规范》(JTG F50—2011)附录B1。混凝土中需要掺用粉煤灰、磨细矿渣、硅灰等掺和料时,其掺入量应在使用前通过试验确定。

二、混凝土性能试验试件尺寸及数量

试件的尺寸应根据混凝土中集料的最大粒径按表 3-9 选定。

混凝土性能试验试件尺寸及数量 表 3-9

试件名称	试件形状	试件尺寸(mm)	尺寸修正系数	每组试件数量
立方体抗压强度试件	立方体	200×200×200(53)	1.05	3个
	立方体	150×150×150(31.5)	标准试件	3个
	立方体	100×100×100(26.5)	0.95	3个
棱柱体轴心抗压强度试件	棱柱体	200×200×400(53)	1.05	3个
	棱柱体	150×150×300(31.5)	标准试件	3个
	棱柱体	100×100×300(26.5)	0.95	3个
棱柱体抗压弹性模量试件	棱柱体	200×200×400(53)	—	3个
	棱柱体	150×150×300(31.5)	标准试件	3个
	棱柱体	100×100×300(26.5)	—	3个
抗弯拉强度试件	棱柱体	150×150×600(31.5)	标准试件	3个
	棱柱体	150×150×550(31.5)	标准试件	3个
	棱柱体	100×100×400(26.5)	0.85	3个
立方体劈裂抗拉强度试件	立方体	150×150×150(31.5)	标准试件	3个
	立方体	100×100×100(26.5)	—	3个

注:括号中的数字为试件中集料公称最大粒径,单位为 mm。

混凝土立方体试件置于压力机上受压时,在沿加荷方向发生纵向变形的同时,混凝土试件及上、下钢压板也按泊松比效应产生横向自由变形,但由于压力机钢压板的弹性模量比混凝土大 10 倍左右,而泊松比仅大于混凝土近 2 倍,所以在压力作用下,钢板的横向变形小于混凝土的横向变形,造成上、下钢压板与混凝土试件接触的表面之间均产生摩擦阻力,它对混凝土的横向膨胀起着约束作用,从而对混凝土强度起提高作用(图 3-3)。但这种约束作用随着远离试件端部而变小,大约在距离$\frac{\sqrt{3}}{2}a$(a 为立方体试件边长)处,约束作用消失,所以试件抗压破坏后呈一对顶棱锥体(图 3-4),称为环箍效应。若在钢压板和混凝土试件之间加涂润滑剂,试件将直立破坏(图 3-5),则环箍效应大大减小,测得的抗压强度因而偏低;混凝土试件立方体尺寸较大时,环箍效应的相对作用较小,混凝土试件立方体尺寸较小时,环箍效应的相对作用较大。混凝土试件中存在的孔隙和微裂缝等缺陷,会引起混凝土试件的实际受力面积降低和应力集中,导致混凝土强度降低。混凝土试件尺寸愈小,测得的抗压强度值愈大。

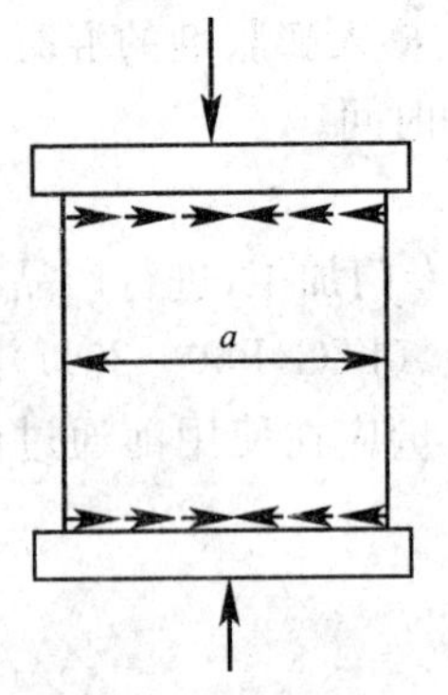

图 3-3 压力机压板对试件的约束作用

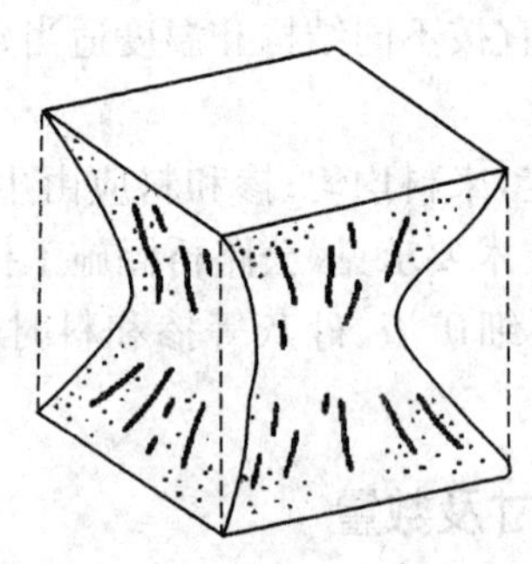

图 3-4 受压板约束试件破坏残存的棱锥体

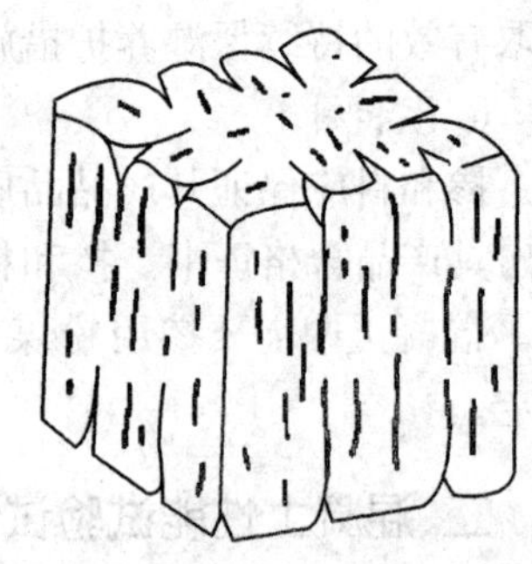

图 3-5 不受压板约束时试件破坏情况

混凝土试件的最小尺寸应根据混凝土所用集料的最大粒径确定。混凝土采用标准试件在标准条件下测定其抗压强度,是为了具有可比性。在实际施工中允许采用非标准尺寸的试件,但应将其抗压强度测值按表 3-9 所列系数换算成标准试件时的抗压强度。

三、混凝土性能试验设备

1. 搅拌机

自由式或强制式搅拌机。

2. 振动台

标准振动台。

振动台的主要技术指标应符合表 3-10 的要求。

振动台的主要技术指标 表 3-10

部件名称	技术指标	部件名称	技术指标
振动台台面厚度	大于 10mm	台面尺寸偏差	不大于±5mm
台面平整度	平面度误差不应大于 0.3mm	台平面粗糙度	R_a 不得大于 6.3μm
空载台面中心垂直振幅	0.5mm±0.02mm	空载频率	50Hz±2Hz
空载台面振幅均匀度	不大于 10%	启动时间	不大于 2s
负载与空载台面中心垂直振幅比	不小于 0.7	制动时间	不大于 5s
试模固定装置	振动中试模无松动、无移动、无损伤	空载噪声	不大于 80dB

3. 压力试验机或万能试验机

同本章第一节压力试验机要求。

4. 试模

各种试模应符合《混凝土试模》(JG 237—2008)中的技术要求，且对试模应根据试模的使用频率来决定检查时间，至少每三个月应检查一次。试模的主要技术指标见表3-11。

试模的主要技术指标　　表3-11

部件名称	技术指标	部件名称	技术指标
试模内表面	光滑平整，不得有砂眼、裂纹及划痕	组装后相邻面夹角	90°±0.1°
内表面和上口面粗糙度	R_a 不得大于 3.2μm	试模内表面平整度	100mm 不大于 0.04mm
组装后内部尺寸误差	不得大于公称尺寸的±0.2%，且不大于1mm	组装后连接面缝隙	不得大于 0.1mm

5. 捣棒

捣棒为直径16mm、长约600mm，并具有半球形端头的钢质圆棒。

6. 钢垫板

混凝土强度等级大于等于C60时，试验机上、下压板之间应各垫一钢垫板，平面尺寸应不小于试件的承压面，其厚度至少为25mm。钢垫板应机械加工，其平面度允许偏差±0.04mm，表面硬度大于等于55HRC，硬化层厚度约5mm。试件周围应设置防崩裂网罩。

四、混凝土试件制作及现场取样方法

1. 试件成型

1)混凝土试件制作应符合的规定

(1)成型前，应检查试模尺寸并符合表3-2中的有关规定。尤其是对高强混凝土，应格外重视检查试模的尺寸是否符合试模标准的要求。特别应检查150mm×150mm×150mm试模的内表面平整度和相邻面夹角是否符合要求。试模内表面应涂一薄层矿物油或其他不与混凝土发生反应的脱模剂。

(2)普通混凝土力学性能试验每组试件所用的拌和物应从同一盘混凝土或同一车混凝土中取样，取拌和物的总量至少应比所需量多20%以上，并取出少量混凝土拌和物代表样，在5min内进行坍落度或维勃试验，认为品质合格后，在15min内开始制件。

(3)在试验室拌制混凝土时，其材料用量应以质量计，称量的精度：集料为±1%；水、水泥、掺和料和外加剂为±0.5%。

(4)根据混凝土拌和物的稠度确定混凝土成型方法：

对于坍落度小于25mm的混凝土，可采用直径为25mm的插入式振捣棒成型；对于坍落度大于25mm且小于70mm的混凝土宜用标准振动台振实；对于坍落度大于70mm的混凝土宜用振捣棒人工捣实；检验现浇混凝土或预制构件的混凝土，试件成型方法宜与实际采用的方法相同。

2)混凝土试件制作的步骤

(1)新拌混凝土现场从搅拌机、料斗、运输车或构件取样时，均需从三处以上的不同部位抽取大致相同分量的代表性样品(不要抽取已经离析的混凝土)，集中用铁铲翻拌均匀，而后立即进行拌和物的试验。拌和物的取样量多于试验所需数量的1.5倍，其体积不小于20L。为使样品具有代表性，宜采用多次采样的方法。从第一次取样到最后一次取样不宜超过15min，取回的混凝土拌和物应经过人工再次翻拌均匀，而后进行试验。

(2)用标准振动台振实制作试件应按下述方法进行：

①将混凝土拌和物一次装入试模，装料时应用抹刀沿各试模壁插捣，并使混凝土拌和物高出试模口；

②将试模放在振动台上夹牢，防止振动时试模自由跳动，振动应持续到表面出现浆状水泥为止，振动过程中随时添加混凝土使试模常满，记录振动时间(约为维勃秒数的2～3倍，一般不超过90s)；

③振动结束后，用金属直尺沿试模边缘刮去多余的混凝土，用镘刀将表面初次抹平，待试件收浆后，再次用镘刀将试件仔细抹平，试件抹面与试模边缘的高低差不得超过0.5mm。

(3)用人工插捣制作试件应按下述方法进行：

①混凝土拌和物应分两层装入模内，每层的装料厚度大致相等。

②插捣应按螺旋方向从边缘向中心均匀进行。在插捣底层混凝土时，捣棒应达到试模底部；插捣上层时，捣棒应贯穿上层后插入下层20～30mm；插捣时应用力将捣棒压下，保持捣棒垂直，不得冲击，捣一层后，应用橡皮锤轻轻敲击试模外端10～15次，以填平插捣过程中留下的孔洞。

③每层插捣次数按$100cm^2$截面积内不得少于12次；试件抹面与试模边缘的高低差不得超过0.5mm。

(4)用插入式振捣棒振实制作试件应按下述方法进行：

①将混凝土拌和物一次装入试模，装料时应用抹刀沿各试模壁插捣，并使混凝土拌和物高出试模口。

②振捣时振捣棒距试模底板10～20mm，且不得触及试模底板。振捣持续到表面出浆为止，且应避免过振，以防止混凝土离析，一般振捣时间为20s。振捣棒拔出时要缓慢，拔出后不得留有孔洞。

③刮除试模上口多余的混凝土，在临近初凝时，用抹刀抹平。试件抹面与试模边缘的高低差不得超过0.5mm。

2.试件的养护

(1)试件成型后应立即用湿布覆盖表面(或其他保湿办法)。

(2)采用标准养护的试件，应在温度为20℃±5℃，相对湿度大于50%的环境下，静置一至二昼夜，然后拆模并作第一次外观检查、编号，对有缺陷的试件应除去，或加工补平。将完好试件放入标准养护室进行养护，养护室温度20℃±2℃，相对湿度为95%以上，试件宜放在铁架或木架上，间距至少10～20mm，试件表面应保持一层水膜，并避免用水直接冲淋。当无标准养护室时，将试件放入温度为20℃±2℃的不流动的$Ca(OH)_2$饱和溶液中养护[因为水泥石中存在$Ca(OH)_2$是水泥水化和维持水泥石稳定的重要前提，如果养护水不是$Ca(OH)_2$饱和溶液，那么混凝土中的$Ca(OH)_2$就会溶出，这就影响水泥的水化进程，从而影响混凝土的强度]。

(3)同条件养护试件的拆模时间可与实际构件的拆模时间相同，拆模后，试件仍需保持同条件养护。

(4)标准养护龄期为 28d(从搅拌加水开始),非标准养护龄期一般为 1d、3d、7d、60d、90d 和 180d。

五、混凝土立方体抗压强度试验方法[JTG E30—2005(T 0553—2005)]

1. 试验步骤

(1)混凝土抗压强度试件应同龄期者为一组,每组为 3 个同条件制作和养护的混凝土试块。养护至试验龄期时,自养护室取出试件,应尽快试验,避免其湿度变化。

(2)取出试件,检查其尺寸形状,相对两面应平行。量出棱边长度,精确至 1mm。试件受力截面积按其与压力机上下接触面的平均值计算。在破型前,保持试件原有湿度,在试验时擦干试件。

(3)以成型时侧面为上下受压面,试件中心应与压力机几何对中。

(4)强度等级小于 C30 的混凝土取 0.3~0.5MPa/s 的加荷速度;强度等级大于 C30 小于 C60 时,则取 0.5~0.8MPa/s 的加荷速度;强度等级大于 C60 的混凝土取 0.8~1.0MPa/s 的加荷速度。当试件接近破坏而开始迅速变形时,应停止调整试验机油门,直至试件破坏,记下破坏极限荷载 F(N)。

2. 试验结果

(1)混凝土立方体试件抗压强度按下式计算:

$$f_{cu} = \frac{F}{A} \tag{3-6}$$

式中:f_{cu}——混凝土立方体抗压强度(MPa);

F——极限荷载(N);

A—受压面积(mm^2)。

(2)以 3 个试件测值的算术平均值为测定值,计算精确至 0.1MPa。3 个测值中的最大值或最小值中如有一个与中间值之差超过中间值的 15%,则取中间值为测定值;如最大值和最小值与中间值之差均超过中间值的 15%,则该组试验结果无效。

(3)混凝土强度等级小于 C60 时,非标准试件的抗压强度应乘以尺寸换算系数(见表 3-2),并应在报告中注明。当混凝土强度等级大于等于 C60 时,宜用标准试件,使用非标准试件时,换算系数由试验确定。

六、混凝土棱柱体轴心抗压强度试验方法[JTG E30—2005(T 0555—2005)]

1. 试验步骤

(1)混凝土轴心抗压强度试件应同龄期者为一组,每组为 3 个同条件制作和养护的混凝土试块。养护至试验龄期时,自养护室取出试件,用湿布覆盖,避免其湿度变化。试验时擦干试件,测量其高度和宽度,精确至 1mm。

(2)在压力机下压板上放好试件,几何对中(试件的承压面应与成型时的顶面垂直。试件的中心应与试验机下压板中心对准),开动试验机,当上压板与试件或钢垫板接近时,调整球座,使接触均衡。

(3)强度等级小于C30的混凝土取0.3～0.5 MPa/s的加荷速度;混凝土强度等级大于C30小于C60时,则取0.5～0.8MPa/s的加荷速度;强度等级大于C60的混凝土取0.8～1.0MPa/s的加荷速度。当试件接近破坏而开始急剧变形时,应停止调整试验机油门,直至破坏,记下破坏极限荷载F(N)。

2.试验结果计算及确定

(1)混凝土棱柱体轴心抗压强度 f_{cp} 按下式计算:

$$f_{cp}=\frac{F}{A} \tag{3-7}$$

式中:f_{cp}——混凝土棱柱体轴心抗压强度(MPa);

F——极限荷载(N);

A——受压面积(mm^2)。

结果计算精确至0.1MPa。

(2)以3个试件测值的算术平均值为测定值。3个测值中的最大值或最小值中如有一个与中间值之差超过中间值的15%,则取中间值为测定值;如最大值和最小值与中间值之差均超过中间值的15%,则该组试验结果无效。

(3)采用非标准尺寸试件测得的棱柱体轴心抗压强度,应乘以尺寸换算系数(见表3-2)。当混凝土强度等级大于等于C60时,宜用标准试件。

七、混凝土棱柱体抗压弹性模量试验方法[JTG E30—2005(T 0556—2005)]

本方法规定了测定水泥混凝土在静力作用下的受压弹性模量方法,水泥混凝土的受压弹性模量取轴心抗压强度1/3时对应的弹性模量。

1.仪器设备

(1)微变形测量仪:千分表2个(0级或1级),或精度不低于0.001mm的其他仪表,如引伸仪。

(2)微变形测量仪固定架两对,标距为150mm。

(3)钢尺(量程600mm,分度值为1mm)、502胶水、铅笔和秒表等。

2.试验步骤

(1)试件尺寸与棱柱体轴心抗压强度试件尺寸相同,应符合表3-9规定。

(2)每组为同龄期同条件制作和养护的试件6根(其中3根用于测定轴心抗压强度,提供弹性模量试验的加荷标准,另3根则作弹性模量试验)。试件取出后,用湿毛巾覆盖并及时进行试验,保持试件干湿状态不变。擦净试件,量出尺寸并检查外形,尺寸量测精确至1mm,试件不得有明显缺损,端面不平时须先抹平。

(3)取3根试件进行轴心抗压强度试验,计算棱柱体轴心抗压强度值 f_{cp}。

(4)取另3根试件作抗压弹性模量试验,微变形测量仪应安装在试件两侧的中线上并对称于试件两侧。

(5)将试件移于压力机球座上,几何对中,加荷方法见图3-6。

(6)调整试件位置:开动压力机,当上压板与试件接近时,调整球座,使接触均衡。加荷至基准应力为0.5MPa对应的初始荷载值 F_0,保持恒载60s并在以后的30s内记录两侧变形量

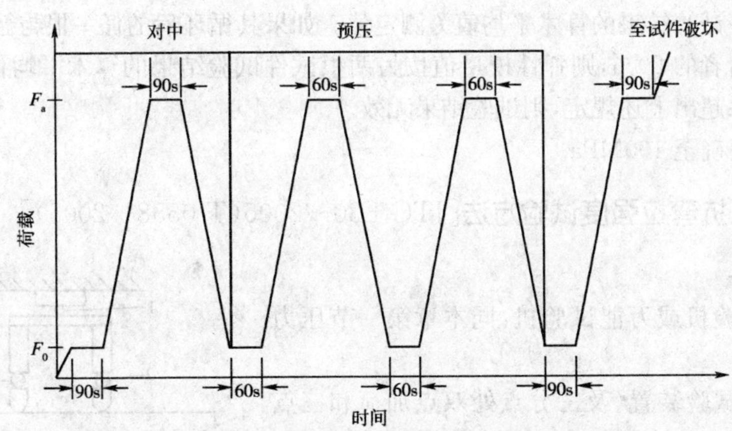

图 3-6 弹性模量加荷方法示意图

注:①90s 包括 60s 持荷时间、30s 读数时间;②60s 为持荷时间。

测仪的读数 $\varepsilon_0^{左}$、$\varepsilon_0^{右}$。应立即以 0.6MPa/s±0.4MPa/s 的加荷速率连续均匀加荷至 1/3 轴心抗压强度 f_{cp}对应的荷载值 F_a,保持恒载 60s 并在以后的 30s 内记录两侧变形量测仪的读数 $\varepsilon_a^{左}$、$\varepsilon_a^{右}$。

(7)以上读数应与它们的平均值相差在 20%以内,否则应重新对中试件后重复(6)的步骤。如果无法使差值降低到 20%以内,则此次试验无效。

(8)预压:确认步骤(7)后,以相同的速度卸荷至基准应力 0.5MPa 对应的初始荷载值 F_0 并持荷 60s。以相同的速度加荷至荷载值 F_a,再保持 60s 恒载,最后以相同的速度卸荷至初始荷载 F_0,至少进行两次预压循环。

(9)在完成最后一次预压后,保持 60s 初始荷载值 F_0,在后续的 30s 内记录两侧变形量测仪的读数 $\varepsilon_0^{左}$、$\varepsilon_0^{右}$,再用同样的加荷速度加荷至荷载值 F_a,再保持 60s 恒载,并在后续的 30s 内记录两侧变形量测仪的读数 $\varepsilon_a^{左}$、$\varepsilon_a^{右}$。

(10)卸除微变形量测仪,以同样的速度加荷至破坏,记下破坏极限荷载 F(N)。如果试件的轴心抗压强度与 f_{cp}之差超过 f_{cp}的 20%时,应在报告中注明。

3. 试验结果

混凝土抗压弹性模量 E_c 按下式计算:

$$E_c = \frac{F_a - F_0}{A} \times \frac{L}{\Delta n} \tag{3-8}$$

式中:E_c——混凝土抗压弹性模量(MPa);

F_a——终荷载(N)(1/3f_{cp}时对应的荷载值);

F_0——初荷载(N)(0.5MPa 时对应的荷载值);

L——测量标距(mm);

A——试件承压面积(mm^2);

Δn——最后一次加荷时,试件两侧在 F_a 及 F_0 作用下变形差的平均值(mm),

$$\Delta n = (\varepsilon_a^{左} + \varepsilon_a^{右})/2 - (\varepsilon_0^{左} + \varepsilon_0^{右})/2$$

ε_a——F_a 时标距间试件变形(mm);

ε_0——F_0 时标距间试件变形(mm)。

以 3 根试件试验结果的算术平均值为测定值。如果其循环后的任一根与循环前轴心抗压强度之差超过后者的 20%，则弹性模量值按另两根试件试验结果的算术平均值计算；如有两根试件试验结果超出上述规定，则试验结果无效。

结果计算精确至 100MPa。

八、混凝土抗弯拉强度试验方法[JTG E30—2005(T 0558—2005)]

1. 仪器设备

(1)压力试验机或万能试验机：同本章第一节压力试验机要求。

(2)抗弯拉试验装置(及三分点处双点加荷和三点自由支承式混凝土抗弯拉强度与抗弯拉弹性模量试验装置)：如图 3-7 所示。

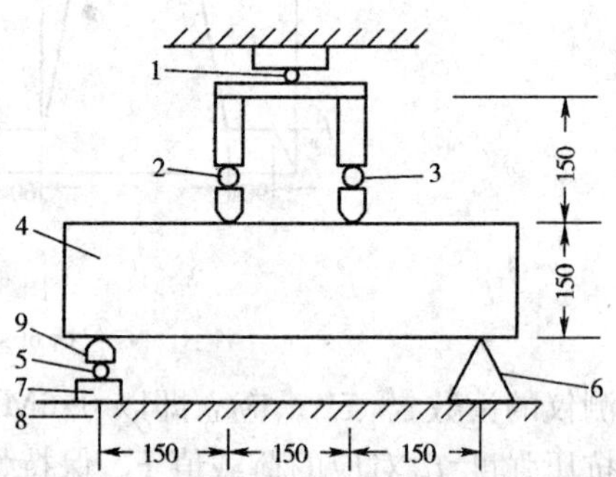

图 3-7 抗弯拉试验装置(尺寸单位：mm)

1、2-单个钢球；3、5-两个钢球；4-试件；6-固定支座；7-活动支座；8-机台；9-活动船形垫块

2. 试验步骤

(1)试件尺寸应符合表 3-2 规定，同时在试件长向中部 1/3 区段内表面不得有直径超过 5mm、深度超过 2mm 的孔洞。混凝土抗弯拉强度试件应取同龄期者为一组，每组 3 根同条件制作和养护的试件。

(2)试件取出后，用湿毛巾覆盖并及时进行试验，保持试件干湿状态不变。在试件中部量出其宽度和高度，精确至 1mm。

(3)调整两个可移动支座，将试件安放在支座上，试件成型时的侧面朝上，几何对中后，务必使支座及承压面与活动船形垫块的接触面平稳、均匀，否则应垫平。

(4)加荷时，应保持均匀、连续。当混凝土强度等级小于 C30 时，加荷速度为 0.3～0.5MPa/s；当混凝土的强度等级大于 C30 小于 C60 时，加荷速度为 0.5～0.8MPa/s；当混凝土的强度等级大于等于 C60 时，加荷速度为 0.8～1.0MPa/s。当试件接近破坏而开始迅速变形时，不得调整试验机油门，直至试件破坏，记下破坏极限荷载 F(N)。

(5)记录下最大荷载和试件下边缘断裂位置。

3. 试验结果

当断面发生在两个加荷点之间时，抗弯拉强度 f_f 按下式计算：

$$f_f = \frac{FL}{bh^2} \tag{3-9}$$

式中：f_f——抗弯拉强度(MPa)；

F——极限荷载(N)；

L——支座间距离(mm)；

b——试件宽度(mm)；

h——试件高度(mm)。

以 3 个试件测值的算术平均值为测定值。3 个试件中最大值或最小值中如有一个与中间值之差超过中间值的 15%，则把最大值和最小值舍去，以中间值作为试件的抗弯拉强度；如最大值和最小值与中间值之差值均超过中间值的 15%，则该组试验结果无效。

3 个试件中如有一个断裂面位于加荷点外侧，则混凝土抗弯拉强度按另外两个试件测值的平均值为测试结果，否则结果无效。

如果有两根试件均出现断裂面位于加荷点外侧，则该组结果无效。

注：断面位置在试件断块短边一侧的底面中轴线上量得。

抗弯拉强度计算精确到 0.01MPa。

采用 100mm×100mm×400mm 非标准试件时，在三分点加荷的试验方法同前，但所取得的抗弯拉强度值应乘以尺寸换算系数 0.85，当混凝土强度等级大于等于 C60 时，应采用标准试件。

九、混凝土立方体劈裂抗拉强度试验方法[JTG E30—2005(T 0560—2005)]

1. 仪器设备

劈裂钢垫条和三合板(或纤维板垫层)如图 3-8 所示。钢垫条顶面为半径 75mm 的弧形，长度不短于试件边长。木质三合板或纤维板垫层的宽度为 20mm，厚度为 3～4mm，长度不小于试件长度，垫条不得重复使用。

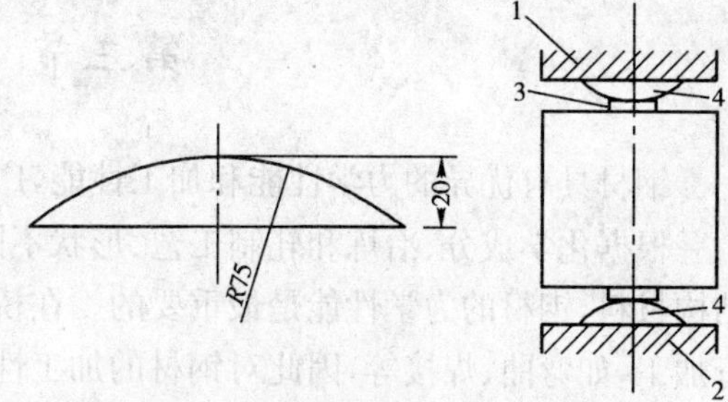

图 3-8 劈裂试验用钢垫条(尺寸单位：mm)

1-上压板；2-下压板；3-垫层；4-垫条

2. 试验步骤

(1)混凝土抗压强度试件应同龄期者为一组，每组为 3 个同条件制作和养护的混凝土试块。

(2)养护至试验龄期时，自养护室取出试件，应尽快试验，避免其湿度变化。检查外观，在试件中部画出劈裂面位置线，劈裂面与试件成型时的顶面垂直。尺寸测量精确至 1mm。

(3)试件放在球座上，几何对中，放妥垫条层垫条，其方向与试件成型时的顶面垂直。

(4)当混凝土强度等级小于 C30 时，加荷速度为 0.02～0.05MPa/s；当混凝土强度等级大于等于 C30 且小于 C60 时，加荷速度为 0.05～0.08 MPa/s；当混凝土强度等级大于等于 C60 时，加荷速度为 0.08～0.10 MPa/s。当试件接近破坏而开始迅速变形时，不得调整试验机油门，直至试件破坏，记下破坏极限荷载 F(N)。

3. 试验结果计算

混凝土劈裂抗拉强度按下式计算：

$$f_{ts}=\frac{2F}{\pi A}=0.637\frac{F}{A} \tag{3-10}$$

式中：f_{ts}——混凝土劈裂抗拉强度(MPa)；

F——试件破坏荷载(N)；

A——试件劈裂面面积(mm^2)，为试件横截面面积。

劈裂抗拉强度值的计算和异常数据的取舍原则：以 3 个试件测值的算术平均值作为测定值。如 3 个试件中最大值或最小值中有一个与中间值的差值超过中间值的 15%时，则取中间值为测定值；如有两个测值与中间值的差均超过中间值的 15%，则该组试件的试验结果无效。计算结果精确至 0.01MPa。

十、试验报告

试验报告应包括以下内容：

(1)要求检测的项目名称和执行标准；

(2)原材料的品种、规格和产地；

(3)试验日期及时间；

(4)仪器设备的名称、型号及编号；

(5)环境温度和湿度；

(6)试验检测情况及结果；

(7)要说明的其他内容。

第三节　钢　　材

钢材具有优异的力学性能和加工性能，广泛应用于各种不同类型的桥涵工程结构。

根据化学成分、冶炼和轧制工艺、形状不同等，桥涵工程用钢材可以分为很多种类，但作为结构材料，钢材的力学性能是最重要的。在桥涵工程结构施工、构件制作时，都需要对钢材进行加工，如弯曲、焊接等，因此对钢材的加工性能也有很高的要求。

本节主要讨论钢材的力学性能、加工性能及相应的试验检测方法等。

一、主要力学性能和加工性能

1. 屈服强度 R_{eL}

大部分结构钢材都有明显的屈服现象，如碳素结构钢、优质碳素结构钢、低合金结构钢等，以及钢筋混凝土用的钢筋。在常温条件下，对有明显屈服现象的钢材标准试样进行拉伸试验，可以得到钢材的应力—伸长率曲线。图 3-9 为经过修正的应力—伸长率曲线，图中的应力为拉力除以试样的原始截面积，伸长率为原始标距的伸长除以原始标距(单位长度的伸长，用百分率表示，也可称为应变)。由图 3-9 可以看到，从零(O)点到 A 点，应力—伸长率曲线可以看作为一条通过零点的斜直线，直线的斜率就是弹性模量，这时应力—伸长率呈线弹性关系，这一阶段称为线弹性阶段；从 A 点到 B 点，应力不增加，伸长率也会不断增大，这就是屈服现象，相应的应力即为屈服强度，这一阶段称为屈服阶段，A 点到 B 点的长度称为屈服平台。

屈服阶段中，应力—伸长率曲线会发生波动，取首次下降前的最大应力为上屈服强度；不计初始瞬时效应，取其最小应力为下屈服强度。通常将下屈服强度作为屈服强度特征值(或屈服强度)。

2. 抗拉强度 R_m

图 3-9 中，从 B 点起，继续拉伸，应力又随着伸长率的增加而增大，到 C 点处达到最大值，即抗拉强度，B 点到 C 点称为为强化段。C 点起，随着伸长率的增加，应力下降，试样最薄弱处出现颈缩显现，到 D 点时，试样受拉断裂，C 点到 D 点称为下降段。

其他没有明显屈服现象的钢材，拉伸试验中的最大应力，即为抗拉强度。

3. 规定塑性延伸强度 R_p

在常温条件下，对没有明显屈服现象的钢材标准试样进行拉伸试验，可以得到另一种应力—延伸率曲线（图 3-10）。延伸率为引伸计标距的延伸除以引伸计标距（单位长度的延伸，也可称为应变）。由于应力—延伸率曲线没有明显的屈服现象，可以取对应于某一规定塑性延伸率（图 3-10 中的 e_p）对应的应力作为规定塑性延伸强度，作为这类钢材的强度指标。通常取塑性延伸率为 0.2%所对应的应力作为规定塑性延伸强度，即 $R_{p0.2}$。

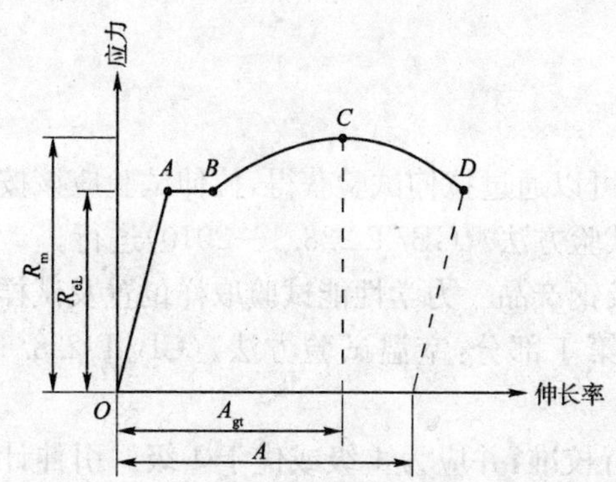

图 3-9 有明显屈服现象钢材的应力—伸长率曲线

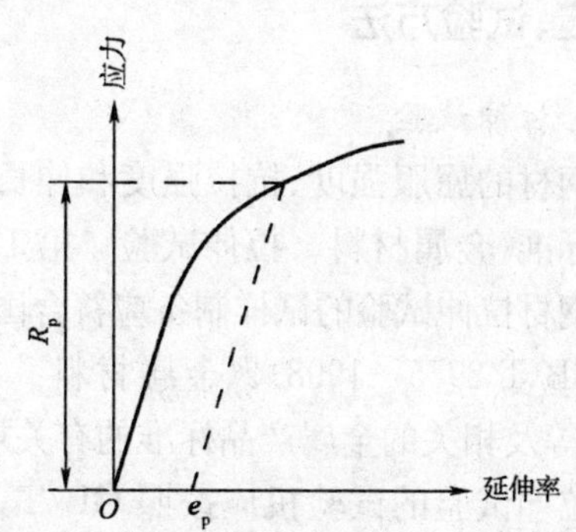

图 3-10 无明显屈服现象钢材的应力—延伸率曲线

4. 断后伸长率 A

钢材拉伸试验中，伸长率是用以表示钢材变形的重要参数。断后伸长率为试样拉伸断裂后的残余伸长与原始标距之比（以百分率表示），它是表示钢材变形性能、塑性变形能力的重要指标（图 3-9）。

5. 最大力总伸长率 A_{gt}

钢材拉伸试验中，应力或拉伸力达到最大值时的原始标距伸长与原始标距之比，称为最大力总伸长率（以百分率表示），见图 3-9。

6. 弯曲性能

在钢结构制作和安装、钢筋加工中，常常需要对钢材进行弯曲，要求钢材具有良好的弯曲性能，这是钢材的一个重要工艺性能或加工性能。

弯曲性能要求钢材具有一定的弯曲塑性变形能力，在弯曲到规定的角度后，弯曲部位不得发生裂纹等损坏现象。钢材的弯曲性能由弯曲试验或反复弯曲试验得到。

7. 应力松弛性能

应力松弛是钢材在规定的温度和规定约束条件下，应力随时间而减少的现象。松弛率为松弛应力与初始应力之比，用松弛率评价钢材的应力松弛性能。由于应力松弛通常会造成不利的后果，特别是在预应力混凝土结构中，预应力钢筋或钢绞线等受到很大的拉应力作用，应力松弛会造成预应力损失，影响结构性能。

应力松弛性能要求钢材特别是预应力用钢材的松弛率不得大于规定值。

8. 疲劳性能

钢材在一定次数的交变应力（随时间作周期性交替变更的应力）作用下，往往会在最大应力远小其抗拉强度的情况下，发生突然破坏，这种现象称为“疲劳破坏”。钢材抵抗疲劳破坏的能力称为疲劳性能。

9.冲击性能

钢材在冲击荷载作用下断裂时吸收能量的能力，称为冲击性能，它是衡量钢材抵抗脆性破坏的力学性能指标。

10.钢筋连接

钢筋的连接通常采用焊接和机械连接。钢筋连接接头应该满足强度及变形性能的要求。

二、试验方法

1.拉伸试验

钢材的屈服强度、抗拉强度和伸长率等性能都可以通过拉伸试验获得，拉伸试验应该按照国家标准《金属材料　拉伸试验　第1部分:室温试验方法》(GB/T 228.1—2010)进行。

钢材拉伸试验的试样制备应符合国家标准《钢及钢产品　力学性能试验取样位置及试样制备》(GB/T 2975—1998)、《金属材料　拉伸试验　第1部分:室温试验方法》(GB/T 228.1—2010)等及相关的金属产品标准的有关规定。

拉伸试验的试验机应按照 GB/T 16825.1 进行校准，并应为1级或优于1级。引伸计的准确度级别应符合 GB/T 12160 的要求，测定上屈服强度、下屈服强度、屈服点延伸率、规定塑性延伸强度、规定总延伸强度、规定残余延伸强度，以及规定残余延伸强度的验证试验，应使用不劣于1级准确度的引伸计；测定其他具有较大延伸率的性能，例如抗拉强度、最大力总延伸率和最大力塑性延伸率、断裂伸长率以及断后伸长率，应使用不劣于2级准确度的引伸计。

拉伸试验一般在室温 10～35℃范围内进行。对温度要求严格的试验，试验温度应为23℃±5℃。

拉伸试验的试验速率可以根据要求、条件等，选择采用应变速率控制(方法 A)或应力速率控制(方法 B)。应变速率控制可以使用引伸计测量试样的应变来达到，也可以通过控制试验机横梁位移速率来达到。应力速率控制是用拉伸力除以试样的原始截面积得到应力，通过控制拉伸力的速率来达到控制应力速率。

1)屈服强度

采用方法 A 控制试验速率，应变速率可以取 $0.000\,25s^{-1}$，相对误差±20%。

采用方法 B 控制试验速率，可按材料弹性模量的大小取相应的应力速率。弹性模量 $E<1.5\times10^5$ MPa，应力速率取≤20 $MPa\cdot s^{-1}$；弹性模量 $E\geqslant1.5\times10^5$ MPa，应力速率取≤60 $MPa\cdot s^{-1}$。

对于有明显屈服现象的钢材，可以采用下列的图解法和指针法测定其上屈服强度和下屈服强度：

(1)图解法。试验时记录力—延伸曲线或力—位移曲线(图 3-11)，从曲线图读取首次下降前的最大力和不计初始瞬时效应时屈服阶段中的最小力或屈服平台的恒定力，将其分别除以试样原始横截面积得到上屈服强度 R_{eH} 和下屈服强度 R_{eL}。

(2)指针法。试验时，读取测力度盘指针首次回转前指示的最大力和不计初始瞬时效应时屈服阶段中指示的最小力或首次停止转动指示的恒定力，将其分别除以试样原始横截面积得到上屈服强度和下屈服强度。

2)抗拉强度

采用方法A控制试验速率，应变速率可以取 0.006 $7s^{-1}$，相对误差±20%（0.4min^{-1}，相对误差±20%）。

采用方法B控制试验速率，在测定屈服强度或塑性延伸强度后，试验速率可以用不大于 0.008 s^{-1} 的应变速率；如果仅仅需要测定抗拉强度，则在整个试验过程中取不超过 0.008 s^{-1} 的单一试验速率。

也可以采用下列的图解法、指针法或自动装置测定试样的抗拉强度：

(1)图解法。从试验记录的力—延伸曲线或力—位移曲线（图 3-9）上，读取最大力，将最大力除以试样原始横截面积得到抗拉强度。

(2)指针法。从测力度盘读取试验过程中的最大力，将最大力除以试样原始横截面积得到抗拉强度。

(3)自动装置。使用自动装置或自动测试系统等测定抗拉强度。

3)规定塑性延伸强度

采用方法A控制试验速率，用引伸计测量应变时，应变速率可以取 0.000 $25s^{-1}$，相对误差±20%，也可以换算成横梁位移速率。

采用方法B控制试验速率，在弹性范围可按材料弹性模量的大小取相应的应力速率，弹性模量 $E<1.5\times10^5$ MPa，应力速率取 2～20 MPa·s^{-1}；弹性模量 $E\geqslant1.5\times10^5$ MPa，应力速率取 6～60 MPa·s^{-1}。在塑性范围，改为按应变速率控制，应变速率不应超过 0.002 $5s^{-1}$。

在试验得到的应力—延伸率曲线图（图 3-10）上，画一条与曲线的弹性直线段部分平行，且在延伸轴上与此直线段的距离等效于规定塑性延伸率，例如 0.2%的直线。此平行线与曲线的交截点给出相应于所求规定塑性延伸强度的力。将此力除以试样原始横截面积得到规定塑性延伸强度。

如果力—延伸曲线图的弹性直线部分不能明确地确定，以致不能以足够的准确度画出这一平行线，建议用另一种方法（图 3-12）。图 3-12 中，e 为延伸率，e_p 为规定的塑性延伸率，R 为应力，R_p 为规定塑性延伸强度。试验中，加载超过预期的规定塑性延伸强度后，将力降至约为已达到的力的 10%；然后再加载直至超过原已达到的力，可以得到一个力—延伸的滞后环。过滞后环的两端点画一条直线，然后作一条与此平行，并经过横轴的平行线，其与横轴的交点到曲线原点的距离等效于所规定的塑性延伸率。该平行线与曲线的交截点给出相应于规定塑性延伸强度的力，此力除以试样原始横截面积得到规定塑性延伸强度。

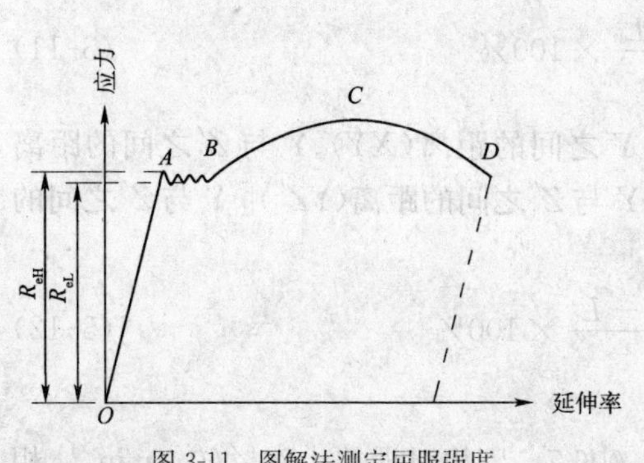

图 3-11　图解法测定屈服强度

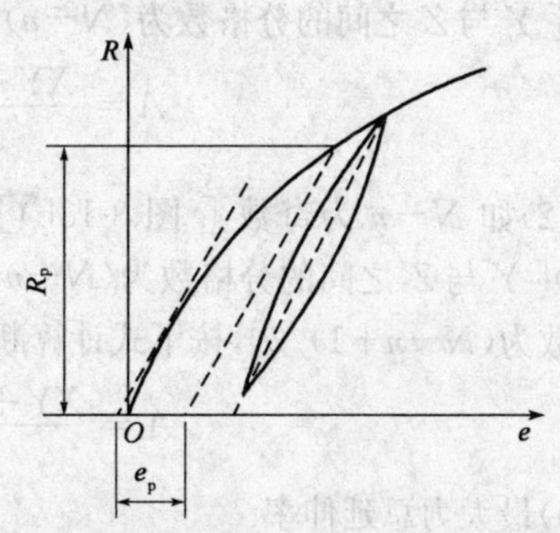

图 3-12　测定规定塑性延伸强度

可以按以下方法修正曲线的原点：作一条平行于滞回环所确定的直线的平行线，并使其与力—延伸曲线相切，此平行线与延伸轴的交点即为曲线的修正原点（图 3-12）。

4）断后伸长率

采用方法 A 控制试验速率，应变速率可以取 $0.0067s^{-1}$，相对误差±20%（$0.4min^{-1}$，相对误差±20%）。

采用方法 B 控制试验速率，在测定屈服强度或塑性延伸强度后，试验速率可以用不大于 $0.008\ s^{-1}$的应变速率。

试样被拉伸断裂后，应将其断裂的部分仔细地配接在一起使其轴线处于同一直线上，并采取特别措施确保试样断裂部分适当接触后测量试样断后标距。按前面的定义计算断后伸长率，即断后标距减去原始标距，然后除以原始标距。

应使用分辨力优于 0.1mm 的量具或测量装置测定断后标距，准确到±0.25mm；如规定的最小断后伸长率小于 5%，宜采用特殊方法进行测定。

原则上只有断裂处与最接近的标距标记的距离不小于原始标距的 1/3 情况方为有效。但断后伸长率大于或等于规定值时，不论断裂位置处于何处测量均为有效。

为了避免因断裂发生在离最接近的标距标记的距离小于原始标距的 1/3 而造成试样报废，可以采用移位法测定断后伸长率（图 2-5）。

如图 3-13 所示，试验前将原始标距 L_0 细分为 5mm（标准推荐）到 10mm 的 N 等分。试验后，以符号 X 表示断裂后试样短段的标距标记，以符号 Y 表示断裂后试样长段上的某个标记，使此标记 Y 到断裂处的距离最接近于断裂处到标距标记 X 的距离。测得 X 与 Y 之间的分格数为 n，按以下方法测定断后伸长率：

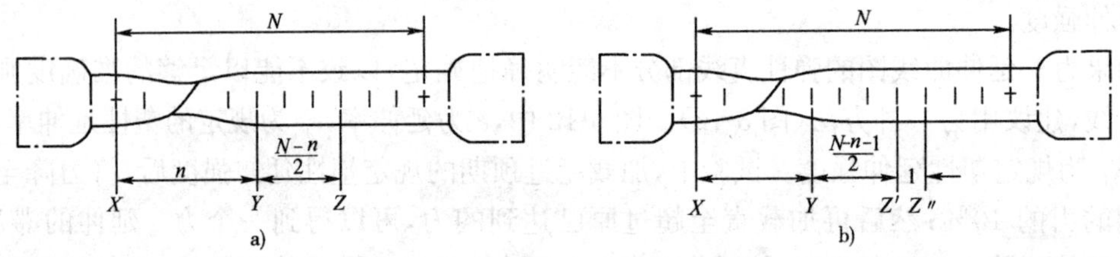

图 3-13 移位法测定断后伸长率

（1）如 $N-n$ 为偶数［图 3-13a)］，测量 X 与 Y 之间的距离（XY）和 Y 与 Z 之间的距离（YZ）［Y 与 Z 之间的分格数为$(N-n)/2$］，按下式计算断后伸长率：

$$A=\frac{XY+2\times YZ-L_0}{L_0}\times 100\% \tag{3-11}$$

（2）如 $N-n$ 为奇数［图 3-13b)］，测量 X 与 Y 之间的距离（XY）、Y 与 Z'之间的距离（YZ'）［Y 与 Z'之间的分格数为$(N-n-1)/2$］和 Y 与 Z''之间的距离（YZ''）［Y 与 Z''之间的分格数为$(N-n+1)/2$］，按下式计算断后伸长率：

$$A=\frac{XY+YZ'+YZ''-L_0}{L_0}\times 100\% \tag{3-12}$$

5）最大力总延伸率

采用方法 A 控制试验速率，应变速率可以取 $0.0067s^{-1}$，相对误差±20%（$0.4min^{-1}$，相对误差±20%)。

采用方法B控制试验速率,在测定屈服强度或塑性延伸强度后,试验速率可以用不大于 $0.008\ s^{-1}$ 的应变速率。

拉伸试验中,用引伸计得到力—延伸曲线图上测定最大力时的总延伸,该总延伸除以引伸计标距,得到最大力总延伸率。

如有些钢材在最大力时曲线呈现一平台,则取曲线平台中点的最大力对应的总延伸,用该总延伸除以引伸计标距。

2.弯曲试验

钢材的弯曲性能可以通过弯曲试验获得,弯曲试验应该按照国家标准《金属材料 弯曲试验方法》(GB/T 232—2010)进行。

钢材弯曲试验的试样制备应符合国家标准《钢及钢产品 力学性能试验取样位置及试样制备》(GB/T 2975—1998)、《金属材料 弯曲试验方法》(GB/T 232—2010)等,及相关的金属产品标准的有关规定。

弯曲试验应在配备弯曲装置的试验机或压力机上进行,弯曲装置可以取以下弯曲装置之一:支辊式弯曲装置(图3-14)、V形模具式弯曲装置、虎钳式弯曲装置或翻板式弯曲装置。通常可采用支辊式弯曲装置进行弯曲试验,参见以下介绍。

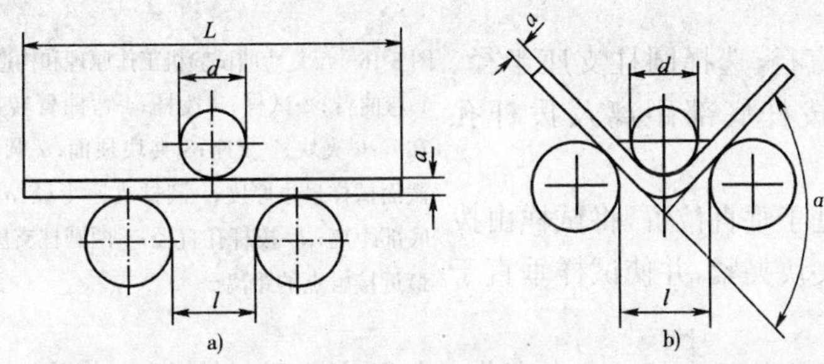

图3-14 支辊式弯曲装置

支辊式弯曲装置的支辊长度应大于试样宽度或直径,支辊应具有足够的硬度。除非另有规定,支辊间距离应按下式确定,并在试验过程中保持不变。

$$l=(d+3a)\pm 0.5a \tag{3-13}$$

弯曲压头直径应按相关产品标准的有关规定来确定,弯曲压头宽度应大于试样宽度或直径,并具有足够的硬度。

试验一般在10~35℃的室温范围内进行。对温度要求严格的试验,试验温度应为23℃±5℃。

试验过程时,应将试样放于两支辊上(图3-14),试样轴线应与弯曲压头轴线垂直,弯曲压头在两支辊之间的中点处对试样连续施加力使其弯曲,直至达到规定的弯曲角度。

如不能直接达到规定的角度,应将试样置于两平行压板之间(图3-15),连续施加力压其两端,使其进一步弯曲,直至达到规定的弯曲角度。

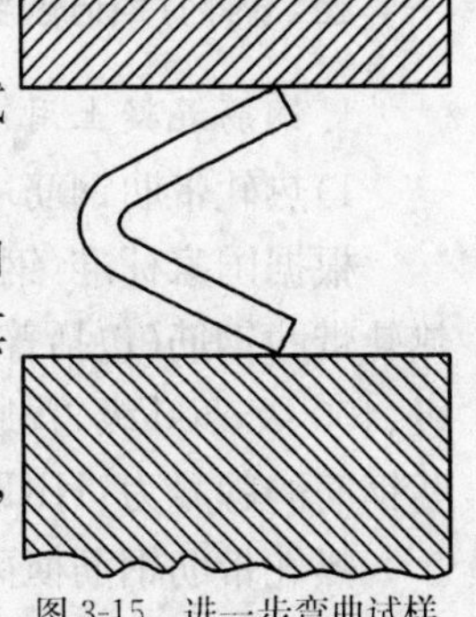

图3-15 进一步弯曲试样

弯曲试验时,应缓慢施加弯曲力,以使材料能够自由地进行塑性变形。

应按照相关产品标准的要求评定弯曲试验结果，如标准中未作具体要求，弯曲试验后不使用放大仪器观察，试样弯曲外表面无可见裂纹应评定为合格。

以相关产品标准规定的弯曲角度作为最小值；若规定弯曲压头直径，以规定的弯曲压头直径作为最大值。

3. 反复弯曲试验

直径或厚度为 0.3～10mm（包括 10mm）金属线材的弯曲性能可以通过反复弯曲试验获得，反复弯曲试验应该按照国家标准《金属材料　线材　反复弯曲试验方法》（GB/T 238—2002）进行。

反复弯曲试验的试样应尽可能平直，必要时可以对试样进行矫直。

反复弯曲试验机的工作原理和构造示意图见图 3-16。

试验一般应在室温 10～35℃下进行，对温度要求严格的试验，试验温度应为 23℃±5℃。

试验程序：

(1)根据线材直径，选择圆柱支座半径、圆柱支座顶部至拨杆底部距离及拨杆孔直径；

(2)使弯曲臂处于垂直位置，将试样由拨杆孔插入，下端用夹块夹紧，并使试样垂直于圆柱支座轴线；

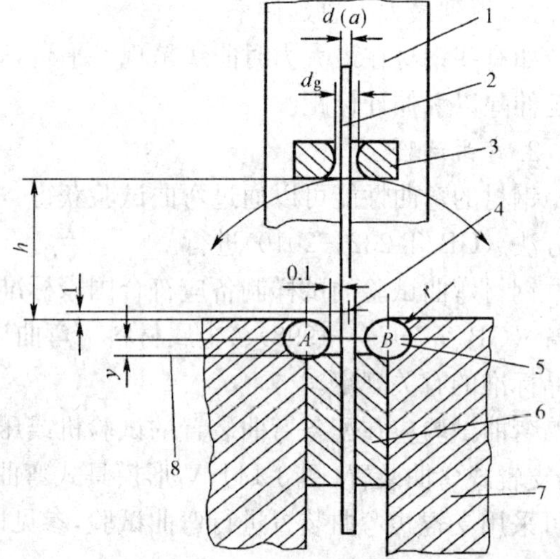

图 3-16　反复弯曲试验机工作原理和构造示意图（尺寸单位：mm）

1-弯曲臂；2-试样；3-拨杆；4-弯曲臂转动中心；5-圆柱支座 A 和 B；6-夹块；7-支座；8-夹块顶面；d-圆金属线材直径；a-非圆截面试样最小厚度；r-圆柱支座半径；h-圆柱支座顶部至拨杆底部距离；d_g-拨杆孔直径；y-两圆柱支座轴线所在平面与试样最近接触点的距离

(3)将试样由垂直位置向任一方向弯曲 90°，再弯曲至起始位置，作为一次弯曲；

(4)将试样向相反方向弯曲 90°，再弯曲至起始位置，作为又一次弯曲；

(5)依次向相反方向进行连续不间断的反复弯曲，直至达到规定的弯曲次数或出现肉眼可见裂纹为止，或者试样完全断裂为止。

试样断裂的最后一次弯曲不计入弯曲次数。

三、钢材产品检验

1. 钢筋混凝土用钢筋

1)热轧带肋钢筋

根据国家标准《钢筋混凝土用钢　第 2 部分：热轧带肋钢筋》（GB 1499.2—2007）的规定，热轧带肋钢筋（包括普通热轧带肋钢筋和细晶粒热轧带肋钢筋）按屈服强度特征值分为 335 级、400 级、500 级，普通热轧带肋钢筋的牌号为：HRB335、HRB400 和 HRB500，细晶粒热轧带肋钢筋的牌号为：HRBF335、HRBF400 和 HRBF500。

热轧带肋钢筋横截面为圆形，表面带有横肋，通常还带有纵肋；有些钢筋横肋的纵截面呈月牙形，可称为月牙肋钢筋。

(1)力学性能

热轧带肋钢筋的屈服强度 R_{eL}、抗拉强度 R_m、断后伸长率 A、最大力总伸长率 A_{gt} 等力学性能特征值见表 3-12，钢筋检验结果应不小于表中所列的特征值。表 3-12 中，直径 28～40 mm 各牌号钢筋的断后伸长率 A 可降低 1%，直径大于 40mm 各牌号钢筋的断后伸长率 A 可降低 2%。

热轧带肋钢筋力学性能特征值　　表 3-12

牌　号	R_{eL}(MPa)	R_m(MPa)	A(%)	A_{gt}(%)
HRB335 HRBF335	335	455	17	7.5
HRB400 HRBF400	400	540	16	7.5
HRB500 HRBF500	500	630	15	7.5

钢筋力学性能的试验按照《金属材料　拉伸试验　第 1 部分:室温试验方法》(GB/T 228.1—2010)的有关规定进行，试样数量为 2 根，从任选 2 根钢筋上切取，计算强度用横截面面积采用公称横截面面积。

热轧带肋钢筋的最大力总伸长率还可以采用以下方法测定(GB 1499.2—2007，附录 A)。按表 3-13 的规定切取试样，长度为表 3-13 中自由长度加上两端的夹持长度；在试样的自由长度范围内，均匀划分为 10 mm 或 5 mm 的等间距标记。

试样夹具之间的自由长度　　表 3-13

钢筋公称直径(mm)	自由长度(mm)
$d \leqslant 25$	350
$25 < d \leqslant 32$	400
$32 < d \leqslant 50$	500

按 GB/T 228.1—2010 规定进行拉伸试验，直至试样断裂。在试样上选择 Y 和 V 两个标记(图 3-17)，这两个标记之间的距离在拉伸之前至少应为 100mm。两个标记都应当位于夹具离断裂处最远的一侧，它们离夹具的距离都应不小于 20mm 或钢筋公称直径 d(取两者较大者)，与断裂处之间的距离应不小于 50mm 或 $2d$(取两者较大者)。最大力总伸长率可以按式(3-14)计算：

$$A_{gt} = \left(\frac{L - L_0}{L_0} + \frac{R_m^0}{E}\right) \times 100\% \tag{3-14}$$

式中：L——图 3-17 中所示 Y 到 V 断裂后的距离(mm)；

L_0——试验前 Y 到 V 的距离(mm)；

R_m^0——抗拉强度实测值(MPa)；

E——弹性模量，可取 2.0×10^5 MPa。

适用于抗震结构的热轧带肋钢筋牌号为在表 3-5 的已有牌号后加 E，如 HRB400E、HRBF400E，这一类钢筋除应满足以下要求外，其他要求与相对应的已有牌号相同：

①实测抗拉强度与实测屈服强度之比 R_m^0/R_{eL}^0 不小于 1.25；

②实测屈服强度与表 3-12 中规定的屈服强度特征值之比 R_{eL}^0/R_{eL} 不大于 1.30；

③最大力总伸长率 A_{gt} 不小于 9%。

对于没有明显屈服现象的钢材，屈服强度特征值应采用规定非比例延伸强度。

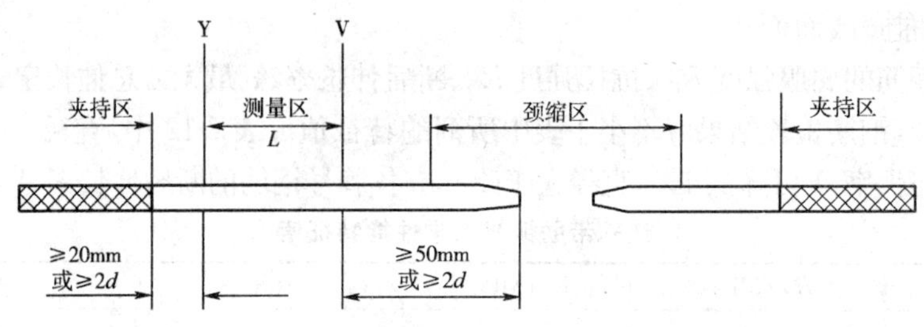

图 3-17 测定最大力总伸长率

(2)弯曲性能

按表 3-14 规定的弯芯直径弯曲 180°后,钢筋受弯曲部位表面不得产生裂纹。

热轧钢筋弯曲性能要求 表 3-14

牌 号	公称直径 d(mm)	弯芯直径
HRB335 HRBF335	6～25	$3d$
	28～40	$4d$
	>40～50	$5d$
HRB400 HRBF400	6～25	$4d$
	28～40	$5d$
	>40～50	$6d$
HRB500 HRBF500	6～25	$6d$
	28～40	$7d$
	>40～50	$8d$

钢筋弯曲性能的试验按照《金属材料 弯曲试验方法》(GB/T 232—2010)的有关规定进行,试样数量为 2 根,从任选 2 根钢筋上切取。

(3)其他检验项目

根据工程使用需求,还可以进行其他项目如反向弯曲性能、疲劳性能、焊接性能和表面质量等的检验。表面形状及尺寸允许偏差、重量偏差,及相应的检验方法,应参照国家标准《钢筋混凝土用钢 第 2 部分:热轧带肋钢筋》(GB 1499.2—2007)。

2)热轧光圆钢筋

根据国家标准《钢筋混凝土用钢 第 1 部分:热轧光圆钢筋》(GB 1499.1—2008)的规定,热轧光圆钢筋(包括热轧直条钢筋和盘卷光圆钢筋)按屈服强度特征值分为 235 级、300 级,其牌号为:HPB235、HPB300。

(1)力学性能

热轧光圆钢筋的屈服强度 R_{eL}、抗拉强度 R_m、断后伸长率 A、最大力总伸长率 A_{gt} 等力学性能特征值见表 3-15,钢筋检验结果应不小于表中所列的特征值。

热轧光圆钢筋力学性能特征值 表 3-15

牌号	R_{eL}(MPa)	R_m(MPa)	A(%)	A_{gt}(%)
HPB235	235	370	25	10.0
HPB300	300	420	25	10.0

钢筋力学性能的试验按照《金属材料 拉伸试验 第 1 部分:室温试验方法》(GB/T 228.1—2010)的有关规定进行,试样数量为 2 根,从任选 2 根钢筋上切取,计算强度用横截

面面积采用公称横截面面积。

热轧光圆钢筋的最大力总伸长率还可以采用与上述方法类似的方法测定(GB 1499.1—2008,附录 A),见图 3-17。当钢筋公称直径不小于 22mm 时,试样的自由长度取不小于 350mm。其他均按照图 3-17 和式(3-14)进行。

(2)弯曲性能

弯曲试验的弯芯直径为钢筋的公称直径,弯曲 180°后,钢筋受弯曲部位表面不得产生裂纹。

钢筋弯曲性能的试验按照《金属材料　弯曲试验方法》(GB/T 232—2010)的有关规定进行,试样数量为 2 根,从任选 2 根钢筋上切取。

(3)其他检验项目

表面质量、表面形状、尺寸允许偏差、重量偏差及相应的检验方法,应参照国家标准《钢筋混凝土用钢　第 2 部分:热轧带肋钢筋》(GB 1499.2—2007)。

2. 预应力混凝土用钢棒

按照国家标准《预应力混凝土用钢棒》(GB/T 5223.3—2005)的规定,预应力混凝土用钢棒(以下称为钢棒)是低合金钢热轧圆盘条经过冷加工后(或不经过冷加工)淬火和回火所得到,按表面形状分为光圆、螺旋槽、螺旋肋和带肋钢棒。

钢棒按不同的制造加工有不同的强度等级和试验要求,此外还有延性级别和松弛级别要求。

1)力学性能

钢棒的抗拉强度 R_m、规定非比例延伸强度 $R_{p0.2}$ 见表 3-16,伸长特性(断后伸长率 A、最大力总伸长率 A_{gt})要求见表 3-17,钢棒检验结果应不小于表中所列的规定值。

预应力混凝土用钢棒强度要求　　表 3-16

表面形状类型	公称直径(mm)	R_m(MPa)	$R_{p0.2}$(MPa)
光圆	6～16	对所有规格 1 080 1 230 1 420 1 570	对所有规格 930 1 080 1 280 1 420
螺旋槽	7.1～12.6		
螺旋肋	6～14		
带肋	6～16		

预应力混凝土用钢棒伸长特性要求　　表 3-17

延性级别	A_{gt}(%)(L_0=200mm)	A(%)($L_0=8d$)
延性 35	3.5	7.0
延性 25	2.5	5.0

注:L_0 为标距,d 为钢棒公称直径。

钢棒力学性能的试验按照《金属材料　拉伸试验　第 1 部分:室温试验方法》(GB/T 228.1—2010)的有关规定进行,但伸长特性试验的标距按表 3-17 确定;抗拉强度试样数量为 1 根/盘,规定非比例延伸强度试样数量为 3 根/批,断后伸长率试样数量为 1 根/盘,最大力总伸长率试样数量为 3 根/批,从每(任一)盘中任意一端截取;计算强度用横截面面积采用公称横截面面积。拉伸试验后,目视观察,钢棒应呈现出缩颈韧性断口。

2)弯曲性能

公称直径不大于 10 mm 的钢棒(螺旋槽钢棒和带肋钢棒除外)应按表 3-18 的规定进行反

复弯曲试验,公称直径大于 10 mm 的钢棒(螺旋槽钢棒和带肋钢棒除外)应按表 3-18 的规定进行弯曲试验。

钢棒的弯曲性能要求 表 3-18

表面形状类型	公称直径 d(mm)	弯 曲 性 能	
		性能要求	弯曲半径(mm)
光圆	6	反复弯曲不小于 4 次/180°	15
	7		20
	8		20
	10		25
	11～16	弯曲 160°～180°后弯曲处无裂纹	弯芯直径为钢棒公称直径的 10 倍
螺旋肋	6	反复弯曲不小于 4 次/180°	15
	7		20
	8		20
	10		25
	12～14	弯曲 160°～180°后弯曲处无裂纹	弯芯直径为钢棒公称直径的 10 倍

钢棒反复弯曲试验按照《金属材料 线材 反复弯曲试验方法》(GB/T 238—2002)的有关规定进行,钢棒弯曲试验按照《金属材料 弯曲试验方法》(GB/T 232—2010)的有关规定进行,试样数量均为 3 根/批,从每(任一)盘中任意一端截取。

3)应力松弛性能

钢棒应进行初始应力为 70%公称抗拉强度时 1 000 h 的松弛试验,如需方有要求,也应测定初始应力为 60%和 80%公称抗拉强度时 1 000 h 的松弛值,实测松弛值应不大于表 3-19 规定的最大松弛值(GB/T 5223.3—2005)。

钢棒最大松弛值 表 3-19

初始应力为公称抗拉强度的百分数(%)	1000 h 松弛值(%)	
	普通松弛(N)	低松弛(L)
70	4.0	2.0
60	2.0	1.0
80	9.0	4.5

应力松弛试验应参照国家标准《金属应力松弛试验方法》(GB/T 10120—1996)的有关规定进行。试样数量为不少于 1 根/每条生产线每个月,从每(任一)盘中任意一端截取。

4)其他检验项目

疲劳试验、表面质量、横截面面积等,及相应的检验方法,应参照国家标准《预应力混凝土用钢棒》(GB/T 5223.3—2005)。

3. 预应力混凝土用钢绞线

按照国家标准《预应力混凝土用钢绞线》(GB/T 5224—2003)的规定,预应力混凝土用钢绞线(以下称为钢绞线)是由冷拉光圆钢丝及刻痕钢丝捻制而成,按结构形式分为 5 类,其代号为:

(1)用两根钢丝捻制的钢绞线,1×2;

(2)用三根钢丝捻制的钢绞线,1×3;

(3)用三根刻痕钢丝捻制的钢绞线,1×3I;

(4)用七根钢丝捻制的标准型钢绞线,1×7;

(5)用七根钢丝捻制又经模拔的钢绞线,(1×7)C。

钢绞线的产品标记包含:结构代号、公称直径、强度级别、标准号。

1)力学性能

按不同的结构形式、公称直径和强度等级,有不同的力学性能要求,表 3-20 为 1×2 结构钢绞线的力学性能要求,表 3-21 为 1×3 结构钢绞线的力学性能要求,表 3-22 为 1×3 I 结构钢绞线的力学性能要求,表 3-23 为 1×7 结构钢绞线的力学性能要求,表 3-24 为(1×7)C 结构钢绞线的力学性能要求,检验结果应不小于表中所列的规定值。表 3-20～表 3-24 中,L_0 为标距。

1×2 结构钢绞线的力学性能　　表 3-20

钢绞线公称直径(mm)	抗拉强度 R_m(MPa)	整根钢绞线的最大力 F_m(kN)	规定非比例延伸力 $F_{p0.2}$(kN)	最大力总伸长率 (L_0≥400mm)A_{gt}(%)
5.00	1 570	15.4	13.9	对所有规格 3.5
	1 720	16.9	15.2	
	1 860	18.3	16.5	
	1 960	19.2	17.3	
5.80	1 570	20.7	18.5	
	1 720	22.7	20.4	
	1 860	24.6	22.1	
	1 960	25.9	23.3	
8.00	1 470	36.3	33.2	
	1 570	39.4	35.5	
	1 720	43.2	38.9	
	1 860	46.7	42.0	
	1 960	49.7	44.3	
10.00	1 470	57.8	52.0	
	1 570	61.7	55.5	
	1 720	67.6	60.8	
	1 860	73.1	65.8	
	1 960	77.0	69.3	
12.00	1 470	83.1	74.8	
	1 570	88.7	79.8	
	1 720	97.2	87.5	
	1 860	105	94.5	

1×3 结构钢绞线的力学性能 表 3-21

钢绞线公称直径(mm)	抗拉强度 R_m(MPa)	整根钢绞线的最大力 F_m(kN)	规定非比例延伸力 $F_{p0.2}$(kN)	最大力总伸长率 ($L_0 \geqslant 400mm$)A_{gt}(%)
6.20	1 570	31.1	28.0	对所有规格 3.5
	1 720	34.1	30.7	
	1 860	36.8	33.1	
	1 960	38.8	34.9	
6.50	1 570	33.3	30.0	
	1 720	36.5	32.9	
	1 860	39.4	35.5	
	1 960	41.6	37.4	
8.60	1 470	55.4	49.9	
	1 570	59.2	53.3	
	1 720	64.8	58.3	
	1 860	70.1	63.1	
	1 960	73.9	66.5	
8.74	1 570	60.6	54.5	
	1 720	64.5	58.1	
	1 860	71.8	64.6	
10.80	1 470	86.6	77.9	
	1 570	92.5	83.3	
	1 720	101	90.9	
	1 860	110	99.0	
	1 960	115	104	
12.90	1 470	125	113	
	1 570	133	120	
	1 720	146	131	
	1 860	158	142	
	1 960	166	149	

1×3 I 结构钢绞线的力学性能 表 3-22

钢绞线公称直径(mm)	抗拉强度 R_m(MPa)	整根钢绞线的最大力 F_m(kN)	规定非比例延伸力 $F_{p0.2}$(kN)	最大力总伸长率 ($L_0 \geqslant 400mm$)A_{gt}(%)
8.74	1 570	60.6	54.5	对所有规格 3.5
	1 720	64.5	58.1	
	1860	71.8	64.6	

1×7 结构钢绞线的力学性能 表 3-23

钢绞线公称直径(mm)	抗拉强度 R_m(MPa)	整根钢绞线的最大力 F_m(kN)	规定非比例延伸力 $F_{p0.2}$(kN)	最大力总伸长率 ($L_0 \geqslant 400$mm) A_{gt}(%)
9.50	1 720	94.3	84.9	对所有规格 3.5
	1 860	102	91.8	
	1 960	107	96.3	
11.10	1 720	128	115	
	1 860	138	124	
	1 960	145	131	
12.70	1 720	170	153	
	1 860	184	166	
	1 960	193	174	
15.20	1 470	206	185	
	1 570	220	198	
	1 670	234	211	
	1 720	241	217	
	1 860	260	234	
	1 960	274	247	
15.70	1 770	266	239	
	1 860	279	251	
17.80	1 720	327	294	
	1 860	353	318	

(1×7)C 结构钢绞线的力学性能 表 3-24

钢绞线公称直径(mm)	抗拉强度 R_m(MPa)	整根钢绞线的最大力 F_m(kN)	规定非比例延伸力 $F_{p0.2}$(kN)	最大力总伸长率 ($L_0 \geqslant 400$mm) A_{gt}(%)
12.70	1 860	208	187	对所有规格 3.5
15.20	1 820	300	270	
18.00	1 720	384	346	

钢绞线力学性能的试验按照《金属材料 拉伸试验 第 1 部分:室温试验方法》(GB/T 228.1—2010)的有关规定进行,但试样在夹头内和距钳口 2 倍钢绞线公称直径内断裂达不到标准要求时,试验无效。计算抗拉强度时用参考截面面积值。规定非比例延伸力 $F_{p0.2}$ 即为引伸计标距的非比例延伸达到原始标距 0.2%时的力。测定最大力总伸长率时,如有预加负荷,应考虑将预加负荷所产生的伸长率计入总伸长率内。

整根钢绞线的最大力试样数量为 3 根/批,规定非比例延伸力试样数量为 3 根/批,最大力总伸长率试样数量为 3 根/批,从每(任一)盘中任意一端截取。

2)应力松弛性能

所有不同规格钢绞线的松弛性能要求均按表 3-25，实测应力松弛率应不大于表中规定的松弛率(GB/T 5224—2003)。

钢绞线应力松弛性能要求　表 3-25

初始负荷相当于公称最大力的百分数(%)	1 000 h 后应力松弛率(%)
60	1.0
70	2.5
80	4.5

应力松弛试验应参照国家标准《金属应力松弛试验方法》(GB/T 10120—1996)的有关规定进行，试样的环境温度应保持在 20℃±2℃内，标距长度不小于公称直径的 60 倍，试样制备后不得进行任何热处理和冷加工，初始负荷应在 3～5min 内均匀施加完毕、持荷 1min 后开始记录松弛值，允许用至少 100h 的测试数据推算 1 000h 的松弛值。试样数量为不少于 1 根/每合同批，从每(任一)盘卷中任意一端截取。

3)其他检验项目

表面质量、外形尺寸和钢绞线伸直性的检验，疲劳性能试验和偏斜拉伸试验，应参照国家标准《预应力混凝土用钢绞线》(GB/T 5224—2003)。

4. 预应力混凝土用螺纹钢筋

按照国家标准《预应力混凝土用螺纹钢筋》(GB/T 20065—2006)的规定，预应力混凝土用螺纹钢筋(以下称为螺纹钢筋)是采用热轧、轧后余热处理或热处理等工艺生产的，外表有热轧成的不连续外螺纹的直条钢筋，可以与带有匹配形状的内螺纹的连接器或锚具进行连接。

螺纹钢筋按屈服强度划分级别，用其代号为“PSB”加上规定屈服强度最小值表示。

1)力学性能

表 3-26 为不同级别螺纹钢筋的力学性能要求，检验结果应不小于表中所列的规定值。如无明显屈服时，用规定非比例延伸强度 $R_{p0.2}$ 代替。

预应力混凝土用螺纹钢筋力学性能　表 3-26

级别	屈服强度 R_{eL} (MPa)	抗拉强度 R_m (MPa)	断后伸长率 A (%)	最大力总伸长率 A_{gt} (%)
PSB785	785	980	7	3.5
PSB830	830	1 030	6	3.5
PSB930	930	1 080	6	3.5
PSB1080	1 080	1 230	6	3.5

螺纹钢筋力学性能的试验按照《金属材料　拉伸试验　第 1 部分：室温试验方法》(GB/T 228.1—2010)的有关规定进行，计算应力时用公称横截面面积。最大力总伸长率的测定，可以采用图 3-17 和式(3-14)所示方法。试样数量为 2 根。

2)应力松弛性能

各个级别螺纹钢筋的松弛性能要求均相同，初始应力取 $0.8R_{eL}$(公称屈服强度)，实测 1 000 h后应力松弛率不大于 3%。

应力松弛试验应参照国家标准《金属应力松弛试验方法》(GB/T 10120—1996)的有关规

定进行，试样的环境温度应保持在20℃±2℃内，标距长度不小于公称直径的60倍，试样制备后不得进行任何热处理和冷加工，初始负荷应在3～5min内均匀施加完毕、持荷1min后开始记录松弛值，允许用至少100h的测试数据推算1 000h的松弛值。试样数量为1根/1 000 t。

3)其他检验项目

表面质量、外形尺寸的检验以及疲劳性能试验，应参照国家标准《预应力混凝土用螺纹钢筋》(GB/T 20065—2006)。

5. 碳素结构钢

按照国家标准《碳素结构钢》(GB/T 700—2006)的规定，碳素结构钢的牌号由代表屈服强度的字母Q、屈服强度数值、质量等级符号(A、B、C、D)、脱氧方法符号(F、Z、TZ)组成。强度等级有：Q195、Q215、Q235、Q275。

碳素结构钢的形式有热轧钢板、钢带、型钢和钢棒。

1)力学性能

表3-27为碳素结构钢的力学性能要求，对于不同的厚度和直径，有不同的要求，检验结果应不小于表中所列的规定值。

碳素结构钢的力学性能　表3-27

牌号	屈服强度 R_{eL}(MPa)						抗拉强度 R_m (MPa)	断后伸长率 A(%)				
	厚度(或直径)(mm)							厚度(或直径)(mm)				
	≤16	>16～40	>40～60	>60～100	>100～150	>150～200		≤40	>40～60	>60～100	>100～150	>150～200
Q215	215	205	195	185	175	165	335～450	31	30	29	27	26
Q235	235	225	215	215	195	185	370～500	26	25	24	22	21
Q275	275	265	255	245	225	215	410～540	22	21	20	18	17

碳素结构钢力学性能试验按照《金属材料　拉伸试验　第1部分：室温试验方法》(GB/T 228. 1—2010)的有关规定进行，试样数量为1个。

2)弯曲性能

按表3-28规定的弯芯直径弯曲180°后，试样受弯曲部位表面不得产生裂纹。

碳素结构钢弯曲性能要求　表3-28

牌号	试样方向	冷弯试验180°，$B=2a$	
		钢材厚度(或直径)(mm)	
		≤60	>60～100
		弯芯直径 d	
Q215	纵	0. 5a	1. 5a
	横	a	2a
Q235	纵	a	2a
	横	1. 5a	2. 5a

续上表

牌号	试样方向	冷弯试验 180°，$B=2a$ 钢材厚度(或直径)(mm)	
		≤60	>60～100
		弯芯直径 d	
Q275	纵	$1.5a$	$2.5a$
	横	$2a$	$3a$

注：B 为试样宽度，a 为试样厚度。

碳素结构钢弯曲性能的试验按照《金属材料　弯曲试验方法》(GB/T 232—2010)的有关规定进行，试样数量为 1 个。

3)冲击试验

厚度不小于 12mm 或直径不小于 16mm 的钢材应做冲击试验，试验方法按照国家标准《金属材料　夏比摆锤冲击试验方法》(GB/T 229—2007)，试样数量为 3 个。

6. 低合金高强度结构钢

按照国家标准《低合金高强度结构钢》(GB/T 1591—2008)的规定，低合金高强度结构钢的牌号由代表屈服强度的字母 Q、屈服强度数值、质量等级符号(A、B、C、D、E)组成。强度等级有：Q345、Q390、Q420、Q460、Q500、Q550、Q620、Q690。

低合金高强度结构钢的形式有热轧钢板、钢带、型钢和钢棒等。

1)力学性能

表 3-29 为低合金高强度结构钢的力学性能要求，对于不同的厚度和直径，有不同的要求，检验结果应不小于表中所列的规定值。

低合金高强度结构钢的力学性能　　表 3-29

牌号	公称厚度(直径，边长)(mm)	屈服强度 R_{eL}(MPa)	抗拉强度 R_m(MPa)	断后伸长率 A(%)
Q345	≤16	≥345	470～630	≥20 (A、B)/≥21(C、D、E)
	>16～40	≥335	470～630	≥20 (A、B)/≥21(C、D、E)
	>40～63	≥325	470～630	≥19 (A、B)/≥20(C、D、E)
	>63～80	≥315	470～630	≥19 (A、B)/≥20(C、D、E)
	>80～100	≥305	470～630	≥19 (A、B)/≥20(C、D、E)
	>100～150	≥285	450～600	≥18 (A、B)/≥19(C、D、E)
	>150～200	≥275	450～600	≥17 (A、B)/≥18(C、D、E)
	>200～250	≥265	450～600	≥17 (A、B)/≥18(C、D、E)
	>250～400	≥265 (D、E)	450～600 (D、E)	≥17(D、E)

续上表

牌号	公称厚度 (直径,边长)(mm)	屈服强度 R_{eL}(MPa)	抗拉强度 R_m(MPa)	断后伸长率 A(%)
Q390	≤16	≥390	490~650	≥20
	>16~40	≥370	490~650	≥20
	>40~63	≥350	490~650	≥19
	>63~80	≥330	490~650	≥19
	>80~100	≥330	490~650	≥19
	>100~150	≥310	470~620	≥18
Q420	≤16	≥420	520~680	≥19
	>16~40	≥400	520~680	≥19
	>40~63	≥380	520~680	≥18
	>63~80	≥360	520~680	≥18
	>80~100	≥360	520~680	≥18
	>100~150	≥340	500~650	≥18
Q460	≤16	≥460	550~720	≥17
	>16~40	≥440	550~720	≥17
	>40~63	≥420	550~720	≥16
	>63~80	≥400	550~720	≥16
	>80~100	≥400	550~720	≥16
	>100~150	≥380	530~700	≥16
Q500	≤16	≥500	610~770	≥17
	>16~40	≥480	610~770	≥17
	>40~63	≥470	600~760	≥17
	>63~80	≥450	590~750	≥17
	>80~100	≥440	540~730	≥17
Q550	≤16	≥550	670~830	≥16
	>16~40	≥530	670~830	≥16
	>40~63	≥520	620~810	≥16
	>63~80	≥500	600~790	≥16
	>80~100	≥490	590~780	≥16

续上表

牌号	公称厚度（直径，边长）(mm)	屈服强度 R_{eL}(MPa)	抗拉强度 R_m(MPa)	断后伸长率 A(%)
Q620	≤16	≥620	710～880	≥15
	>16～40	≥600	710～880	≥15
	>40～63	≥590	690～880	≥15
	>63～80	≥570	670～860	≥15
Q690	≤16	≥690	770～940	≥14
	>16～40	≥670	770～940	≥14
	>40～63	≥660	750～920	≥14
	>63～80	≥640	730～900	≥14

注：数值后有括号、括号内有质量等级符号的，表示该数值仅用于括号内的质量等级；一个格中有两个数值、每个数值各带有质量等级符号的，表示各个数值各自用于不同的质量等级。

低合金高强度结构钢力学性能试验按照《金属材料　拉伸试验　第1部分：室温试验方法》(GB/T 228.1—2010)的有关规定进行，试样数量为1个/批。

2）弯曲性能

按表3-30规定的弯芯直径弯曲180°后，试样受弯曲部位表面不得产生裂纹。

低合金高强度结构钢弯曲性能的试验按照《金属材料　弯曲试验方法》(GB/T 232—2010)的有关规定进行，试样数量为1个/批。

3）冲击试验

厚度不小于6mm或直径不小于12mm的钢材应做冲击试验，试验方法按照国家标准《金属材料　夏比摆锤冲击试验方法》(GB/T 229—2007)，试样数量为3个/批。

预应力混凝土用螺纹钢筋力学性能　　表3-30

牌号	试样方向	冷弯试验180° 钢材厚度（直径，边长）(mm) 弯芯直径 d	
		≤16	>16～100
Q345	宽度不小于600mm的扁平材，取横向试样；宽度小于600mm的扁平材、型材及棒材，取纵向试样	2a	3a
Q390			
Q420			
Q460			

注：a为试样厚度。

7.桥梁用结构钢

按照国家标准《桥梁用结构钢》(GB/T 714—2008)的规定，桥梁用结构钢的牌号由代表屈服强度的字母Q、屈服强度数值、桥字的汉语拼音字母、质量等级符号等组成。常用的强度等级有：Q235q、Q345q、Q370q、Q420q、Q460q。

桥梁用结构钢的形式有钢板、钢带、型钢等。

1)力学性能

表3-31为桥梁用结构钢的力学性能要求，对于不同的厚度，有不同的要求，检验结果应不小于表中所列的规定值。对厚度不大于16mm的钢材，断后伸长率应在表中的百分数上提高1%，即现为20%，提高为21%。

桥梁用结构钢的力学性能　表3-31

牌号	下屈服强度 R_{eL}(MPa)		抗拉强度 R_m (MPa)	断后伸长率 A (%)
	厚度(mm)			
	≤50	>50~100		
Q235q	235	225	400	26
Q345q	345	335	490	20
Q370q	370	360	510	20
Q420q	420	410	540	19
Q460q	460	450	570	17

桥梁用结构钢力学性能试验按照《金属材料　拉伸试验　第1部分：室温试验方法》(GB/T 228.1—2010)的有关规定进行，试样数量为1个/批。

2)弯曲性能

低合金高强度结构钢弯曲性能的试验按照《金属材料　弯曲试验方法》(GB/T 232—2010)的有关规定进行。当钢材厚度≤16mm时，弯芯直径取2倍的钢材厚度；当钢材厚度>16mm时，弯芯直径取3倍的钢材厚度。要求弯曲180°后，试样受弯曲部位表面无肉眼可见裂纹。试样数量为1个/批。

3)冲击试验

厚度不小于6mm或直径不小于12mm的钢材应做冲击试验，试验方法按照国家标准《金属材料　夏比摆锤冲击试验方法》(GB/T 229—2007)，试样数量为3个/批。

8.钢筋焊接连接

根据行业标准《钢筋焊接及验收规程》(JGJ 18—2003)的有关规定，钢筋焊接连接，就是通过熔解钢筋或焊接材料(如焊条)，将两段钢筋(或钢筋与埋件等)连接，并可传递力的连接方法，分为电阻点焊、闪光对焊、电弧焊、窄间隙电弧焊、电渣压力焊、气压焊和预埋件钢筋埋弧压力焊等。

钢筋焊接接头的质量检验包括外观检查和力学性能检验，力学性能检验包括拉伸试验、弯曲试验、剪切试验、冲击试验和疲劳试验，试件数量和试验结果判定按照《钢筋焊接及验收规程》(JGJ 18—2003)的有关规定执行，试验方法按照行业标准《钢筋焊接接头试验方法标准》(JGJ/T 27—2001)的有关规定执行。

纵向受力钢筋焊接接头，应进行拉伸试验，接头抗拉强度应满足标准要求；还应按照标准要求进行弯曲试验，接头弯曲性能也应满足标准要求。

9.钢筋机械连接

根据行业标准《钢筋机械连接通用技术规程》(JGJ 107—2010)的有关规定，钢筋机械连接，就是通过钢筋与连接件的机械咬合作用或钢筋端面的承压作用，将一根钢筋中的力传递到另一根钢筋的连接方法。

按照连接形式、加工工艺,分为滚轧直螺纹钢筋连接、镦粗直螺纹钢筋连接、带肋钢筋套筒挤压连接、钢筋锥螺纹连接。

钢筋连接接头应满足强度及变形性能的要求,接头连接件的屈服承载力和受拉承载力的标准值不应小于被连接钢筋的屈服承载力和受拉承载力标准值的 1.10 倍。根据抗拉强度、残余变形以及高应力和大变形条件下反复拉压性能的差异,分为以下三个性能等级:

I 级,接头抗拉强度应该等于被连接钢筋的实际拉断强度或不小于 1.10 倍钢筋抗拉强度标准值,残余变形小并具有高延性及反复拉压性能。

II 级,接头抗拉强度应该不小于被连接钢筋抗拉强度标准值,残余变形较小并具有高延性及反复拉压性能。

III 级,接头抗拉强度应该不小于被连接钢筋屈服强度标准值的 1.25 倍,残余变形较小并具有一定的延性及反复拉压性能。

接头应根据其性能等级和应用场合,确定相应的检验项目,如单向拉伸性能、高应力反复拉压、大变形反复拉压、抗疲劳等。

为确定接头性能等级,或材料、工艺、规格改动时,或型式检验报告超过 4 年时,应进行型式检验。对每种型式、级别、规格、材料、工艺的钢筋机械连接接头,型式检验试件不应少于 9 个,其中单向拉伸试件不应少于 3 个、高应力反复拉压不应少于 3 个、大变形反复拉压不应少于 3 个,同时应在一根钢筋上截取 3 根钢筋试件作抗拉强度试验。

钢筋连接工程开始前,应对不同钢筋生产厂家的进场钢筋进行接头工艺检验,每种规格钢筋的接头试件不应少于 3 个。

对接头的现场检验,应按验收批进行。每一验收批,必须在工程结构中随机截取 3 个接头试件作抗拉强度试验。

第四节 本章小结

石料、混凝土和钢材是修筑桥涵结构的基本材料,其质量和性能直接影响桥涵结构物的质量和耐久性。

本章主要介绍了桥涵结构物所用石料的规格、几何尺寸和物理、力学性能要求,石料的抗压强度、抗冻性试验检测方法、试验检测结果的分析判定;介绍了普通混凝土的抗压强度、轴心抗压强度、静力受压弹性模量、抗弯拉强度、劈裂抗拉强度混凝土力学性能的试验检测方法、试验检测结果的分析判定;介绍了钢材的力学性能、加工性能及相应的试验检测方法、试验检测结果的分析判定。

本章介绍的内容是桥涵工程质量控制中试验检测最基本的内容,读者通过本章学习应掌握石料、混凝土和钢材的基本性能和质量检测要求,以及相应的试验检测方法,并能在工程实际中正确应用。

第四章

桥梁工程制品试验检测

第一节　预应力筋用锚具、夹具、连接器试验检测

本节内容所涉及的预应力筋用锚具、夹具、连接器产品标准和主要相关标准为《公路桥梁预应力钢绞线用锚具、夹具和连接器》(JT/T 329—2010)，《预应力筋用锚具、夹具和连接器》(GB/T 14370—2007)，《金属材料洛氏硬度试验　第1部分：试验方法(A、B、C、D、E、F、G、H、K、N、T标尺)》(GB/T 230.1—2009)，《金属材料　布氏硬度试验　第1部分：试验方法》(GB/T 231.1—2009)，《预应力混凝土用钢绞线》(GB/T 5224—2003)。

一、产品分类、代号及标记

1.产品分类、代号

交通运输行业标准JT/T 329—2010将锚具、连接器按其结构形式分为张拉端锚具、固定端锚具两类，国家标准GB/T 14370—2007将锚具、夹具和连接器按锚固方式不同分为夹片式、支撑式、锥塞式和握裹式四种基本类型。锚具、夹具和连接器产品分类及代号见表4-1所示。

2.标记

锚具、夹具及连接器的标记由产品代号、预应力钢绞线直径和预应力钢绞线根数三部分组成。

示例1：预应力钢绞线的圆锚张拉端锚具，钢绞线直径为15.2mm，锚固根数为12根，标记为：YM15-12。

示例2：预应力钢绞线的扁锚固定端挤压式锚具，钢绞线直径为15.2mm，锚固根数为5根，标记为：YMPB15-5。

示例3：预应力钢绞线的圆锚连接器，钢绞线直径为15.2mm，锚固根数为7根，标记为：YMJ15-7。

以上标记适用交通运输行业标准JT/T 329—2010。

示例4：预应力钢绞线的圆形夹片式群锚锚具，钢绞线直径为15.2mm，锚固根数为12根，标记为：YJM15-12。

示例5：预应力钢绞线的用于固定端的挤压式锚具，钢绞线直径为12.7mm，锚固根数为12根，标记为：JYM13-12。

示例6：预应力钢绞线的用于挤压式连接器，钢绞线直径为15.2mm，锚固根数为12根，标记为：JYL15-12。

以上标记适用国家标准 GB/T 14370—2007。

锚具、夹具和连接器产品分类及代号　　表 4-1

<table>
<tr><th>标 准 号</th><th colspan="3">产品分类名称</th><th>产品分类代号</th></tr>
<tr><td rowspan="8">JT/T 329—2010</td><td rowspan="2">张拉端锚具</td><td colspan="2">圆锚张拉端锚具</td><td>YM</td></tr>
<tr><td colspan="2">扁锚张拉端锚具</td><td>YMB</td></tr>
<tr><td rowspan="4">固定端锚具</td><td rowspan="2">固定端压花锚具</td><td>圆锚固定端压花锚具</td><td>YMH</td></tr>
<tr><td>扁锚固定端压花锚具</td><td>YMHB</td></tr>
<tr><td rowspan="2">固定端挤压式锚具</td><td>圆锚固定端挤压式锚具</td><td>YMP</td></tr>
<tr><td>扁锚固定端挤压式锚具</td><td>YMPB</td></tr>
<tr><td colspan="3">夹具</td><td>YJ</td></tr>
<tr><td>连接器</td><td colspan="2">圆锚连接器</td><td>YMJ</td></tr>
<tr><td rowspan="17">GB/T 14370—2007</td><td rowspan="9">锚具</td><td rowspan="2">夹片式</td><td>圆形</td><td>YJM</td></tr>
<tr><td>扁形</td><td>BJM</td></tr>
<tr><td rowspan="2">支承式</td><td>镦头</td><td>DTM</td></tr>
<tr><td>螺母</td><td>LMM</td></tr>
<tr><td rowspan="3">锥塞式</td><td>钢质</td><td>GZM</td></tr>
<tr><td>冷铸</td><td>LZM</td></tr>
<tr><td>热铸</td><td>RZM</td></tr>
<tr><td rowspan="2">握裹式</td><td>挤压</td><td>JYM</td></tr>
<tr><td>压花</td><td>YHM</td></tr>
<tr><td rowspan="4">连接器</td><td>夹片式</td><td></td><td>YJL</td></tr>
<tr><td rowspan="2">支承式</td><td>镦头</td><td>DTL</td></tr>
<tr><td>螺母</td><td>LML</td></tr>
<tr><td>握裹式</td><td>挤压</td><td>JYL</td></tr>
<tr><td rowspan="4">夹具</td><td>夹片式</td><td></td><td>YJJ</td></tr>
<tr><td rowspan="2">支承式</td><td>镦头</td><td>DTJ</td></tr>
<tr><td>螺母</td><td>LMJ</td></tr>
<tr><td>握裹式</td><td>挤压</td><td>JYJ</td></tr>
</table>

二、预应力筋用锚具、夹具、连接器的力学性能要求

预应力筋用锚具、夹具、连接器的力学性能要求见表 4-2 所示。

三、预应力筋用锚具、夹具、连接器的试验方法

1. 试验准备

预应力筋—锚具、夹具、连接器组装件试验之前必须进行单根预应力钢绞线(母材)的力学性能试验。

母材试样不应少于 6 根，力学性能试验结果符合 GB/T 5224—2003 标准后方可使用。钢

绞线力学性能试验结果记入表 4-3。

锚具、夹具、连接器的力学性能要求　　表 4-2

标准号	检测项目		力学性能要求
JT/T 329—2010	锚具、连接器	静载锚固性能	同时满足:①效率系数 $\eta_a \geqslant 0.95$; ②实测极限拉力时的总应变 $\varepsilon_{apu} \geqslant 2.0\%$
		疲劳荷载性能	①试样经过 200 万次循环荷载后,锚具零件不应发生疲劳破坏; ②钢绞线因锚具夹持作用发生疲劳破坏的面积不应大于原试样总面积的 5%
		周期荷载性能	试样经过 50 次周期荷载试验后,钢绞线在锚具夹持区域不应发生破断、滑移和夹片松脱现象
		钢绞线内缩量	张拉端钢绞线内缩量应不大于 5mm
		锚口摩阻损失率	锚口(含锚下垫板)摩阻损失率合计不大于 6%
	夹具	静载锚固性能	效率系数 $\eta_g \geqslant 0.92$
GB/T 14370—2007	锚具	静载锚固性能	同时满足:①效率系数 $\eta_a \geqslant 0.95$; ②实测极限拉力时的总应变 $\varepsilon_{apu} \geqslant 2.0\%$
		疲劳荷载性能	①试样经过 200 万次循环荷载后,锚具零件不应发生疲劳破坏; ②预应力筋因锚具夹持作用发生疲劳破坏的截面面积不应大于原试样总截面面积的 5%
		周期荷载性能	试样经过 50 次周期荷载试验后,预应力筋在锚具夹持区域不应发生破断
	夹具	静载锚固性能	效率系数 $\eta_g \geqslant 0.92$
	连接器		①永久留在混凝土结构或构件中的连接器力学性能要求与锚具的相同; ②张拉后还需放张和拆卸的连接器力学性能要求与夹具的相同

钢绞线力学性能试验结果　　表 4-3

钢绞线规格		生产厂家	
公称面积(mm^2)		实测极限抗拉强度平均值(MPa)(6 根试验结果平均值)	
公称直径(mm)		抗拉强度标准值(MPa)	

2. 试验用设备

静载试验、周期荷载试验、疲劳荷载试验用设备,一般由加载千斤顶、荷载传感器、承力台座(架)、液压油泵源及控制系统组成。

测力系统必须经过法定的计量检测机构标定,并在有效期内使用。

3. 静载锚固性能试验

夹具、连接器与锚具试验方法基本相同,以下介绍的试验方法均以锚具为例。

1)试样准备

试样数量:组装件 3 个(6 个锚环及相配套的夹片、钢绞线)。

2)组装

组装前必须把锚固零件擦拭干净,然后将钢绞线、锚具与试验台组装,如图 4-1 所示。使每根钢绞线受力均匀,初应力为预应力钢材抗拉强度标准值 f_{ptk} 的 5%~10%。

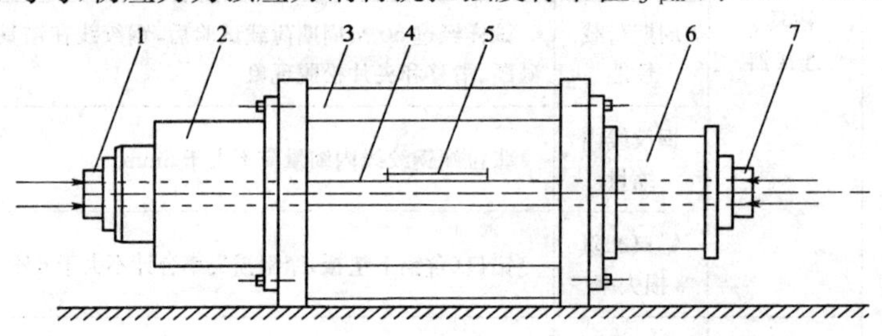

图 4-1 预应力筋—锚具组装件静载试验示意图

1-张拉端试验锚具;2-加荷载用千斤顶;3-承力台座;4-预应力筋;5-测量总应变的装置;6-荷载传感器;7-固定端试验锚具

3)加载

(1)加载速率为 100MPa/min。

(2)以预应力钢绞线抗拉强度标准值的 20%、40%、60%、80%,分 4 级等速加载。

(3)加载到钢绞线抗拉强度标准值的 80%后,持荷 1h。

(4)持荷 1h 后用低于 100MPa/min 的加载速率缓慢加载至试样破坏。

4)试验过程中测量项目

(1)预应力筋受拉段长度。

(2)固定端或张拉端的有代表性的若干根钢绞线(一般取 3~4 根,下同)相对位移初始值 Δa 。

(3)固定端或张拉端的有代表性的若干夹片(一般取 3~4 个,下同)相对位移初始值 Δb。

(4)按施加荷载的前 4 级(20%、40%、60%、80%),逐级测量钢绞线相对位移 Δa 、夹片相对位移 Δb。

(5)在预应力筋达到 0.8 f_{ptk} 时,持荷 1h。在此持荷期间,每隔 20~30min 测量 1 次钢绞线相对位移 Δa 、夹片相对位移 Δb。

(6)测量试样破断后钢绞线相对位移 Δa 、夹片相对位移 Δb,如图 4-2 所示。

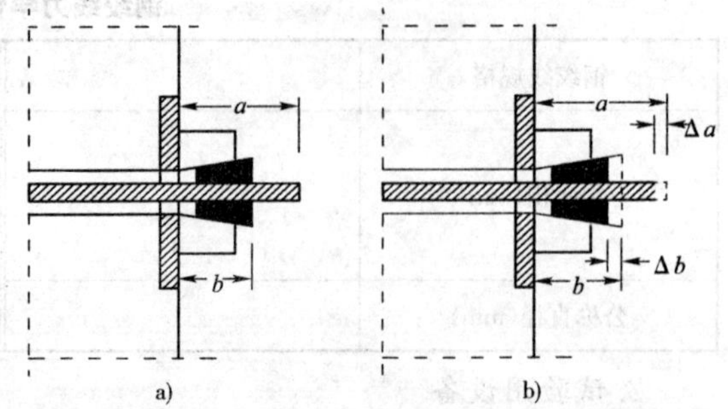

图 4-2 试验期间预应力筋及锚具零件的位移示意图

a)锚固前,预应力筋预紧之后;b)加载之中及锚固之后

5)试验过程中观察项目

(1)观察 Δa 、Δb 与预应力筋的受力增量是否成比例变化。

判断:Δa 、Δb 若不成比例变化,应检查预应力钢绞线是否失锚滑动，相关零件(锚环、锚板)是否发生了塑性变形。

(2)观察在此持荷1h期间，Δa 、Δb 是否保持稳定，锚具的夹片是否出现裂纹和破断。

判断：Δa 、Δb 若继续增加，不能稳定，表明已失去可靠锚固能力。

(3)观察锚具的变形。

判断：在静载锚固性能满足后，夹片允许出现微裂和纵向断裂，不允许横向、斜向断裂及碎断；预应力筋达到极限破断时，锚板及其锥形锚孔不允许出现过大塑性变形，锚板中心残余变形不应出现明显挠度；Δb 如比预应力筋应力为 $0.8f_{ptk}$ 时成倍增加，表明已失去可靠的锚固能力。

6)记录项目

记录试样的破坏部位与形式。

7)静载试验结果计算

静载试验应连续进行三个组装件的试验，试验结束后需计算锚具效率系数和实测极限拉力时组装件受力长度的总应变。

(1)交通运输行业标准JT/T 329—2010中锚具效率系数按下式计算：

$$\eta_a = F_{apu}/F_{pm} \tag{4-1}$$

$$F_{pm} = nf_{pm}A_{pk} \tag{4-2}$$

式中：F_{apu}——钢绞线锚具组装件的实测极限拉力；

F_{pm}——钢绞线锚具组装件中各根钢绞线计算极限拉力之和；

f_{pm}——由钢绞线中抽取的试样的极限抗拉强度平均值；

A_{pk}——钢绞线单根试样的特征(公称)截面面积；

n——钢绞线锚具组装件中钢绞线根数。

(2)国家标准GB/T 14370—2007中锚具效率系数按下式计算：

$$\eta_a = \frac{F_{apu}}{\eta_p F_{pm}} \tag{4-3}$$

式中：F_{apu}——锚具组装件的实测极限拉力；

η_p——预应力筋效率系数，η_p 的取用：锚具组装件中预应力筋根数 $n=1\sim5$，$\eta_p=1$；$n=6\sim12$，$\eta_p=0.99$；$n=13\sim19$，$\eta_p=0.98$；$n\geqslant20$，$\eta_p=0.97$；

F_{pm}——锚具组装件中各根预应力筋计算极限拉力之和。

(3)实测极限拉力时组装件受力长度的总应变按下式计算：

$$\varepsilon_{apu} = \frac{\Delta L}{L_0} \times 100\% \tag{4-4}$$

$$\Delta L = \Delta L_1 + \Delta L_2 - \Delta a \tag{4-5}$$

式中：ε_{apu}——实测极限拉力时钢绞线的总应变；

ΔL——破断时钢绞线总伸长量；

ΔL_1——从初应力(钢绞线抗拉强度标准值的10%)到极限应力时的活塞伸长量；

ΔL_2——从0张拉至初应力(钢绞线抗拉强度标准值的10%)时的钢绞线伸长量理论计算值(夹持计算长度内)；

Δa——钢绞线相对试验锚具(连接器)的实测位移量；

L_0——钢绞线夹持计算长度，即两端锚具(连接器)的端头起夹点之间的距离。

(4)夹具的效率系数 η_g 按下式计算：

$$\eta_g = F_{gpu}/F_{Pm} \tag{4-6}$$

式中：F_{gpu}——预应力筋—夹具组装件的实测极限拉力；

F_{pm}——锚具组装件中各根预应力筋计算极限拉力之和。

8)试验结果

每个组装件的试验结果均应满足力学性能要求，不得进行平均。

4.周期荷载试验

1)试样准备

试样数量：组装件 3 个(6 个锚环及相配套的夹片、钢绞线)。

2)组装

将钢绞线、锚具与试验台组装，使每根钢绞线受力均匀，初应力为钢绞线抗拉强度标准值的 5%～10%。

3)试验应力

(1)试验应力上限值为预应力筋抗拉强度标准值 f_{ptk} 的 80%。

(2)试验应力下限值为预应力筋抗拉强度标准值 f_{ptk} 的 40%。

4)加载

(1)加载速率：100～200MPa/min。

(2)第一循环：加载至试验应力上限值，再卸载至试验应力下限值。

(3)第二循环：自下限值经上限值再回复到下限值。

(4)重复 50 个周期。

5)试验结果

描述试样经 50 次循环荷载后预应力筋在锚具夹持区域是否发生破断，夹片是否发生滑移和松脱现象。

5.疲劳荷载试验

1)试样准备

试样数量：组装件 3 个(6 个锚环及相配套的夹片、钢绞线)。

2)组装

将钢绞线、锚具与试验台组装，使每根钢绞线受力均匀，初应力为钢绞线抗拉强度标准值的 5%～10%。

3)应力幅度、试验应力上限值

(1)应力幅度应不小于 80 MPa。

(2)试验应力上限值为钢材抗拉强度标准值 f_{ptk} 的 65%。

4)疲劳试验机的脉冲频率、循环次数

(1)疲劳试验机的脉冲频率不应超过 500 次/min。

(2)循环次数为 200 万次。

5)加载

根据所使用的试验机，以约 100MPa/min 的速度加载至试验应力下限值或试验应力上限值，再调节应力幅度达到规定值后，开始记录循环次数。

6)试验结果

(1)描述试样经受 200 万次循环荷载后，锚具零件是否发生疲劳破坏。

(2)描述预应力筋在锚具夹持区域发生疲劳破坏的截面面积大小。

6. 辅助性试验

辅助性试验项目为钢绞线的内缩量试验、锚具摩阻损失试验和张拉锚固工艺试验。

1)钢绞线的内缩量试验

(1)试验用的钢绞线可在台座上张拉，也可在混凝土梁上张拉。受力长度不小于 5m。

(2)试验的张拉力为钢绞线的 $0.8f_{ptk}A_p$。

(3)若采用测量锚固处每根预应力筋相对位移 Δa_i 时，钢绞线内缩量 Δa 按下式计算：

$$\Delta a = \frac{1}{n}\sum_{i=1}^{n}\Delta a_i \tag{4-7}$$

(4)若采用测量锚固前后钢绞线的拉力时，钢绞线内缩量 Δa 按下式计算：

$$\Delta a = \Delta F \times L/(E \times A_p) \tag{4-8}$$

$$A_p = nA_{pk} \tag{4-9}$$

式中：ΔF——锚固前后钢绞线拉力差值；

L——钢绞线的夹持计算长度；

E——钢绞线的弹性模量；

A_p——组装件中各根钢绞线特征(公称)截面面积之和。

(5)试验结果：试验用试样为 3 个，取平均值。

2)锚口(含锚下垫板)摩阻损失试验

(1)试验可在台座上进行，也可在模拟锚固区的混凝土块体上进行。台座长度不小于 5m。

(2)试验的张拉力为钢绞线的 $0.8f_{ptk}A_p$。

(3)测出锚具前后预应力差值。

(4)锚口和锚下垫板摩阻损失按下式计算：

$$u = \frac{\Delta F}{0.8f_{ptk} \cdot A_p} \times 100\% \tag{4-10}$$

式中：u——锚口和锚下垫板摩阻损失。

(5)试验结果：试验用试样为 3 个，取平均值。

3)张拉锚固工艺试验

(1)最大张拉力为钢绞线的 $0.8f_{ptk}A_p$。

(2)每次按钢绞线抗拉强度标准值的 30%、60%、80%分级张拉，每张拉 1 级锚固一次。进行三次最大张力的张拉、锚固和放松操作。

(3)观察分级张拉临时锚固的可能性。

(4)观察预应力筋受力的均匀性。

(5)观察张拉发生故障时将预应力筋全部放松的可能性。

辅助性试验为测定参数及检验工艺设备的项目。

7. 硬度检测

1)检测设备

硬度检测按产品零件设计图样规定的硬度值种类(洛氏硬度或布氏硬度),选用相应的硬度测量仪(洛氏硬度计或布氏硬度计)进行检测。

2)温度条件

硬度检测一般在10~35℃室温下进行,对于温度要求严格的试验,温度为23℃±5℃。

3)试样放置

将试样稳固地放置于硬度计试台上,并使压头轴线与试样表面垂直。

试验过程中硬度计应避免受到影响试验结果的冲击和振动。

4)洛氏硬度检测

(1)使压头与试样表面平稳接触,施加初试验力 F_0,F_0 保持时间不超过3s。

(2)将测量装置调整至基准位置,从初试验力 F_0 施加至总试验力 F 的时间应在1~8s之间。

(3)总试验力保持时间为4s±2s。

(4)卸除主试验力 F_1,保持初试验力 F_0,经短时间稳定后,读出硬度值。

(5)相邻两压痕中心间距离至少应为压痕平均直径的4倍,并且不应小于2mm。任一压痕中心距试样边缘距离至少应为压痕平均直径的2.5倍,并且不应小于1mm。

(6)每个试样检测3点。

5)布氏硬度检测

(1)使压头与试样表面平稳接触,施加试验力直至达到规定试验力值。

(2)从施加力开始到全部试验力施加完毕的加载时间为2~8s。

(3)试验力保持时间为10~15s。

(4)任一压痕中心距试样边缘距离至少应为压痕平均直径的2.5倍,相邻两压痕中心间距离至少应为压痕平均直径的3倍。

(5)在两相互垂直方向测量压痕直径,用两个读数的平均值计算布氏硬度,或按相关标准(GB/T 231.4—2009)中的硬度值表查得布氏硬度。

(6)每个试样检测3点。

8.外观、尺寸检测

1)外观

产品外观用目测法检测;裂缝可用有刻度或无刻度放大镜检测。

2)产品外形尺寸检测

(1)测量器具为钢直尺、游标卡尺、螺旋千分尺或塞环规。

(2)锚具外形尺寸检测项目及检测方法见表4-4所示。

锚具外形尺寸检测项目及检测方法 表4-4

检测项目	检 测 方 法	检测结果
锚环(锚板)直径 D(mm)	①距锥孔大端平面约15mm处取直径面 A,在 A 直径面两个互相垂直的方向上测量,取平均值; ②距锥孔小端平面约15mm处取直径平面 B,在 B 直径面两个互相垂直的方向上测量,取平均值	A、B 两个直径平面的平均值应分别满足技术图纸要求,不进行平均

续上表

检测项目	检 测 方 法	检测结果
锚环(锚板)高度 H(mm)	①每件锚环(锚板)在相互垂直的两个方向取4个测量点,取平均值; ②锚固锥孔大端面为平面时,可沿锚环外圆测量	4个测量点的平均值应满足技术图纸要求
夹片高度 h (mm)	每件夹片在经小端且平行于轴线,取2个测量点,取平均值	平均值应满足技术图纸要求

9. 注意事项

(1)组批与抽样(GB/T 14370—2007)。

①同一种产品、同一批原材料、同一种工艺、一次投料生产的产品为一组批。

②每个抽检组批不得超过2 000件(套)。

③硬度检验时抽取3%～5%,静载锚固性能、周期荷载试验、疲劳试验、辅助性试验时各抽取三个组装件的用量。

④常规检测项目为硬度和静载锚固性能试验。

(2)在锚具静载试验过程中,若试验值未满足 $\eta_a \geqslant 0.95$、$\varepsilon_{apu} \geqslant 2.0\%$,而钢绞线破断:

①破断部位在夹片处;

②破断部位在距夹片处(2～3)d(d为钢绞线公称直径)范围之内。

以上两种情况试验结果均判定为锚具不合格。

③钢绞线在远离锚具处断裂一根(此时应察看断口形态,以判断是否属于钢绞线质量问题)时,则不对锚具试验结果下结论,试验可重做。

(3)在锚具静载试验过程中,若试验值虽然满足 $\eta_a \geqslant 0.95$、$\varepsilon_{apu} \geqslant 2.0\%$,而锚具破坏、断裂、失效(滑丝、零件断裂、严重变形等)时,则试验结果判定为锚具不合格。

四、试验检测结果的判定

1. 外观及尺寸检测

外观检验如表面无裂缝,尺寸符合设计要求,判为合格;如有一套表面有裂缝或超过允许偏差,应取双倍数量重做检验,如仍有一套不符合要求,则应逐套检查,合格者方可使用。

2. 硬度检验

当硬度值符合设计要求的范围判为合格,如有一个零件不合格,则应另取双倍数量的零件重做试验,如仍有一个零件不合格,则应逐个检验,合格者方可使用。

3. 静载锚固性能试验、疲劳荷载试验、周期荷载试验

如试验结果符合本章表4-2力学性能要求的判为合格;如有一个试件不符合要求,则应另取双倍数量重做试验,如仍有一个试件不合格,则该批产品判为不合格品。

第二节　桥梁支座试验检测

本节内容所涉及的桥梁支座产品标准和主要相关标准为《公路桥梁板式橡胶支座》(JT/T 4—2004),《公路桥梁板式橡胶支座规格系列》(JT/T 663—2006),《公路桥梁盆式支座》(JT/T

391—2009),《橡胶支座 第4部分:普通橡胶支座》(GB 20688.4—2007),《桥梁球型支座》(GB/T 17955—2009),《公路钢筋混凝土及预应力混凝土桥涵设计规范》(JTG D62—2004)。

一、产品分类、代号及标记

1.分类、代号

板式橡胶支座产品分类及代号见表4-5,盆式支座产品分类及代号见表4-6,球型支座产品分类及代号见表4-7。

板式橡胶支座产品分类及代号 表4-5

类型		名称代号		型式代号
		JT/T 4—2004	GB 20688.4—2007	
普通板式橡胶支座	矩形板式橡胶支座	GJZ	JBZ	
	圆形板式橡胶支座	GYZ	YBZ	
四氟滑板式橡胶支座	矩形四氟滑板式橡胶支座	GJZ	JBZ	F_4
	圆形四氟滑板式橡胶支座	GYZ	YBZ	F_4

注:型式代号中F_4表示为四氟滑板式橡胶支座,不加代号为普通板式橡胶支座。

盆式支座产品分类及代号表 表4-6

类型	名称代号		按使用性能分类的代号		按使用温度分类的代号	
	JT/T 391—2009	GB 20688.4—2007	JT/T 391—2009	GB 20688.4—2007	−25~60℃	−40~60℃
固定支座	GPZ	PZ	GD	GD		F
双向活动支座	GPZ	PZ	SX	SX		F
单向活动支座	GPZ	PZ	DX	DX		F
减震型固定支座	GPZ		JZGD			F
减震型单向支座	GPZ		JZDX			F
抗震型固定支座		PZ		KGD		F

注:常温型支座无代号,耐寒型支座代号为F。

球型支座产品分类及代号 表4-7

类型	名称代号	产品分类代号
双向活动支座	QZ	SX
单向活动支座	QZ	DX
固定支座	QZ	GD

2.板式橡胶支座标记

板式橡胶支座产品标记由名称代号、型式代号、外形尺寸及橡胶种类四部分组成。

示例 1:公路桥梁矩形普通氯丁橡胶支座,短边尺寸为 300mm,长边尺寸为 400mm,厚度为 47mm,标记为:GJZ300×400×47(CR)。

示例 2:公路桥梁圆形四氟滑板天然橡胶支座,直径为 300mm,厚度为 54mm,支座标记为:$GYZF_4$300×54(NR)。

以上标记适用于交通行业标准 JT/T 4—2004。

示例 3:采用氯丁橡胶制成的普通板式橡胶支座:短边尺寸为 150mm,长边尺寸为 200mm,厚度为 30mm,支座标记为:JBZ150×200×30(CR)。

示例 4:采用天然橡胶制成的四氟滑板式橡胶支座:直径为 300mm,厚度为 54mm,支座标记为:$YBZF_4$300×54(NR)。

以上标记适用于国家标准 GB 20688.4—2007。

3. 盆式支座标记

盆式支座产品标记一般由支座名称代号、支座设计序列代号、设计竖向承载力(MN)、使用性能产品分类代号、适用温度代号、主位移方向位移量(mm)组成。

示例 1:××××年设计系列,设计竖向承载力为 15MN 的双向活动耐寒型顺桥向位移量为±100mm 的盆式支座,标记为: GPZ(××××)15SXF±100。

示例 2:××××年设计系列,设计竖向承载力为 35MN 的单向活动常温型顺桥向位移量为±50mm 的盆式支座,标记为: GPZ(××××)35DX±50。

示例 3:××××年设计系列,设计竖向承载力为 50MN 的常温型固定盆式支座,标记为: GPZ(××××)50GD。

示例 4:××××年设计系列,设计竖向承载力为 40MN 的减震型固定盆式支座,标记为: GPZ(××××)40JZGD。

示例 5:××××年设计系列,设计竖向承载力为 35MN 的减震型单向活动常温型顺桥向位移量为±150mm 的盆式支座,标记为: GPZ(××××)35JZDX±150。

以上标记适用于交通行业标准 JT/T 391—2009。

示例 6:设计承载力为 5MN,主位移方向位移量为±100mm,工作温度为−40～60℃的双向活动盆式支座,标记为: PZ5SX100F。

示例 7:设计承载力为 2.5MN,主位移方向位移量为±50mm,工作温度为−25～60℃的单向活动支座,标记为: PZ2.5DX50。

示例 8:适用于 7 度以上地震区,设计承载力为 10MN,工作温度为−40～60℃的抗震型固定支座,标记为: PZ10KGDF。

以上标记适用于国家标准 GB 20688.4—2007。

4. 球型支座标记

球型支座产品标记一般由支座名称代号、支座设计竖向承载力(kN)、产品分类代号、位移量(mm)、转角(rad)组成。

示例 1:支座设计竖向承载力为 30 000 kN 的单向活动球型支座,其纵向位移量为±150mm,转角为 0.05rad,标记为:QZ30000DX/Z±150/ R0.05。

示例 2:支座设计竖向承载力为 20 000kN 的双向活动球型支座,其纵向位移量为±100mm,横向位移量为±40mm,转角为 0.02rad,标记为 QZ20000SX/Z±100/H±40/R0.02。

二、桥梁支座的力学性能要求

板式橡胶支座力学性能要求见表 4-8，盆式橡胶支座力学性能要求见表 4-9，球型支座力学性能要求见表 4-10。

板式橡胶支座成品力学性能要求 表 4-8

项目		指标	
		JT/T 4—2004	GB 20688.4—2007
实测极限抗压强度 R_u (MPa)		≥70	
实测抗压弹性模量 E_1 (MPa)		$E \pm E \times 20\%$	$E \pm E \times 30\%$
实测抗剪弹性模量 G_1 (MPa)		$G \pm G \times 15\%$	
实测老化后抗剪弹性模量 G_2 (MPa)		$G_1 + G \times 15\%$	$G_1 \pm G_1 \times 15\%$
实测转角正切值 $\tan\theta$	混凝土桥	≥1/300	
	钢桥	≥1/500	
实测四氟板与不锈钢板表面摩擦系数 μ_f（加硅脂时）		≤0.03	

注：表中板式支座抗压弹性模量 E 和支座形状系数 S 应按下列公式计算：

$$E = 5.4G \cdot S^2 \tag{4-11}$$

矩形板式橡胶支座：

$$S = \frac{a' \cdot b'}{2t_1(a' + b')} \tag{4-12}$$

圆形板式橡胶支座：

$$S = \frac{d'}{4t_1} \tag{4-13}$$

式中：E——板式支座抗压弹性模量(MPa)；

G——板式支座抗剪弹性模量(MPa)；

S——板式支座形状系数；

a'——矩形板式橡胶支座加劲钢板短边尺寸(mm)；

b'——矩形板式橡胶支座加劲钢板长边尺寸(mm)；

t_1——板式支座中间单层橡胶片厚度(mm)；

d'——圆形板式橡胶支座加劲钢板直径(mm)。

盆式橡胶支座成品力学性能要求 表 4-9

项目	指标		
竖向承载力	压缩变形	径向变形	残余变形
	在竖向设计承载力作用下支座压缩变形不大于支座总高度的 2%	在竖向设计承载力作用下盆环上口径向变形不得大于盆环外径的 0.05%	卸载后，支座残余变形小于设计荷载下相应变形的 5%
水平承载力	固定支座和单向活动支座	减震型固定支座和单向活动支座	
	不小于支座竖向承载力的 10%	不小于支座竖向承载力的 20%	
转角	支座设计竖向转动角度不小于 0.02rad		
摩擦系数(加 5201 硅脂润滑后)	常温型活动支座	耐寒型活动支座	
	不大于 0.03	不大于 0.06	

球型支座成品力学性能要求　　表 4-10

项　目	指　标	
竖向承载力	压缩变形	径向变形
	在竖向设计承载力作用下支座的竖向压缩变形不应大于支座总高度的 1%	在竖向设计承载力作用下盆环径向变形不应大于盆环外径的 0.05%
水平承载力	固定支座	单向活动支座
	不小于支座竖向承载力的 10%	
支座实测转动力矩	应小于支座设计转动力矩	
摩擦系数(加 5201 硅脂润滑后)	温度适用范围在 −25～60℃时	温度适用范围在 −40～−25℃时
	不大于 0.03	不大于 0.05

注：表中球型支座设计转动力矩按下列公式计算：

$$M_\theta = R_{ck} \cdot \mu_f \cdot R \tag{4-14}$$

式中：M_θ——支座设计转动力矩(N·m)；

R_{ck}——支座竖向设计承载力(kN)；

μ_f——球面镀铬钢衬板的镀铬层与球面聚四氟乙烯板间的设计摩擦系数；

R——球面镀铬钢衬板的球面半径(mm)。

三、桥梁支座的试验方法

1. 桥梁支座试验前的准备工作

1)试样准备

桥梁支座成品力学性能试验应采用实体支座，当试验设备能力受到限制时，经与用户协商可选用小型支座或特制试样进行试验。

2)试样停放与试验条件

试样在标准温度为 23℃±5℃的试验室内停放 24h，并在该标准温度内进行试验。

3)试验用设备、仪器

(1)压力试验机的示值相对误差最大允许值为±1.0%，并应具有正确的加载中心。加载时应平稳无震动。压力机的使用负荷可在其满负荷的 0.4%～90%范围内。

(2)试验中使用的测量仪表应定期检定。

(3)试验中使用的带有测力装置的千斤顶，其千斤顶和测力计的使用负荷可在其满量程的 1%～90%范围内。

2. 板式橡胶支座试验方法

板式橡胶支座试验检测项目为抗压弹性模量、抗剪弹性模量、抗剪黏结性能、抗剪老化、摩擦系数、转角、极限抗压强度试验以及外观质量及尺寸检测。

1)抗压弹性模量试验

抗压弹性模量试验计算承载力 R 时，按支座有效承压面积(钢板面积)A_0 计算。

(1)试样放置

将试样置于压力机的承载板上，如图 4-3 所

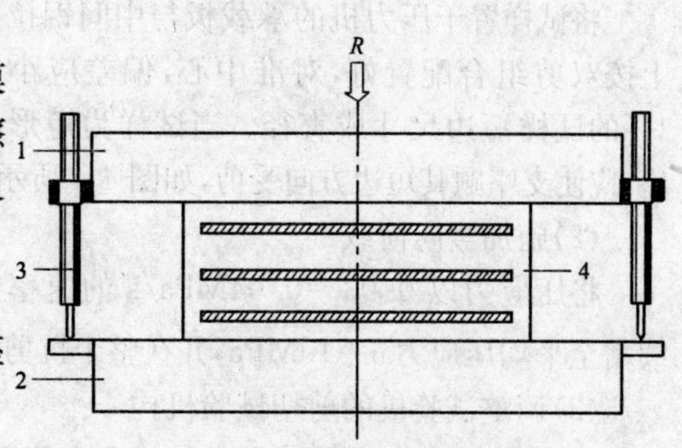

图 4-3　抗压弹性模量试验装置示意图

1-上承载板；2-下承载板；3-位移传感器；4-支座试样

示，对准中心，偏差应小于1%的试样短边尺寸或直径。缓缓加载至压应力为1.0MPa且稳压后，在承载板四角对称安置四只位移传感器(百分表)。

(2)预压

将压应力以0.03～0.04MPa/s速率连续地增至σ=10MPa，持荷2min，然后连续均匀地卸载至压应力为1.0MPa，持荷5min，记录百分表初始值，预压三次。

(3)正式加载

①每一加载循环自1.0MPa开始，将压应力以0.03～0.04MPa/s速率均匀加载至4MPa，持荷2min。然后以同样速率每2MPa为一级逐级加载，每级持荷2min至σ=10MPa为止。

②将压应力由σ=10MPa连续均匀地卸载至压应力为1.0MPa，持荷10min。

③正式加载连续进行三次。

(4)数据采集与整理

以承载板四角位移传感器所测得的变化值的平均值，作为各级荷载下试样的累计竖向压缩变形Δc，按试样橡胶层的总厚度t_e求出在各级试验荷载作用下，试样的累计压缩应变。

(5)试验结果的计算

①抗压弹性模量按下式计算：

$$E_1 = \frac{\sigma_{10} - \sigma_4}{\varepsilon_{10} - \varepsilon_4} \tag{4-15}$$

式中：σ_4、ε_4——第4MPa级试验荷载作用下的压应力和累积压缩应变值；

σ_{10}、ε_{10}——第10MPa级试验荷载作用下的压应力和累积压缩应变值；

E_1——试样实测的抗压弹性模量计算值，精确至1MPa。

②每一块试样的抗压弹性模量E_1为三次加载过程所得的三个实测结果的算术平均值。但单项结果和算术平均值之间的偏差不应大于算术平均值的3%，否则该试样应重新复核试验一次。

2)抗剪弹性模量试验

抗剪弹性模量试验计算承载力R时，按支座有效承压面积(钢板面积)A_0计算；计算水平拉力时，按支座平面毛面积(公称面积)A计算。

(1)试样放置

将试样置于压力机的承载板与中间钢拉板上按双剪组合配置好，对准中心，偏差应小于1%的试样短边尺寸或直径。当试样为矩形支座，应使支座顺其短边方向受剪，如图4-4所示。

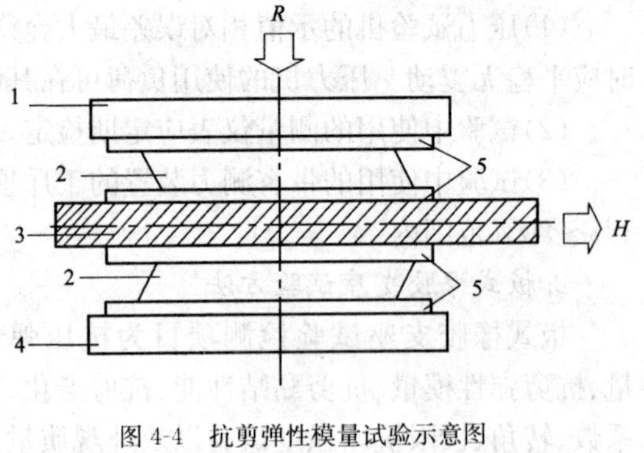

图4-4 抗剪弹性模量试验示意图

1-上承载板；2-板式支座试件；3-中间钢拉板；4-下承载板；5-防滑摩擦板

(2)施加竖向荷载

将压应力以0.03～0.04MPa/s的速率连续增至平均压应力σ=10MPa，并在整个抗剪试验过程中保持不变。

(3)调整试验机的剪切试验机构

使水平油缸、负荷传感器的轴线和中间钢拉板的对称轴重合。

(4)预加水平荷载

以 0.002～0.003MPa/s 的速率连续施加水平荷载至剪应力 $\tau=1.0$MPa，持荷 5min，然后连续均匀地卸载至剪应力为 0.1MPa，持荷 5min，记录初始值。预载三次。

(5)正式加载

①每一加载循环自 $\tau=0.1$MPa 开始，分级加载至 $\tau=1.0$MPa 为止；每级加载剪应力增加 0.1MPa，持荷 1min。

②连续均匀地将剪应力 $\tau=1.0$MPa 卸载至剪应力为 0.1MPa，持荷 10min。

③正式加载连读进行三次。

(6)试验数据采集与整理

将各级水平荷载下位移传感器所测出的试样累积水平剪切变形 Δs，按试样橡胶层的总厚度 t_e，求出在各级试验荷载作用下，试样的累积剪切应变。

(7)试验结果的计算

①抗剪弹性模量按下式计算：

$$G_1=\frac{\tau_{1.0}-\tau_{0.3}}{\gamma_{1.0}-\gamma_{0.3}} \tag{4-16}$$

式中：$\tau_{1.0}$、$\gamma_{1.0}$——第 1.0 MPa 级试验荷载作用下的剪应力和累积剪切应变值；

$\tau_{0.3}$、$\gamma_{0.3}$——第 0.3MPa 级试验荷载作用下的剪应力和累积剪切应变值；

G_1——试样的实测抗剪弹性模量计算值(MPa)，精确至 1%。

②每对检验支座所组成试样的综合抗剪弹性模量 G_1，为该对试样三次加载所得到的三个结果的算术平均值。但各单项结果与算术平均值之间的偏差应不大于算术平均值的 3%，否则该试样应重新复核试验一次。

3)抗剪老化试验

抗剪老化试验计算承载力 R 时，按支座有效承压面积(钢板面积)A_0 计算；计算水平拉力时，按支座平面毛面积(公称面积)A 计算。

(1)将试样置于老化箱内，在 70℃±2℃温度下经 72h 后取出。

(2)将试样在标准温度 23℃±5℃下停放 48h 后，再在标准试验室温度下进行剪切试验(抗剪老化试验与标准抗剪弹性模量试验方法步骤相同)。

(3)试样放置

将试样置于压力机的承载板与中间钢拉板上按双剪组合配置好，对准中心，偏差应小于 1%的试样短边尺寸或直径。当试样为矩形支座，应使支座顺其短边方向受剪，如图 4-4 所示。

(4)施加竖向荷载

将压应力以 0.03～0.04MPa/s 的速率连续增至平均压应力 $\sigma=10$ MPa，并在整个抗剪试验过程中保持不变。

(5)调整试验机的剪切试验机构

使水平油缸、负荷传感器的轴线和中间钢拉板的对称轴重合。

(6)预加水平荷载

以 0.002～0.003MPa/s 的速率连续施加水平力至剪应力 $\tau=1.0$MPa，持荷 5min，然后连续均匀地卸载至剪应力为 0.1MPa，持荷 5min，记录初始值。预载三次。

(7)正式加载

①每一加载循环自 $\tau=0.1$MPa 开始，分级加载至 $\tau=1.0$MPa 为止；每级加载剪应力增加 0.1MPa，持荷 1min。

②连续均匀地将剪应力 $\tau=1.0$MPa 卸载至剪应力为 0.1MPa，持荷 10min。

③正式加载连读进行三次。

(8)试验数据采集与整理

将各级水平荷载下位移传感器所测出的试样累积水平剪切变形 Δs，按试样橡胶层的总厚度 t_e，求出在各级试验荷载作用下试样的累积剪切应变。

(9)试验结果的计算

①老化后抗剪弹性模量计算方法与标准抗剪弹性模量计算方法相同。

②每对检验支座所组成试样的综合抗剪弹性模量 G_2，为该对试样三次加载所得到的三个结果的算术平均值。但各单项结果与算术平均值之间的偏差应不大于算术平均值的 3%，否则该试样应重新复核试验一次。

4)抗剪黏结试验

抗剪黏结性能试验计算承载力 R 时，按支座有效承压面积(钢板面积)A_0 计算；计算水平拉力时，按支座平面毛面积(公称面积)A 计算。

(1)试样放置

将试样置于压力机的承载板与中间钢拉板上按双剪组合配置好，对准中心，偏差应小于 1%的试样短边尺寸或直径。当试样为矩形支座，应使支座顺其短边方向受剪，如图 4-4 所示。

(2)施加竖向荷载

将压应力以 0.03～0.04MPa/s 的速率连续增至平均压应力 $\sigma=10$ MPa，并在整个抗剪试验过程中保持不变。

(3)调整试验机的剪切试验机构

使水平油缸、负荷传感器的轴线和中间钢拉板的对称轴重合。

(4)施加水平荷载

①以 0.002～0.003MPa/s 的加载速率施加水平荷载，当剪应力达到 2MPa 时，持荷 5min。

②水平力以连续均匀地速度卸载。

③试验过程中随时观察试样受力状态及变化情况。

④水平力卸载后检查试样是否完好无损。

5)摩擦系数试验

摩擦系数试验计算承载力 R 时，按支座有效承压面积(钢板面积)A_0 计算；计算水平拉力时，按支座平面毛面积(公称面积)A 计算。

(1)试样放置

将试样置于压力机的承载板与中间钢拉板上配置好，对准中心，偏差应小于 1%的试样短边尺寸或直径，如图 4-5 所示。

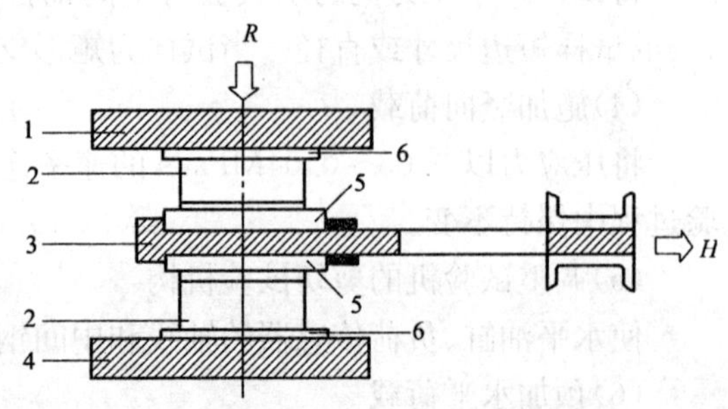

图 4-5 摩擦系数试验示意图

1-试验机上承载板；2-四氟滑板式橡胶支座试样；3-中间钢拉板；4-试验机下承载板；5-不锈钢板试件；6-防滑摩擦板

试验时应将四氟滑板试样的储油槽内注满 5201－2 硅脂油。

(2)施加竖向荷载

将压应力以 0.03～0.04MPa/s 的速率连续增至平均压应力 $\sigma=10$ MPa,并在整个抗剪试验过程中保持不变。其预压时间为 1h。

(3)调整试验机的剪切试验机构

使水平油缸、负荷传感器的轴线和中间钢拉板的对称轴重合。

(4)施加水平力

以 0.002～0.003MPa/s 的速率连续地施加水平力,直至不锈钢板与四氟滑板试样接触面间发生滑动为止,记录此时的水平力作为初始值。试验过程应连续进行三次。

(5)摩擦系数应按下列公式计算:

$$\mu_f = H/(2R) \tag{4-17}$$

式中:μ_f——四氟滑板与不锈钢板表面的摩擦系数,精确至 0.01;

H——每对四氟滑板式橡胶支座承受的最大水平力(kN);

R——支座最大承压力(kN)。

(6)试验结果

每对试样的摩擦系数为三次试验结果的算术平均值。

6)转角试验

转角试验计算承载力 R 时,按支座有效承压面积(钢板面积)A_0 计算。

转角试验所采用的试验装置一般由加载横梁、千斤顶加载系统、测量转角变化的位移传感器等组成。

(1)试样放置

将试样置于压力机的承载板与加载横梁上配置好,对准中心,偏差应小于 1%的试样短边尺寸或直径,如图 4-6 所示。

在距试样中心(试验机加载承压板中心)L 处,安装使梁产生转动用的千斤顶和测力计,并在承载板四角对称安置四只位移传感器。

(2)预压

①将压应力以 0.03～0.04MPa/s 的速率连续地增至平均压应力 $\sigma=10$MPa,持荷 5min。然后以连续均匀的速度卸载至压应力 $\sigma=1.0$MPa,如此反复三遍。

②检查传感器是否灵敏准确。

(3)加载

①将压应力按照抗压弹性模量试验要求增至 $\sigma=10$ MPa,采集支座变形数据,并在整个试验过程中维持 $\sigma=10$ MPa 不变。

②用千斤顶对加载横梁施加一个向上的力 P,使其达到预期转角的正切值(偏差不大于 5%),持荷 5min 后,记录千斤顶力 P 及传感器的数值。

(4)试验结果的计算(图 4-7)

①实测转角的正切值应按下列公式计算:

$$\tan\theta = \frac{\Delta_1^2 + \Delta_3^4}{2L} \tag{4-18}$$

式中:$\tan\theta$——试样实测转角的正切值;

Δ_1^2 ——传感器 N_1、N_2 处的变形平均值(mm)；

Δ_3^4 ——传感器 N_3、N_4 处的变形平均值(mm)；

L——转动力臂(mm)。

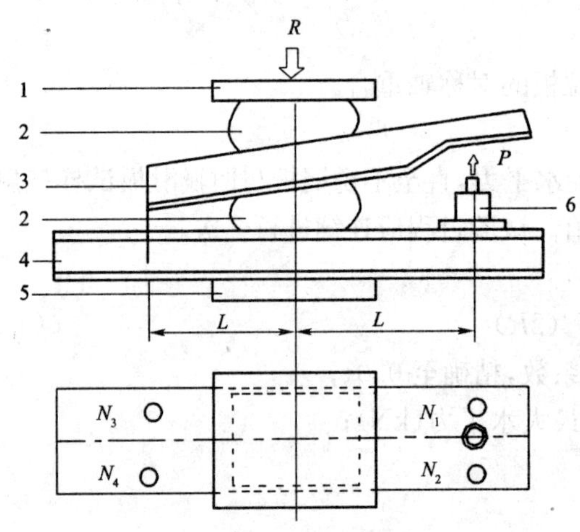

图 4-6 转角试验示意图

1-试验机上承载板；2-试样；3-加载横梁(假想梁体)；4-承载梁(板)；5-试验机下承载板；6-千斤顶加载系统

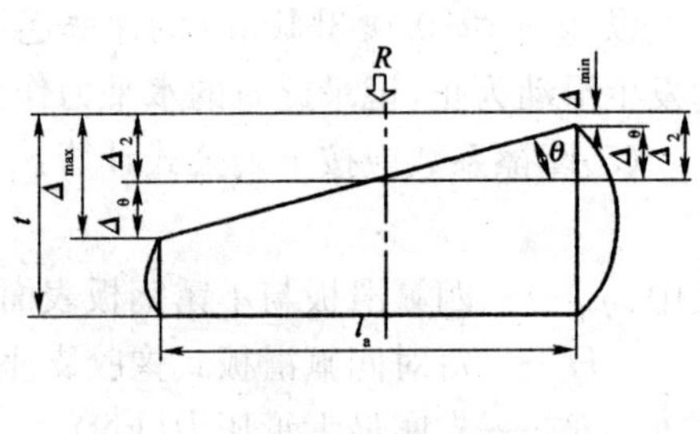

图 4-7 转角计算图

②各种转角下，由于垂直承压力和转动共同影响产生的压缩变形值应按下式计算：

$$\Delta_2 = \Delta_c - \Delta_1 \tag{4-19}$$

$$\Delta_1 = (\Delta_1^2 - \Delta_3^4)/2 \tag{4-20}$$

式中：Δ_c ——支座最大承压力 R 时试样累积压缩变形值(mm)；

Δ_1 ——转动试验时，试样中心平均回弹变形值(mm)；

Δ_2 ——垂直承压力和转动共同影响下试样中心处产生的压缩变形值(mm)。

③各种转角下，试样边缘换算变形值应按下式计算：

$$\Delta_\theta = \tan\theta \cdot l_a/2 \tag{4-21}$$

式中：Δ_θ ——实测转角产生的变形值(mm)；

l_a ——矩形支座试样的短边尺寸(mm)，圆形支座采用直径 d(mm)。

④各种转角下，支座边缘最大、最小变形值应按下列公式计算：

$$\Delta_{max} = \Delta_2 + \Delta_\theta \tag{4-22}$$

$$\Delta_{min} = \Delta_2 - \Delta_\theta \tag{4-23}$$

⑤试验结果

根据所测各种转角下支座边缘最大、最小变形值来判定实测转角正切值是否符合标准要求。当 $\Delta_{min} \geqslant 0$ 时，支座不脱空；当 $\Delta_{min} < 0$ 时，支座脱空。

(5)注意事项

①计算实测转角正切值时需要注意公式中"L"的取值，"L"在这里被定义为"转动力臂"。也就是说"转动力臂"为被检测试样中心(或者说试验机加载承压板中心)至转动加载千斤顶中心的距离。

②当被检测试样中心至位移传感器探头中心的距离与"转动力臂"相等时，"L"的取值为

“转动力臂”。“转动力臂”大小取决于试验机结构，一般为定值。

③当被检测试样中心至位移传感器探头中心的距离与“转动力臂”不相等时，“L”的取值应为被检测试样中心至位移传感器探头中心的距离而非“转动力臂”。这时“转动力臂”只与计算预期转角的正切值有关。

7)极限抗压强度试验

极限抗压强度试验计算承载力 R 时，按支座有效承压面积(钢板面积)A_0 计算。

(1)将试样放置在压力机的承载板上，并对准中心位置。

(2)以 0.1MPa/s 的速率连续地加载，至试样极限抗压强度 R_n 不小于 70MPa 为止。

(3)试验过程中随时观察试样受力状态及变化情况，试样是否完好无损。

3.盆式支座试验方法

盆式支座成品试验检测项目为竖向承载力、摩擦系数以及转动试验。

1)成品支座竖向承载力试验

盆式支座竖向承载力试验应测定垂直荷载作用下，盆式支座竖向压缩变形和盆环径向变形。

(1)试样放置

将待测试支座安置于试验机承载板上，并对中心位置。

(2)预压

正式加载前对支座预压三次，预压荷载为支座设计承载力；预压初始荷载为该试验支座竖向设计承载力的 1.0 %，每次加载至预压荷载宜稳压 2min 后卸载至初始荷载。

(3)安装位移传感器

在初始荷载稳压状态，在支座顶、底板间均匀安装四个竖向位移传感器(百分表)，测试支座竖向压缩变形；在盆环上口相互垂直的直径方向安装四只径向位移传感器(千分表)，测试盆环径向变形。

(4)正式加载

正式加载分三次进行，检验荷载为支座竖向设计承载力的 1.5 倍。

①每次检测时预加设计承载力的 1.0%作为初始压力，分 10 级加载到检验荷载。

②每级加载后稳压 2min，然后记录每一级的位移量，加载至检验荷载稳压 3min 后卸载至初始压力，测定残余变形。

(5)试验结果计算

①每次、每级竖向变形取该次、该级加载时四个竖向位移传感器(百分表)读数的算术平均值；

②每次、每级径向变形取该次、该级加载时四个径向位移传感器(千分表)读数绝对值之和的一半；

③三次测试结果的平均值为该支座试样的测试结果。

2)成品支座摩擦系数试验

摩擦系数试验所采用的水平加载装置应由千斤顶加载系统、测力传感器等组成。

(1)试样放置

摩擦系数试验选取两个相同规格的单向或双向盆式支座试样，将一个试样放置在压力机的承载板上，另一个试样放置在水平加载装置的拉板上，并对准中心位置，如图 4-8 所示。

(2)预压

试验前应对支座进行预压，预压荷载为该试验支座竖向设计承载力，预压 3 次。预压初始荷载为该试验支座竖向设计承载力的 1.0 %，每次加载稳压 3min 后卸载至初始荷载。

(3)正式加载

试验机对试验支座加载到竖向设计承载力时，用千斤顶施加水平力。

①盆式支座试样一发生滑动(水平拉力下降)时，即停止施加水平力，并由专用的测力传感器记录水平力值。

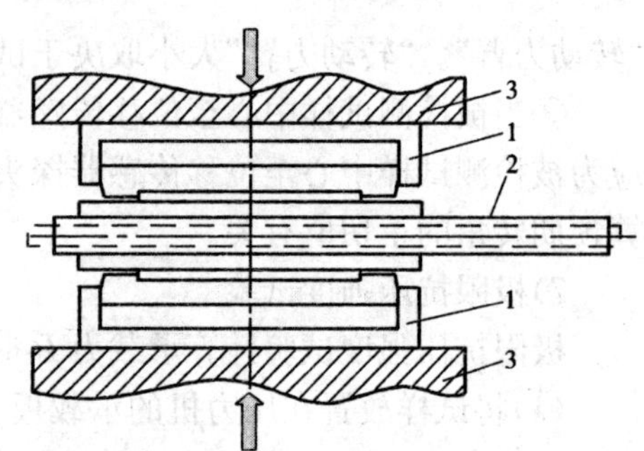

图 4-8 盆式支座摩擦系数试验示意图

1-试件；2-水平加载装置；3-试验机

②依照以上相同的方法再连续重复进行三次。

(4)试验结果计算

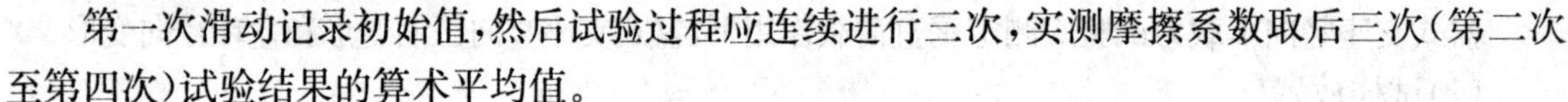

第一次滑动记录初始值，然后试验过程应连续进行三次，实测摩擦系数取后三次(第二次至第四次)试验结果的算术平均值。

3)成品支座转动试验

转动试验所采用的试验装置应由加载横梁、千斤顶加载系统、测量转角变化的位移传感器等组成。

(1)试样放置

试验选取两个相同规格的固定支座，也可以选用两个相同规格的双向盆式支座试样，将一个试样放置在压力机的下承载板上，另一个试样放置在加载横梁上，并对准中心位置，如图 4-9 所示。

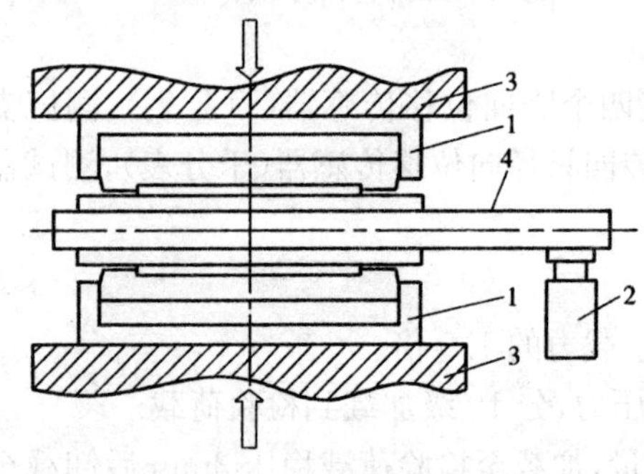

图 4-9 盆式支座转动试验示意图

1-试件；2-千斤顶；3-试验机；4-加载横梁

(2)预压

试验前应对支座进行预压，预压荷载为该试验支座竖向设计承载力，预压 3 次。预压初始荷载为该试验支座竖向设计承载力的 1.0%，每次加载稳压 3min 后卸载至初始荷载。

(3)正式加载

①试验机对试验支座加载到竖向设计承载力时，用千斤顶顶起加载横梁。

②使支座分别产生 0.010rad、0.015rad、0.020rad 设计转角值，每次达到预期的转角后，稳压 30min。

③但当加到最大转角后应保持荷载 30min 后卸载。

④在整个转动试验过程中都应随时观测试验支座的工作状态。

⑤转动试验结束(支座卸载)后，应对试验支座试样进行拆解，检查中间钢衬板、聚四氟乙烯板、黄铜紧箍圈、橡胶承压板等零部件是否完好无损。

(4)试验结果

支座转动试验后，要求聚四氟乙烯板和钢件无损伤，橡胶承压板没有被挤出，黄铜密封圈也没有明显损伤。

4. 球型支座试验方法

球型支座试验检测项目为竖向承载力、水平承载力、摩擦系数以及转动试验。

1)竖向承载力试验

球型支座竖向承载力试验应测定垂直荷载作用下，球型支座竖向压缩变形和底盆径向变形。

(1)试样放置

将待测试支座安置于试验机承载板上，并对准中心位置，如图 4-10 所示。

(2)预压

正式加载前对支座预压三次，预压荷载为支座设计承载力；预压初始荷载为该试验支座竖向设计承载力的 0.5 %，每次加载至预压荷载宜稳压 2min 后卸载至初始荷载。

(3)安装位移传感器

在初始荷载稳压状态，在支座顶、底板间均匀安装四个竖向位移传感器(百分表)，测试支座竖向压缩变形；在盆环上口相互垂直的直径方向安装四只径向位移传感器(千分表)，测试盆环径向变形。

(4)正式加载

正式加载分三次进行，检验荷载为支座竖向设计承载力的 1.5 倍。

①每次检测时预加设计承载力的 0.5%作为初始荷载，分 10 级加载到检验荷载。

②每级加载稳压 2min 后记录每一级的位移量，加载至检验荷载稳压 3min 后卸载至初始荷载。

(5)试验结果计算

①每次、每级竖向变形取该次、该级加载时四个竖向位移传感器(百分表)读数的算术平均值；

②每次、每级径向变形取该次、该级加载时四个径向位移传感器(千分表)读数的算术平均值；

③三次测试结果的平均值为该支座试样的测试结果。

2)摩擦系数试验

摩擦系数试验所采用的水平加载装置应由千斤顶加载系统、测力传感器等组成。

(1)试样放置

摩擦系数试验选取两个相同规格的单向或双向球型支座试样，将一个试样放置在压力机的下承载板上，另一个试样放置在水平加载装置的拉板上，并对准中心位置，如图 4-11 所示。

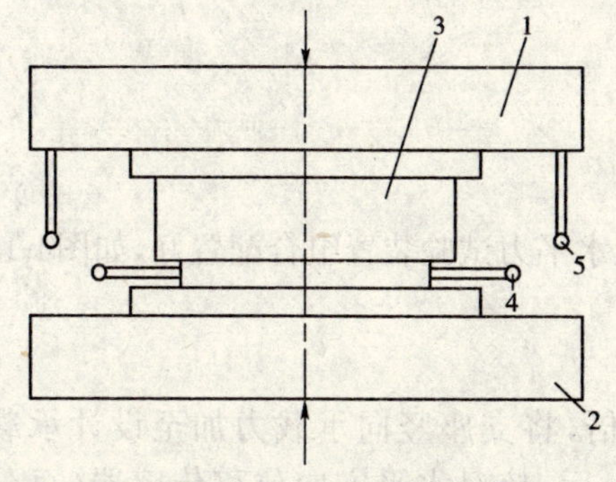

图 4-10 竖向承载力试验示意图

1-上承载板；2-下承载板；3-试样；4-位移传感器(千分表)；5-位移传感器(百分表)

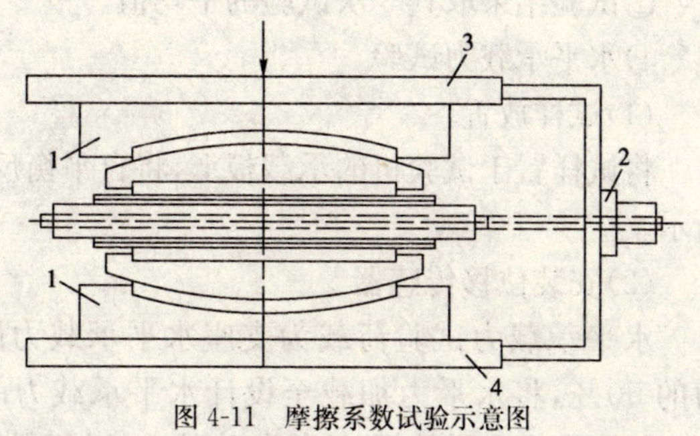

图 4-11 摩擦系数试验示意图

1-试样；2-水平力加载装置；3-上承载板；4-下承载板

(2)预压

试验前应对支座进行预压,预压荷载为该试验支座的竖向设计承载力。将支座以连续均匀的速度加载到预压荷载,在整个摩擦系数试验过程中保持不变。其预压时间为1h。

(3)正式加载

用水平力加载装置连续均匀地施加水平力。

①球型支座试样一发生滑动(水平拉力下降)时,即停止施加水平力,并由专用的测力传感器记录水平力值。

②依照以上相同的方法再连续重复进行四次。

(4)试验结果计算

第一次滑动记录初始值,实测摩擦系数取后四次(第二次至第五次)试验结果的算术平均值。

3)转动性能试验

转动性能试验所采用的试验装置应由加载横梁、千斤顶加载系统、力传感器等组成。

(1)试样放置

试验选取两个相同规格型号的球型支座试样,将一个试样放置在压力机的下承载板上,另一个试样放置在加载横梁上,并对准中心位置,如图4-12所示。

(2)预压

试验前应对支座进行预压,预压荷载为该试验支座的竖向设计承载力。将支座以连续均匀的速度加载到预压荷载,并在整个转动试验过程中保持不变。

(3)正式加载

①用千斤顶以5kN/min的速率施加转动力矩,直至支座发生转动后千斤顶卸载。

②记录支座发生转动瞬间的千斤顶最大荷载。

(4)试验过程连续进行3次

(5)试验结果

①支座实测转动力矩按下列公式计算:

$$M_1 = P \cdot L/2 \tag{4-24}$$

式中:M_1——支座实测转动力矩(N·m);

P——千斤顶最大荷载(kN);

L——转动力臂(mm)。

②试验结果取其3次试验的平均值。

4)水平承载力试验

(1)试样放置

将试样置于试验机的承载板上,将自平衡反力架及水平力试验装置组合配置好,如图4-13所示。

(2)安装位移传感器

水平承载力试验荷载为支座水平承载力的1.2倍,将支座竖向承载力加至设计承载力的50%,将水平力加载至设计水平承载力的0.5%后,核对水平方向位移传感器(百分表)及水平千斤顶数据。确认无误后,进行预推。

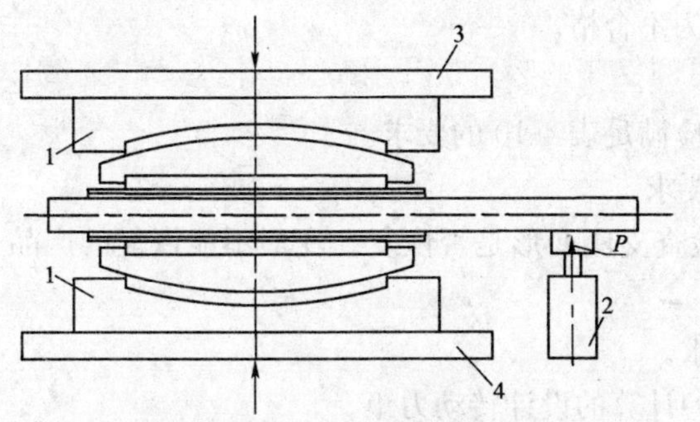

图 4-12 转动性能试验示意图
1-试样；2-加载装置；3-上承载板；4-下承载板

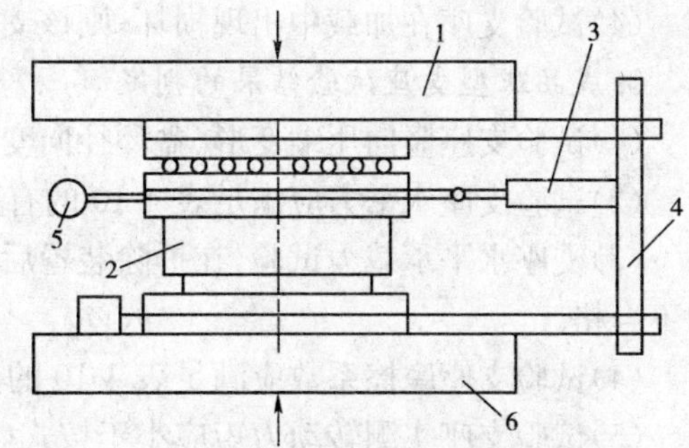

图 4-13 水平承载力试验示意图
1-上承载板；2-试样；3-水平力试验装置；4-自平衡反力架；5-位移传感器；6-下承载板

(3)预推

支座竖向承载力加至设计承载力的50%持荷后，用水平承载力的20%进行预推，反复进行3次。

(4)正式加载

①将试验荷载由零至试验荷载均匀分为10级。

②试验时先将竖向承载力加至50%。

③以支座设计水平力的0.5%作为初始推力，逐级加载，每级荷载稳压2min后记录百分表数据。

④待水平承载力达到设计水平力的90%后，再将竖向承载力加至设计承载力。然后，将水平承载力加至试验荷载稳压3min后卸载至初始推力。正式加载过程连续进行3次。

(5)试验结果

①水平力作用下变形分别取2个百分表的平均值，绘制荷载—水平变形曲线。

②支座水平承载力试验，在拆除装置后，检查支座变形是否恢复。

四、力学性能试验检测结果的判定

1.成品板式支座试验结果的判定

板式支座力学性能试验时，随即抽取三块(或三对)支座，若有两块(或两对)不能满足表4-8的要求，则认为该批产品不合格。若有一块(或一对)支座不能满足表4-8的要求时，则应从该批产品中随机再抽取双倍支座对不合格项目进行复检，若仍有一项不合格，则判定该批规格产品不合格。

2.成品盆式支座试验结果的判定

(1)试验支座的竖向压缩变形和盆环径向变形满足表4-9的规定，实测的荷载—竖向压缩变形曲线和荷载—盆环径向变形曲线呈线性关系，且卸载后残余变形小于支座设计荷载下相应变形的5%，该支座的竖向承载力为合格。

(2)试验支座的转动角度满足表4-9的规定，该支座的转动角度为合格。

试验支座的摩擦系数满足表4-9的规定，该支座的摩擦系数为合格。

(3)支座各项试验均为合格，判定该支座为合格支座。试验合格的支座，试验后可以继续使用。

(4)试验支座在加载中出现损坏,则该支座为不合格。

3. 成品球型支座试验结果的判定

(1)试验支座竖向压缩变形、盆环径向变形应满足表4-10的要求。

(2)试验支座水平力应满足表4-10的有关要求。

(3)支座水平承载力试验,在拆除装置后,检查支座变形是否恢复。变形不能恢复的产品为不合格。

(4)试验支座摩擦系数应满足表4-10的要求。

(5)试验支座实测转动力矩应小于按式(4-9)计算的设计转动力矩。

(6)整体支座的试验结果若有两个支座各有一项不合格,或有一个支座两项不合格时,应取双倍试样对不合格项目进行复检,若仍有一个支座一项不合格,则判定该批产品不合格。若有一个支座三项不合格则判定该批产品不合格。

第三节　桥梁伸缩装置试验检测

本节内容所涉及的桥梁伸缩装置产品标准为《公路桥梁伸缩装置》(JT/T 327—2004)。

一、产品分类、代号及标记

1. 分类、代号

桥梁伸缩装置按照伸缩体结构的不同分为模数式伸缩装置、梳齿板式伸缩装置、橡胶式伸缩装置和异型钢单缝式伸缩装置四类。其中橡胶分类代号为氯丁橡胶代号(CR)、天然橡胶代号(NR)、三元乙丙橡胶代号(EPDM)。

2. 标记

伸缩装置产品标记由产品名称代号、伸缩量范围(mm)及橡胶分类代号三部分组成。

示例1:产品名称代号为GQF－C型,伸缩量为50mm的三元乙丙橡胶伸缩装置标记为:GQF—C50(EPDM)。

示例2:产品名称代号为GQF－MZL型,伸缩量为400mm的天然橡胶伸缩装置标记为:GQF－MZL400(NR)。

示例3:产品名称代号为J－75型,伸缩量为480mm的氯丁橡胶伸缩装置标记为:J－75 480(CR)。

二、桥梁伸缩装置的力学性能要求

桥梁伸缩装置的力学性能要求见表4-11所示。

桥梁伸缩装置的力学性能要求　　表4-11

序号	项　目	模数式	梳齿板式	橡胶式		异型钢单缝式
				板式	组合式	
1	拉伸、压缩时最大水平摩阻力(kN/m)	≤4	≤5	≤18	≤8	

续上表

<table>
<tr><th rowspan="2">序号</th><th rowspan="2" colspan="2">项目</th><th rowspan="2" colspan="2">模数式</th><th rowspan="2" colspan="2">梳齿板式</th><th colspan="2">橡胶式</th><th rowspan="2">异型钢单缝式</th></tr>
<tr><th>板式</th><th>组合式</th></tr>
<tr><td rowspan="4">2</td><td rowspan="4">拉伸、压缩时变位均匀性(mm)</td><td>每单元最大偏差值</td><td colspan="2">−2～2</td><td colspan="2"></td><td></td><td></td><td></td></tr>
<tr><td rowspan="3">总变位最大偏差值</td><td>$e \leqslant 480$</td><td>−5～5</td><td>$e \leqslant 80$</td><td>±1.5</td><td></td><td></td><td></td></tr>
<tr><td>$480 < e \leqslant 800$</td><td>−10～10</td><td>$e > 80$</td><td>±2.0</td><td></td><td></td><td></td></tr>
<tr><td>$e > 800$</td><td>−15～15</td><td></td><td></td><td></td><td></td><td></td></tr>
<tr><td>3</td><td colspan="2">拉伸、压缩时最大竖向偏差或变形(mm)</td><td colspan="2">1～2</td><td colspan="2">0.3～0.5</td><td>−3～3</td><td>−2～2</td><td></td></tr>
<tr><td rowspan="3">4</td><td rowspan="3">相对错位后拉伸、压缩试验(满足1、2项要求前提下)</td><td>纵向错位</td><td colspan="2">支承横梁倾斜角度不小于2.5°</td><td colspan="2"></td><td></td><td></td><td></td></tr>
<tr><td>竖向错位</td><td colspan="2">相当于顺桥向产生5%坡度</td><td colspan="2"></td><td></td><td></td><td></td></tr>
<tr><td>横向错位</td><td colspan="2">两支承横梁3.6m范围内两端相差80mm</td><td colspan="2"></td><td></td><td></td><td></td></tr>
<tr><td>5</td><td colspan="2">最大荷载时中梁应力、横梁应力、应变测定、水平力(模拟制动力)</td><td colspan="2">满足设计要求</td><td colspan="2"></td><td></td><td></td><td></td></tr>
<tr><td>6</td><td colspan="2">防水性能</td><td colspan="2">注满水24h无渗漏</td><td colspan="2"></td><td></td><td></td><td>注满水24h无渗漏</td></tr>
</table>

三、桥梁伸缩装置的试验方法

模数式伸缩装置试验检测项目为拉伸、压缩时最大水平摩阻力，拉伸、压缩时变位均匀性，拉伸、压缩时最大竖向偏差或变形，相对错位后拉伸、压缩试验，最大荷载时中梁应力、横梁应力、应变测定、水平力(模拟制动力)以及防水性能试验。

梳齿板式伸缩装置试验检测项目为拉伸、压缩试验，水平摩阻力及变位均匀性试验。

橡胶伸缩装置试验检测项目为拉伸、压缩试验，水平摩阻力及垂直变形试验。

异型钢单缝伸缩装置试验检测项目为橡胶密封带防水试验。

桥梁伸缩装置目前使用较多的是模数式伸缩装置，以下主要介绍模数式伸缩装置的试验方法。

1.拉伸、压缩时最大水平摩阻力试验

1)试样放置

将整体组装的伸缩装置试样有效地固定在试验平台上。

2)预加载

将放置好的试样分级往返预加载(拉伸、压缩)一次。

3)正式加载

将试样拉伸到最大伸缩量的位置时,开始分级(按位移控制如±80 mm、±160 mm……)加载(压缩、拉伸),直至加载到最大伸缩量的位置为1个循环。重复试验三次。

4)每级加载后测定摩阻力(读取、记录摩阻力值)

5)试验结果

试验结果取三次循环的算术平均值。

注:在测定伸缩装置水平摩阻力时应扣除试验装置台架本身的摩阻力。

2. 拉伸、压缩时变位均匀性试验

(1)试样放置。将整体组装的伸缩装置试样有效地固定在试验平台上。

(2)预加载。将放置好的试样分级往返预加载(拉伸、压缩)一次。

(3)在试样两端和中间做好标记线,再将试样拉伸到最大伸缩量的位置时,准确测定标记线处的总宽(b)和每条缝隙宽度(b_1、b_2……b_n)的初始值并记录。

(4)然后开始分级(按位移控制如±80 mm、±160 mm……)加载(压缩、拉伸),直至加载到最大伸缩量的位置为1个循环。重复试验三次。

(5)每级加载后测定变位均匀性(量测、记录伸缩装置两端总宽和每条缝隙宽度变化值)。

(6)试验结果。试验结果取三次循环的算术平均值。

3. 拉伸、压缩时最大竖向偏差或变形试验

1)试样放置

将整体组装的伸缩装置试样有效地固定在试验平台上。

2)预加载

将放置好的试样分级往返预加载(拉伸、压缩)一次。

3)正式加载

伸缩装置分级加载(压缩、拉伸)时,选择任意位置,在同一断面处,测定伸缩装置边梁与中梁间的竖向偏差。重复试验三次。

4)试验结果

试验结果取三次循环的算术平均值。

4. 伸缩装置纵向错位试验

伸缩装置纵向错位试验示意图如图4-14所示。

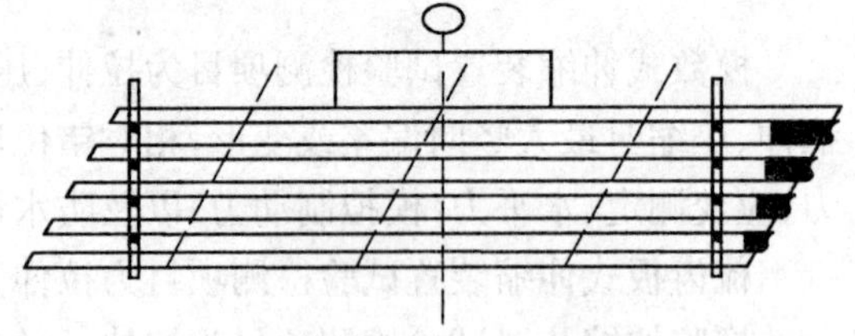

图4-14 伸缩装置纵向错位试验示意图

1)试样放置

将整体组装的伸缩装置试样有效地固定在试验平台上。

用作动器沿试验平台纵向施加作用力,使其产生满足伸缩装置支承横梁倾斜角度≥2.5°的纵向位移。

2)正式加载

在纵向错位后分级进行拉伸及压缩,实测其拉压过程中摩阻力(kN/m)大小与变位均匀性(mm),方法同前边拉伸、压缩时最大水平摩阻力试验和拉伸、压缩时变位均匀性试验。

3)纵向错位后重复试验三次

4)试验结果

计算三次循环的算术平均值。

5. 伸缩装置竖向错位试验

伸缩装置竖向错位试验示意图如图 4-15 所示。

1)试样放置

将整体组装的伸缩装置试样有效地固定在试验平台上。

将试验平台用竖向作动器顶起,使伸缩装置沿顺桥向产生 5%的坡度。

2)正式加载

在竖向错位后分级进行拉伸及压缩试验,实测其拉压过程中摩阻力(kN/m)大小与变位均匀性(mm),方法同前边拉伸、压缩时最大水平摩阻力试验和拉伸、压缩时变位均匀性试验。

3)竖向错位后重复试验三次

4)试验结果

计算三次循环的算术平均值。

6. 伸缩装置横向错位试验

伸缩装置横向错位试验示意图如图 4-16 所示。

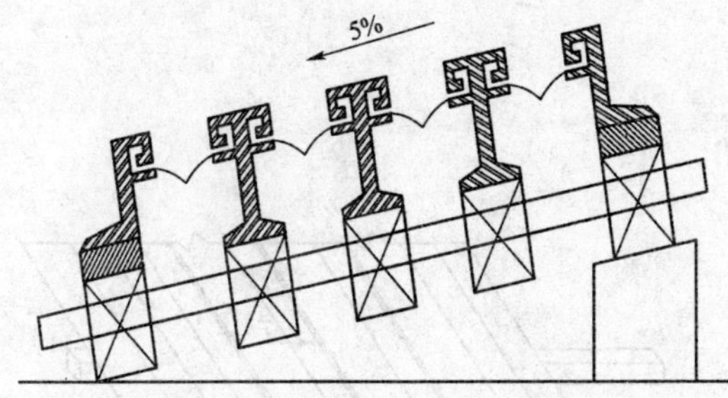

图 4-15 伸缩装置竖向错位试验示意图

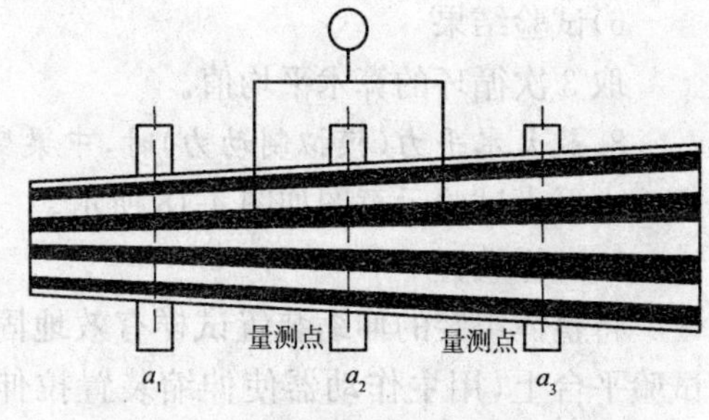

图 4-16 伸缩装置横向错位试验示意图

1)试样放置

将整体组装的伸缩装置试样有效地固定在试验平台上。

用一个主作动器将试样在两支承横梁 3.6m 间距两端总宽度产生 80mm 的差值,形成扇形张开。

2)正式加载

在横向错位后分级进行拉伸及压缩试验,实测其拉压过程中摩阻力(kN/m)大小与变位均匀性(mm),方法同前边拉伸、压缩时最大水平摩阻力试验和拉伸、压缩时变位均匀性试验。

3)横向错位后重复试验三次

4)试验结果

计算三次循环的算术平均值。

7. 最大荷载时中梁应力、横梁应力、应变、垂直变形试验

中梁和横梁的应力、挠度测点布置示意图如图 4-17 所示。

1)试样放置

将整体组装的伸缩装置试样有效地固定在试验平台上,用主作动器使伸缩装置拉伸到最

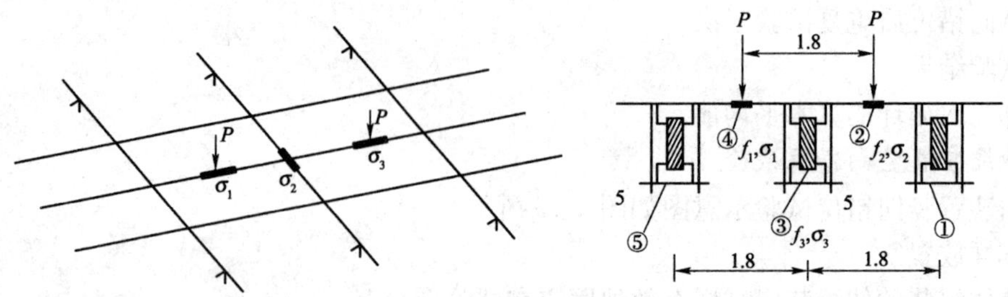

图 4-17 中梁和横梁的应力、挠度测点布置示意图

大伸缩量。

2)加载

用两个竖向加载作动器在中间中梁上模拟公路—Ⅰ级荷载压力,分级进行加载直至最大荷载(2×91kN)。

3)应力测试

分别检测中梁中点和横梁中点的应力。

4)用位移计(或百分表)记录垂直变形值

5)重复试验 3 次

6)试验结果

取 3 次循环的算术平均值。

8. 最大水平力(模拟制动力)时,中梁变位测试

水平力试验示意图如图 4-18 所示。

1)试样放置

将整体组装的伸缩装置试样有效地固定在试验平台上,用主作动器使伸缩装置拉伸到最大伸缩量。

2)加载

用两个水平作动器模拟两个车轮在中梁的支承横梁跨间(约 1.8m)中点各施加水平制动力(T =21kN)。

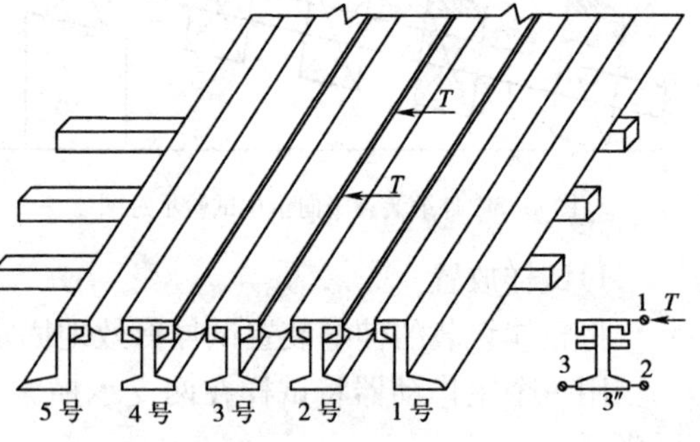

图 4-18 水平力加载试验示意图

3)测定中梁水平变位值

4)卸载后恢复到初始状态时,再做第二次加载

5)重复试验三次,计算三次循环的算术平均值

9. 防水性能试验

(1)伸缩装置在一定的拉伸或压缩状态下,将每个伸缩单元两端堵截。

(2)在伸缩装置缝内注满水(水面超过橡胶带与异型钢材联结接缝位置)。

(3)经过 24h 后检查有无渗水、漏水现象。

10. 外观质量及尺寸检测

1)外观质量

产品外观质量用目测方法和相应精度的量具进行检测。

2)尺寸检测

(1)测量器具为钢直尺、游标卡尺、平整度仪、水准仪等量测。

(2)测量方法:橡胶伸缩装置平面尺寸除量测四边长度外,还应量测对角线尺寸,厚度应在四边量测 8 点取其平均值。模数式和梳齿板式伸缩装置应每 2m 取其断面量测后,取其平均值。

四、力学性能试验检测结果的判定

伸缩装置整体性能试验,全部项目满足表 4-11 要求为合格。若检验项目中有一项不合格,则应从该批产品中再随机抽取双倍数目的试样,对不合格项目进行复检,若仍有一项不合格,则判定该批产品不合格。

第四节 波纹管试验检测

本节内容所涉及的波纹管产品标准及主要相关标准为《预应力混凝土桥梁用塑料波纹管》(JT/T 529—2004),《预应力混凝土用金属波纹管》(JG 225—2007),《热塑性塑料管材耐性外冲击性能试验方法 时针旋转法》(GB/T 14152—2001)和《热塑性塑料管材环刚度的测定》(GB/T 9647—2003)。

一、产品分类、代号及标记

1. 分类、代号

目前桥梁工程常用的波纹管有预应力混凝土桥梁用塑料波纹管和预应力混凝土用金属波纹管两大类。预应力混凝土桥梁用塑料波纹管按截面形状可分为圆形和扁形两大类,预应力混凝土用金属波纹管按径向刚度分为标准型和增强型;按截面形状分为圆形与扁形;也可按每两个相邻折叠咬口之间凸起波纹的数量分双波、多波。

波纹管产品分类及代号见表 4-12 所示。

波纹管产品分类及代号 表 4-12

产品名称	产品代号	管材类别代号		刚度类别代号	
		圆形	扁形	标准型	增强型
塑料波纹管	SBG	Y	B		
金属波纹管	JBG			B	Z

注:①塑料波纹管内径(mm):圆管以直径表示;扁形管以长轴表示。

②金属波纹管内径(mm):圆管以直径表示;扁管以长轴尺寸×短轴尺寸表示。

2. 标记

波纹管的标记由产品代号、管材内径及管材(刚度)类别三部分组成。

示例 1:内径为 50 mm 的圆形塑料波纹管标记为:SBG－50Y。

示例 2:长轴方向内径为 41 mm 的扁形塑料波纹管标记为:SBG－41B。

以上标记适用于交通行业标准 JT/T 529—2004。

示例 3:内径为 70 mm 的标准型圆管标记为:JBG—70B。

示例 4:内径为 70 mm 的增强型圆管标记为;JBG—70Z。

示例 5:长轴为 65 mm、短轴为 20 mm 的标准型扁管标记为:JBG—65×20B。

示例 6:长轴为 65 mm、短轴为 20 mm 的增强型扁管标记为:JBG—65×20Z。

以上标记适用于建筑工业行业标准 JG 225—2007。

二、波纹管的力学性能要求

预应力混凝土桥梁用塑料波纹管力学性能要求见表 4-13 所示,金属波纹管力学性能要求见表 4-14 所示。

预应力混凝土桥梁用塑料波纹管力学性能要求 表 4-13

项 目	指 标
环刚度	不小于 $6kN/m^2$
局部横向荷载	塑料波纹管在规定荷载(800N)作用下,管材表面不应破裂,管材残余变形量不得超过管材外径的 10%
柔韧性	按规定的弯曲方法反复弯曲 5 次后,用专用塞规能顺利地从塑料波纹管中通过
抗冲击性	塑料波纹管低温落锤冲击试验的真实冲击率 TIR 最大允许值为 10%

金属波纹管力学性能要求 表 4-14

项 目	指 标				
金属波纹管径向刚度要求	截面形状			圆形	扁形
	集中荷载(N)	标准型 增强型		800	500
	均布荷载(N)	标准型 增强型		$F=0.31d^2$	$F=0.15d^2$
	δ	标准型	$d\leqslant 75mm$ $d>75mm$	$\leqslant 0.20$ $\leqslant 0.15$	$\leqslant 0.20$
		增强型	$d\leqslant 75mm$ $d>75mm$	$\leqslant 0.10$ $\leqslant 0.08$	$\leqslant 0.15$
抗渗漏性能要求	在规定的集中荷载作用后或在规定的弯曲情况下,预应力混凝土用金属波纹管允许水泥浆泌水渗出,但不得渗出水泥浆				

注:表中圆管内径及扁管长、短轴长度均为公称尺寸。

F-均布荷载值(N);d-圆管内径(mm);δ-内径变形比,$\delta=\Delta d/d$ 或 $\delta=\Delta d/h$,其中 Δd 为外径变形值;d_e-扁管等效内径(mm)。

$$d_e=\frac{2(b+h)}{\pi} \tag{4-25}$$

式中:b——长轴(mm);

h——短轴(mm)。

三、波纹管的试验方法

1. 预应力混凝土桥梁用塑料波纹管试验方法

预应力混凝土桥梁用塑料波纹管试验检测项目为环刚度试验、局部横向荷载试验、柔韧性试验、抗冲击性试验、外观及规格尺寸检测。

1)环刚度试验

(1)试样制备与测量

①从五根管材上各截取长 300mm±10mm 试样一段,两端与轴线垂直切平。

②每个试样沿圆周方向等分测量 3 个长度值,计算其算术平均值为试样长度(L_a、L_b、L_c、L_d、L_e),精确到 1mm。

注:对于每个试样,在所有的测量值中,最小值不应小于最大值的 0.9 倍。

③分别测量 a、b、c、d、e 五个试样的内直径。应通过横断面中点处每隔 45°依次测量 4 处,取算术平均值,每次的测量结果精确到内直径的 0.5%。

④分别记录 a、b、c、d、e 五个试样的平均内径 d_{Ia}、d_{Ib}、d_{Ic}、d_{Id}、d_{Ie}。

⑤计算五个值的平均值:

$$d_I = (d_{Ia} + d_{Ib} + d_{Ic} + d_{Id} + d_{Ie})/5 \tag{4-26}$$

(2)加载

上压板下降速度为 5mm/min±1mm/min,当试样垂直方向的内径变形量为原内径的 3%时,记录此时试样所受的负荷。

(3)结果计算

试验结果按下列公式计算:

$$S = (0.0186 + 0.025 \times \Delta Y / d_I) \times F / (\Delta Y \times L) \tag{4-27}$$

式中:S——试样的刚度(kN/m^2);

ΔY——试样内径垂直方向 3%变化量(m);

F——试样内径垂直方向 3%变形时的负荷(kN);

d_I——试样内径(m),$d_I = (d_{Ia} + d_{Ib} + d_{Ic} + d_{Id} + d_{Ie})/5$;

L——试样长度(m)。

每个试样环刚度的计算值 S_a、S_b、S_c、S_d、S_e,精确到小数点后第二位;环刚度的计算值 S,保留 3 位有效数字。

(4)试验结果

取 5 个试样试验结果的算术平均值。

2)局部横向荷载试验

(1)试样放置

在试样中部位置波谷处取一点,用端部为 R=6mm 的圆柱顶压头施加横向荷载 F,如图 4-19所示。

(2)加载

在 30s 内加载到规定荷载值 800N,持荷 2min 后观察管材表面是否破裂。

(3)测量变形

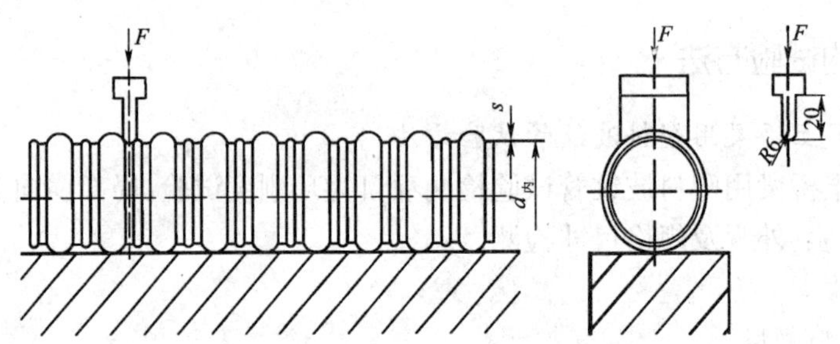

图 4-19 塑料波纹管横向荷载试验示意图

卸荷 5min 后，在加载处测量塑料波纹管外径的变形量。

(4)试验结果

每根样件测试 1 次，记录数据，取 5 个试样试验结果的平均值。

3)柔韧性试验

(1)试样放置

将一根 1 100mm 的试样垂直地固定在专用测试平台上，如图 4-20 所示。

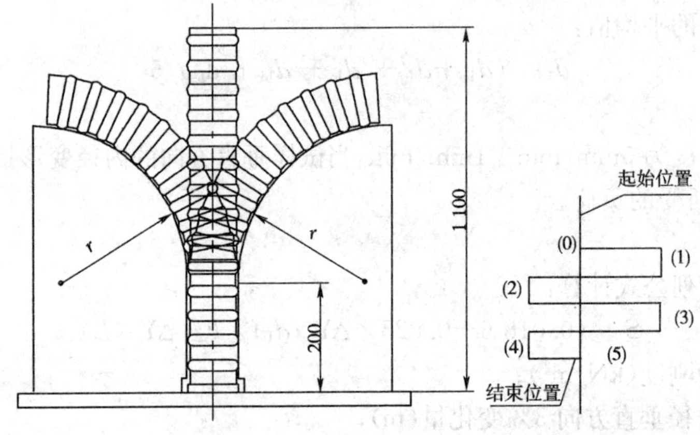

图 4-20 塑料波纹管柔韧性试验示意图(尺寸单位：mm)

(2)加载

在试样上部 900mm 的范围内，用手向两侧缓慢弯曲试样至弧形模板位置，左右往复弯曲 5 次；当试样弯曲至最终结束位置时保持弯曲状态 2min。

(3)试验结果

用专用塞规检查是否能顺利地从波纹管中通过。

4)抗冲击性试验

(1)试样准备

①每个试样应沿管材圆周方向等分，沿长度方向画出等分标记线，并顺序编号。

②不同外径管材试样等分标记线数量如下。

公称外径：50～63 mm，等分标记线数为 3；

公称外径：75～90 mm，等分标记线数为 4；

公称外径：110～125 mm，等分标记线数为 6；

公称外径：140～180 mm，等分标记线数为 8。

(2)试样状态调节

①试样调节温度:0℃±1℃。

②调节时间:≥15min(壁厚$\delta \leqslant 8.6$mm)。

③完成试验时间间隔:≤10s 。

④再处理时间:≥5min 。

(3)确定落锤质量和冲击高度

波纹管内径:≤90 mm,落锤质量为 0.5kg,冲击高度为 2 000mm。

波纹管内径: 90~130 mm,落锤质量为 1.0kg,冲击高度为 2 000mm。

(4)冲击试验

①使落锤冲击在每个试样的 1 号标线上,若试样未破坏,则将该试样立即放回预处理装置,最少进行 5min 的再处理。

②将试样依时针方向旋转放置到 2 号标线上进行冲击,若试样仍未破坏,则将该试样立即放回预处理装置,最少再进行 5min 的再处理。依次试验,直至试样破坏(记录试样冲击破坏时的试验数)或全部标线都冲击一次(记录冲击次数)。

注:当波纹管的波纹间距超过管材外径的 0.25 倍时,要保证被冲击点为波纹顶部。

③逐个对试样进行冲击,直至取得判定结果。

④每个试样至少冲击一次;当冲击总次数≤25,试样冲击破坏数≥4 时,则试验可以终止(试验结果为 C:TIR 值大于 10%)。当冲击总次数≥25,试样冲击破坏数=0 时(试验结果为 A:TIR 值小于或等于 10%),则试验可以终止。

⑤试验结果

记录试样冲击总数、试样冲击破坏数。

5)外观及规格尺寸检测

(1)外观

用肉眼直接观察,内壁可以用光源照看。

(2)尺寸检测

①厚度

任取一段试样,使用管壁测厚仪测量其厚度。在同一断面各处测量,读取最小值。厚度测量结果精确到 0.05mm。小数点后两位大于零、小于等于 5 时取 5,大于 5 时进一位。

②外直径(平均直径)

任取一段试样,使用派尺测量其外直径。将派尺垂直于管材轴线,绕外壁一周,紧紧贴合后,读数,直径结果精确到 0.1mm。

③内直径

任取一段试样,测量其内直径。应通过横断面中点处,每隔 45°依次测量 4 处,取算术平均值,直径结果精确到 0.1mm。

④不圆度

用分度不大于 0.05mm 的游标卡尺在管材同一表面各处测量,直至得出最大值与最小值。按下列公式计算管材的不圆度:

$$\Delta d = (d_{max} - d_{min}) \times 200\% / (d_{max} + d_{min}) \quad (4\text{-}28)$$

式中：d_{max}——最大外径(mm)；

d_{min}——最小外径(mm)。

取 5 个试样试验结果的平均值作为不圆度。

2. 预应力混凝土用金属波纹管试验方法

预应力混凝土用金属波纹管试验检测项目为集中荷载作用下径向刚度试验、均布荷载作用下径向刚度试验、变形测量、承受集中荷载后抗渗漏性能试验、弯曲后抗渗漏性能试验、外观及尺寸检测。

1)集中荷载作用下径向刚度试验

(1)试样制备

试样长度取 $5d(5d_e)$，且不应小于 300mm。

(2)试样放置

在试样中部位置波谷处取一点，用直径 10mm 的圆钢棒横向施加集中荷载 F，如图 4-21 所示。

(3)加载

在最小刻度不低于 10N(初始荷载)的万能试验机上，以不超过 20N/s 的加载速度，施加集中荷载至规定值。

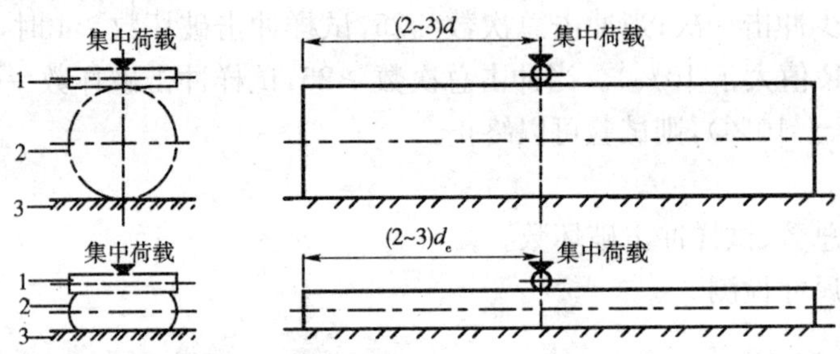

图 4-21　集中荷载作用下刚度试验示意图

1-ϕ10 圆钢；2-试样；3-试验台座

2)均布荷载作用下径向刚度试验

(1)试样制备

试样长度取 $5d(5d_e)$，且不应小于 300mm。

(2)试样放置

将试样放置在加载板上对准中心，在上、下加载板与试样之间放置 10mm 厚度的海绵垫，如图 4-22 所示。

(3)加载

在最小刻度不低于 10N(初始荷载)的万能试验机上，以不超过 20N/s 的加载速度，施加均布荷载至规定值。

3)变形测量

(1)荷载试验时，用百分表直接测量在作用力方向上的外径变形。

(2)用试验机绘出的力值—位移曲线来计算作用力方向上的外径变形。

(3)荷载达到 10N 以前的外径变形不予计入。

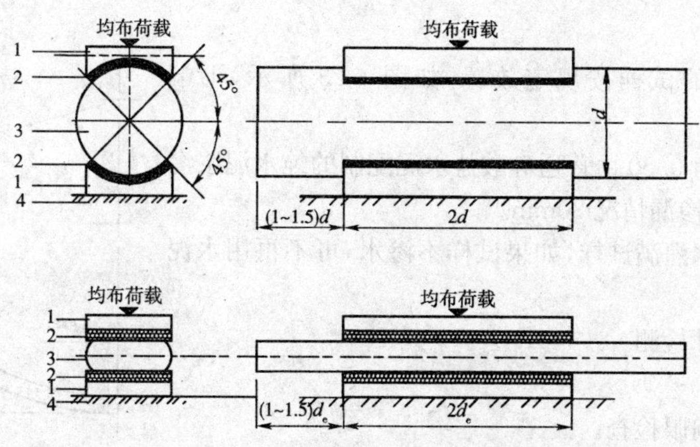

图 4-22　均布荷载试验加载示意图

1-加载板;2-10mm 厚海绵垫;3-试样;4-试验台座

4)承受集中荷载后抗渗漏性能试验

(1)试样制备

①试样长度取 $5d(5d_e)$,且不应小于 300mm。

②按集中荷载作用下径向刚度试验方法,将直径 10mm 圆钢放置在金属波纹管咬口位置,施加集中荷载至变形达到圆管内径或扁管短轴尺寸的 20%,制作集中荷载作用后抗渗漏性能试验试样。

(2)试验方法

①试样竖放,将加荷部位置于下部,下端封严。

②用水灰比 0.50 由普通硅酸盐水泥配制的纯水泥浆灌满试样,观察表面渗漏情况 30min。

③也可用清水灌满试样,如果试样不渗水,可不再用水泥浆进行试验。

5)弯曲后抗渗漏性能试验

(1)试样制备

①将预应力混凝土用金属波纹管弯成圆弧。

②圆弧半径:圆管为 30 倍内径且不大于 800 倍组成预应力筋的钢丝直径;扁管短轴方向为 4 000mm。

③试样长度见表 4-15 和表 4-16。

圆管试样长度与内径关系对应　　表 4-15

内径(mm)	<70	70～100	>100
试样长度(mm)	2 000	2 500	3 000

扁管试样长度与规格对应　　表 4-16

扁管规格(mm)	短轴 h	20	20	20	22	22	22
	长轴 b	52	65	78	60	76	90
试样长度(mm)		2 000	2 500				

(2)试验方法

①将制备好的试样按规定放置,如图 4-23 所示,下端封严。

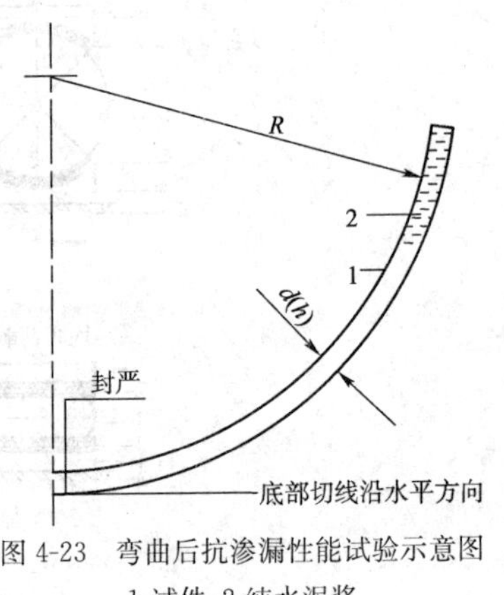

图 4-23 弯曲后抗渗漏性能试验示意图
1-试件;2-纯水泥浆

②用水灰比为 0.50 由普通硅酸盐水泥配制的纯水泥浆灌满试样,观察表面渗漏情况 30min。

③也可用清水灌满试样,如果试样不渗水,可不再用水泥浆进行试验。

6)外观及尺寸检测

(1)外观

外观要求用肉眼检查。

(2)尺寸检测

①测量器具

内外径尺寸用游标卡尺;钢带厚度用螺旋千分尺;长度用钢卷尺;波纹高度用游标卡尺。

②测量方法

圆管内径尺寸为试件相互垂直的两个直径的平均值;扁管长、短轴方向内径尺寸为试样两端尺寸的平均值;钢带厚度及波纹高度为试样两端实测值的平均值。

测量时应避开端部切口位置。

四、试验检测结果的判定

1.预应力混凝土桥梁用塑料波纹管试验检测结果的判定

(1)外观质量检测抽取的 5 根(段)产品中,当有 3 根(段)不符合规定时,则该 5 根(段)所代表的产品不合格;若有 2 根(段)不符合规定时,可再抽取 5 根(段)进行检测,若仍有 2 根(段)不符合规定,则该批产品不合格。

(2)在外观质量检验后,检验其他指标均合格时则判该产品为合格批。

若其他指标中有一项不合格,则应在该产品中重新抽取双倍样品制作试样,对指标中的不合格项目进行复检,复检全部合格,判该批为合格批;检测结果若仍有一项不合格,则该批产品为不合格。复检结果作为最终判定的依据。

2.预应力混凝土用金属波纹管试验检测结果的判定

检验结果有不合格项目时,应取双倍数量的试件对该不合格项目进行复验,复验仍不合格时,该批产品为不合格品。

第五节 本 章 小 结

本章以"公路工程综合甲级"及"公路工程桥隧专项"工程试验检测资质要求的桥梁成品锚具、夹具、连接器,公路桥梁板式橡胶支座,公路桥梁盆式支座,桥梁球型支座,公路桥梁伸缩装置,预应力混凝土桥梁用塑料波纹管,预应力混凝土用金属波纹管为主要内容介绍相关产品分类、代号及标记,主要试验检测内容及试验方法、适用的相关标准。重点介绍了成品力学性能要求、成品力学性能试验检测方法以及注意事项。

第五章

桥梁工程地基与基础试验检测

地基是指支承基础的土体或岩体。基础是指建筑物、构筑物和各种设施在地面以下的组成部分，其作用是将上部结构所承受的各种作用荷载传递到地基上。基础有刚性基础、扩展基础、箱形基础、筏板基础、壳体基础和桩基础等，所有的土建(构)筑物基础无不以土体或岩体为地基。地基可分为天然地基和人工地基。天然地基为未经加固处理或扰动的地基。当天然地基承载力不够时，用换土、夯实、有机或无机结合料稳定等方法加固处理，以提高承载力，这种加固处理后的地基称为人工(或加固)地基。建(构)筑物的安全取决于基础与基础下地基的变形量是否过大、承载能力是否足够。为此，需要对拟建场地进行地质调查、工程勘察和各种土工试验，以查明场地的地质情况和土层结构、地下水情况和岩土的物理力学性能指标，根据建(构)筑物的类型，作出地基评价，为设计施工提供依据。获得岩土地基的各种物理性质指标、力学参数、应力应变规律等，要进行各种土工试验。土工试验从试验环境和方法出发，可分为室内试验、原位测试和原型试验三类。室内试验是指对从现场取回的土样或土料进行物理、力学试验，取得可塑性、密度、透水性和压缩性、抗剪强度、泊松比等指标，由此对岩、土地基进行分类，计算地基的稳定性和承载力。原位测试是在现场进行，土层基本保持天然结构、含水率及应力状态，如静载试验、动力触探、直剪试验、旁压试验、波速测试等，可对地基进行分层和评价地基稳定性和承载力。原型试验是指通过现场基础足尺试验或工程原型试验，监测受力、变形及孔隙水压力等土工参数及反算土的各种静、动力特性参数等，如桩的荷载试验、动力基础的模态试验等，是评价地基基础承载力和稳定性的有效方法。下面仅对桥梁工程地基与基础检测中的相关问题作简要介绍。

第一节　地基承载力检测

一、地基岩土分类

按《公路桥涵地基与基础设计规范》(JTG D63—2007)，公路桥涵地基的岩土可分为岩石、碎石土、砂土、粉土、黏性土和特殊性岩土。

1. 岩石

岩石为颗粒间连接牢固、呈整体性或具有节理裂隙的地质体。岩石可按地质和工程分为两类。地质分类主要根据其地质成因、矿物成分、结构构造及风化程度表达，如强风化花岗岩、微风化砂岩等，这对工程的勘察设计是十分必要的。工程分类主要根据岩体的工程性状，在地质分类的基础上，概括其工程性质，便于进行工程评价。因此，在评价公路桥涵地基时，除应确定岩石的地质名称外，尚应按其坚硬程度、完整程度、节理发育程度、软化程度和特殊性岩石进行细分。

(1)岩石的坚硬程度应根据岩块的饱和单轴抗压强度标准值分级，见表 5-1。

岩石坚硬程度分级 表 5-1

坚硬程度类别	坚硬岩	较硬岩	较软岩	软岩	极软岩
饱和单轴抗压程度标准值 f_{rk}(MPa)	$f_{rk}>60$	$60 \geqslant f_{rk}>30$	$30 \geqslant f_{rk}>15$	$15 \geqslant f_{rk}>5$	$f_{rk} \leqslant 5$

注：岩石饱和单轴抗压强度试验要点，按规范执行。

(2)岩体完整程度根据完整性指数，按表 5-2 分为完整、较完整、较破碎、破碎和极破碎 5 个等级。

岩体完整程度划分 表 5-2

完整程度等级	完整	较完整	较破碎	破碎	极破碎
完整性指数	>0.75	0.75～0.55	0.55～0.35	0.35～0.15	<0.15

注：完整性指数为岩体纵波波速与岩体纵波波速之比的平方。

(3)岩体节理发育程度根据节理间距，按表 5-3 分为节理很发育、节理发育、节理不发育 3 类。

岩体节理发育程度的分类 表 5-3

程　度	节理不发育	节理发育	节理很发育
节理间距(mm)	>400	200～400	20～200

此外，岩石尚可按软化系数、特殊成分、结构、性质等分为软化岩石、易溶性岩石、膨胀性岩石、崩解性岩石、盐渍化岩石等。

2. 碎石土

(1)碎石土为粒径大于 2mm 的颗粒含量超过总质量的 50%的土。碎石土可按表 5-4 分为漂石、块石、卵石、碎石、圆砾和角砾 6 类。

碎 石 土 的 分 类 表 5-4

土的名称	颗粒形状	粒 组 含 量
漂石	圆形及亚圆形为主	粒径大于 200mm 的颗粒含量超过总质量的 50%
块石	棱角形为主	
卵石	圆形及亚圆形为主	粒径大于 20mm 的颗粒含量超过总质量的 50%
碎石	棱角形为主	
圆砾	圆形及亚圆形为主	粒径大于 2mm 的颗粒含量超过总质量的 50%
角砾	棱角形为主	

注：碎石土分类时，应根据粒组含量从大到小以最先符合者确定。

(2)碎石土的密实度，可根据重型动力触探锤击数 $N_{63.5}$，按表 5-5 分为松散、稍密、中密、密实 4 级。当缺乏有关试验数据时，碎石土平均粒径大于 50mm 或最大粒径大于 100mm 时，按 JTG D63—2007 附录表 A.0.2 鉴别其密实度。

碎石土的密实度 表 5-5

锤击数 $N_{63.5}$	密实度	锤击数 $N_{63.5}$	密实度
$N_{63.5} \leqslant 5$	松散	$10<N_{63.5} \leqslant 20$	中密
$5<N_{63.5} \leqslant 10$	精密	$N_{63.5}>20$	密实

注：①本表适用于平均粒径小于或等于 50mm 且最大粒径不超过 100mm 的卵石、碎石、圆砾、角砾。

②表内 $N_{63.5}$ 为经修正后锤击数的平均值，锤击数的修正按规范附录 C 进行。

3. 砂土

(1)砂土为粒径大于 2mm 的颗粒含量不超过总质量的 50%、粒径大于 0075mm 的颗粒超过总质量的 50%的土。砂土可按表 5-6 分为砾砂、粗砂、中砂、细砂和粉砂 5 类。

砂土的分类　　表 5-6

土的名称	粒组含量
砾砂	粒径大于 2mm 的颗粒含量占总质量的 25%～50%
粗砂	粒径大于 0.5mm 的颗粒含量超过总质量的 50%
中砂	粒径大于 0.25mm 的颗粒含量超过总质量的 50%
细砂	粒径大于 0.075mm 的颗粒含量超过总质量的 85%
粉砂	粒径大于 0.075mm 的颗粒含量超过总质量的 50%

(2)砂土的密实度可根据标准贯入锤击数，按表 5-7 分为松散、稍密、中密、密实 4 级。

砂土的密实度　　表 5-7

标准贯入锤击数 N	密实度	标准贯入锤击数 N	密实度
$N \leqslant 10$	松散	$15 < N \leqslant 30$	中密
$10 < N \leqslant 15$	稍密	$N > 30$	密实

4. 粉土

粉土为塑性指数 $I_p \leqslant 10$ 且粒径大于 0075mm 的颗粒含量不超过总质量的 50%的土。

粉土的密实度应根据孔隙比 e 划分为密实、中密和稍密；其湿度应根据天然含水率 w(%)划分为稍湿、湿、很湿。密实度和湿度的划分应分别符合表 5-8 和表 5-9 的规定。

粉土的密实度　　表 5-8

孔隙比 e	密实度	孔隙比 e	密实度
$e < 0.75$	密实	$e > 0.9$	稍密
$0.75 \leqslant e \leqslant 0.90$	中密		

粉土的湿度分类　　表 5-9

天然含水率 w(%)	湿度	天然含水率 w(%)	湿度
$w < 20$	稍湿	$w > 30$	很湿
$20 \leqslant w \leqslant 30$	湿		

5. 黏性土

黏性土为塑性指数 $I_p > 10$ 且粒径大于 0.075mm 的颗粒含量不超过总质量的 50%的土。黏性土根据塑性指数按表 5-10 分为黏土和粉质黏土。

黏性土的分类　　表 5-10

塑性指数 I_p	土的名称	塑性指数 I_p	土的名称
$I_p > 17$	黏土	$10 < I_p \leqslant 17$	粉质黏土

黏性土的软硬状态可根据液性指数按表 5-11 分为坚硬、硬塑、可塑、软塑、流塑 5 种状态。

黏性土的状态　　表 5-11

液性指数 I_L	状态	液性指数 I_L	状态
$I_L \leqslant 0$	坚硬	$0.75 < I_L \leqslant 1$	软塑
$0 < I_L \leqslant 0.25$	硬塑	$I_L > 1$	流塑
$0.25 < I_L \leqslant 0.75$	可塑	—	—

黏性土可根据沉积年代按表 5-12 分为老黏性土、一般黏性土和新近沉积黏性土。

黏性土的沉积年代分类　　表 5-12

沉积年代	土的分类
第四纪晚更新世(Q_3)及以前	老黏性土
第四纪全新世(Q_4)	一般黏性土
第四纪全新世(Q_4)以后	新近沉积黏性土

6.特殊性岩土

特殊性岩土是具有一些特殊成分、结构和性质的区域性地基土，包括软土、膨胀土、湿陷性土、红黏土、冻土、盐渍土和填土等。

(1)软土为滨海、湖沼、谷地、河滩等处天然含水率高、天然孔隙比大、抗剪强度低的细粒土，鉴别指标应符合表 5-13 的规定，包括淤泥、淤泥质土、泥炭、泥炭质土等。

软土地基鉴别指标　　表 5-13

指标名称	天然含水率 w (%)	天然孔隙比 e	直剪内摩擦角 φ (°)	十字板剪切强度 c_u(MPa)	压缩系数 a_{1-2} (MPa^{-1})
指标值	≥35	≥1.0	宜小于 5	<35kPa	宜大于 0.5

(2)淤泥为在静水或缓慢的流水环境中沉积，并经生物化学作用形成，其天然含水率大于液限、天然孔隙比大于或等于 15 的黏性土。

天然含水率大于液限而天然孔隙比小于 15 但大于或等于 10 的黏性土或粉土为淤泥质土。

(3)膨胀土为土中黏粒成分主要由亲水性矿物组成，同时具有显著的吸水膨胀和失水收缩特性，其自由膨胀率大于或等于 40%的黏性土。

(4)湿陷性土为浸水后产生附加沉降，其湿陷系数大于或等于 0.015 的土。

(5)红黏土为碳酸盐岩系的岩石经红土化作用形成的高塑性黏土，其液限一般大于 50。红黏土经再搬运后仍保留其基本特征且其液限大于 45 的土为次生红黏土。

(6)盐渍土为土中易溶盐含量大于 0.3%，并具有溶陷、盐胀、腐蚀等工程特性的土。

(7)填土根据其组成和成因，可分为素填土、压实填土、杂填土、冲填土。

素填土为由碎石土、砂土、粉土、黏性土等组成的填土。经过压实或夯实的素填土为压实填土。

杂填土为含有建筑垃圾、工业废料、生活垃圾等杂物的填土。冲填土为由水力冲填泥砂形成的填土。

(8)软弱地基是指主要由淤泥、淤泥质土、冲填土、杂填土或其他高压缩性土层构成的地基。

二、平板载荷试验

平板载荷试验是用于确定地基承压板下应力主要影响范围内土层承载力和变形模量的原位测试方法。它要求岩土体在原有位置上，在保持土的天然结构、含水率及应力状态下来测定岩土的性质。地基平板载荷试验可分浅层平板载荷试验和深层平板载荷试验。

1.浅层平板载荷试验

1)试验方法原理

浅层平板载荷试验适用于确定浅部地基土层(深度小于 3m)承压板下压力主要影响范围内的承载力和变形模量。

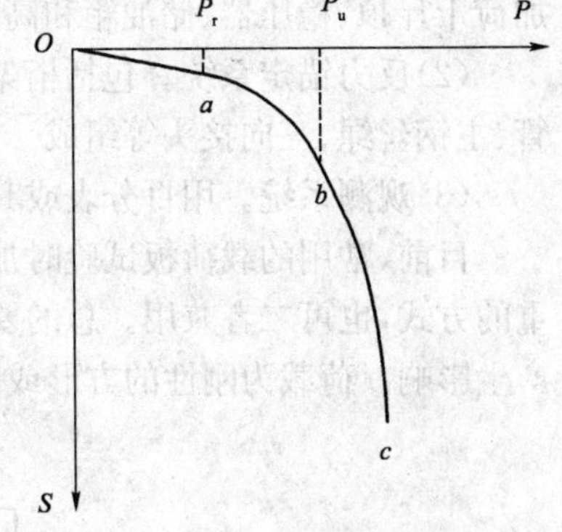

图 5-1　荷载—沉降关系曲线

平板载荷试验是在试验土层表面放置一定规格的方形或圆形刚性承压板,在其上逐级施加荷载,每级荷载增量持续时间按规范规定进行观测,测记每级荷载作用下荷载板沉降量的稳定值,加载至总沉降量为 25mm,或达到加载设备的最大容量为止;然后卸载,其持续时间应不小于一级荷载增量的持续时间,并记录土的回弹值。根据试验记录绘制荷载—沉降($P-S$)关系曲线,见图 5-1。然后分析地基土的强度与变形特性,求得地基土容许承载力与变形模量等力学参数。

地基在荷载作用下达到破坏状态的过程,可分为三个阶段,见图 5-2。

(1)压密阶段。相当于 $P-S$ 曲线上的 Oa 直线段,这时土中各点的剪应力均小于土的抗剪强度,土体压力与变形呈线性关系,土体处于弹性平衡状态。该阶段荷载板沉降主要是由土中孔隙的减少引起,土颗粒主要是竖向变位,且随时间增长将土体压密,所以也称压密阶段。与 a 点相应的荷载 P 为比例界限。

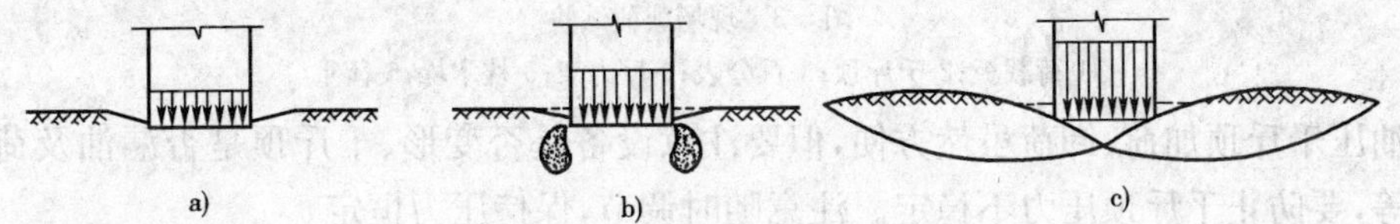

图 5-2　地基破坏过程的三个阶段

a)压密阶段;b)剪切阶段;c)破坏阶段

(2)剪切阶段。相当于 $P-S$ 曲线上的 ab 段,这时 $P-S$ 曲线的土体荷载与变形不再呈线性关系,其沉降的增长率随荷载的增大而增大。除土体压密外,在承压板边缘局部的土体剪应力达到或超过土的抗剪强度,土体开始发生塑性变形。土的变形是由于土中空隙压缩和土颗粒的剪切移动引起的,土颗粒同时发生竖向和侧向变位,且随时间不易稳定,故称为局部剪切变形阶段。随着荷载的继续增大,土体中的塑性区范围也逐步扩大,直到土体中形成连续的滑动面,土在荷载板两侧挤出而破坏。因此,剪切阶段是地基中塑性区的发生和发展阶段,与在 $P-S$ 曲线上 b 点相应的荷载 P 为极限荷载。

(3)破坏阶段。相当于 $P-S$ 曲线上的 bc 段。当荷载超过极限荷载后,即使荷载不再增加,沉降也不能稳定,荷载板急剧下沉,土中产生连续的滑动面,土从承压板下挤出,土体隆起呈环状或放射状裂隙,故称为破坏阶段。这时土体的变形主要由土的剪切变位引起,土体的侧向移动使地基土失稳而破坏。

2)试验设备

载荷试验设备由稳压加荷装置、反力装置和沉降观测装置三部分组成。

现以半自动稳压油压荷载试验设备为例,说明如下。该设备适用于承压板面积不小于

0.25m²,对于软土地基不小于 0.50m²。利用高压油泵,通过稳压器及反力锚定装置,将压力稳定地传递到承压板。它由下列三部分组成:

(1)加荷及稳压系统。由承压板、加荷千斤顶、立柱、稳压器和支撑稳压器的三角架组成。加荷千斤顶、稳压器、储油箱和高压油泵分别用高压油管连接,构成一个油路系统。

(2)反力锚定系统。包括桁架和反力锚定两部分,桁架由中心柱套管、深度调节丝杆、斜撑管、主钢丝绳、三向接头等组成。

(3)观测系统。用百分表或其他自动观测装置进行观测。

目前,常用的载荷板试验时加载方式如图 5-3 所示。根据现场情况,也可采用地锚代替荷重的方式,也可二者兼用。总的要求是加荷、卸荷要既简便,又安全,并对试验的沉降量观测不产生影响。荷载为刚性的方形或圆钢板。

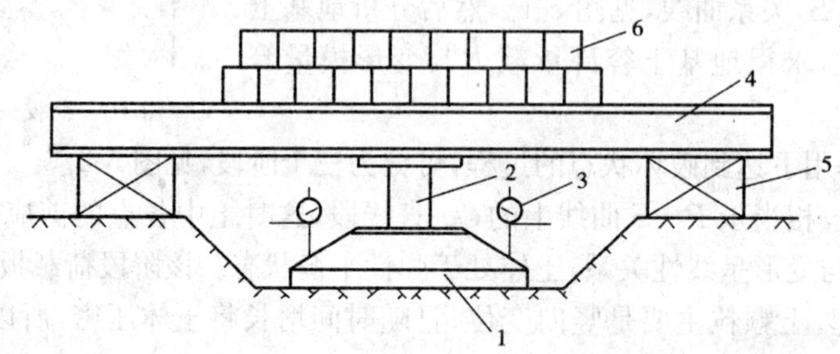

图 5-3 现场载荷试验

1-荷载板;2-千斤顶;3-百分表;4-反力架;5-枕木垛;6-荷重

用油压千斤顶加荷、卸荷虽然方便,但要注意设备是否变形、千斤顶是否漏油及荷载板是否下沉等,要防止千斤顶压力不稳定。注意随时调节,保持压力恒定。

3)现场测试

(1)基坑宽度不应小于承压板宽度 b 或直径 d 的 3 倍。

(2)承压板面积是 50cm×50cm 或 70.7cm×70.7cm 的方板。

(3)试验土层:应保持土层在原有位置上,保持土的原状结构、天然湿度。试坑开挖时,在试验点位置周围预留一定厚度的土层,在安装承压板前再清理至试验高程。

(4)承压板与土层接触处,应铺设约 20mm 厚的中砂或粗砂找平,以保证承压板与土层水平、均匀接触。

(5)试验加荷分级不应少 8 级,第一级荷载包括设备重力。每级荷载增量为地基土层预估极限承载力的 1/10~1/8。最大加载量不应小于设计要求的 2 倍或接近试验土层的极限荷载。

(6)试验精度不应低于最大荷载的 1%,承压板的沉降采用百分表或电测位移计量测,其精度不应低于 0.01mm。

(7)加荷稳定标准:每级加载后,按间隔 10min、10min、10min、15min、15min,以后为每隔半小时测读一次沉降量。当在连续两小时内,每小时的沉降量小于 0.1mm 时,则认为已趋稳定,可加下一级荷载。

(8)当试验出现下列情况之一时,可终止加载:

①承压板周围的土体有明显侧向挤出或发生裂纹。

②在某一级荷载下，24h 内沉降速率不能达到稳定标准。

③沉降量急剧增大，$P-S$ 曲线出现陡降段，本级荷载的沉降量大于前级荷载沉降的 5 倍。

④沉降量与承压板宽度或直径之比等于或大于 0.06。

满足前三种情况之一，其相对应的前一级荷载定为极限荷载。

(9)回弹观测：分级卸荷，观测回弹值。分级卸荷量为分级加荷量的 2 倍，15min 观测一次，一小时后再卸下一级荷载。荷载完全卸除后，应继续观测三小时。

(10)试验完后，试验点附近应有取土孔提供土工试验指标或其他原位测试资料。试验后，应在沉压板中心向下开挖取土试样，并描述 2 倍承压板直径(或宽度)范围内土层的结构变化。

4)试验数据处理

根据试验数据绘制 $P-S$ 曲线，利用 $P-S$ 曲线可以得到：

(1)地基土承载力基本容许值的确定应符合下列规定：

①当 $P-S$ 曲线有比例界限时，取该比例界限所对应的荷载值。

②当极限荷载值小于比例界限荷载值的 2 倍时，取极限荷载值的一半。

③若不能按上述两款要求确定时，当压板面积为 2 500cm^2 或 5 000 cm^2 时，可取 $S/d=0.01\sim0.015$ 所对应的荷载值，但其值不应大于最大加载量的一半。

同一土层参加统计的试验点不应少于三点。当试验实测值的极差不超过其平均值的 30%时，取其平均值作为该土层的地基承载力基本容许值。

(2)计算地基土的变形模量 E_0。一般取 $P-S$ 曲线关系曲线的直线段，用下式计算：

$$E_0=(1-\mu^2)\frac{\pi B}{4}\cdot\frac{\Delta P}{\Delta S} \tag{5-1}$$

式中：B——承压板直径(m)，当为方形板时，$B=\sqrt[2]{\frac{A}{\pi}}$，$A$ 为方形板面积(m^2)；

$\frac{\Delta P}{\Delta S}$——$P-S$ 关系曲线直线段斜率(kPa/m)；

μ——地基土的泊松比，对于砂土和粉土，$\mu=0.33$，对于可塑—硬塑黏性土，$\mu=0.38$，对于软塑－流塑黏性土和淤泥质黏性土，$\mu=0.41$。

当 $P-S$ 曲线的直线段不明显时，可用上述确定地基土承载力的方法所确定地基承载力的基本值与相应的沉降量代入式(5－1)计算 E_0，但此时应与其他原位测试资料比较，综合考虑确定 E_0 值。

利用 $P-S$ 曲线还可以估算地基土的不排水抗剪强度和地基土基床反力系数等。

2.深层平板载荷试验

(1)深层平板载荷试验用于确定深部地基及大直径桩桩端在承压板压力主要影响范围内土层的承载力及变形模量。该法适用于埋深等于或大于 3.0m 和地下水位以上的地基土。承压板的直径为 800mm 的刚性板，如采用厚约 300mm 的现浇混凝土板，紧靠承压板周围外侧的土层高度不应小于 0.8m。

加载反力装置有压重平台反力装置、地锚反力装置、锚桩横梁反力装置、地锚压重联合反力装置等。

(2)加荷分级可按预估极限承载力的 1/15～1/10 分级施加。每级加载后，第一个小时内按间隔 10min、10min、10min、15min、15min,以后为每隔半小时测读一次沉降量。当在连续两小时内,每小时的沉降量小于 0.1mm 时,则认为已趋稳定,可加下一级荷载。

(3)当试验出现下列情况之一时,即可终止加载:

①沉降量急剧增大,$P-S$ 曲线上有可判定极限承载力的陡降段,且沉降量超过 $0.04d$(d 为承压板直径)。

②在某一级荷载下,24h 内沉降速率不能达到稳定。

③本级沉降量大于前一级沉降量的 5 倍。

④当持力层土层坚硬、沉降量很小时,最大加载量不小于设计要求的 2 倍。

(4)地基土承载力基本容许值的确定应符合下列规定:

①当 $P-S$ 关系曲线有比例界限时,取该比例界限所对应的荷载值。

②当极限荷载值小于比例界限荷载值的 2 倍时,取极限荷载值的一半。

③若不能按上述两款要求确定时,当压板面积为 2 500cm² 或 5 000cm² 时,可取 $S/d=0.01\sim0.015$ 所对应的荷载值,但其值应不大于最大加载量的一半。

(5)计算变形模量。深层平板荷载试验的变形模量 E_0 按下式计算:

$$E_0 = w\frac{Pd}{S} \tag{5-2}$$

式中:w——试验深度和土类有关的系数;

P——$P-S$ 曲线上线性段的压力(kPa);

S——与 P 对应的沉降(mm);

d——承压板的直径(m)。

3. 平板载荷试验的局限性

(1)平板载荷试验受荷面积小,加荷影响深度不超过 2 倍的承压板边长或直径,且加荷时间较短,因此不能通过载荷板试验提供建筑物的长期沉降资料。

(2)在沿海软黏土部分地区,地表往往有层"硬壳层",当为小尺寸承压板时,对其下软弱土层还未受影响,而实际建筑物基础大,下部软弱土层对建筑物沉降起主要影响。因此,载荷试验有一定的局限性。

(3)当地基压缩层范围内土层单一、均匀时,可直接在基础埋置高程处进行载荷试验。如地基压缩层范围内是成层变化的或不均匀时,则要进行不同尺寸承压板或不同深度的载荷试验。此时,可以采用其他原位测试和室内土工试验来确定荷载板试验影响不到的土层的工程力学性质。

(4)如果地基土层起伏变化很大,还应在不同地点做载荷试验。

三、圆锥动力触探试验

圆锥动力触探试验(DPT)是利用一定质量的落锤,以一定高度的自由落距将标准规格的锥形探头打入土层中,根据探头贯入的难易程度判定土层的物理力学性质。这是公路桥涵工程勘察中的原位测试方法之一。

1. 圆锥动力触探试验类型及规格

1)圆锥动力触探类型及规格

圆锥动力触探试验的类型分为轻型、重型和超重型三种，各种试验的类型和规格见表 5-14。

圆锥动力触探类型及规格　　表 5-14

类型		轻型	重型	超重型
落锤	锤的质量(kg)	10	63.5	120
	落距(cm)	50	76	100
探头	直径(mm)	40	74	74
	锥角(°)	60	60	60
探杆直径(mm)		25	42	50～60
指标		贯入 30cm 的锤击数 N_{10}	贯入 10cm 的锤击数 $N_{63.5}$	贯入 10cm 的锤击数 N_{120}

2)圆锥动力触探试验的适用范围

轻型圆锥动力触探试验一般用于贯入深度小于 4m 的黏性土、黏性土组成的素填土和粉土。可用于施工验槽、地基检验和地基处理效果的检测。

重型圆锥动力触探试验一般适用于砂土、中密以下的碎石土和极软岩。

超重型圆锥动力触探试验一般适用于较密实的碎石土、极软岩和软岩。

2. 试验设备和方法

圆锥动力触探试验设备主要由圆锥触探头、触探杆、穿心锤三部分组成，见图 5-4 和图 5-5。

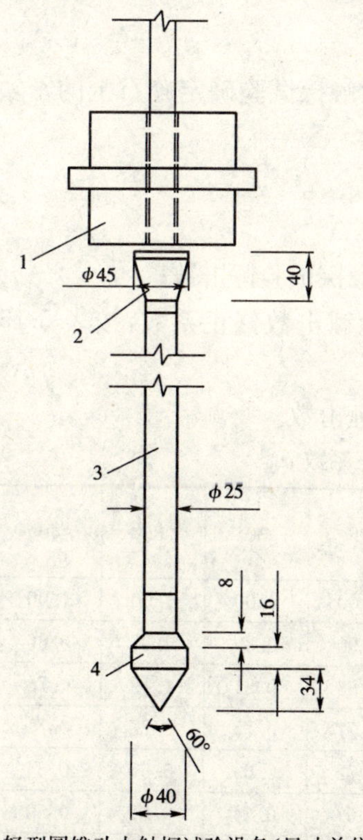

图 5-4　轻型圆锥动力触探试验设备(尺寸单位：mm)
1-穿心锤；2-锤垫；3-触探杆；4-探头

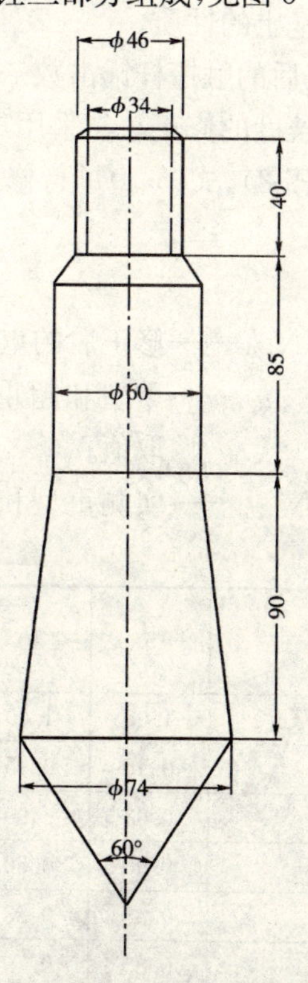

图 5-5　重型、超重型圆锥动力触探试验探头
(尺寸单位：mm)

1)试验设备安装

试验前和试验过程中，应认真检查机具设备是否完好。安装过程中各部件连接紧固，触探

架安装平稳，保持触探孔垂直。

2)试验方法

触探架与触探头对准孔位，作业过程中始终保持与触探孔垂直。以重型圆锥动力触探为例，试验采用质量为63.5kg的穿心锤自动脱钩，以76cm的落距自由下落，对土层连续进行触探，将标准试验触探头打入土中10cm，记录其锤击数。

3)重型和超重型圆锥动力触探试验试验要点

(1)贯入时，穿心锤应自动脱钩，自由落下。

(2)地面上触探杆的高度不宜超过1.5m，以免倾斜和摆动过大。

(3)贯入过程应尽量连续贯入。锤击速率宜为每分钟15～30击。

(4)每贯入10cm，记录其相应的锤击数$N'_{63.5}$、N'_{120}。

3.试验成果整理

1)触探指标

(1)实测触探锤击数

各种类型的圆锥动力触探试验是以贯入一定深度的锤击数(如N_{10}、$N'_{63.5}$、N'_{120})作为触探指标，通过与其他室内试验和原位测试指标建立相关关系获得地基土的物理力学性质指标，从而评价地基土的性质。

(2)修正后的触探杆锤击数

①探杆长度的修正。当采用重型和超重型圆锥动力触探试验确定碎石土的密实度时，锤击数应按式(5-3)、式(5-4)进行修正。

$$N_{63.5} = \alpha_1 \cdot N'_{63.5} \tag{5-3}$$

$$N_{120} = \alpha_2 \cdot N'_{120} \tag{5-4}$$

式中：$N_{63.5}$、N_{120}——修正后的重型和超重型圆锥动力触探试验锤击数；

α_1、α_2——重型和超重型圆锥动力触探试验锤击数修正系数，按表5-15、表5-16取值；

$N'_{63.5}$、N'_{120}——实测重型和超重型圆锥动力触探锤击数。

重型圆锥动力触探锤击数修正系数 α_1 表5-15

杆长(m) \ $N'_{63.5}$	5	10	15	20	25	30	35	40	≥50
2	1.00	1.00	1.00	1.00	1.00	1.00	1.00	1.00	—
4	0.96	0.95	0.93	0.92	0.90	0.89	0.87	0.86	0.84
6	0.93	0.90	0.88	0.85	0.83	0.81	0.79	0.78	0.75
8	0.90	0.86	0.83	0.80	0.77	0.75	0.73	0.71	0.67
10	0.88	0.83	0.79	0.75	0.72	0.69	0.67	0.64	0.61
12	0.85	0.79	0.75	0.70	0.67	0.64	0.61	0.59	0.55
14	0.82	0.76	0.71	0.66	0.62	0.58	0.56	0.53	0.50
16	0.79	0.73	0.67	0.62	0.57	0.54	0.51	0.48	0.45
18	0.77	0.70	0.63	0.57	0.53	0.49	0.46	0.43	0.40
20	0.75	0.67	0.59	0.53	0.48	0.44	0.41	0.39	0.36

超重型圆锥动力触探锤击数修正系数 α_2　　表 5-16

杆长(m) \ N'_{120}	1	3	5	7	9	10	15	20	25	30	35	40
1	1.00	1.00	1.00	1.00	1.00	1.00	1.00	1.00	1.00	1.00	1.00	1.00
2	0.96	0.92	0.91	0.90	0.90	0.90	0.90	0.89	0.89	0.88	0.88	0.88
3	0.94	0.88	0.86	0.85	0.84	0.84	0.84	0.83	0.82	0.82	0.81	0.81
5	0.92	0.82	0.79	0.78	0.77	0.77	0.76	0.75	0.74	0.73	0.72	0.72
7	0.90	0.78	0.75	0.74	0.73	0.72	0.71	0.70	0.68	0.68	0.67	0.66
9	0.88	0.75	0.72	0.70	0.69	0.68	0.67	0.66	0.64	0.63	0.62	0.62
11	0.87	0.73	0.69	0.67	0.66	0.66	0.64	0.62	0.61	0.60	0.59	0.58
13	0.86	0.71	0.67	0.65	0.64	0.63	0.61	0.60	0.58	0.57	0.56	0.55
15	0.86	0.69	0.65	0.63	0.62	0.61	0.59	0.58	0.56	0.55	0.54	0.53
17	0.85	0.68	0.63	0.61	0.60	0.60	0.57	0.56	0.54	0.53	0.52	0.50
19	0.84	0.66	0.62	0.60	0.58	0.58	0.56	0.54	0.52	0.51	0.50	0.48

②侧壁摩擦影响的修正。对于砂土和松散—中密的圆砾、卵石，触探深度在 1～15m 范围内时，一般不考虑侧壁摩擦的影响。

③地下水影响的修正。对于地下水位以下的中砂、粗砂、砾砂和圆砾、卵石，锤击数可按式(5-5)修正。

$$N_{63.5} = 1.1N'_{63.5} + 1.0 \tag{5-5}$$

式中：$N'_{63.5}$——修正前的锤击数。

(3)动贯入阻力

荷兰公式是目前国内外应用最广泛的动贯入阻力计算公式，我国《岩土工程勘察规范》和水利电力部《土工试验规程》的条文说明都推荐该公式。

$$q_d = \frac{M}{M+m} \cdot \frac{MgH}{Ae} \tag{5-6}$$

式中：q_d——动贯入阻力(MPa)；

M——落锤质量(kg)；

m——圆锥探头及杆件系统(包括探头、导向杆等)的质量(kg)；

g——重力加速度；

H——落锤高度(m)；

A——圆锥探头截面积(cm^2)；

e——每击贯入度。

该公式是建立在古典牛顿碰撞理论基础上的，且假定为绝对非弹性碰撞，不考虑弹性变形能量的消耗。

2)触探曲线

对于圆锥动力触探试验所获得的锤击数值(或动贯入阻力)，应在剖面图上或柱状图上绘制随深度变化的关系曲线（$N_{63.5}$-h、N_{120}-h 曲线或 q_d-h 曲线）。根据触探曲线的形态，结合钻探资料，进行地层的力学分层。

4. 试验成果应用

（1）利用触探曲线进行力学分层。

（2）评价地基的密实度，见表 5-17。

触探击数与砂土密实度的关系 表 5-17

土的分类	$N_{63.5}$	砂土密实度	孔隙比
砾砂	<5	松散	>0.65
	5～8	稍密	0.65～0.50
	8～10	中密	0.50～0.45
	>10	密实	<0.45
粗砂	<5	松散	>0.80
	5～6.5	稍密	0.80～0.70
	6.5～9.5	中密	0.70～0.60
	>9.5	密实	<0.60
中砂	<5	松散	>0.90
	5～6	稍密	0.90～0.80
	6～9	中密	0.80～0.70
	>9	密实	<0.70

（3）评价地基承载力。

①用轻型动力触探锤击数 N_{10} 确定地基土的承载力。

②用重型圆锥动力触探锤击数 $N_{63.5}$ 确定地基土的承载力。

铁道部行业标准规定用 $N_{63.5}$ 平均值评价冲积、洪积成因的中砂、砾砂和碎石类土地基的承载力，见表 5-18。

用重型圆锥动力触探 $N_{63.5}$ 确定地基承载力（单位：kPa） 表 5-18

击数平均值 $N_{63.5}$	3	4	5	6	7	8	9	10	12	14
碎石土	140	170	200	240	280	320	360	400	480	540
中砂、砾砂	120	150	180	220	260	300	340	380	—	—
击数平均值 $N_{63.5}$	16	18	20	22	24	26	28	30	35	40
碎石土	600	660	720	780	830	870	900	930	970	1 000

③用超重型圆锥动力触探锤击数 N_{120} 确定地基土的承载力。

（4）确定地基土的变形模量。铁道部第二勘测设计院的研究成果（1988 年）如下：

圆砾、卵石土地基变形模量 E_0 与 $N_{63.5}$ 的相关关系为：

$$E_0 = 4.48 N_{63.5}^{0.7554} \tag{5-7a}$$

在铁道部《铁路工程地质原位测试规程》（TB 10018—2003）中关于冲、洪积卵石土和圆砾土地基的变形模量 E_0，当贯入深度小于 12m 时，可根据场地土层的平均锤击数 $\overline{N}_{63.5}$ 按表 5-19 所值。

卵石土、圆砾土 E_0 值　　表 5-19

$\overline{N}_{63.5}$(击/10cm)	3	4	5	6	8	10	12	14	16
E_0(MPa)	9.9	11.8	13.7	16.2	21.3	26.4	31.4	35.2	39.0
$\overline{N}_{63.5}$(击/10cm)	18	20	22	24	26	28	30	35	40
E_0(MPa)	42.8	46.6	50.4	53.6	56.1	58.0	59.9	62.4	64.3

特重型动力触探的实测击数，应先按下式换算成相当于重型动力触探的实测击数后，再按式(5-3)进行修正。

$$N_{63.5} = 3N_{120} - 0.5 \tag{5-7b}$$

(5)确定单桩承载力。

(6)确定抗剪强度、地基检验和确定地基持力层。

(7)评价地基均匀性和确定地基持力层。

四、地基容许承载力

1.有关地基承载力的术语

(1)地基极限承载力。使地基发生剪切破坏而即将失去整体稳定性时相应的最小基础底面压力，称为地基极限承载力。

(2)地基容许承载力。要求作用于基底的压应力不超过地基的极限承载力，且有足够的安全度，而且所引起的变形不超过建(构)筑物的容许变形。满足以上两项要求的地基单位面积上所承受的荷载称为地基容许承载力。

2.地基承载力的确定

地基承载力可根据地质勘测、原位测试、野外载荷试验以及邻近建(构)筑物调查对比，由经验和理论公式计算综合分析确定。

地基承载力通常由下列几种途径来确定：

(1)由现场载荷试验或原位测试确定。

(2)按地基承载力理论公式计算。

(3)按现行规范提供的经验公式计算。

(4)在土质基本相同的条件下，参照邻近结构物地基容许承载力。

3.《公路桥涵地基与基础设计规范》(JTG D63—2007)有关地基承载力的规定

(1)地基承载力容许值是在地基原位测试或本规范给出的各类岩土承载力基本容许值[f]的基础上经修正而得的，也就是在地基压力变形曲线上，在线性变形段内某一变形所对应的压力值。

地基承载力容许值[f_a]是在地基载荷试验和其他原位测试或按《公路桥涵地基与基础设计规范》(JTG D63—2007)给出的各类岩土承载力基本容许值[f_{a0}]的基础上经修正后得到的。

(2)地基承载力基本容许值应首先考虑由载荷试验或其他原位测试取得，其值不应大于地基极限承载力的1/2。对中小桥、涵洞，当受现场条件限制或载荷试验和原位测试确有困难时，也可按照《公路桥涵地基与基础设计规范》(JTG D63—2007)第3.3.3条规定采用。

(3)地基承载力基本容许值尚根据基底埋深、基础宽度及地基土的类别按《公路桥涵地基与基础设计规范》(JTG D63—2007)中第3.3.4条规定进行修正。

当缺乏上述资料时可按《公路桥涵地基与基础设计规范》(JTG D63—2007)推荐的方法确定

地基承载力基本容许值，对地质和结构复杂的桥涵地基，应根据现场载荷试验确定容许承载力。

4.地基土承载力基本容许值的确定

地基承载力基本容许值，可根据岩土类别、状态及其物理力学特性指标按下列相关表中规定采用。

(1)一般岩石地基可根据强度等级、节理，按表5-20确定承载力基本容许值[f_{a0}]。对于复杂的岩层(如溶洞、断层、软弱夹层、易溶岩石、软化岩石等)，应按各项因素综合确定。

岩石地基承载力基本容许值[f_{a0}] 表5-20

坚硬程度 \ [f_{a0}](kPa) \ 节理发育程度	节理不发育	节理发育	节理很发育
坚硬岩、较硬岩	>3 000	3 000～2 000	2 000～1 500
较软岩	3 000～1 500	1 500～1000	1 000～800
软岩	1 200～1 000	1 000～800	800～500
极软岩	500～400	400～300	300～200

(2)碎石土地基可根据其类别和密实程度按表5-21确定承载力基本容许值[f_{a0}]。

碎石土地基承载力基本容许值[f_{a0}] 表5-21

土名 \ [f_{a0}](kPa) \ 密实程度	密实	中密	稍密	松散
卵石	1 200～1 000	1 000～650	650～500	500～300
碎石	1 000～800	800～550	550～400	400～200
圆砾	800～600	600～400	400～300	300～200
角砾	700～500	500～400	400～300	300～200

注：①由硬质岩组成，填充砂土者取高值；由软质岩组成，填充黏性土者取低值。

②半胶结的碎石土，可按密实的同类土的[f_{a0}]值提高10%～30%。

③松散的碎石土在天然河床中很少遇见，需特别注意鉴定。

④漂石、块石的[f_{a0}]值，可参照卵石、碎石适当提高。

(3)砂土地基可根据土的密实度和水位情况按表5-22确定承载力基本容许值[f_{a0}]。

砂土地基承载力基本容许值[f_{a0}] 表5-22

土名及水位情况 \ [f_{a0}](kPa) \ 密实度		密实	中密	稍密	松散
砾砂、粗砂	与湿度无关	550	430	370	200
中砂	与湿度无关	450	370	330	150
细砂	水上	350	270	230	100
	水下	300	210	190	—
粉砂	水上	300	210	190	—
	水下	200	110	90	—

(4)粉土地基可根据土的天然孔隙比 e 和天然含水率 w(%),按表 5-23 确定承载力基本容许值[f_{a0}]。

粉土地基承载力基本容许值[f_{a0}] 表 5-23

[f_{a0}](kPa) w(%) / e	10	15	20	25	30	35
0.5	400	380	355	—	—	—
0.6	300	290	280	270	—	—
0.7	250	235	225	215	205	—
0.8	200	190	180	170	165	—
0.9	160	150	145	140	130	125

(5)老黏性土地基可根据压缩模量 E_s,按表 5-24 确定承载力基本容许值[f_{a0}]。

老黏性土地基承载力基本容许值[f_{a0}] 表 5-24

E_s(MPa)	10	15	20	25	30	35	40
[f_{a0}](kPa)	380	430	470	510	550	580	620

注:当老黏性土 E_s<10 MPa 时,承载力基本容许值[f_{a0}]按一般黏性土(表 5-25)确定。

(6)一般黏性土可根据液性指数 I_L 和天然孔隙比 e,按表 5-25 确定地基承载力基本容许值[f_{a0}]。

一般黏性土地基承载力基本容许值[f_{a0}] 表 5-25

[f_{a0}](kPa) I_L / e	0	0.1	0.2	0.3	0.4	0.5	0.6	0.7	0.8	0.9	1.0	1.1	1.2
0.5	450	440	430	420	400	380	250	310	270	240	220	—	—
0.6	420	410	400	380	380	340	310	280	250	220	200	180	—
0.7	400	370	350	330	310	290	270	240	220	190	170	160	150
0.8	380	330	300	280	260	240	230	210	180	160	150	140	130
0.9	320	280	260	240	220	210	150	180	160	140	130	120	100
1.0	250	230	220	210	190	170	160	150	140	120	110	—	—
1.1	—	—	160	150	140	130	120	110	100	90	—	—	—

注:①土中含有粒径大于 2mm 的颗粒质量超过总质量 30kg 以上者,[f_{a0}]可适当提高。

②当 e<0.5 时,取 e=0.5;当 I_L<0 时,取 I_L=0。此外,超过表列范围的一般黏性土,[f_{a0}]=$57.22E_s^{0.57}$。

(7)新近沉积黏性土地基可根据液性指数 I_L 和天然孔隙比 e,按表 5-26 确定承载力基本容许值[f_{a0}]。

新近沉积黏性土地基承载力基本容许值[f_{a0}] 表 5-26

[f_{a0}](kPa) I_L / e	≤0.25	0.75	1.25
≤0.8	140	120	100
0.9	130	110	90
1.0	120	100	80
1.1	110	90	—

5.地基土承载力基本容许值的修正

(1)修正后的地基承载力容许值$[f_a]$按式(5-8)确定。当地基基础位于水中不透水地层上时,$[f_a]$按平均常水位至一般冲刷线的水深每米再增大10kPa。

$$[f_a]=[f_{a0}]+k_1\gamma_1(b-2)+k_2\gamma_2(h-3) \tag{5-8}$$

式中:$[f_a]$——修正后的地基承载力容许值(kPa);

b——基础底面的最小边宽(m),当$b<2$m时,取$b=2$m,当$b>10$m,取$b=10$m;

h——基底埋置深度(m),自天然地面起算,有水流冲刷时自一般冲刷线起算,当$h<3$m时,取$h=3$m,当$h/b>4$时,取$h=4b$;

k_1、k_2——基底宽度、深度修正系数,根据基底持力层土的类别按表5-27确定;

γ_1——基底持力层土的天然重度(kN/m^3),若持力层在水面以下且为透水者,应取浮重度;

γ_2——基底以上土层的加权平均重度(kN/m^3),换算时若持力层在水面以下且不透水时,不论基底以上土的透水性如何,一律取饱和重度,当透水时,水中部分土层则应取浮重度。

地基土承载力宽度、深度修正系数k_1、k_2 表5-27

土类 \ 系数	黏性土				粉土	砂土								碎石土			
	老黏性土	一般黏性土		新近沉积黏性土	—	粉砂		细砂		中砂		砾砂、粗砂		碎石、圆砾、角砾		卵石	
		$I_L\geq0.5$	$I_L<0.5$		—	中密	密实	中密	密实	中密	密实	中密	密实	中密	密实	中密	密实
k_1	0	0	0	0	0	1.0	1.2	1.5	2.0	2.0	3.0	3.0	4.0	3.0	4.0	3.0	4.0
k_2	2.5	1.5	2.5	1.0	1.5	2.0	2.5	3.0	4.0	4.0	5.5	5.0	6.0	5.0	6.0	6.0	10.0

注:①对于稍密和松散状态的砂、碎石土,k_1、k_2值可采用表列中密值的50%。

②强风化和全风化的岩石,可参照所风化成的相应土类取值;其他状态下的岩石不修正。

(2)软土地基承载力基本容许值$[f_{a0}]$按下列规定确定:

①根据原状土天然含水率,按表5-28确定软土地基承载力基本容许值$[f_{a0}]$,然后按下式计算修正后的地基承载力容许值$[f_a]$。

$$[f_a]=[f_{a0}]+\gamma_2 h \tag{5-9}$$

式中:γ_2、h的意义同前。

软土地基承载力基本容许值$[f_{a0}]$ 表5-28

天然含水率w(%)	36	40	45	50	55	65	75
$[f_{a0}]$(kPa)	100	90	80	70	60	50	40

②根据原状土强度指标确定软土地基承载力容许值$[f_a]$。

$$[f_a]=\frac{5.14}{m}K_p c_u+\gamma_2 h \tag{5-10}$$

$$K_p=\left(1+0.2\frac{b}{l}\right)\left(1-\frac{0.4H}{blc_u}\right) \tag{5-11}$$

式中:m——抗力修正系数,可视软土灵敏度及基础长宽比等因素选用,一般取1.5~2.5;

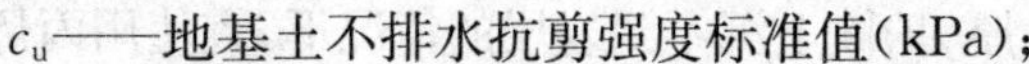

c_u——地基土不排水抗剪强度标准值(kPa)；

K_p——系数；

H——由作用(标准值)引起的水平力(kN)；

b——基础宽度(m)，有偏心作用时，取 $b-2e_b$；

l——垂直于 b 边的基础长度(m)，有偏心作用时，取 $l-2e_l$；

e_b、e_l——偏心作用在宽度和长度方向的偏心距；

γ_2、h——意义同式(5-8)。

第二节　成孔质量检测

目前，我国常用的灌注桩施工有钻孔、冲击成孔、冲抓成孔和人工挖孔等方法。人工挖孔为干作业施工，成孔后孔壁的形状、孔深、垂直度、孔底沉渣及钢筋笼的安放位置等可通过目测或人下到孔内进行检查，质量较容易控制。钻孔、冲击成孔和冲抓成孔等地下湿作业施工的灌注桩，通常需用泥浆护壁，孔内充满泥浆。由于地下施工，加上复杂的地质条件或施工人员操作不当，泥浆原料膨润土的性能差，泥浆外加剂纯碱、氢氧化钠或膨润土粉末等掺入量不合适，调制出的泥浆性能指标不符合要求，从而导致钻孔过程中塌孔、产生扩径、缩径、夹泥、孔底沉渣过厚等桩身缺陷，这些缺陷只能用仪器设备去检测。桩径是保证基桩承载力的关键因素，要保证桩径满足设计要求，其孔径不得小于设计要求。基桩垂直度的偏差程度是衡量基桩承载力能否有效发挥作用的关键因素。桩底沉渣厚度的大小，极大地影响桩端承载力的发挥。可见，成孔质量的好坏，直接影响钻孔混凝土灌注桩浇注后的成桩质量。因此，要在钻孔施工中进行泥浆各种性能指标测定，以确保钻孔的顺利进行。在成孔后，浇灌混凝土前应进行成孔质量检测。成孔检测在以往大型钻孔灌注桩工程中，往往被忽视了，这是不应该的。实际上，成孔检测有时比成桩检测还重要，因为成孔质量有问题，在成桩后是很难处理的，因此我们应对成孔检测予以充分的重视。

一、检测标准

近几年来，我国颁布有国家标准《建筑地基基础工程施工质量验收规范》(GB 50202—2002)，住房和城乡建设部标准《建筑桩基技术规范》(JGJ 94—2008)和交通运输部标准《公路桥涵施工技术规范》(JTG/T F50—2011)，都对混凝土灌注桩成孔质量的检验内容、检验标准、检查方法等提出了具体的规定和要求。成孔质量检验的内容包括泥浆各种性能指标测定和钻孔位置、孔深、孔径、垂直度、沉渣厚度等。

1.泥浆性能指标

在基桩的岩土地层钻孔过程中，一般都要采取护壁措施。泥浆作为钻探的冲洗液，除起护壁作用外，还具有携带岩土、冷却钻头、堵漏等功能，泥浆性能的好坏直接影响钻进效率和生产安全。钻孔泥浆一般由水、黏土(或膨润土)和添加剂按适当配合比配制而成。

(1)《公路桥涵施工技术规范》(JTG/T F50—2011)对泥浆性能指标的规定可参照表 5-29 选用。

(2)对于大直径或超长钻孔灌注桩，泥浆的选择应根据钻孔的工程地质情况、孔位、钻机性能、泥浆材料等确定。在地质复杂、覆盖层较厚、护筒下沉不到岩层的情况下，宜使用丙烯酰胺即PHP泥浆。

泥浆性能指标选择　表5-29

钻孔方法	地层情况	泥浆性能指标							
		相对密度	黏度（Pa·s）	含砂率（%）	胶体率（%）	失水率（mL/30min）	泥皮厚（mm/30min）	静切力（Pa）	酸碱度（pH值）
正循环	一般地层	1.05～1.20	16～22	8～4	≥96	≤25	≤2	1.0～2.5	8～10
	易坍地层	1.20～1.45	19～28	8～4	≥96	≤15	≤2	3～5	8～10
反循环	一般地层	1.02～1.06	16～20	≤4	≥95	≤20	≤3	1～2.5	8～10
	易坍地层	1.06～1.10	18～28	≤4	≥95	≤20	≤3	1～2.5	8～10
	卵石土	1.10～1.15	20～35	≤4	≥95	≤20	≤3	1～2.5	8～10
推钻、冲抓	一般地层	1.10～1.20	18～22	≤4	≥95	≤20	≤3	1～2.5	8～11
冲击	易坍地层	1.20～1.40	22～30	≤4	≥95	≤20	≤3	3～5	8～11

注：①地下水位高或其流速大时，指标取高限，反之取低限。

②地质状态较好、孔径或孔深较小的取低限，反之取高限。

2.成孔质量标准

钻、挖孔在终孔和清孔后，应进行孔位、孔深检验。交通部运输部标准《公路桥涵施工技术规范》(JTG/T F50—2011)的规定如下：

(1)孔径、孔形和倾斜度宜采用专用仪器测定。当缺乏专用仪器时，可采用外径为钻孔桩钢筋笼直径加100mm(不得大于钻头直径)，长度为4～6倍外径的钢筋检孔器吊入钻孔内检测。

(2)钻、挖孔成孔的质量标准见表5-30。

钻、挖孔成孔质量标准　表5-30

项　目	允许偏差
孔的中心位置(mm)	群桩：100；单排桩：50
孔径(mm)	不小于设计桩径
倾斜度	钻孔：小于1%；挖孔：小于0.5%
孔深	摩擦桩：不小于设计规定； 支承桩：比设计深度超深不小于50mm
沉淀厚度(mm)	摩擦桩：符合设计要求，当设计无要求时，对于直径≤1.5m的桩，小于等于200mm，对桩径>1.5m或桩长>40m或土质较差的桩，小于等于300mm； 支承桩：不大于设计规定，设计未规定时小于等于50
清孔后泥浆指标	相对密度：1.03～1.10；黏度：17～20Pa·s；含砂率：<2%；胶体率：>98%

注：清孔后的泥浆指标是从桩孔的顶、中、底部分别取样检验的平均值。本项指标的测定，限指大直径桩或有特定要求的钻孔桩。

二、泥浆性能指标检测

1. 相对密度

用泥浆相对密度计测定。将要量测的泥浆装满泥浆杯，加盖，并洗净从小孔溢出的泥浆，然后置于支架上，移动游码，使杠杆呈水平状态（水平泡位于中央），读出游码左侧所示刻度，即为泥浆的相对密度 γ_x。

若工地无以上仪器，可用一口杯先称其质量为 m_1，再装满清水称其质量 m_2，再倒去清水，装满泥浆并擦去杯周溢出的泥浆，称其质量设为 m_3，则：

$$\gamma_x = \frac{m_3 - m_1}{m_2 - m_1} \tag{5-12}$$

2. 黏度 η

工地用标准漏斗黏度计测定，黏度计如图 5-6a）所示，将滤去大砂粒后的泥浆注入漏斗，然后使泥浆从漏斗下口流出，流满 500mL 量杯所需时间（s），即为所测泥浆的黏度。

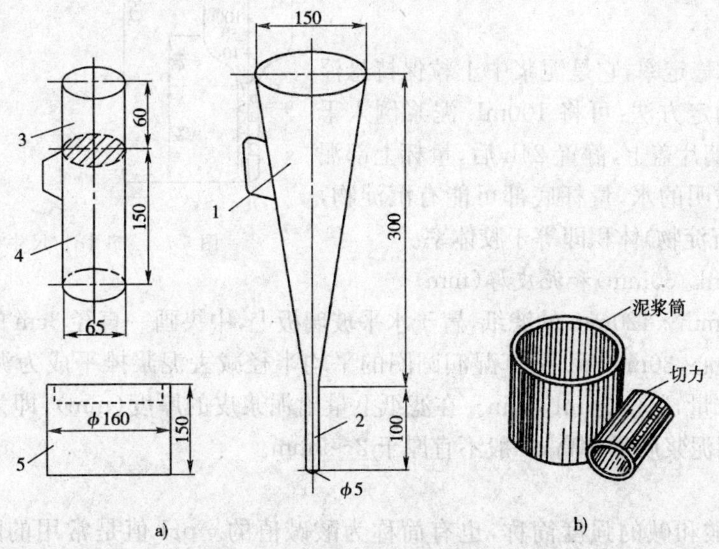

图 5-6　黏度计和浮筒切力计（尺寸单位：mm）

a）黏度计；b）浮筒切力计

1-漏斗；2-管子；3-量杯 200mL；4-量杯 500mL 部分；5-筛网及杯

校正方法：漏斗中注入 700mL 清水，流出 500mL，所需时间应是 15s，其偏差如超过 ±1s，测量泥浆黏度时应校正。

3. 静切力 θ

工地可用浮筒切力计[图 5-6b)]测定。测量泥浆切力时，可用下式表示：

$$\theta = \frac{G - \pi d\delta h\gamma}{2\pi dh - \pi d\delta} \tag{5-13}$$

式中：G——铝制浮筒质量（g）；

d——浮筒的平均直径（cm）；

h——浮筒的沉没深度（cm）；

γ——泥浆重度（g/cm³）；

δ——浮筒壁厚(cm)。

量测时，先将约500mL泥浆搅匀后，立即倒入切力计中，将切力筒沿刻度尺垂直向下移至与泥浆接触时，轻轻放下，当它自由下降到静止不动时，即静切力与浮筒重力平衡时，读出浮筒上泥浆面所对应的刻度[刻度是按式(5-13)计算值刻划的]，即为泥浆的初切力。取出切力筒，按净黏着的泥浆，用棒搅动筒内泥浆后，静置10min，用上述方法量测，所得即为泥浆的终切力。它们的单位均为Pa。切力计可自制。

4. 含砂率

工地用含砂率计(图5-7)测定。量测时，把调好的泥浆50mL倒进含砂率计，然后再倒450mL清水，将仪器口塞紧，摇动1min，使泥浆与水混合均匀。再将仪器垂直静放3min，仪器下端沉淀物的体积(由仪器刻度上读出)乘以2就是含砂率(%)。有一种大型的含砂率计，容积为1 000mL，从刻度读出的数不需乘2，即为含砂率。

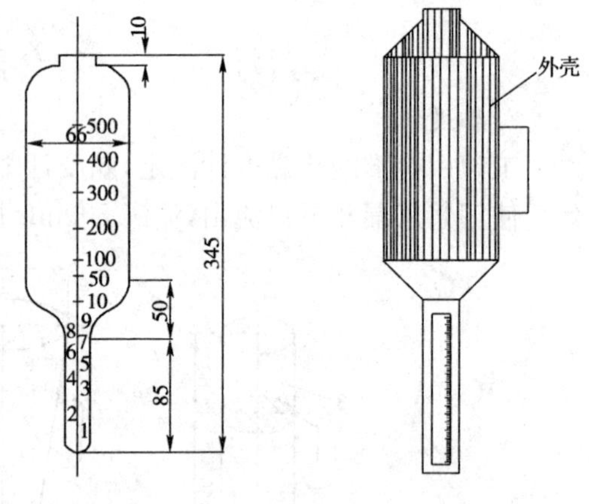

图5-7 含砂率计(尺寸单位：mm)

5. 胶体率(%)

胶体率也称稳定率，它是泥浆中土粒保持悬浮状态的性能。测定方法：可将100mL泥浆倒入干净量杯中，用玻璃片盖上，静置24h后，量杯上部泥浆可能澄清为透明的水，量杯底部可能有沉淀物，以100－(水＋沉淀物)体积即等于胶体率。

6. 失水率(mL/30min)和泥皮厚(mm)

用一张120mm×120mm的滤纸，置于水平玻璃板上，中央画一直径3cm的圆，将2mL的泥浆滴入圆圈中心，30min后，量算湿润圆圈的平均半径减去泥浆摊平成为泥饼的平均半径(mm)，即为失水量，单位为mL/min。在滤纸上量出泥浆皮的厚度(mm)，即为泥皮厚。泥皮愈平坦、愈薄，则泥浆质量愈高，一般不宜厚于2～3mm。

7. 酸碱度

酸碱度，即酸和碱的强度简称，也有简称为酸碱值的。pH值是常用的酸碱标度之一。pH值等于溶液中氢离子浓度的负对数值，即 $pH = -\lg[H^+] = \lg(1/[H^+])$。pH值等于7时为中性，大于7时为碱性，小于7时为酸性。工地测量pH值方法，可取一条pH试纸放在泥浆面上，0.5s后拿出来与标准颜色相比，即可读出pH值。

三、成孔质量检测

1. 桩位偏差测量

桩位偏差是指成桩后的位置与设计位置的差距。桩位应在基桩施工前按设计桩位平面图放样桩的中心位置，但由于施工中测量放线不准、护筒埋设有偏差、钻机对位不正、钻孔偏斜、钢筋笼下孔偏差等因素，成桩后导致桩位与设计位置偏离。如桩位偏离超过设计允许范围，桩的受力状况发生变化，将导致桩的承载力和可靠性降低、工程造价增加、工期延误等。因此，成桩后要对实际桩位进行复测，用精密经纬仪或红外测距仪测量桩的中心位置，看其是否满足设计规定和相应规范、标准对桩位中心位置的偏差要求。

2. 桩倾斜度检查

在灌注桩的施工过程中，能否确保基桩的倾斜度，是衡量基桩能否有效地发挥作用的一个关键因素，因此必须认真地测定桩孔的倾斜度。一般要求对于竖直桩，其允许偏差不应超过1%，对于斜桩，不应超过设计斜度的±2.5%。

桩倾斜度的检查可采用图5-8所示的简易方法。在孔口沿钻孔直径方向设一标尺，标尺上O点与钻孔中心重合，并使滑轮、标尺O点和钻孔中心在同一铅垂线上，其高度为H_0。穿过滑轮的测绳一端连接于用钢筋弯制的圆球（圆球直径比钻孔直径略小些），另一端通过转向滑轮用手拉住。将圆球慢慢放入钻孔中，并测读测绳在标尺上的偏距e，则倾斜角$\alpha=\arctan(e/H)$。该方法工具简单，操作方便，但测读范围以e值小于钻孔的半径为最大限度，且读数较为粗糙。

当检查的桩孔深度较深且倾斜度较大时，可根据地质及施工情况选用JDL-1型陀螺斜测仪或JJX-3型井斜仪检查，也可采用声波孔壁测定仪绘出连续的孔壁形状和垂直度。

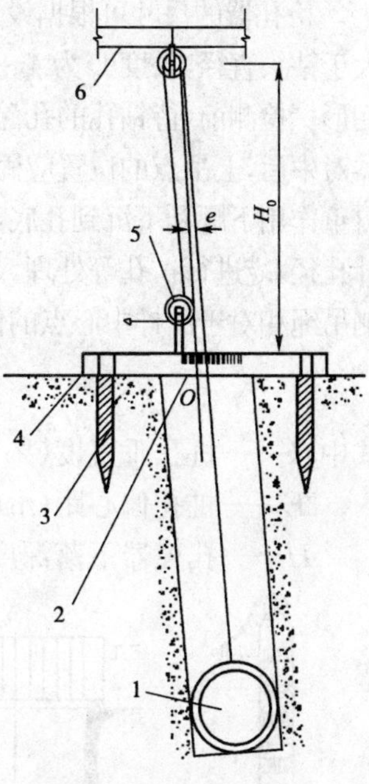

图5-8 桩的倾斜度检查

1-钢筋圆球；2-标尺；3-固定桩；4-木板；5-导向滑轮；6-钻架横梁

3. 桩的孔径和垂直度检测

桩的孔径和垂直度检测是成孔质量检测中的两项重要内容。目前有钢筋笼检测、伞形孔径仪检测、声波法检测三种方法，它们大多可同时检测孔径和垂直度。

1）钢筋笼检测

钢筋笼式检孔器是一种使用较广的检测器具。钢筋笼检测是一种简易便捷的方法，其制作简单，检测方便、可行。钢筋笼式检孔器检测孔径和垂直度如图5-9、图5-10所示。

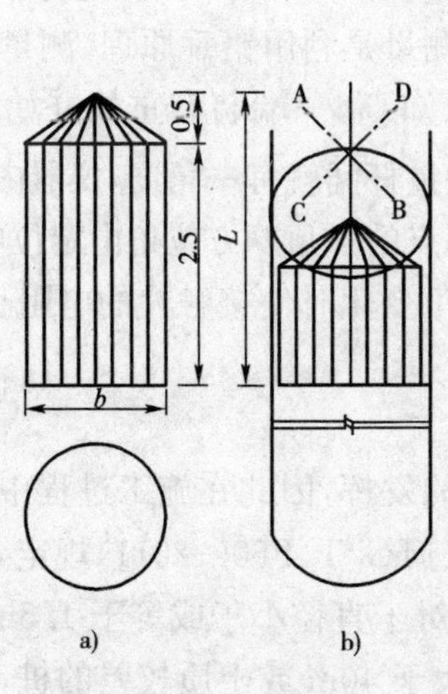

图5-9 钢筋笼检孔器测量孔径（尺寸单位：m）

a）检孔器；b）测量孔径

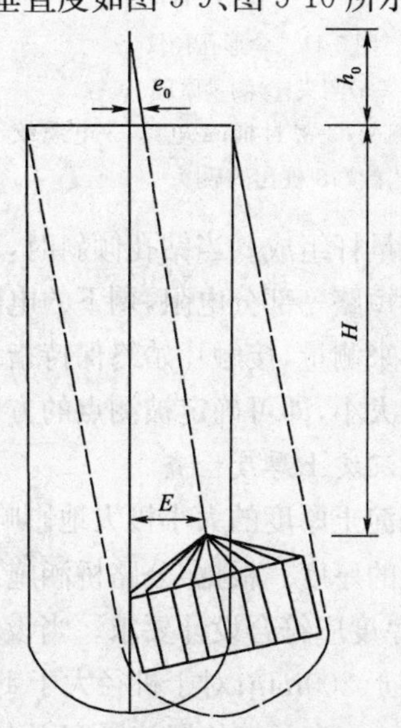

图5-10 钢筋笼检孔器测量孔的垂直度

检孔器的尺寸可根据设计桩径大小设计，外径为钻孔桩钢筋笼直径加 100mm，但外径 D 不得大于钻头直径，长度 L 为 4～6倍的外径。检孔器用钢筋制作，应有一定的刚度，以防止使用过程中变形。检测前，待钻孔的孔深、清孔泥浆指标等检查合格后，再用三角架将孔径器放入孔内。检孔器对中后，上吊点的位置应固定，并保持在整个检测过程中位置不变。检孔器靠自重下沉，如能在自重作用下顺利下沉到孔底，则表明孔径能满足设计要求。如不能下沉到孔底，则说明孔径小于设计孔径，应进行扩孔等处理。钻孔的垂直度可根据检孔器在孔顶对中下落孔中深度和在护筒顶观测吊绳相对于放样中心点的偏移情况，见图 5-10，按下式计算成孔后的垂直度。

$$k = \frac{E}{H} \times 100\% = \frac{e_0}{h_0} \times 100\% \tag{5-14}$$

式中：k——桩孔垂直度(%)

E——桩孔偏心距(m)；

H——孔径器下落深度(m)。

2)伞形孔径仪检测

伞形孔径仪由测头、设调放大器和记录仪三部分组成。测头为机械式的构件，测头放入测孔之前，将四条腿合拢并用弹簧锁定，待测头放入孔底后，四条腿即自动张开。当测头缓缓上提时，在弹簧力作用下，四条腿端始终紧贴孔壁，随着孔壁凹凸不平状况相应张开和收拢，带动测头密封筒内的活塞上下移动，使四组串联滑动电阻来回滑动，将电阻变化转化为电压变化，经信号设调放大器放大，并由记录仪记录，即可绘出孔径大小随孔深的变化情况。伞形孔径仪如图 5-11 所示。

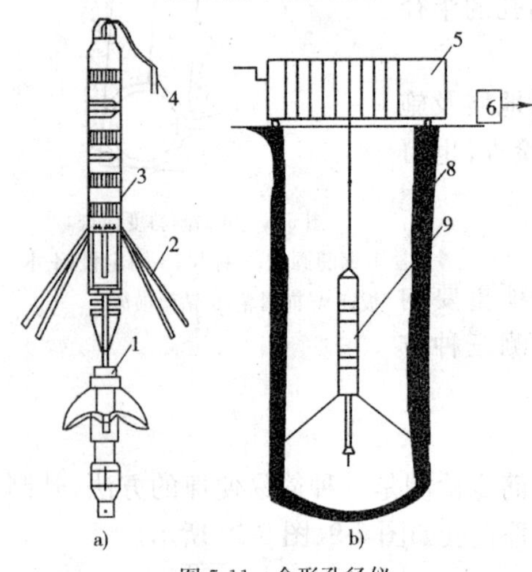

图 5-11 伞形孔径仪

a)测头；b)测量原理

1-锁腿架；2-测腿；3-密封桶；4-电缆；5-电缆绞车；6-放大器；7-记录仪；8-桩孔；9-测头

用伞形孔径仪测量孔斜是在孔内不同深度连续多点测量其顶角和方位角，从而计算钻孔的倾斜度。顶角测量是利用铅垂原理，测量系统由顶角电阻(阻值已知)和一端装有重块并始终保持与水平面垂直的测量杆组成。当钻孔倾斜时，顶角电阻和测量杆间就有一角度，仪器内部机构便根据角度的大小短路一部分电阻，剩下的电阻值即为被测点的顶角。方位角由定位电阻、接触片等磁定向机构来测量，接触片始终保持指北状态，方位角变化时使接触片的电阻也随之变化，知道电阻值的大小，即可确定被测点的方位角。

4.孔底沉淀土厚度检查

桩底沉淀土厚度的大小极大地影响桩端承载力的发挥，因此在施工过程中必须严格控制桩底沉淀土的厚度。根据《公路桥涵施工技术规范》(JTG/T F50—2011)规定，对于摩擦桩清孔后，沉淀厚度应符合设计要求。当设计无要求时，对于直径小于或等于 1.5m 的桩，沉淀厚度小于或等于 200mm；对于桩径大于 1.5m 或桩长大于 40m 或土质较差的桩，沉淀厚度小于或等于 300mm；支承桩的沉淀厚度不大于设计规定值。

测定沉淀土厚度的方法目前还不够成熟，下面介绍工程中常用的几种方法。

1)垂球法

垂球法是一种惯用的简易测定沉淀土厚度的方法。其将质量约1kg的铜制锥体垂球,顶端系上测绳,把垂球慢慢沉入孔内,凭手感判断沉淀土顶面位置,其施工孔深和量测孔深之差值即为沉淀土厚度。

2)电阻率法

电阻率法沉淀土测定仪由测头、放大器和指示器组成。它根据介质不同,如水、泥浆和沉淀颗粒具有不同的导电性能,由电阻阻值变化来判断沉淀土厚度。测试时将测头慢慢沉入孔中,观察表头指针的变化,当出现突变时,记录深度 h_1;继续下沉测头,指针再次突变,记录深度 h_2;直到测头不能下沉为止,记录深度 h_3。设施工深度为 H,则各沉淀土厚度为 (h_2-h_1)、(h_3-h_2) 和 $(H-h_3)$……

3)电容法

电容法沉淀土厚度测定原理是当金属两极间距和尺寸不变时,其电容量和介质的电解率成正比关系,水、泥浆和沉淀土等介质的电解率有较明显差异,从而由电解率的变化量测定沉淀土的厚度。

钻(探)孔在终孔和清孔后,应进行孔位、孔深检验。一般情况下,孔径、孔形和倾斜度宜采用上述专用仪器测定。当缺乏专用仪器时,可采用外径为钻孔桩钢筋笼直径加100mm(不得大于钻头直径),长度为4~6倍外径的钢筋笼检孔器吊入钻孔内检测。

5.超声波法检测孔径和垂直度

1)测试原理及仪器设备

把泥浆作为均匀介质,则超声波在泥浆介质中传播速度 c 是恒定的。若超声波的发射探测器至孔壁的距离为 L,实测声波发射至接收的时间差为 Δt,则按下式计算。

$$L = c \cdot \Delta t/2 \tag{5-15}$$

超声波孔壁测试仪,一般由主机(由超声记录仪、声波发射和接收探头组成)、绕线器和绞车三大部分组成。在现场检测中,通过绞车将探测器自动放入孔内,并靠探测器自重保持测试探头处于铅垂位置。测试时,超声振荡器产生一定频率的电脉冲,经放大后由发射换能器转换为声波,并通过孔内泥浆向孔壁方向传播,由于泥浆与孔壁地层的声阻抗差异很大,声波到达孔壁后绝大部分被反射回来,经接收换能器接收。声波从发送到接收的时间,由计时门打开至关闭的时间差,即为声波在孔内泥浆中的传播时间。超声波测试原理如图5-12所示。

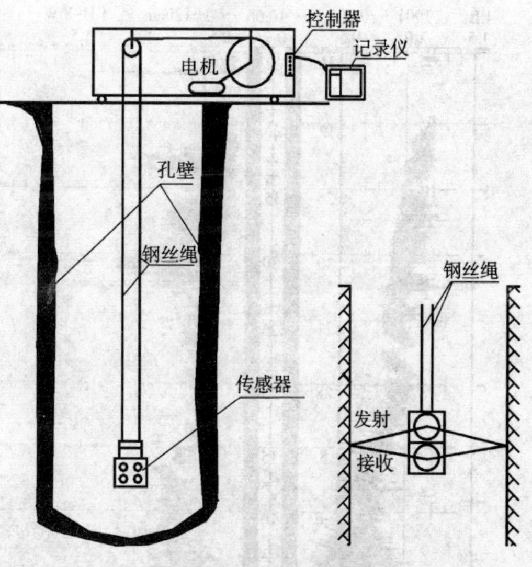

图5-12 超声波测试原理图

声波探头中的四组换能器(一发一收为一组)呈十字交叉布置,可以探测孔内某高程测点两个方向相反的换能器与孔壁之间的距离,进行连续测试,即可得到该钻孔两个方向孔壁的剖面变化图。如某测点声波探头的两方向相反探头测得的换能器至孔壁的距离分别为 L_1 和

L_2，则桩孔在该点的孔径为 $D=L_1+L_2+d$，其中 L_1 和 L_2 为两方向相反的换能器至孔壁的距离，d 为两个方向相反换能器发射面间的距离。用同样的方法可以计算与此呈正交方向的钻孔孔径。如此改变测点的高度，就可获得整个钻孔在该断面测点剖面孔径变化图。记录的数据经同步放大并产生高压脉冲电流，利用记录笔的高压放电在专用记录纸上同时记录两孔壁信号。当声波探头提升的绞车在测试时始终保持吊点不变且电缆垂直，即可通过钻孔孔壁剖面图得到钻孔的垂直度。声波法检测孔径和垂直度的实测成果如图 5-13～图 5-16 所示。

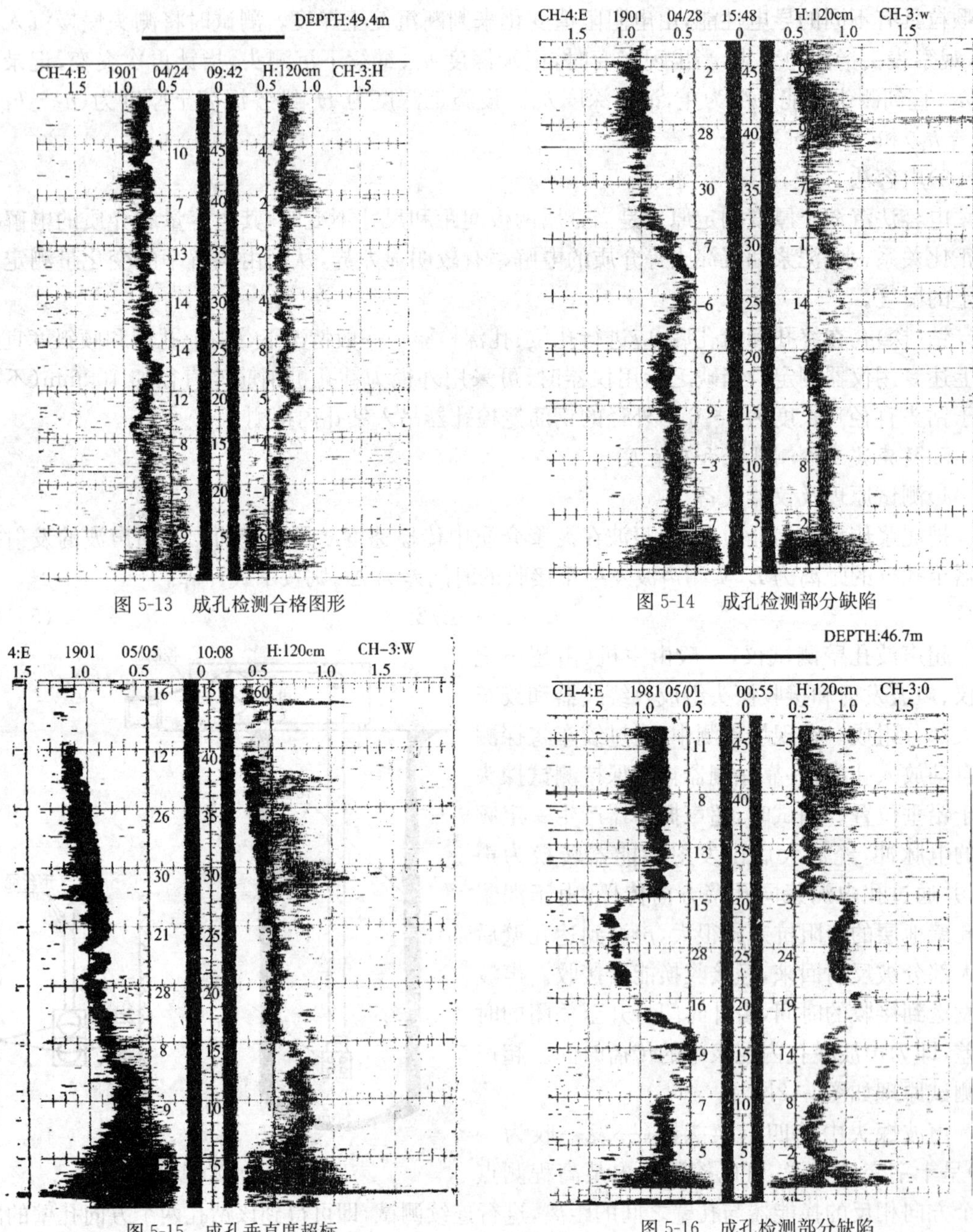

图 5-13　成孔检测合格图形

图 5-14　成孔检测部分缺陷

图 5-15　成孔垂直度超标

图 5-16　成孔检测部分缺陷

2)孔径分析

如图 5-17a)所示,假设某截面测试的两个方向 AB 与 CD,孔为圆形,O 为圆心,半径为 R_1,O'为测试探头中心,L_A、L_B、L_C、L_D 分别为 O'点到 A、B、C、D 点的距离,于是可导出 R 的计算公式为:

$$R=[\sqrt{(L_C+L_D)^2+(L_B-L_A)^2}+\sqrt{(L_A+L_B)^2+(L_C-L_D)^2}]/4 \tag{5-16}$$

孔的直径为 $2R$。

探头中心偏离孔的中心距离 OO'为:

$$S=OO'=0.5\times\sqrt{(L_A-L_B)^2+(L_C-L_D)^2} \tag{5-17}$$

按上式计算出孔口截面探头中心偏离孔的中心距离 S_0 以及任一截面探头中心偏离孔的中心距离 S,两者之差即为该截面偏离孔口中心轴线的距离。

$$\Delta L=S-S_0 \tag{5-18}$$

3)倾斜度分析

按上述方法分析计算出孔口中心轴的距离 $\Delta L_{底}$,$\Delta L_{底}$ 与孔深 H 之比的百分率即为倾斜度,如图 5-17b)所示。

$$倾斜度=(\Delta L_{底}/H)\times 100\%$$

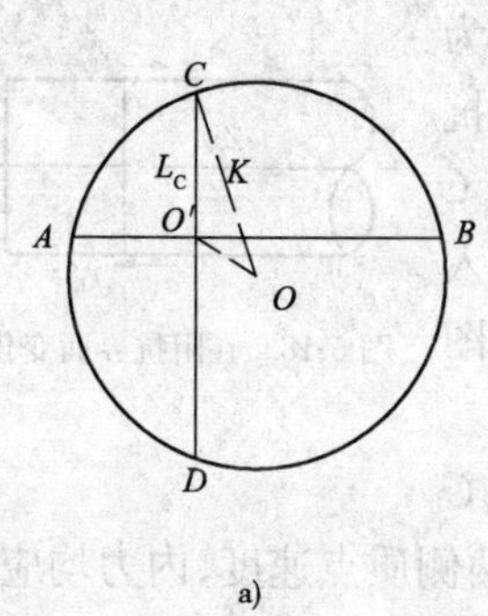

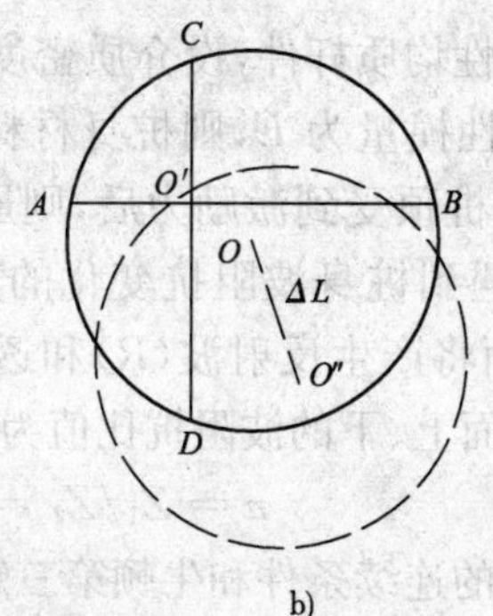

图 5-17　测试计算示意图

a)任意截面计算示意图;b)倾斜度计算示意图

O-圆心;实线圆-孔口截面;O'-测试探头中心;虚线圆-孔底截面;$S=OO'$;OO''-孔中心偏移距离 $\Delta L_{底}$;AB 与 CD 为相互垂直的两个剖面

4)工程实例

图 5-13～图 5-16 是采用日本进口的 KE-20 型测试仪器,在××工程××号桩孔进行的成孔检测剖面图。

上述四根钻孔灌注桩的桩径全为 1.2m、桩长约 50m。由图 5-13 成孔检测剖面图可见,孔壁变化不大、较规则,成孔合格,可进入下一工序,浇灌混凝土。图 5-14 的桩孔中部凹凸不平,需经下钻扩孔扫平后才能往孔内浇灌混凝土。图 5-15 成孔倾斜角度较大,需进行孔倾处理后,才能往孔内浇灌混凝土。图 5-16 存在部分塌孔又缩径现象,也需下钻扫平,而后再浇灌混凝土,该桩所需的混凝土灌注量较大。上述后三根桩如不进行成孔质量检测,盲目地往孔内灌注混凝土,那么成桩后势必影响基桩承载力。成桩后,用低应变反射波法、声波透射法或钻探取芯法检验桩身质量，未必能发现桩身质量问题。即使发现了，也难以处理这类质量问题。由此可见，应把成孔质量检测作为桩基工程施工计划内一个不可缺少的环节。

第三节 桩身完整性检测

钻孔灌注桩桩身完整性检测方法有低应变反射波法、声波透射法和钻探取芯法三种。低应变反射波法具有仪器轻便、操作简单、检测速度快、成本低等特点，可检测桩身缺陷及位置，判定桩身完整性类别，但检测深度有限，在桩基工程质量普查中应用较广。声波透射法需在基桩混凝土浇注前预埋声测管，测试操作较复杂，可检测灌注桩桩身缺陷及其位置，较可靠地判定桩身完整性类别。经上述两种方法检测后，对桩身缺陷仍存在疑虑时，可用钻芯法进行验证。钻芯法使用设备笨重、操作复杂、成本高，但检验成果直观可靠。它可以检测桩长、桩身混凝土强度、桩底沉渣厚度，鉴别桩底岩土性状，准确地判定桩身完整性类别。如将上述三种方法有机结合，并考虑桩的设计条件、承载性状及施工等因素进行综合分析，不仅可对桩身完整性类别作出可靠的评价，还可对桩的承载力作出评估。

一、低应变反射波法

1. 基本原理

把桩视为一维弹性均质杆件，设介质密度为 ρ、截面积为 A、纵波波速为 C、弹性模量为 E，则桩身材料的广义波阻抗 $Z=\rho AC=EA/C$。当桩顶受到激励力后，则压缩波以波速 C 沿桩身向下传播，当遇到桩身波阻抗变化的界面时，压缩入射波(I)在波阻抗界面将产生反射波(R)和透射波(T)，如图5-18所示。设桩身载面上、下的波阻抗比值为 n，则有：

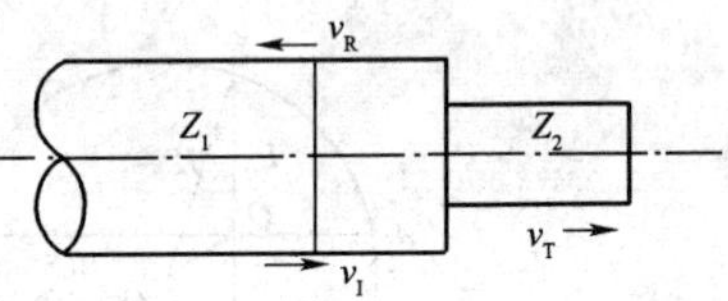

图 5-18 在阻抗界面变化时的应力波

$$n = Z_1/Z_2 = \rho_1 A_1 C_1/\rho_2 A_2 C_2 \tag{5-19}$$

根据桩身交界面的连续条件和牛顿第三定律，界面上两侧质点速度、内力均应相等，即：

$$\left.\begin{aligned} v_1 = v_2 \qquad & v_I + v_R = v_T \\ N_1 = N_2 \quad & A_1(\sigma_I + \sigma_R) = A_2\sigma_T \end{aligned}\right\} \tag{5-20}$$

根据波阵面动量守恒条件可得：

$$\left.\begin{aligned} \frac{\sigma_I}{\rho_1 C_1} - \frac{\sigma_R}{\rho_1 C_1} = \frac{\sigma_T}{\rho_2 C_2} \\ Z_1(v_I - v_R) = Z_2 \cdot v_T \end{aligned}\right\} \tag{5-21}$$

将式(5-19)、式(5-20)联合求解可得：

$$\left.\begin{aligned} \sigma_R = \sigma_I\left[\frac{(Z_2 - Z_1)}{(Z_2 + Z_1)}\right] = F\sigma_I \\ \sigma_T = \sigma_I\left[\frac{2Z_2}{(Z_2 + Z_1)}\right] = T\sigma_I \end{aligned}\right\} \tag{5-22}$$

$$\left.\begin{aligned} v_R &= -v_I\left[\frac{(Z_2-Z_1)}{(Z_2+Z_1)}\right] = -Fv_I \\ v_T &= v_I\left[\frac{2Z_1}{(Z_2+Z_1)}\right] = nTv_I \end{aligned}\right\} \tag{5-23}$$

其中,反射系数:

$$F = \frac{1-n}{1+n} \tag{5-24}$$

透射系数:

$$T = \frac{2}{1+n} \tag{5-25}$$

式(5-22)~式(5-25)为反射波法检测桩身完整性的理论依据。桩身各种性状以及桩底不同的支承条件,均可归纳成以下三种波阻抗变化类型:

(1)当 $Z_1 \approx Z_2$ 时,即桩身连续、无明显阻抗差异时。此时 $n=1, F=0$,$T=1$,由上述各式可知,$\sigma_R=0$、$v_R=0$,即桩身无反射波信号,应力波全透射,表示桩身完整。

(2)当 $Z_1 > Z_2$ 时,相当于桩身有缩径、离析、空洞及摩擦桩桩底的情况。此时 $n>1, F<0$,$T>0$,可知,σ_R 与 σ_I 异号,反射波为上行拉力波。由式(5-24)可知,v_R 与 v_I 符号一致,所以反射波与入射波同相。另外,由弹性杆波动传播的符号定义来理解,上行拉力波与下行压力波的方向一致,则反射波引起的质点速度 v_R 与入射波的 v_I 同相,这样在桩顶检测出的反射波速度和应力均与入射波信号极性一致。

(3)当 $Z_1 < Z_2$ 时,相当于桩身扩径、膨胀或端承桩的情况,则 $n<1, F>0$,$T>0$。由上述各式可知,σ_R 与 σ_I 同号,反射波为上行压缩波,v_R 与 v_I 符号相反,这样在桩顶接收到的反射波速度及应力均与入射波信号的极性相反。同理可得,桩底处的速度为零,而应力加倍。

根据以上三种反射波与入射波相位的关系,可判别某一波阻抗界面的性质,这是低应变反射波法判别桩底情况及桩身缺陷的理论依据。表 5-31 是根据上述理论绘制出的与桩身阻抗变化相对应的反射波特征曲线示意图。

桩身阻抗变化的反射波特征曲线 表 5-31

缺陷	典型曲线	曲线特征
完整	I R I R	(1)短桩:桩底反射波与入射波频率相近,振幅略小; (2)长桩:桩底反射振幅小,频率低; (3)摩擦桩的桩底反射波与入射波同相位,端承桩的桩底反射波与入射波反相位
扩径	I R′ R	(1)曲线不规则,可见桩间反射,扩径第一反射子波与入射波反相位;后续反射子波与入射波同相位,反射子波的振幅与扩径尺寸正相关; (2)可见桩底反射
缩径	I R′ R	(1)曲线不规则,可见桩间反射,缩径第一反射子波与入射波同相位;后续反射子波与入射波反向位。反射子波的振幅大小与缩径尺寸正相关; (2)一般可见桩底反射

续上表

缺陷	典型曲线	曲线特征
离析		(1)曲线不规则,一般见不到桩底反射; (2)离析的第一反射子波与入射波同相位,幅值视离析程度呈正相关,但频率明显降低; (3)中、浅部严重离析,可见到多次反射子波
断裂	I R′ R⁻ R⁻ R	(1)浅部断裂(<2m)由于受钢筋和下部桩影响,反映为锯齿状子波又叠加在低频背景上的脉冲子波,峰—峰为 Δf; (2)中、浅部断裂为一多次反射子波等距出现,振幅和频率逐次下降; (3)深部断裂似桩底反射曲线,但所计算的波速远大于正常波速; (4)一般见不到桩底反射
夹泥 空洞 微裂	I R′ R	(1)曲线不规则,一般可见桩底反射; (2)缺陷的第一反射子波与入射波同相位,后续反射子波与入射波反相位; (3)子波的幅值与缺陷的程度呈正相关
桩底 沉渣	I R	桩底存在沉渣,桩底反射波与入射波同相位,其幅值大小与沉渣的厚度呈正相关

2. 检测仪器设备

反射波法检测系统由基桩动测仪、传感器和激振设备组成。

1)基桩动测仪

目前,国内外动测仪都把采集、放大、存储各部件与计算分析软件融为一体,集成为基桩动测仪。我国已制订了《基桩动测仪》(JG/T 3055—1999)规程,对基桩动测仪的主要技术性能指标作出规定,将动测仪器产品主要技术性能分为 1、2、3 三个等级,1 级较低,3 级较高。其中,2 级基桩动测仪的性能指标要求如下:

(1)A/D 转换器分辨率大于或等于 12bit,单道采样频率大于或等于 20kHz。

(2)加速度测量系统频率响应,幅频误差小于或等于±5%时,3~3 000Hz,幅频误差小于或等于±10%时,2~5 000Hz;幅值非线性振动小于或等于 5%;冲击测量时,零飘小于或等于 1%FS;传感器安装谐振频率大于或等于 10kHz。

(3)速度测量子系统频率响应,幅频误差小于或等于±10%时,10~1 200Hz;幅值非线性振动小于或等于 10%;传感器安装谐振频率大于或等于 2kHz。

(4)单通道采样点数大于或等于 1 024;系统动态范围大于或等于 66dB;输出噪声电平有效值小于或等于 2mV;衰减挡(或程控放大)误差小于或等于 1%;任意两道间的通道幅值一致性误差小于或等于±0.2%,相位一致性误差小于或等于 0.05。

(5)环境条件:工作时相对湿度(温度 40℃时)20%~90%。

从上述性能指标看,国内外基桩动测仪生产厂家,其性能指标均已达到或超过 2 级基桩动测仪的技术性能指标,完全可以满足反射波法桩基检测的需要。

动测仪器是在野外恶劣的环境条件下使用的,容易损坏。为了实现我国计量法规定的量值传递要求,保证有效使用范围,根据计量认证规定,要每年定期对基桩动测仪进行计量检定。

有关动测仪器各部件的技术性能指标及检定条件，可参考《基桩动测仪器测量系统》和《基桩动测仪》中的有关规定。

《公路工程基桩动测技术规程》(JTG/T F81—01—2004)对采集处理仪器作如下规定：

(1)数据采集装置的模—数转换器不得低于12bit。

(2)采样间隔宜为10～500μs，可调。

(3)单通道采样点不少于1 024点。

(4)放大器增益宜大于60db，可调，线性度良好，其频响范围应满足5～5 000Hz。

2)传感器主要性能指标

(1)传感器宜选用压电式加速度传感器或磁电式速度传感器，频响曲线的有效范围应覆盖整个测试信号的频带范围。

(2)加速度传感器的电压灵敏度应大于100mV/g，电荷灵敏度应大于20PC/g，上限频率不应小于5kHz，安装谐振频率不应小于6kHz，量程应大于100g。

(3)速度传感器的固有谐振频率不应大于30Hz，灵敏度应大于200mV/(cm·s^{-1})，上限频率不应小于1.5kHz，安装谐振频率不应小于1.5kHz。

3)激振设备

(1)激振锤的材质与性能

为了满足不同的桩型和检测目的，应选择符合材质和质量要求的力锤或力棒，以获得所需的激振频率和能量。反射波法基桩质量检验用的手锤和力棒，其锤头的材质有铜、铝、硬塑、橡皮等。改变锤的质量和锤头材质，即可获得检测所需的能量和激振频谱要求。表5-32所列数据为不同激振锤敲击桩头，由安装在锤头上的力传感器和安装于桩头上的测量传感器所记录的信号，分析得到不同材质和质量激振桩头的不同效果。激振锤的材质与性能见表5-32。

激振锤的材质与性能参数表

表5-32

序号	锤型	材质	质量 m(kg)	主频(kHz)	脉宽 t(ms)	力值(kN)
1	小钢管	钢	0.09	3.28	0.6	0.14
2	小钢杆	钢	0.27	2.02	0.9	0.41
3	铁锤	钢	1.23	2.50	0.8	1.89
4	木锤	杂木	0.39	1.92	1.0	0.59
5	橡胶锤	生胶	0.30	0.86	2.0	0.43
6	RS手锤	聚乙烯	0.94	0.96	2.0	1.30
7	RS力棒	尼龙	2.97	1.38	1.5	4.49
8	RS力棒	铁	2.95	1.55	1.2	4.46

由表5-32可见，在相同材质情况下，质量大的，力值也大，主频相对减小；在锤的质量相同时，主频随钢、铝、硬塑、橡皮、杂木硬度的降低而减小。

锤击桩头的目的是要在桩顶输入一个符合检测要求的初始应力波脉冲，其基本技术特性为：波形、峰值、脉冲宽度或频谱、输入能量。当波形一定时，我们关注的是峰值和脉宽两个主要问题。峰值决定激励桩身的应力大小，脉宽决定激励的有效频段范围，两者组合将决定输入能量大小及能量在整个有效频段内的分配。

(2)锤激振源对基桩检测信号的影响

①锤激能量。其大小取决于锤的质量和下落速度。对大直径长桩,应选择质量大的锤或力棒,以产生主频率低、能量大的激励信号,获得较清晰的桩底反射信号,但这时桩身的微小缺陷会被掩盖。

②锤头材料。锤头材料硬,产生的高频脉冲波有利于提高桩身缺陷的分辨率,但高频信号衰减快,不容易探测桩身深部缺陷;锤头材料软,产生的低频脉冲波,衰减慢,有利于获得桩底反射信号,但降低了桩身缺陷的分辨率。

③脉冲宽度。小钢锤的脉冲宽度约为 0.6ms,尼龙锤约为 2.0ms,橡皮锤约为 4.8ms。激振脉冲宽度大,有利于探测桩身的深部缺陷,但波长大于缺陷尺寸时,由于波的绕射作用,桩身内的小缺陷不容易识别,从而降低了分辨率;激振力脉冲宽度小,应力波频率高,波长短,有利于对桩身小缺陷的分辨率,但在桩浅部不能满足一维弹性杆件的平截面假定条件,会出现接收信号波形畸变。

3.现场检测技术

反射波法现场测试仪器设备见图 5-19。

1)准备工作

(1)现场踏勘及资料收集

在接受检测任务后,检测人员应了解场地地质条件、建筑物的类型、桩型、桩设计参数、成桩工艺、施工记录及相关的资料,然后根据检测委托书,编制检测纲要。

(2)桩头处理

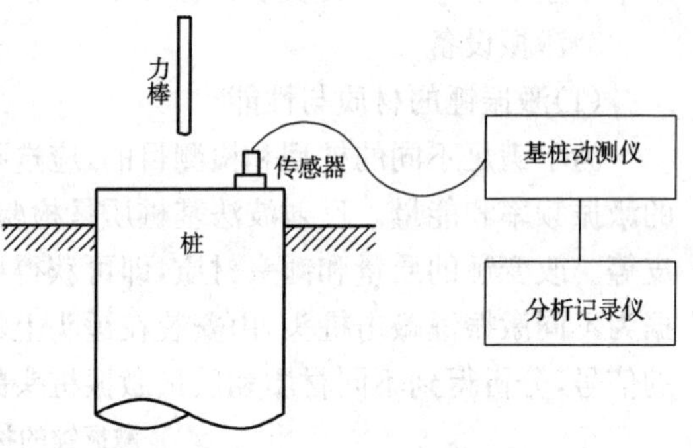

图 5-19 反射波法测试仪器设备框图

应根据相应的技术规范、标准的规定,并参考现场施工记录和基桩在工程中所起的作用来确定抽检数量及桩位。公路桥梁的钻孔灌注桩通常是每根桩都要进行检测,对受检桩,要求桩顶的混凝土质量、截面尺寸与桩身设计条件基本相同。桩头应凿去浮浆或松散、破损部分,并露出坚硬的混凝土,对桩头外露主筋不宜太长。桩头表面应平整干净、无积水,并将传感器安装点与敲击点部位磨平。

(3)传感器的选择与安装

一般采用加速度传感器,因为它的频率响应范围比较宽、动态范围大、失真度小,能较好地反映桩身的反射信息。速度传感器灵敏度高,低频性能好,对检测桩体深部缺陷信息较好。传感器用耦合剂黏结时,黏结层应尽可能薄。必要时,采用打孔安装方式,传感器底安装面应与桩顶混凝土面紧密接触,其安装点宜在距桩中心 1/2～2/3 半径处。

激振点与传感器安装点应远离钢筋笼的主筋。测点数量视桩径大小而定,且距离桩的主筋不宜小于 50mm。当桩径不大于 1 000mm 时,不宜少于 2 个测点;当桩径大于 1 000mm 时,不宜少于 4 个检测点。

对混凝土预制桩,当边长不大于 600mm 时,不宜少于 2 个测点;当边长大于 600mm 时,不宜少于 3 个测点。

对预应力管桩,不宜少于 2 个测点。

2)仪器参数设置

(1)采样频率

每通道的采样点数不应小于 1 024 点,采样频率应满足采样定理。

$$f_s \geqslant 2f_m \tag{5-26}$$

式中:f_s——采样频率;

f_m——信号频率上限,在基桩检测中,通常取 $f_s = 3f_m$ 。

在基桩测试中,通常在 0~2kHz 范围已能满足要求。对不同的测试要求,可改变频率范围,如要测 3~5m 内的浅部缺陷,可将频率调到 1~2kHz;要测桩底反射信号,则可降低频率范围至 0~0.6kHz。

(2)采样点数 N

应满足下式要求:$N \geqslant \dfrac{3L}{c\Delta t}$,一般每通道的采样点数不少于 1 024 点。

采样时间 T,又称采样长度,是一次采样 N 个点数据所需的时间,可表示为 $T=N\cdot\Delta t$。

采样间隔 Δt 是对信号离散采样时,每采一点所需的时间,可表示为 $\Delta t=1/f_s$。

这样频率间隔 Δf 频域里两相邻数据的频率间隔,可表示为:

$$\Delta f = \frac{1}{T} = \frac{1}{N\cdot\Delta t} \tag{5-27}$$

由上可见,采样频率愈高,采样间隔愈小,时域分辨率愈高,而频域分辨率愈低;反之亦然。这是因为 Δt 与 Δf 是互为倒数关系。

(3)适调放大器

放大增益要足够大,在屏幕上有足够大波形,以不限幅为原则。

3)信号采集

(1)根据桩径大小,在与桩心对称处布置 2~4 个测点。

(2)实测信号能反映桩身完整性特征,有明显的桩底反射信号,每个测点记录的有效信号数不宜少于 3 个。

(3)不同测点及同一测点的多次实测时域信号一致性好。否则,应分析原因,找出问题后进行重测。

(4)信号幅值适度,波形光滑,无毛刺、振荡出现,信号曲线最终归零。

在大直径桩的测试中,由仪器本身和外界产生的随机噪声所引起的干扰频段,大都在响应信号的有效频段范围内,干扰信号滤去了,有用信号也受到很大损害。桩的尺寸效应能使桩头径向干扰振型激发出来,即使这种干扰被滤去,还是背离应力波一维纵波传播理论,它所引起的误差仍无法消除。用控制激励脉冲宽度和传感器安装谐振频率及低频飘移,可减小干扰信号的产生。所以在现场检测时,通过改变锤头材料或锤垫厚度,用机械滤波手段,也是提高测试波形质量的有效办法。

4.检测数据的分析与判定

1)时域分析

(1)桩身波速平均值的确定

当桩长已知、桩底反射信号明确时,选用相同条件下(地质条件、设计桩型、成桩工艺相同)

不少于 5 根Ⅰ类桩的桩身波速值，按下式计算其平均值。

$$c_m=\frac{1}{n}\sum_{i=1}^{n}c_i \tag{5-28}$$

$$c_i=\frac{2\ 000L}{\Delta T} \tag{5-29}$$

$$c_i=2L\cdot\Delta f \tag{5-30}$$

式中：c_m——桩身波速的平均值(m/s)；

c_i——第 i 根受检桩的桩身波速值(m/s)，且 $|(c_i-c_m)/c_m|\leqslant5\%$；

L——测点下桩长(m)；

ΔT——速度波第一峰与桩底反射波峰间的时间差(ms)；

Δf——幅频曲线上相邻谐振峰间的频差(Hz)；

n——参加波速平均值计算的基桩数量，$n\geqslant5$。

(2)桩身缺陷位置计算

当桩身有缺陷但测不到桩底信号时，可根据本地区、本工程同类桩型的波速测试值，按下式计算桩身缺陷 x 的位置。

$$x=\frac{1}{2\ 000}\cdot\Delta t_x\cdot c\quad 或\quad x=\frac{1}{2}\cdot\frac{c}{\Delta f} \tag{5-31}$$

式中：x——桩身缺陷至传感器安装点的距离(m)；

Δt_x——速度波第一峰与缺陷反射波峰间的时间差(ms)；

c——受检桩的桩身波速(m/s)，无法确定时，用 c_m 值代替；

Δf——幅频曲线上缺陷相邻谐振峰间的频差(Hz)。

(3)桩身完整性判定

在实际检测中，以时域分析为主、频域分析为辅。根据时域信号特征进行桩身完整性分类原则，见表 5-33。

桩身完整性判定 表 5-33

类别	时域信号及频域特征	说 明
Ⅰ类桩	桩底反射波较明显，桩身无缺陷反射，频谱图中谐振峰排列基本等间距，混凝土波速处于正常范围	桩身完整、均匀，混凝土密实
Ⅱ类桩	桩底反射波较明显，桩底前有轻微缺陷反射波，混凝土波速处于正常范围，频谱图中轻微缺陷叠加在桩底谐振峰上	桩身基本完整，桩身混凝土局部离析、空洞，缩径等缺陷
Ⅲ类桩	桩底反射信号不明显，可见缺陷二次反射波；或有桩底反射，但波速明显偏低	桩身完整性差，其缺陷对桩身结构承载力有影响
Ⅳ类桩	无桩底反射波，可见因缺陷引起的多次强烈反射波；或平均波速明显高于正常波速	桩身有严重缺陷，强度和承载力不满足设计要求

2)频域分析

尽管现场动测时的时域信号能较真实地反应桩身情况，但许多实测曲线不可避免地夹杂着许多干扰信号，这给时域分析带来困难，因此对测试信号进行频域分析是必要的。

根据动态信号测试原理，对于反射法动测桩时激励桩头所得的响应信号，在频域中可用下式表示系统响应的总和：

$$V(\omega)=P(\omega)\cdot B(\omega)\cdot F(\omega)\cdot A(\omega)\cdot R(\omega) \tag{5-32}$$

式中：$V(\omega)$——对应的傅里叶变换；

$P(\omega)$——桩身完整性响应函数；

$B(\omega)$——传感器安装后的频响特性；

$F(\omega)$——激振产生的响应函数；

$A(\omega)$——采集和分析时所用带宽与放大器综合函数；

$R(\omega)$——外来干扰因素；

ω——频率自变量，$\omega=2\pi f$。

可以证明，对于自由桩而言，上式中 $P(\omega)$ 共振峰频率与桩底和缺陷的位置有关，其系统固有频率的表达式为：

$$f_{\mathrm{b}}^{\mathrm{L}}=\left(n+\frac{\arctan\lambda_{\mathrm{L}}}{\pi}\right)\frac{c}{2L},\quad n=1,2,\cdots \tag{5-33}$$

$$f_{\mathrm{n}}^{\mathrm{b}}=\left(n+\frac{\arctan\lambda_{\mathrm{b}}}{\pi}\right)\frac{c}{2b},\quad n=1,2,\cdots \tag{5-34}$$

式中：λ_{L}、λ_{b}——分别为桩底和缺陷有关的函数。

在自由端时，$\lambda_{\mathrm{L}}\to 0$；在支承端时，$\lambda_{\mathrm{L}}\to\infty$。一般情况下 λ_{L} 介于二者之间，由此可导出完整桩的波速。

$$c=2L\cdot\Delta f \tag{5-35}$$

式中：L——桩长(m)；

Δf——频谱分析中的频差峰—峰值(1/s)。

而在缺陷桩所形成的相邻共振峰频差和缺陷位置的关系为：

$$L'=c/(2\cdot\Delta f) \tag{5-36}$$

式中：L'——缺陷部位的深度(m)。

将式(5-36)变换后可写成各阶振型的固有频率形式时，有下式：

$$\Delta f=f_{\mathrm{n}}-f_{\mathrm{n-1}}=\frac{c}{2L} \tag{5-37}$$

同样，如桩存在缺陷，其缺陷处距桩顶距离 L' 与两阶谐振峰频率之差的关系式如下：

$$\Delta f'=f'_{\mathrm{n}}-f'_{\mathrm{n-1}}=\frac{c}{2L'} \tag{5-38}$$

式(5-37)、式(5-38)可作为频域法判断桩身缺陷的依据，一根桩身完整的幅频特性曲线如图 5-20 所示。

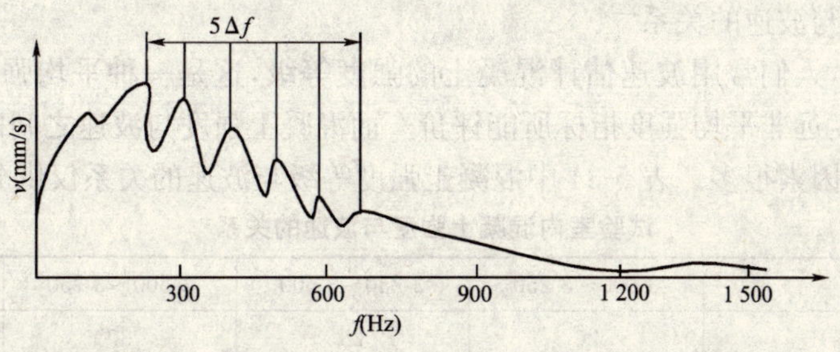

图 5-20　桩身完整的幅频特性曲线

3)时域与频域分析的互相验证

通常,人们只对时域曲线进行积分、滤波、指数放大等信号处理后,即可将桩身存在的各种缺陷反映充分展示出来,从而判断桩身完整性问题。但有时桩身有多个缺陷,加之各种干扰信号,时域曲线变得非常复杂,这时需要进行信号的频域分析,将干扰信号滤去后,找出桩身的缺陷反射信息,再判定桩身完整性。而时域、频域分析可作为反射波法分析时的互相验证与补充,两者各有优缺点:

(1)多数情况下的时域、频域分析结果能很好地统一和相互验证,但时域和频域分析的精度互相矛盾,采样频率越高,时域的分辨率越高,而频域分辨率越低;反之亦然。对缺陷位置和桩长来说,还是以时域计算为准。

(2)非桩土系统引起的干扰振荡较严重时,时域局限性较大,应以频域分析为主体。

(3)桩身存在多个等间距缺陷时,时域难以区分深部缺陷反射与浅部缺陷的多次反射,分析频域的基频和频差可对其加以甄别。

(4)有些桩底反射信号不明显,频谱中有较明显的整桩基频和频差。

(5)涉及离析、缩颈、裂隙等缺陷性状的区分时,时域、频域的相互印证有时特别重要,离析处的谐振峰多见低缓形式,而裂隙的谐振峰较尖锐。

5. 反射波法的特点

1)反射波法的优点

其仪器设备轻便,操作简单,成本低廉;可对桩基工程进行普查,检测覆盖面大;可检测桩身完整性和桩身存在的缺陷及位置,估计桩身混凝土强度、核对桩长等。

2)反射波法的局限性

(1)检测桩长的限制,对于软土地区的超长桩,长径比很大,桩身阻抗与持力层阻抗匹配好,常测不到桩底反射信号。

(2)桩身截面阻抗渐变等时,容易造成误判。

(3)当桩身有两个以上缺陷时,较难判别。

(4)在桩身阻变小的情况下,较难判断缺陷的性质。

(5)嵌岩桩的桩底反射信号多变,容易造成误判。

嵌岩桩的时域曲线中桩底反射信号变化复杂,一般情况下,桩底反射信号与激励信号极性相反;但桩底混凝土与岩体阻抗相近,则桩底反射信号不明显,甚至没有;如桩底有沉渣,则有明显的同相反射信号。因此,要对照受检桩的桩型、地层条件、成桩工艺、施工情况等进行综合分析,不宜单凭测试信号定论。

3)混凝土强度与波速的关系

在工程检测中,人们常用波速估计混凝土的强度等级,这是一种平均强度的概念。实际上,桩身混凝土强度远非平均强度指标所能评价。而混凝土强度与波速之间的关系比较复杂,影响混凝土的强度因素很多。表 5-34 中混凝土强度等级与波速的关系仅供分析时参考。

试验室内混凝土强度与波速的关系 表 5-34

波速(m/s)	3 000～3 250	3 250～3 500	3 500～3 750	3 750～4 000
抗压强度(MPa)	20	25	30	35

表 5-34 是根据 TIJOU 1984 年通过试验得出混凝土强度与波速的关系。表 5-35 为由中

国科学院武汉岩土力学所根据大量地区性现场测试资料得出的波速与混凝土质量的关系。

波速与混凝土质量的关系 表 5-35

波速(m/s)	>4 000	3 500~4 000	3 000~3 500	2 000~3 000	<2 000
混凝土质量	优	好	中等	差	极差
等 级	Ⅰ	Ⅱ	Ⅲ	Ⅳ	Ⅴ

6.检测报告

检测报告的内容除应给出委托方名称、工程名称等常规内容外,还应给出桩身完整性检测的实测信号曲线、桩身波速取值、桩身完整性描述、缺陷位置及桩身完整性类别。

7.工程实例

1)钻孔灌注桩(摩擦桩)(图 5-21)

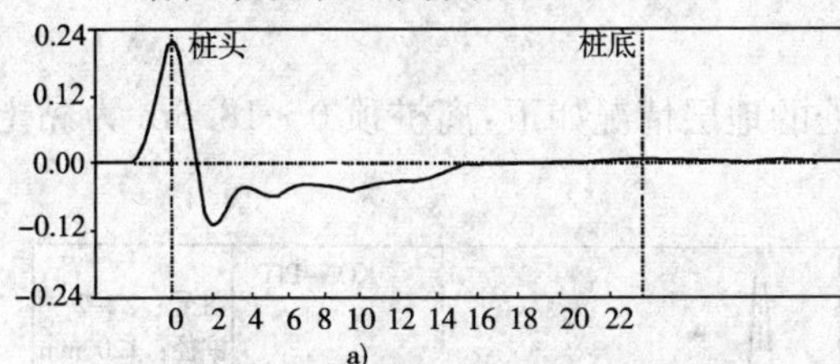

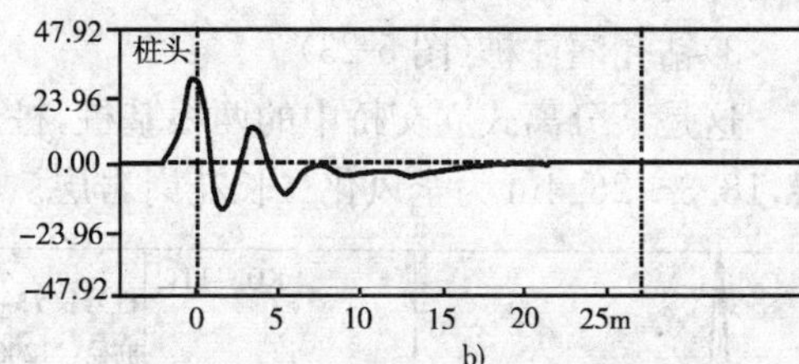

图 5-21 钻孔灌注桩(摩擦桩)

图 5-21a)中,桩长 23m,桩径 1.2m,在 3.6m 有轻微缩径反应,桩底反射明显,波速 3 720m/s,桩身完整性定为Ⅱ类桩。图 5-21b)中,桩长 27m,桩径 1.0m,波速 3388m/s,在桩身 4m 处有缩径反应,且有多次反射,波速也偏低,桩底反射不清晰,定为 III 类桩。

2)钻孔灌注桩(嵌岩桩)(图 5-22)

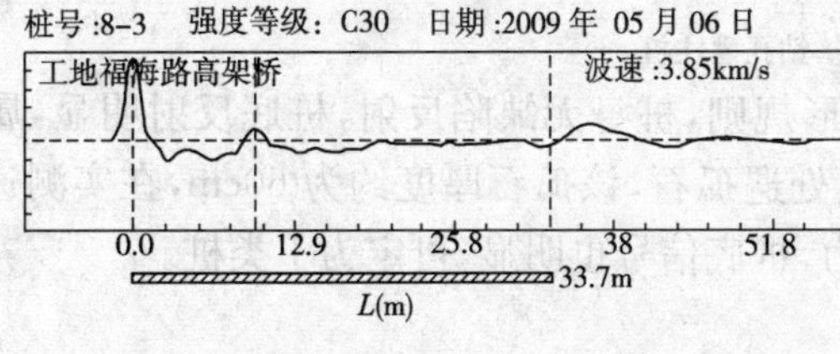

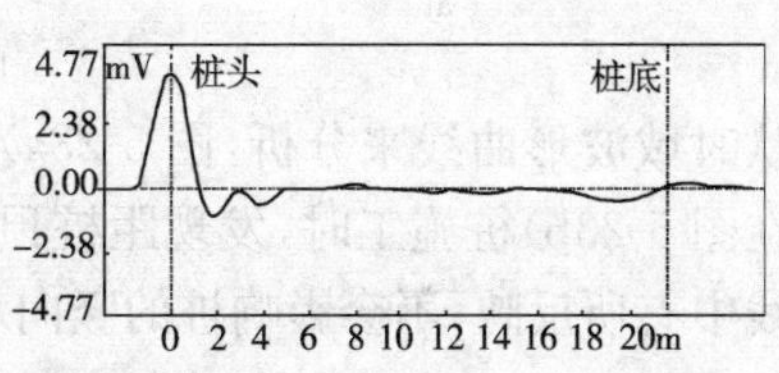

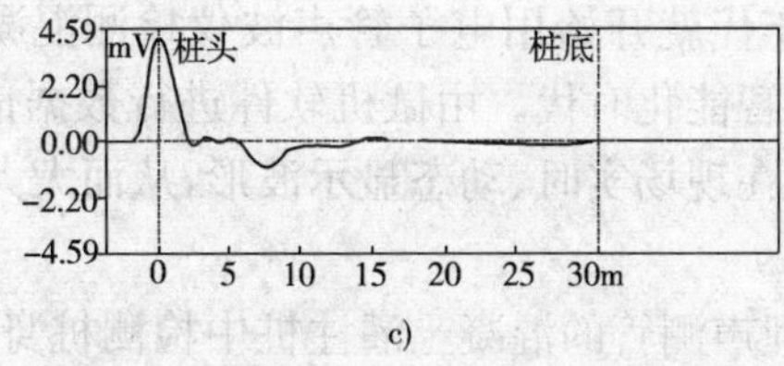

图 5-22 钻孔灌注桩(嵌岩桩)

图 5-22a)桩长 33.7m,桩径 1.5m,约 10m 处有缩径反射信号,但桩底反射清晰,波速正常,定为Ⅱ类桩。图 5-22b)为一根人工挖孔桩,桩长 21.6m,桩径 1800mm,柱高 2.7m。柱径 1500mm,其地层情况:自上而下,素填土 0.6m、粉白砂层 6.6m、卵石层 6.8m、强风花岗岩 6.2m、微风化 1.8m。从实测波形来看,除在 20m 附近有扩径反射信号外,中间基本无异常反应,桩端有嵌岩反相信号,可定为Ⅰ类桩。

对于入岩较深的嵌岩桩,从桩顶入射的压缩应力波进入较硬的岩层时,由于地层的波阻抗增大，使该处（桩底以上）产生一个上行的压缩波，在桩顶产生与激励信号相位极性相反的拉力波。当它进入岩层中的桩身混凝土，桩周岩层的密度相对较均匀，使得波形曲线幅值相对减小，波形曲线又回到基线上方，然后慢慢降至基线附近。经验证明，桩嵌岩的岩层越硬，嵌入的岩层越深，其入岩反射波的幅值越大，入岩反射后的波形曲线在基线上方的传播时间越长。如不考虑这些问题，简单地将入岩时的反相反射信号作为桩底反射时间处理，将导致计算的桩身混凝土波速过高，则判为桩长不够，容易造成误判。

图 5-22c）为某桥涵人工挖孔灌注嵌岩桩，桩长 30.9m，桩径 1 500mm，柱高 7.8m。柱径 1 300mm，其地层为：上层为亚黏土，桩进入微风化花岗岩 1.5m。从实测波形看，在柱高 7.8m 处桩径由 1.3m 变为 1.5m 处，波形反相反射信号清晰，且后面有两次的正向反射。在桩身入岩处反射信号也明显。该桩经声波透射法检测，桩身质量都正常，判为Ⅰ类桩。

3）钻孔灌注桩（图 5-23）

这是某分离式立交桥中的两根基桩，桩位所处的地层情况如下：离桩顶 0～18.3m 为黏土层，18.3～26.4m 为全风化二长花岗岩层。

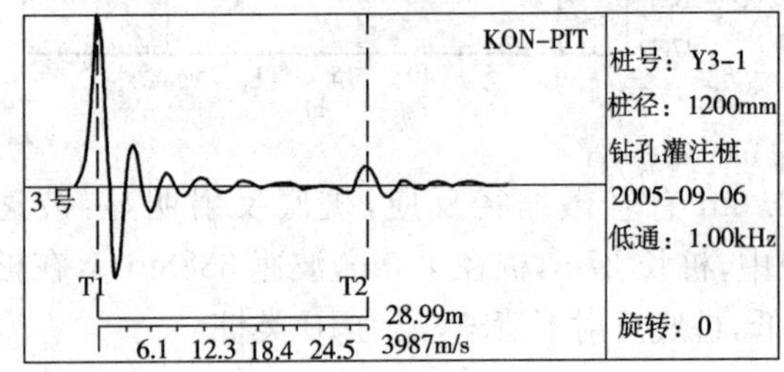

a)

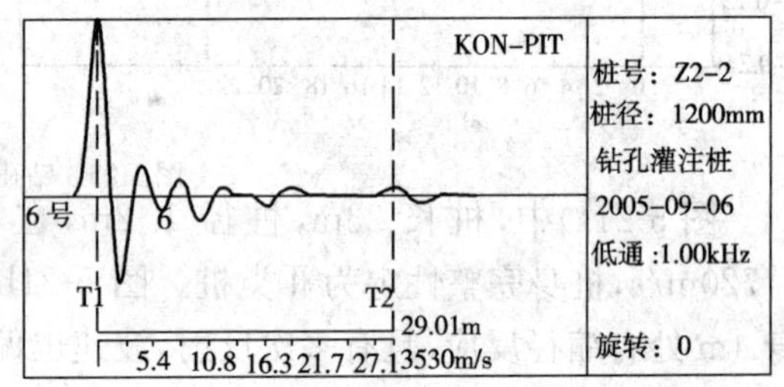

b)

图 5-23 钻孔灌注桩

从时域波形曲线来分析，图 5-23a）桩波形规则，桩身无缺陷反射，桩底反射明显，属Ⅰ类桩。在图 5-23b）桩施工时，发现距桩顶 13m 处遇孤石，该孤石厚度约为 60cm，在实测速度时域曲线中有所反映，不会影响桩的竖向承载力，桩底信号也明显，可定为Ⅰ类桩。

二、超声透射波法

美国在 20 世纪 50 年代就开始用电子管声波仪检测混凝土的质量。随着微机技术的发展，我国的声波仪也步入智能化时代。由微机软件进行数据信息处理和自动判读的智能型数字声波仪已日趋成熟，可在现场实时、动态显示波形，从而大大提高了现场工作效率，缩短了室内数据处理时间。

超声透射法是在预埋声测管的混凝土灌注桩中检测桩身完整性，判定桩身缺陷的程度及其位置。它的特点是检测的范围可覆盖全桩长的各个检测剖面，检测全面细致，信息量大，成果准确可靠；现场操作不受场地、桩长、长径比的限制，操作简便，工作进度快。声波透射法以其鲜明的特点，成为混凝土灌注桩（尤其是大直径桩）桩身完整性检测的一个重要手段，在工民建、水利、交通桥梁和港口等工程建设领域中得到了广泛应用。

1. 基本原理

声波透射法是在灌注桩中预埋两根或两根以上的声测管作为检测通道，管中注满水作为耦合剂，将超声发射换能器和接收换能器置于声测管中，由超声仪激励发射换能器产生超声脉

冲,向桩身混凝土辐射传播。声波在混凝土传播过程中,当桩身混凝土介质存在阻抗差异时,将发生反射、绕射、折射和声波能量的吸收、衰减,并经另一声测管中的接收换能器接收,经超声仪放大、显示、处理、存储,可在显示器上观察接收超声波波形,判读出超声波穿越混凝土后的首波声时、波幅及接收波主频等声学参数,通过桩身缺陷引起声学参数或波形变化来检验桩身混凝土是否存在缺陷。

目前,我国的超声仪都采用专用处理软件进行波速、声幅、SPD 计算,并绘制这些参数随深度变化的曲线图,供检测人员分析、判断桩身存在的缺陷位置和范围,估算缺陷的尺寸等,并按规范规定对基桩进行完整性分类。

2. 检测仪器设备

声波检测仪器有两大类:一类是模拟式声波仪,它所显示和分析的是模拟信号,其声波幅值随时间的变化是连续的,这种信号称为时域信号。这类模拟式声波仪,测试时由人工操作,现场工作量大,工作效率低,容易出错,使用场所越来越少。另一类是数字式声波仪,它通过信号采集器采集信号,将采集的模拟信号变为数字信号,由计算软件自动进行声时和波幅判读,既提高了检测精确度,又提高了效率,因而得到了广泛的应用。

1)数字式超声波检测仪

数字式超声仪原理框图如图 5-24 所示。

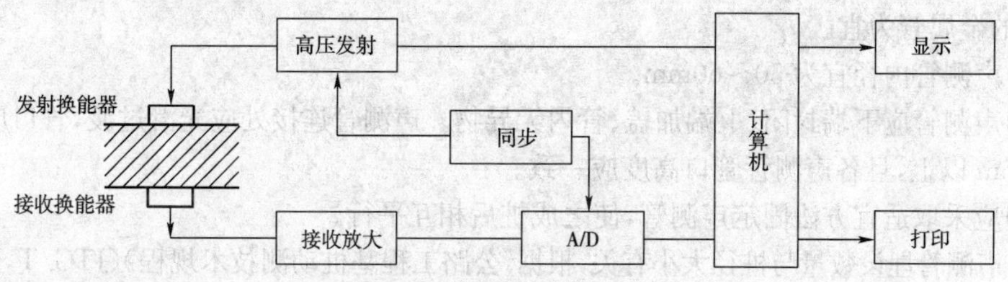

图 5-24 数字式超声仪原理图

数字超声仪的作用是重复产生 100Hz(或 50Hz)频率的高压电脉冲去激励发射换能器。为了测量从发射到接收声波所经过的时间,声波仪从刚开始桩身混凝土发射声波脉冲的同时,就将同步计时门打开,计时器开始不断计时。当发射换能器发射的超声波经水耦合进入混凝土,在混凝土中传播后被接收换能器接收,经超声仪放大、A/D 转换为数字信号后加以存储,再经 D/A 转换为模拟量。在某一时刻出现接收波形时,声波仪即将波形采集下来,转变为数字信号存储。然后转化为模拟波形,显示在屏幕上。同时,启动计算机分析软件,比较前后各信号,找到波形刚刚变大且以后一直较大的那个采样点,即为接收波的起点,并立即关闭计时器,从而获得声时结果。这种数字信号便于存储、传输和各种处理分析,由计算软件自动进行声时和波幅判读后显示打印,可得到声速、波幅、PSD 随深度变化的曲线,供基桩桩身质量分析,判定桩身完整性类别。超声波检测仪各部分的技术指标要求如下。

(1)超声波检测仪的技术性能应符合下列规定:

①检测仪系统应包括信号放大器、数据采集及处理存储器、径向振动换能器等。

②检测仪应具有一发双收功能。

③波发射应采用高压阶跃脉冲或矩形脉冲,其电压最大值不应小于 1 000V,且分挡可调。

(2)接收放大与数据采集器应符合下列规定:

①接收放大器的频带宽度为 5～200kHz,增益不应小于 100dB,放大器的噪声有效值不大于 2μV;波幅测量范围不小于 80dB,测量误差小于 1dB。

②计时显示范围应大于 2 000μs,精度优于 0.5μs,计时误差不应大于 2%。

③采集器模—数转换精度不应低于 8bit,采样频率不应小于 10MHz,最大采样长度不应小于 32kB。

(3)径向振动换能器应符合下列规定:

①径向水平面无指向性。

②谐振频率宜大于 25kHz。

③在 1MPa 水压下能正常工作。

④收、发换能器的导线均应有长度标注,其标注允许偏差不应大于 10mm。

⑤接收换能器宜带有前置放大器,频带宽度宜为 5～60kHz。

⑥单孔检测采用一发双收一体型换能器,其发射换能器至接收换能器的最近距离不应小于 30cm,两接收换能器的间距宜为 20cm。

2)声测管埋设要求

声测管应选择透声性好、便于安装和费用较低的材料。考虑到混凝土的水化热作用及施工过程中受外力作用较大,容易使声测管变形、断裂,影响换能器上、下管道的畅通,以选用强度较高的金属管为宜。

(1)声测管内径宜为 50～60mm。

(2)声测管应下端封闭、上端加盖、管内无异物。声测管连接处应光滑过渡,管口应高出桩顶 100mm 以上,且各声测管管口高度应一致。

(3)应采取适宜方法固定声测管,使之成桩后相互平行。

(4)声测管埋设数量与桩径大小有关,根据《公路工程基桩动测技术规程》(JTG/T F81-01—2004)规定,桩径 D 不大于 1 500mm 时,埋设三根管;当桩径大于 1 500mm 时,应埋设四根管。

声测管应沿桩截面外侧呈对称形状布置,按图 5-25 所示以路线前进方向的顶点为起始点顺时针旋转依次编号。

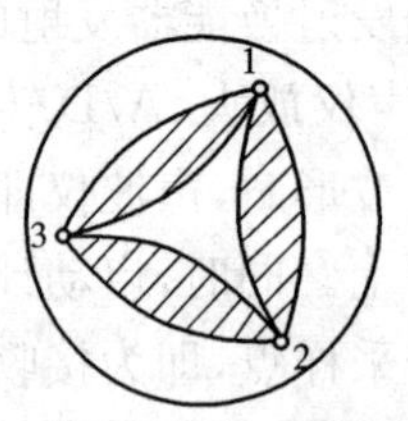

桩径不大于1 500mm

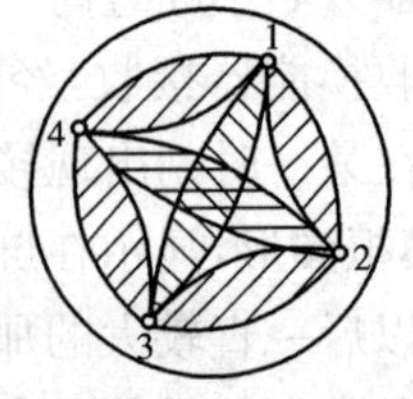

桩径大于1 500mm

图 5-25 声测管布置图

3.现场检测技术

1)检测准备工作

检测对混凝土龄期的要求,原则上应满 28d,有时工期要求急,可适当缩短时间(约 14d),但混凝土强度不小于 15MPa。

检测前的准备工作:

(1)用大于换能器直径的圆钢疏通,以保证换能器在声测管全程范围内升降顺畅,然后用

清水清洗声测管。

(2)准确测量声测管的内外径和声测管外壁间的净距离。

(3)采用标定法确定仪器系统延迟时间。

(4)计算声测管及耦合水层声时修正值。

2)检测方法

声波透射法检测混凝土灌注桩有桩内单孔透射法和跨孔透射法两种。单孔透射法是在桩身只有一个通道的情况下,如钻孔取芯后需要了解孔芯周围的混凝土质量情况,作为钻芯检测的补充手段使用。这时采用一发两收换能器放于一个钻芯孔中,声波从发送换能器经水耦合进入孔壁混凝土表层滑行,再经水耦合到达接收换能器,从而测出声波沿孔壁混凝土传播的各项声学参数。单孔透射法的声传播途径比跨孔法复杂得多,信号分析难度大,且有效检测范围约一个波长,故此法不常采用。

下面介绍跨孔透射法。跨孔法是在桩内预埋两根或两根以上的声测管,把发射和接收换能器分别置于两根管中,跨孔法现场检测装置如图 5-26 所示。

测试系统由超声仪、发收换能器、位移量测系统(深度记录、三角架、井口滑轮)、传输电缆等组成。其中,超声仪和径向换能器组成超声脉冲测量部分。

3)测试过程

将发收换能器放入桩内声测管中同一深度的测点处,超声仪通过发射换能器发射超声波,经桩身混凝土传播,在另一声测管中的接收换能器接收到超声波,经电缆传输给超声仪,实时高速记录显示接收波形,并判读声学参量。换能器在桩内移动过程的位置,位移测量系统也实时传输给超声仪。当换能器到达预定位置时,超声仪自动存储该测点的波形及声学参量,实现换能器在桩身测管内移动过程中自动记录存储各测点声学参量及波形的目的。全桩各个检测剖面检测出的桩身声学参量(声时、幅值和主频等),按照规范编制软件进行数据处理后,可绘制成基桩质量分析的成果图。

现场测试过程中应保持发射电压与仪器设置参数不变,使同一次测得的声参数具有可比性。

4)测试方式

测试方式可分为三种方法,如图 5-27 所示。

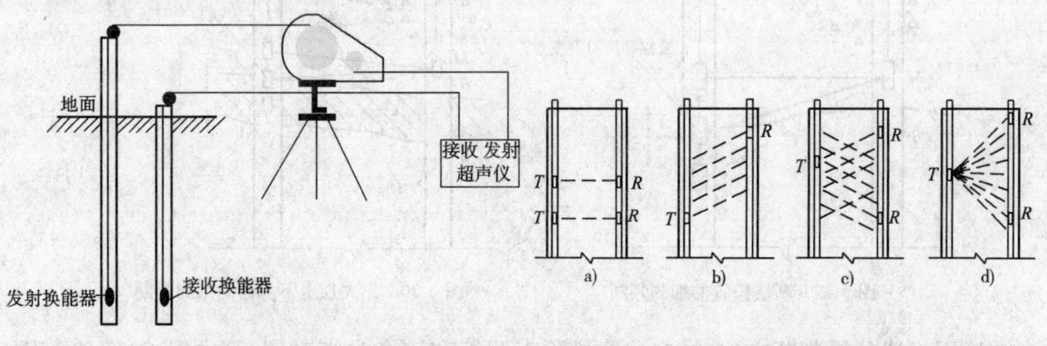

图 5-26　跨孔法检测装置示意图

图 5-27　声波透射方法图

a)对测;b)斜测;c)交叉斜测;d)扇形扫描测

(1)对测(普查)。发射和接收换能器分别置于两声测管的同一高度,自下而上,将收发换能器以相同步长(不大于 250mm)向上提升,进行水平检测。若平测后,存在桩身质量的可疑点，则进行加密平测，以确定异常部位的纵向范围。

(2)斜测。让发、收换能器保持一定的高程差，在声测管中以相同步长，同步升降进行测试。斜测分单向斜测和交叉斜测。斜测时，发、收换能器中心连线与水平夹角一般取30°～40°。斜测可探出局部缺陷、缩径或专测管附着泥团、层状缺陷等。

(3)扇形测。扇形测在桩顶、桩底斜测范围受限或为减小换能器升降次数时采用。一只换能器固定在某一高程不动，另一只逐步移动，测线呈扇形分布。此时换算的波速可以相互比较，但幅值无可比性，只能根据相邻测点幅值的突变来判断是否有异常。

通过上述三种方法检测，结合波形进行综合分析，可查明桩身存在缺陷性质和范围大小。

当现场进行平测以后，发现其PDS、声速、波幅明显超过临界值，接收频率、波形(或频谱)等物理量异常时，为了找出缺陷所造成阴影的范围，确定缺陷位置、范围大小和性质，需要进行更详细的检测。

双管对测时，各种缺陷的细测判断法如图5-28～图5-31所示。其基本方法是将一个探头固定，另一探头上下移动，找出声阴影所在边界位置。在混凝土中，由于各种不均匀界面的漫射和低频波的绕射等原因，使阴影边界十分模糊，但通过上述物理量的综合运用仍可定出其范围。

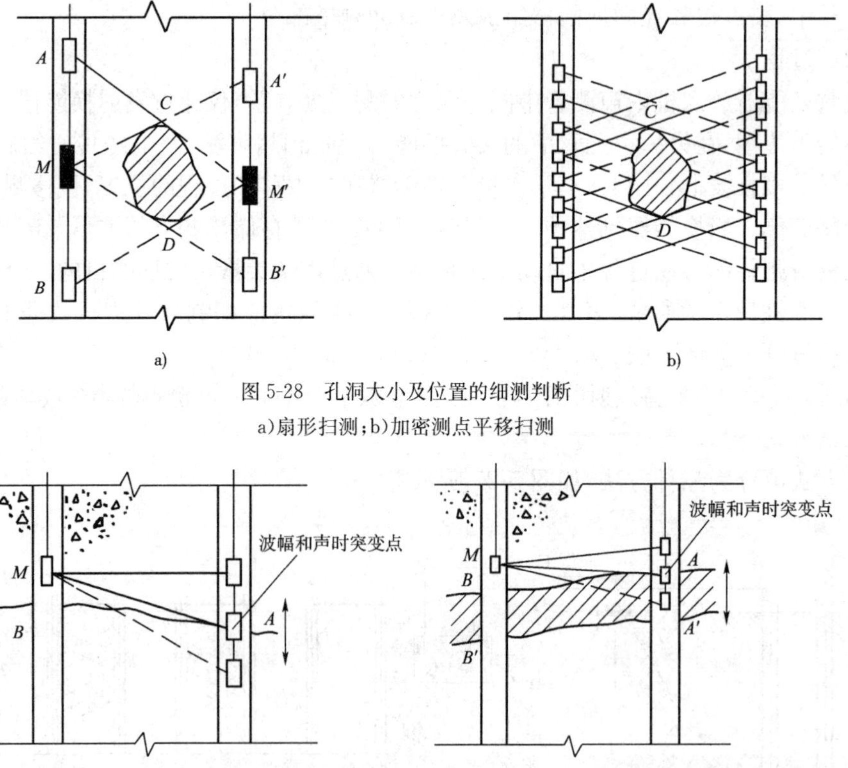

a) b)

图5-28 孔洞大小及位置的细测判断

a)扇形扫测；b)加密测点平移扫测

图5-29 断层位置的细测判断

图5-30 厚夹层上下界面的细测判断

在运用上述分析判断方法时，应注意排除声测管和耦合水声时值、管内混响、箍筋等因素的影响，且检测龄期应在7d以上。

如用PSD判据，也可用于其他结构物大面积扫测时缺陷判别，即将扫测网络中每条测线上的数据用PSD判据处理，然后把各测线处理结果综合在一起，同样可定出缺陷的性质、大小及位置。

现场检测一般首先采用水平同步平测法，将收发换能器置于两个声测管中，从管顶（或管底）开始，以一定间距向下进行水平逐点对测，直到桩底时止。为保证测点间声场可以覆盖而不至于漏测，其测量点距可取 20～40cm。超声仪对每一个测点自动步进式编号，从测点编号，即可知道换能器的测试深度。一对测声管测完后，再转入下一对声测管进行测试，可对全桩各个检测剖面进行检测，即可测出桩身声学参数（声时、幅值和主频等）供计算分析，判定桩身混凝土质量情况。

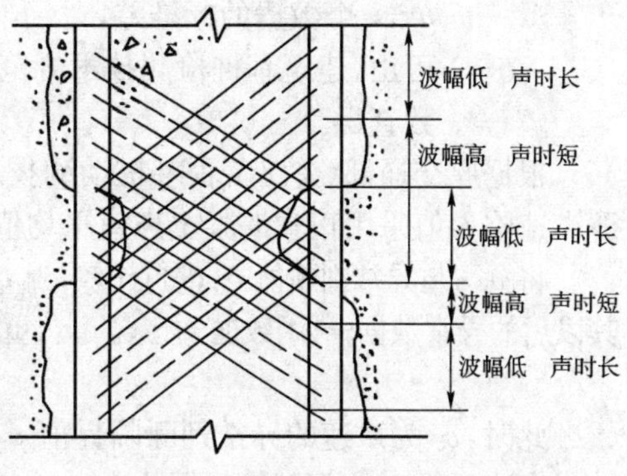

图 5-31　颈缩现象的细测判断

4. 检测数据分析与判定

灌注桩声波透射法检测分析和处理的参数主要有声时 t_c、声速 v、波幅 A_p 及主频 f，同时要观测和记录实测波形。目前使用的数字式声波仪有很强的数据处理和分析功能，可以直接绘制出声速—深度（$v-z$）曲线、波幅—深度（A_p-z）曲线和 PSD 判据图来分析桩身质量情况。下面简单地介绍数据整理的方法，将有助于我们对桩身缺陷的判定。

1）波速计算

第 i 测点声时 t_{ci} 可由第 i 测点声时测量值 t_i 减去仪器系统延迟时间 t_0 和声测管与耦合水层声时修正值 t' 得到。

$$t_{ci} = t_i - t_0 - t' \tag{5-39}$$

根据每检测剖面两声测管的外壁间净距离 l'（mm），求得第 i 测点声速 v_i（km/s）。

$$v_i = \frac{l'}{t_{ci}} \tag{5-40}$$

2）声速临界值计算

声速临界值应按下列步骤计算：

将同一检测剖面各测点的声速值 v_i 由大到小依次排序，即

$$v_1 \geqslant v_2 \geqslant \cdots \geqslant v_i \geqslant \cdots \geqslant v_{n-k} \geqslant \cdots v_{n-1} \geqslant v_n ; k = 0,1,2,\cdots \tag{5-41}$$

式中：v_i——按序排列后的第 i 个声速测量值；

n——某检测剖面测点数；

k——从零开始逐一去掉 v_i 序列尾部最小数值的数据个数。

对从零开始逐一去掉 v_i 序列中最小数值后余下的数据进行统计计算。当去掉最小数值的数据个数为 k 时，对包括 v_{n-k} 在内的余下数据 $v_1 \sim v_{n-k}$ 按下列公式进行统计计算。

$$v_0 = v_m - \lambda \cdot s_x \tag{5-42}$$

$$v_m = \frac{1}{n-k}\sum_{i=1}^{n-k} v_i \tag{5-43}$$

$$s_x = \sqrt{\frac{1}{n-k-1}\sum_{i=1}^{n-k}(v_i - v_m)^2} \tag{5-44}$$

式中：v_0——异常判断值；

v_m——$n-k$ 个数据的平均值；

s_x——$n-k$ 个数据的标准差；

λ——可由《建筑基桩检测技术规范》(JGJ 106—2003)表 10.4.2 中与 $n-k$ 相对应的系数查得。

根据原交通部《公路工程基桩动测技术规程》(JTG/T F81-01—2004)中的规定，取 $\lambda=2$，即声速临界值采用正常混凝土声速平均值与 2 倍声速标准差之差。

将 v_{n-k} 与异常判断值 v_0 进行比较，当 $v_{n-k}\leqslant v_0$ 时，v_{n-k} 及其以后的数据均为异常，去掉 v_{n-k} 及其以后的异常数据；再用数据 $v_1\sim v_{n-k-1}$，重复计算步骤，直到 v_i 序列中余下的全部数据满足：

$$v_i > v_0$$

此时，v_0 为声速的异常判断临界值 v_{c0}。

声速异常时的临界值判据为：

$$v_i \leqslant v_{c0}$$

当上式成立时，声速可判定为异常。

在分析中注意：测点总数不应少于 20 个，异常点不应参与统计。声速明显高于混凝土正常值时，分析原因后剔除。

当检测剖面 n 个测点的声速值普遍偏低且离散性很小时，宜采用声速低限值判据。

$$v_i < v_L$$

式中：v_i——第 i 测点声速(km/s)；

v_L——声速低限值(km/s)，由预留同条件混凝土试件的抗压强度与声速对比试验结合地区经验确定。

当上式成立时，可直接判定为声速(低于低限值)异常。

声速低限值相对应的混凝土强度不宜低于 0.9R(R 为混凝土设计强度)。若试件为钻孔取芯样，则不宜低于 0.85R。当实际混凝土声速低于声速低限值时，应将其作为可疑缺陷区。混凝土强度与声速关系见表 5-36。

混凝土强度与声速关系参考表 表 5-36

声速(m/s)	>4 500	4 500～3 500	3 500～3 000	3 000～2 000	<2 000
强度定性评价	好	较好	可疑	差	非常差

3)波幅计算

$$A_{pi} = 20\lg\frac{a_i}{a_0} \tag{5-45}$$

$$f_i = \frac{1\,000}{T_i} \tag{5-46}$$

式中：A_{pi}——第 i 测点波幅值(dB)；

a_i——第 i 测点信号首波峰值(V)；

a_0——零分贝信号幅值(V)；

f_i——第 i 测点信号主频值(kHz)，也可由信号频谱的主频求得；

T_i——第 i 测点信号周期(ms)。

波幅异常时的临界值判据应按下列公式计算：

$$A_m=\frac{1}{n}\sum_{i=1}^{n}A_{pi} \tag{5-47}$$

$$A_{pi}<A_m-6 \tag{5-48}$$

式中：A_m——波幅平均值（dB）；

n——检测剖面测点数。

当上式成立时，波幅可判定为异常。

（4）PSD 判据

当采用斜率法的 PSD 值作为辅助异常点判据时，PSD 值应按下列公式计算：

$$PSD = K \cdot \Delta t \tag{5-49}$$

$$K = \frac{t_{ci} - t_{ci-1}}{z_i - z_{i-1}} \tag{5-50}$$

$$\Delta t = t_{ci} - t_{ci-1}$$

式中：t_{ci}——第 i 测点声时（ms）；

z_i——第 i 测点深度（m）；

z_{i-1}——第 $i-1$ 测点深度（m）。

可根据 PSD 值在某深度处的突变，结合波幅变化情况，作为异常点判定的辅助依据。

从工程实践经验可知，声速指标比较稳定，重复性好，数据有可比性，但对桩身缺陷不够敏感。波幅虽对桩身缺陷反应很敏感，但它受传感器与桩身混凝土耦合状态的影响很大，可比性较差。斜率法（PSD）判据将桩内缺陷处与正常测点的声时差取平方，将其特别放大，但 K 值很大的地方，有可能是缺陷的边缘。因为 K 值的大小主要取决于相邻两点的声时差值，对于因声测管不平行造成测试误差的干扰有削弱作用。灌注桩所产生各种类型的缺陷，使声学参数变化的特征有所不同：如沉渣是松散介质，声速很低（2 000m/s 以下），对声波衰减相当剧烈，其波幅、声速均剧烈下降。泥沙与水泥砂浆的混合物在桩身中存在，则是断桩；如在桩顶出现，则是混凝土强度不够。它们的特点是声速、波幅都明显下降，但前者是突变，后者为缓变。孔壁坍塌或泥团，其声速、波幅均较低，如果是局部泥团，并未包裹声测管时，下降程度不大。粗集料本身波速高，但声学界面多，对声波的反射、散射加剧，能量损耗，幅值下降，混凝土气泡密集时，虽不致形成空洞，但混凝土质量下降，波速不会明显下降，波幅却明显下降。

一般分析步骤是：首先，以波速值进行概率统计法统计判断，得到低于临界值的异常点位置和深度，再分析振幅大小的变化，将上述两者都偏低的测点定为异常部位；再进一步进行细测和斜测，确定缺陷的范围和大小；最后，根据施工情况综合判定缺陷的种类和性质，判定桩身完整性类别。桩身完整性类别判定见表 5-37。

桩身完整性类别判定　　表 5-37

类别	特　征
Ⅰ类桩	各声测剖面每个测点的声速、波幅均大于临界值，波形正常
Ⅱ类桩	某一声测剖面个别测点的声速、波幅略小于临界值，但波形基本正常
Ⅲ类桩	某一声测剖面连续多个测点或某一深度桩截面处的声速、波幅值小于临界值，PSD 值变大，波形畸变
Ⅳ类桩	某一声测剖面连续多个测点或某一深度桩截面处的声速、波幅值明显小于临界值，PSD 突变，波形严重畸变

5. 工程实例

图 5-32 为声波透射法成果图，是一根桩径 ϕ1.5m，孔深 41m，采用声波透射法对三个剖面检测的成果图。由图分析，在孔深 23～24m 处，声速、幅值靠近或超过临界值，PSD 值也有异常反应；桩底声学参量明显超过临界值。经钻探取芯验证，23m 附近混凝土轻微不密实，桩底有少量沉渣，说明该桩两处有较轻的质量问题，因是摩擦桩，桩身完整性类别判定为Ⅱ类桩。

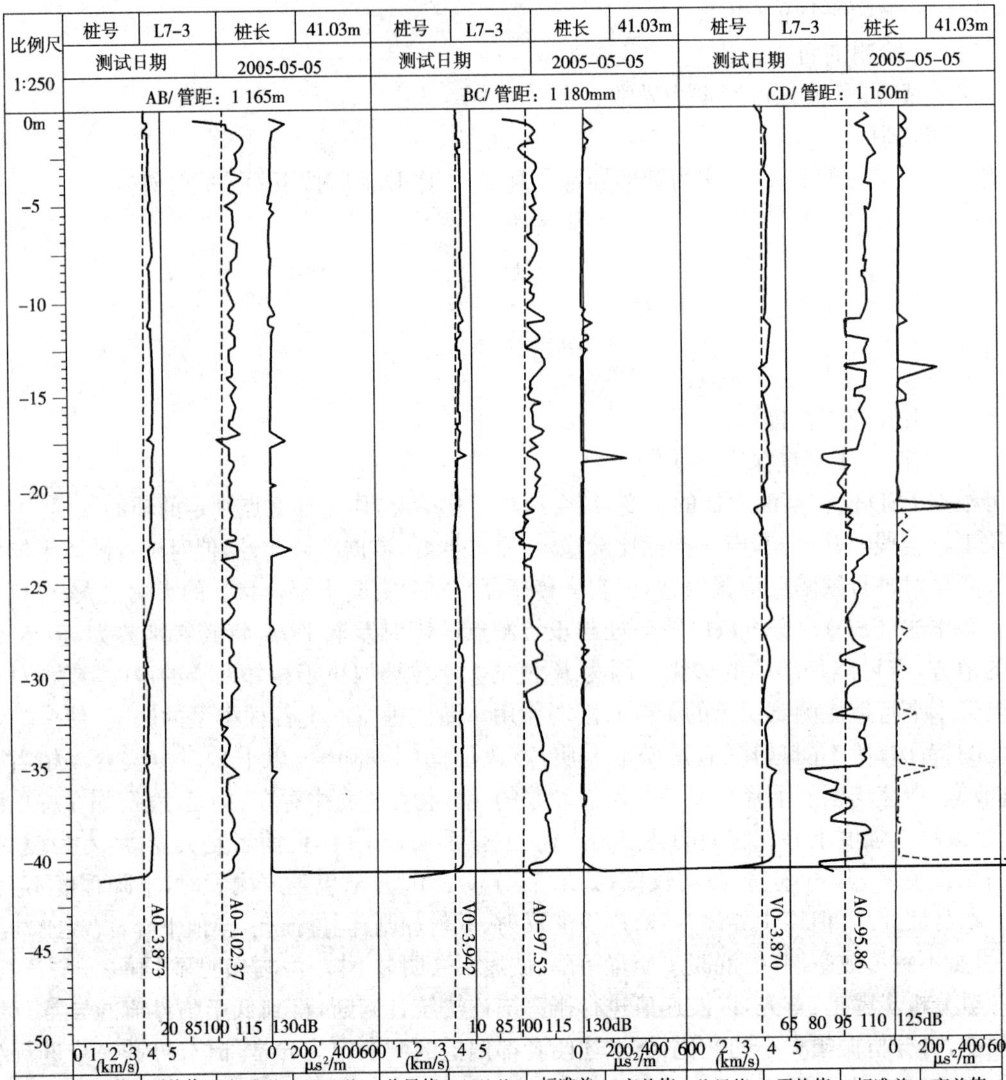

比例尺 1:250	桩号	L7-3	桩长	41.03m	桩号	L7-3	桩长	41.03m	桩号	L7-3	桩长	41.03m
	测试日期		2005-05-05		测试日期		2005-05-05		测试日期		2005-05-05	
	AB/管距：1 165m				BC/管距：1 180mm				CD/管距：1 150m			
	临界值	平均值	标准差	离差值	临界值	平均值	标准差	离差值	临界值	平均值	标准差	离差值
声速(km/s)	3.873	4.196	0.129	0.031	3.942	4.209	0.107	0.025	3.870	4.109	0.096	0.023
幅值(dB)	102.37	108.37	3.32	0.03	97.53	103.53	4.36	0.04	95.86	101.86	7.46	0.07

图 5-32 声波透射法成果图

三、钻探取芯法

1. 钻探取芯的目的与适用范围

1)钻探取芯的目的

(1)检测桩身混凝土胶结状况，是否存在空洞、蜂窝、夹泥、断桩等缺陷，判定桩身完整性类别，从而分析研究产生质量的原因、程度及处理措施。

(2)检测混凝土灌注桩桩长，检验桩底沉渣是否满足设计要求，鉴别桩底持力层的岩土性状和厚度是否符合设计或规范要求。

(3)通过对混凝土芯样力学试验，评定桩身混凝土的强度。

(4)对施工中出现异常或因质量问题采取处理后的桩，通过钻探取芯，检验其成桩质量及对工程的影响程度。

(5)桩身存在缺陷的桩，可以利用钻孔进行压浆补强处理。

2)适用范围

钻探取芯法是检测混凝土灌注桩成桩质量的一种有效方法，不受场地条件限制，特别适用于大直径混凝土灌注桩的成桩质量检验。钻芯孔的垂直度不容易控制，故要求受检桩的桩径不宜小于800mm，长径比不大于30且桩身混凝土强度等级不低于C10。

2. 主要的设备

《建筑基桩检测技术规范》(JGJ 106—2003)作了如下的规定。

(1)钻探取芯宜采用液压钻机(图5-33)，钻机设备应符合以下规定：

①额定最高转速不低于790r/min。

②转速调节范围不少于4挡。

③额定配用压力不低于1.5MPa。

(2)钻机应配备单动双管钻具以及相应的孔口管、扩孔器、卡簧、扶正稳定器和可捞取松软渣样的钻具。钻杆顺直，直径宜为50mm。

图5-33　液压钻机

(3)钻机应根据混凝土设计强度等级选用合适粒度的金刚石钻头，且外径不少于100mm。

(4)水泵的排水量应为50～160L/min，泵压应为1.0～2.0MPa。

(5)锯切芯样试验件用的锯切机应具有冷却系统和牢固夹紧芯样的装置，金刚石圆锯片应有足够刚度。芯样试件端面补平器和磨平机应满足芯样制作要求。

3. 钻探技术要求

钻探取芯应在混凝土浇灌28d后进行，钻孔位置一般在桩的中心，抽芯深度为全桩长，并深入基岩60cm。钻头外径一般选用101mm或110mm，保证稳妥地安装钻机和精确地掌握施工工艺。一般要求钻孔垂直度偏差小于1%，混凝土采样率达到95%以上，以确保混凝土芯样的可靠性与真实性。

(1)钻芯孔数与孔位。

①桩径小于1.2m的桩钻一孔，1.2～1.6m的桩钻两孔，大于1.6m的钻桩三孔。对桩端持力层的钻探，每根受检桩不应少于一孔，且钻探深度应满足设计要求。

②当钻芯孔为一个时，宜距桩中心10～15cm的位置钻孔；当钻芯孔为两个以上时，宜距桩中心$0.15D \sim 0.25D$内均匀对称布置。

(2)钻机设备安装必须周正、稳固、底座水平；钻机立轴中心、天轮中心与孔口中心必须在同一垂直线上。钻孔垂直度偏差不大于0.5%。钻进过程中，钻孔内循环水不得中断，每次进尺控制在1.5m内。钻至桩底时，测定沉渣厚度，对桩端持力层岩土性状进行编录鉴别。提钻取芯时，严禁敲打卸取岩芯。

(3)钻取的芯样应自上而下按回次、顺序放进岩样箱中，并对标有工程名称和芯样及其标示牌等进行全貌拍照。在钻进过程中，对混凝土芯样描述应包括深度、混凝土芯样是否为柱状、完整性、胶结情况、表面光滑情况、断口吻合程度、骨料大小分布情况、气孔、蜂窝麻面、沟槽、破碎、夹泥、松散等情况，如图 5-34 和图 5-35 所示。

图 5-34　芯样图

(4)当单桩质量评价满足设计要求时，应采用 0.5～1.0MPa 压力，从钻芯孔孔底往上用水泥浆回灌封闭；否则应封存钻芯孔，留待处理。

4. 芯样试件截取与加工

芯样截取原则：应科学、准确、客观地评价混凝土实际质量，避免人为因素的影响，特别是混凝土强度；取样位置应标明其深度和高程。有缺陷部位的芯样强度应满足设计要求。

钻芯孔号	L7-3 号-孔 1	设计混凝土强度	C25	桩顶高程	10.20m	开孔日期	2005-05-12
桩　长	41.32m	设计桩径	2.00m	钻孔深度	45.40m	终孔日期	2005-05-13

层底高程 (m)	层底深度 (m)	分层厚度 (m)	分层序号	混凝土 / 岩芯桩状图 1:300	采取率 (%)	混凝土 / 岩芯描述	芯样编号 / 深度 (m)	抗压强度 (MPa)
						混凝土芯：青灰色，芯呈柱状，连续，完整性较好，节长 10~155 cm，表面光滑，粗细集料分布较均匀，断口拼接好，胶结较好；其中在 22.80~24.50m 处见 1/2~2/3 面上混凝土轻度离析及连续蜂窝较严重现象；在 25.70~26.50m 处见有一沟槽现象，沟深 1~3cm，宽约 2~3cm；在桩底 41.16~41.32m 处 1/3 面上见有夹泥现象	1 / 1.56~1.96	30.4
						桩底无沉渣，桩端 2/3 面上与持力层直接接触	2 / 15.03~15.43	32.9
							3 / 30.32~30.72	29.3
-31.12	41.32	41.32	1		99.9		4 / 39.42~39.82	33.0
-32.60	42.80	1.48	2		85.0	弱风化花岗岩；褐黄—青灰色，岩石风化裂隙发育，岩质较软，沿裂面铁锰质渲染，岩芯多呈块状，局部短柱状，多沿裂面自然裂开	5 / 42.80~43.20	92.3
-35.20	45.40	2.60	3		95.0	微风化花岗岩；青灰色，岩石新鲜，完整，岩质坚硬，锤击声脆，芯呈中长柱状，局部短桩状		

注：■－取样位置。

图 5-35　钻探取芯验证成果图

截取混凝土抗压芯样试件应符合下列规定：当桩长为10～30m时，每孔截取3组芯样；当桩长小于10m时，取2组；当桩长大于30m时，不小于4组。

钻探取芯技术基本要求：桩两头不小于桩径一倍或1m，中间芯样宜等间距截取。同根桩孔数大于1孔时，1孔某深度有缺陷时，其他孔应在同一深度取芯进行抗压缩度试验。

持力层岩芯可制成芯样时，应在接近桩底部位取一组岩石芯样，每组芯样应制作三个芯样抗压试件。芯样试件加工，由于芯样试件的高度对抗压强度有较大的影响，为避免高度修正带来误差，应取试件高径比为1，即在0.95～1.05的范围内，且芯样试件内不能含有钢筋，并观察芯样侧面表观混凝土粗集料粒径，应小于芯样试件平均直径的1/2。芯样端面的平整度和垂直度应满足要求。

5. 抗压强度试验

芯样抗压强度试验应按国家标准《普通混凝土力学性能试验方法标准》(GB/T 50081—2002)中有关规定执行。一般情况下，桩的工作条件比较潮湿，芯样试件宜在潮湿状态下进行。芯样试件抗压强度试验应按下列公式计算。

$$f_{cu} = \xi \cdot 4P/(\pi d^2) \tag{5-51}$$

式中：f_{cu}——混凝土芯样试件抗压强度(MPa)；

P——芯样试件抗压试验测得的破坏荷载(N)；

d——芯样试件的平均直径(mm)；

ξ——混凝土芯样试件抗压强度折减系数，应考虑芯样的尺寸效应、钻芯机械对芯样扰动和混凝土成型条件的影响，通过试验统计确定，当无试验统计资源时，宜取1.0。

桩底岩芯单轴抗压强度试验可参照《建筑地基基础设计规范》(GB 50007—2002)附录J执行。当判断桩底持力层岩性时，检测报告中只给出平均值即可。

6. 检测资料分析与判定

(1)混凝土芯样试件抗压强度代表值应按一组三块试样强度的平均值确定。同一受检桩同一深度部位有两组或两组以上混凝土试件抗压强度代表值时，取其平均值为该桩该深度处混凝土芯样试件抗压强度代表值。

(2)单桩混凝土芯样试件抗压强度代表值是指该桩中不同深度位置的混凝土芯样试件抗压强度代表值中的最小值。

(3)桩底持力层性状应根据芯样特征、岩石芯样单轴抗压强度试验、动力触探或标准贯入试验结果，综合判定桩端持力层岩土性状。

(4)因场地地层的复杂性和施工中的差异，成桩后的差异较大。为保证工程质量，应按单桩进行桩身完整性和混凝土强度评价。

(5)成桩质量评价应结合钻芯孔数、现场混凝土芯样特征、芯样单轴抗压强度试验结果，按现行国家标准《建筑基桩检测技术规范》(JGJ 106—2003)中有关规定和表5-38的特征综合判定。

当出现下列情况之一时，应判为该桩不满足设计要求：

①桩身完整性类别为Ⅳ类的桩。

②芯样试件抗压强度代表值小于混凝土设计强度等级的桩。

③桩长、桩底沉渣厚度不满足设计或规范要求的桩。

④桩端持力层岩土性状(强度)或厚度未达到设计或规范要求的桩。

桩身完整性判定 表 5-38

桩身类别	特　征
Ⅰ类桩	混凝土芯样连续、完整,表面光滑,胶结好,集料分布均匀,呈长柱状,断口吻合,芯样侧面仅见少量气孔
Ⅱ类桩	混凝土芯样连续、完整,胶结较好,集料分布基本均匀,呈柱状,断口基本吻合,芯样侧面局部见蜂窝麻面、沟槽
Ⅲ类桩	大部分混凝土芯样胶结较好,无松散、石夹泥或分层现象,但有下列情况之一:芯样局部破碎且破碎长度不大于 10cm,集料分布不均匀,呈短柱状或块状,侧面蜂窝麻面、沟槽连续
Ⅳ类桩	钻进很困难,芯样任一段松散夹泥或分层,芯样局部破碎且破碎长度不大于 10cm

7. 钻探取芯检测报告编制

其内容应包括:

(1)工程概况、检测目的、工期、工作量及完成情况。

(2)地质条件概述、桩基设计概况及有关设计参数。

(3)受检桩桩号、钻孔数量及相关的施工质量状况和成桩的有关参数。

(4)钻探设备及工艺。

(5)芯样抗压强度及试验结果。

(6)试验结果及分析评价。

(7)结论及建议。

8. 钻探取芯法存在的问题

钻探取芯法虽然具有直观、可靠、精确度高的优点,但也存在如下问题:

(1)钻探取芯法和芯样加工比较笨重,操作不便,成本也高,普遍使用受到限制。

(2)取芯只能反映钻孔范围内的小部分混凝土质量,对桩身的整个断面来说,以点代面容易造成误判或漏判。

(3)对局部缺陷和水平裂缝等判断不够准确。

(4)钻孔取芯后,桩身结构局部受到损坏,孔洞需进行修补。

第四节 基桩承载力检测

基桩极限承载力的确定方法有静载荷试验和桩的动力试验两大类。静载荷试验是确定单桩承载力最原始、最基本的方法,也是最可靠的方法。近代发展起来的一些新的基桩承载力试桩方法,如高应变动力试桩法、自平衡测试法和静动法等,都是在与静载荷试验的成果对比基础上,建立相关关系,从而提高其成果的可靠性。因此,国内外规范一致规定,凡属重要工程都应通过静载荷试验确定单桩承载力。

桩基在公路桥梁工程中得到广泛应用,如何正确评价桩的承载能力,选择合理的设计参数是关系到桥梁工程是否安全、经济的重要问题。基桩静载荷试验是获得基桩轴向抗压、抗拔以及水平向承载力最直接、最可靠的方法,也为进一步研究桩—土作用机理提供条件。基桩竖向受荷载作用的极限承载力大小取决于桩身自身的混凝土强度和桩周地基土强度两大要素。当桩身混凝土强度足够时，基桩承载力则取决于桩周土的侧摩阻力和端阻力大小。对于承受侧向荷载的桩，随着侧向荷载的不断增加，桩侧土塑性区逐渐扩大加深，使基桩丧失水平承载力。

对公路特大桥和地质条件复杂的大、中型桥，一般都应采用静载荷试验确定桩的承载力，为桩基工程的设计提供设计依据。基桩静载荷试验通常可分为单桩竖向静载荷试验、抗拔试验和水平静推试验三种。静载荷试验的方法有等贯入速率法、循环加卸载法、终极荷载长时间维持法等，而我国惯用的是维持荷载法。维持荷载法又可分为慢速维持荷载法、快速维持荷载法。

1. 试验目的

(1)单桩静压试验通常用来确定单桩承载力和荷载与位移的关系，并校核动力公式的准确程度。单桩竖向抗拔试验确定单桩竖向抗拔承载力，单桩水平静推试验确定单桩水平承载力。

(2)当在桩身埋设有测量应力、应变、桩底反力传感器或位移杆时，可以测定桩周土层侧摩阻力和桩端土阻力或桩身截面的位移量。测定桩身应力变化，求出桩身弯矩分布。

2. 对试验桩的要求

(1)从成桩到试验的间歇时间，在桩身混凝土强度达到设计要求的前提下，还应满足不少于规范规定的休止时间。

(2)试桩的成桩工艺和质量控制标准应与工程桩一致。

(3)试桩桩头混凝土强度不得低于C30，一般可在桩顶配置加密钢筋网2～3层，以薄钢板圆筒作成加筋箍与桩顶混凝土浇成一体，用高强度等级的砂浆将桩头抹平。

(4)为安置沉降测点和仪表，试桩顶部露出试坑地面的高度不宜小于600mm，试坑地面宜与桩承台底设计高程一致。

一、竖向静载试验

1. 静载试验设备

单桩静载试验设备由加载装置与荷载及变形观测装置等组成。加载装置由主梁、次梁、锚桩或压重等反力装置，千斤顶及油泵等组成。荷载及变形观测装置由压力表、压力传感器或荷重传感器等组成。

一般静载试验采用油压千斤顶加载，荷载测力系统可采用荷重传感器测量荷重或压力传感器测定油压，实现加卸荷与稳压自动化控制，不仅可减轻人员强度，而且可提高测试精确度。

1)加载装置

用千斤顶加载的反力装置可根据现场条件选用，主要有锚桩横梁反力装置(图5-36)、压重平台反力装置(图5-37)、锚桩压重联合反力装置三种形式。

(1)锚桩横梁反力装置。锚桩横梁反力装置能提供的反力，应不小于预估最大试验荷载的1.3～1.5倍。锚桩一般采用4根，如入土较浅或土质松软时，可增至6根。锚桩与试桩的中心间距，当试桩直径(或边长)小于或等于800mm时，可为试桩直径(或边长)的5倍；当试桩直径大于800mm时，上述距离不得小于4m。应对加载反力装置的全部构件进行强度和变形验算，使其在最大试验荷载的作用下，避免产生过大的变形，并有足够的安全储备。每根锚桩的钢筋笼要沿桩身通长配置，还应对锚桩抗拔力(地基土、抗拔钢筋、混凝土抗拉能力)进行验算，并监测锚桩上拔量。一般情况下，锚桩的上拔量不大于15mm。

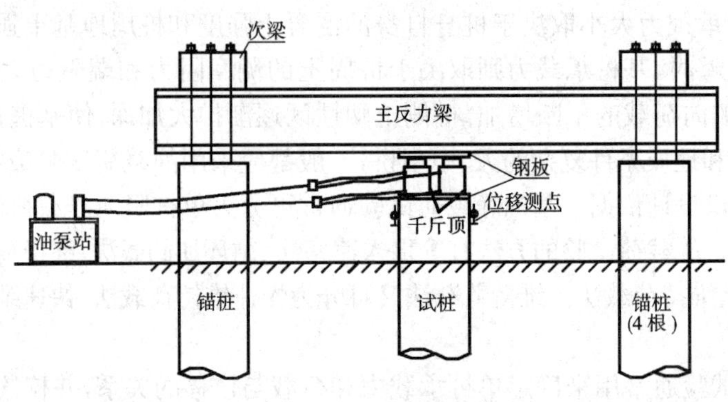

图5-36 锚桩反力梁装置示意图

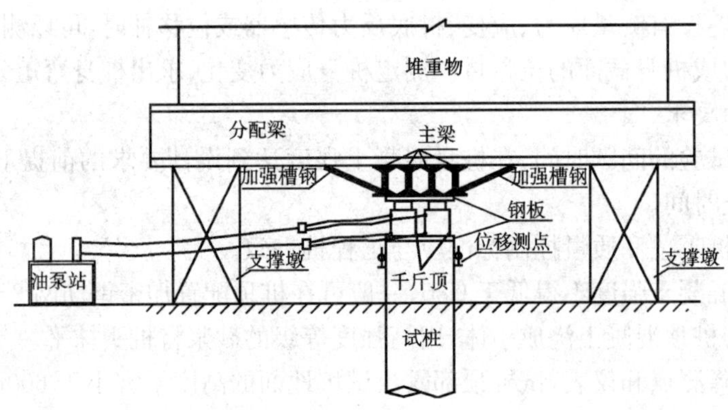

图5-37 堆载平台反力装置示意图

(2)压重平台反力装置。利用平台上压重作为对桩静压试验的反力装置。压重不得小于预估最大试验荷载的1.2倍,压重应在试验前一次加上。试桩中心至压重平台支承边缘的距离与上述试桩中心至锚桩中心距离相同。当需加荷载大时,要考虑施加于地基的压应力,不宜大于地基承载力特征值的1.5倍。

(3)锚桩压重联合反力装置。当试桩的最大加载量超过锚桩的抗拔能力时,可在横梁上放置或悬挂一定重物,由锚桩和重物共同承受千斤顶反力。当试桩达到破坏时,横梁上的重物容易产生振动反弹,因此要注意安全。

基准桩中心与试桩、锚桩中心(或压重平台支承边)的距离宜符合表5-39的要求。

基准桩中心与试桩、锚桩中心(或压重平台支承边)的距离 表5-39

反力装置	基准桩与试桩	基准桩与锚桩(或压重平台支承边)
锚桩横梁反力装置	≥4D	≥4D
压重平台反力装置	≥2.0m	≥2.0m

注:表中为试桩的直径D(或边长)≤800mm的情况;若试桩直径D>800mm时,基准桩中心与试桩中心(或压重平台支承边)的距离不宜小于4m。

2)荷载测量

静载试验一般采用油压千斤顶与油泵相连的形式,由千斤顶施加荷载,千斤顶平放于试桩中心位置。当采用两个以上千斤顶加载时,应将千斤顶并联同步工作,并使千斤顶的合力通过试桩中心。荷载测量可通过放置在千斤顶上的荷重(应变式压力)传感器直接测量,也可用压力传感器测定油压,根据千斤顶率定曲线换算荷载。前者无需考虑千斤顶活塞摩擦对出力的影响;后者受千斤顶活塞摩擦的影响,不能简单地根据油压乘面积计算荷载。在同等情况下,相同油压时的出力相对误差约为1%~2%,非正常时高达5%。近年来,一些单位实现加卸荷与稳压自动化控制,不仅可减轻人员的工作强度,而且可提高测试的精确度。

3)沉降观测

基准梁和基准桩要严格按相关规定执行。基准梁宜采用工字钢,其高跨比不宜小于1/40,尤其是大吨位静载试验,要采用较长和刚度较大的基准梁。基准梁的一端固定在基准桩上,另一端简支于基准桩上,并采取遮挡措施,以减少温度气候等对沉降的影响。沉降由安装在基准梁与桩身间的大量程百分表或电子位移计测量,测量误差要求不大于0.1%FS,分辨率不低于0.01。对于直径或边宽大于500的桩,应在桩径的两个正交方向对称安装4个位移计测量。

4)桩身内力测量器件

通过桩身内力测量可得到桩侧各土层的摩阻力和桩端支承力,基桩内力测量可采用应变式传感器(简称应变计)测量应变,钢弦式传感器测量力,沉降杆测量位移。需要检测桩身某断面或桩底位移时,可在需检测的断面设置沉降杆。

电阻(全桥)式应变式传感器可采用焊接或绑扎在钢盘笼主筋上,随钢盘笼一起下入钻孔内,灌注在桩身混凝土中。成桩后,试桩在轴向荷载作用下,桩身产生应变,在桩身中的电阻应变片的阻值随之发生变化,通过测量应变片电阻的变化,可以得到桩身的应变值,进而得到桩身的应力变化。该传感器受工作环境温度的影响,可通过温度补偿片予以消除。传感器的测量片与补偿片应选用同一规格同一型号的产品,按轴向、横向准确地粘贴在钢筋同一断面上。测点用屏蔽电缆连接,导线对地绝缘电阻大于500MΩ。正式测试前,电阻片与电缆系统间的绝缘电阻不应低于200MΩ。电阻应变式传感器所用的电阻应变仪宜有多点自动测量功能。

埋设于桩身中的弦式钢筋计,当桩顶施加荷载时,会产生微量变形,从而改变钢弦原来的应力状态和自振频率。根据事先标定的应力与频率的关系曲线,得到桩身所承受的轴向力。弦式钢筋计应选择与桩身主筋直径大小相同的,直接焊接在桩身的主筋上,并替代这一段钢筋的工作。频率分辨率应不大于1Hz,其可测范围应大于桩在最大荷载频率时的1.2倍。

桩身应力测试器件应安放在两种不同性质的地层界面处,以测量桩侧不同土层的侧摩阻力。同一地层应根据桩径大小对称设置2~4只传感器。

桩底的反力,可用埋置于桩端的扁式千斤顶测得。桩(身)端位移测量可通过沉降杆进行测量,沉降杆宜采用内、外管形式,外管固定在桩身,内管(沉降杆)下端固定在需测试的部位,上端高出外管10~20cm,数据的观测应与桩顶位移观测同步。当为大直径灌注桩时,也可采用较大直径的外管,在其内设置多根沉降杆,同时测量桩身不同深度的位移。

当沉降杆底端固定断面处的桩身埋设有内力传感器时,可得到该断面处的桩身轴力与位移。其计算公式如下:

$$Q_i = \frac{2AE(S_t - S_{t0} - S_i + S_{i0})}{L} - Q_t \tag{5-52}$$

式中:L——有效桩长;

A——桩身截面积；

E——桩材弹性模量；

S_t——桩顶沉降量；

S_i——测点处的桩身沉降量；

Q_t——桩顶荷载；

Q_i——测点处的桩身轴力。

S_{t0}——桩顶荷载卸载为零后桩顶的沉降量；

S_{i0}——桩顶荷载卸载为零后测点处的桩身沉降量。

5)荷载与位移的量测仪表

采用连接荷载箱的压力表测定油压，根据荷载箱率定曲线换算荷载。桩身位移采用电子位移计测量，并用伸出桩顶的位移棒测量向上和向下位移。

2.加载方法

1)试验加卸载方式

一般都采用慢速维持荷载法逐级加荷，每级荷载达到相对稳定后，再加下一级荷载，直至试桩达到破坏或终止加载条件时止，然后分级卸载到零。

2)试验的荷载分级、沉降观测

(1)加载分级。加荷分级不宜少于10级。每级加载为最大加载量或预估极限承载力的1/15～1/10。其中第一级可按2倍分级加荷。最大加载量不应小于设计要求的2倍。

(2)沉降观测。每级加载后，每隔15min观测一次；累计1h后，每隔30min观测一次。

(3)稳定标准。每级加载下沉量，在下列时间内如不大于0.1mm时，即可认为稳定。

①桩端下为巨粒土、砂类土、坚硬黏质土，最后30min。

②桩端下为半坚硬和细粒土，最后1h。

3)可终止加载的情况

当出现下列情况之一时，可终止加载：

(1)某级荷载作用下，桩顶沉降量大于前一级荷载作用下沉降量的5倍。

注：当桩顶沉降能相对稳定且总沉降量小于40mm时，宜加载至桩顶总沉降量超过40mm。

(2)某级荷载作用下，桩顶沉降量大于前一级荷载作用下沉降量的2倍，且经24h尚未达到相对稳定标准。

(3)已达到设计要求的最大加载量。

(4)当工程桩作锚桩时，锚桩上拔量已达到允许值。

(5)当荷载沉降曲线呈缓变形时，可加载至桩顶总沉降量60～80mm。在特殊情况下，可根据具体要求加载至桩顶累计沉降量超过80mm。

4)桩的卸荷与回弹量观测

(1)卸荷应分级进行，每级卸载量为两个加载级的荷载量。每级卸载后，应观测桩顶的回弹量，观测办法与沉降时相同。

(2)卸载到零后，至少每隔半小时测读一次。在第一个半小时内，每15min观测一次。

5)试验记录

所有试验数据应按表 5-40 填写记录，绘制静载试验曲线，如图 5-38 所示，并编写试验报告。

静压试验记录表　　　　表 5-40

____线____桥____号试桩　　　　地质情况______

沉桩方法及设备型号______　　　　桥的类型、截面尺寸及长度______

桩的人土深度____(m)设计荷载____(kN)　　　　最终贯入度____(mm/击)

加载方法______　　　　加载顺序______

荷载编号	起止时间			间歇时间(min)	每级荷载(kN)	各表读数(mm)			平均读数(min)	位移(mm)			气温(℃)	备注
	日	时	分			1号	2号	……		下沉	上拔	水平		
其他记录：														

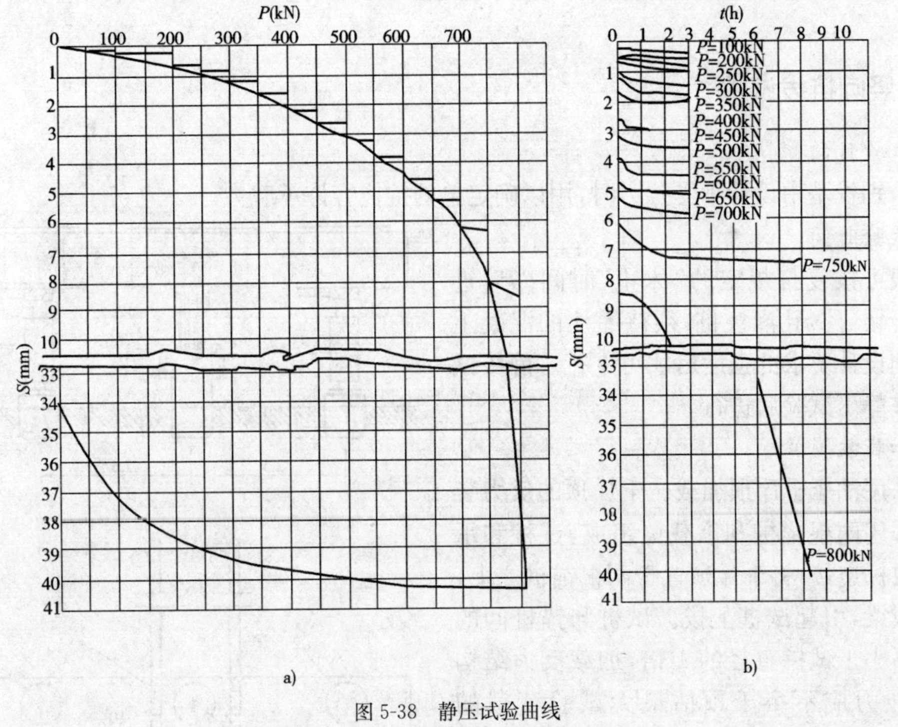

图 5-38　静压试验曲线

a) $P-S$ 曲线；b) $S-\lg t$ 曲线

3. 检测数据的分析与判定

1）检测数据的整理

（1）绘制竖向荷载—沉降（$P-S$）、沉降—时间对数（$S-\lg t$）曲线。需要时，也可绘制其他辅助分析所需曲线。

（2）当进行桩身应力、应变和桩底反力测定时，应整理出有关数据的记录表，并按相应规范绘制桩身轴力分布图，计算不同土层的分层侧摩阻力和端阻力值。

2）单桩竖向抗压极限承载力确定

单桩竖向抗压极限承载力是指单桩在竖向荷载作用下达到破坏状态前或出现不适于继续承载的变形所对应的最大荷载。它包含了桩身结构极限承载力和支承桩侧、桩端地基土的极限承载力两层含义。

单桩竖向抗压极限承载力的确定应符合下列规定：

（1）根据沉降随荷载变化的特征确定：对于荷载—沉降（$P-S$）曲线呈陡降形时，取其发生明显陡降的起始点对应的荷载值。

（2）根据沉降随时间变化的特征确定：取曲线尾部出现明显向下弯曲的前一级荷载值。

（3）当出现终止荷载第二款情况，取前一级荷载值。

（4）对于缓变形 $P-S$ 曲线，可根据沉降量确定，宜取 $S=40$mm 对应的荷载值；当桩长大于 40m 时，宜考虑桩身弹性压缩量；对直径大于或等于 800mm 的桩，可取 $S=0.05D$（D 为桩端直径）对应的荷载值。

注：当按上述四款判定桩的竖向抗压承载力未达到极限时，桩的竖向抗压极限承载力应取最大试验荷载值。

二、竖向抗拔试验

1. 试验目的

在个别桩基中设计承受拉力时，用以确定单桩抗拔容许承载力。

2. 试验时间

一般可按复打规定的"休止"时间以后进行。对于钻（挖）孔灌注桩，须待灌注的混凝土强度达到设计要求的强度后才可进行。静拔试验也可在静压试验后进行。

3. 加载装置

可采用油压千斤顶加载。千斤顶的反力装置一般采用两根锚桩和承载梁组成，试桩和承载梁用拉杆连接，将千斤顶置于两根锚桩之上，顶推承载梁，引起试桩上拔。试桩与锚桩间的距离应不小于试桩直径的 1 倍，加载反力结构的承载能力应不小于预估最大试验荷载的 1.3～1.5倍。图 5-39 为抗拔试验检测示意图。

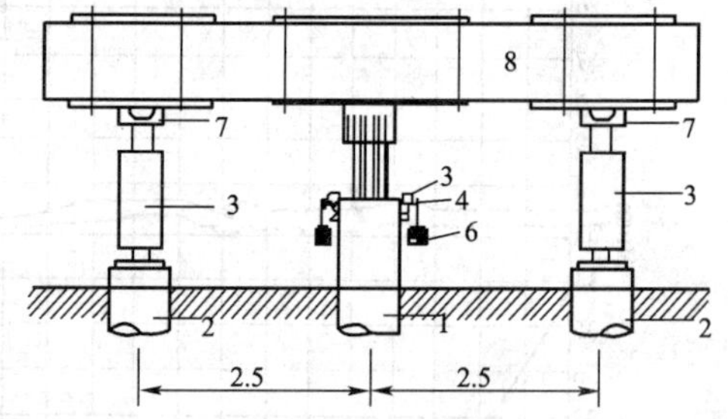

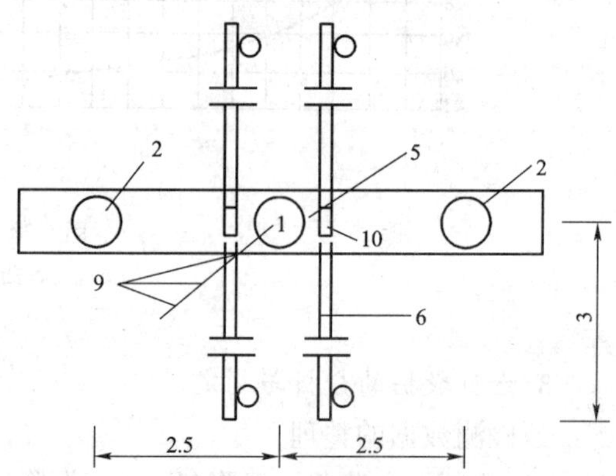

图 5-39　抗拔试验检测示意图（尺寸单位：m）

1-试桩；2-锚桩；3-液压千斤顶；4-表座；5-测微计；6-基准梁；7-球铰；8-反力梁；9-地面变形测点；10-10cm×10cm 薄钢板

4. 加载方法

一般采用慢速维持荷载法进行。施加的静拔力必须作用于桩的中轴线。加载应均匀、无冲击。每级加载量不大于预计最大荷载的 1/15～1/10。

5. 位移观测

每级加载完毕后，每隔 15min 观测一次；累计 1h 后，每隔 30min 观测一次。下沉未达稳定不得进行下一级加载。

6.稳定标准

位移量小于或等于 0.1mm/h，即可认为稳定。

7.加载终止

勘测设计阶段，总位移大于或等于 25mm，加载即可终止；施工阶段，加载不应大于设计容许抗拔荷载。

8.试验记录

所有试验观测数据应按表 5-40 及时填写记录，并绘制如图 5-38 所示曲线（代表拔出位移的纵坐标改为向上）。

三、静推（水平）试验

1.试验目的

确定桩的水平承载力、推定桩侧地基土水平抗力系数的比例系数。当埋设有桩身应力量测元件时，可测定桩身应力变化，并求出桩身的弯矩分布。

2.试验方法

对于承受反复水平荷载的基桩，采用单向多循环加卸载方法；对于承受长期水平荷载的基桩，采用单循环加载方法。

为设计提供依据的试验桩，宜加载至桩顶出现较大水平位移或桩身结构出现破坏；对工程桩抽样检测，可按设计要求的水平位移容许值控制加载。

3.加载装置

(1)一般采用两根单桩，通过高压油泵驱动的水平向千斤顶施加水平力，相互顶推加载；或在两根锚桩间平放一根横梁，用千斤顶向试桩加载；有条件时可利用墩台或专设反力座以千斤顶向试桩加载。在千斤顶与试桩接触处宜安设一球形铰座，以保证千斤顶作用力能水平通过桩身轴线。

(2)加载反力结构的承载能力应为预估最大试验荷载的 1.3～1.5 倍，其作用方向的刚度不应小于试桩。反力结构与试桩之间净距按设计要求确定。

(3)固定百分表的基准桩宜设在桩侧面靠水平位移的反方向，与试桩净距不小于试桩直径的 1 倍。

单桩水平静推试桩装置见图 5-40。

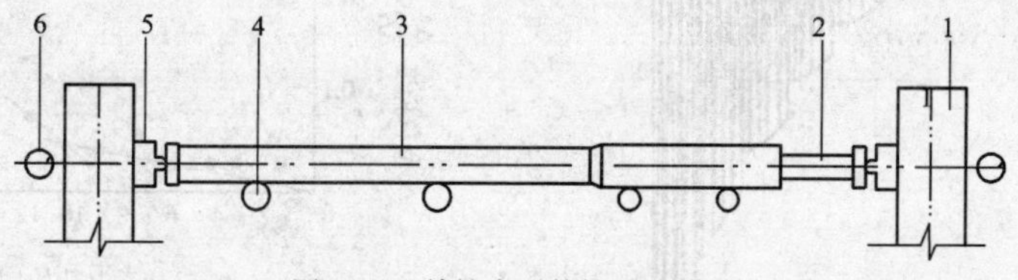

图 5-40 单桩水平静推试验装置

1-桩；2-千斤顶及测力计；3-传力杆；4-滚轴；5-球支座；6-百分表

4.单向多循环加载试验法

单向多循环加卸载试验法按下列规定进行：

(1)加载分级。可按预计最大试验荷载的 1/15～1/10，一般可采用 5～10kN，过软的土可采用 2kN 级差。

(2)加载程序与位移观测。各级荷载施加后，恒载 4min 测读水平位移，然后卸载至零，2min 后测读残余水平位移，至此完成一个加载循序，如此循环 5 次，便完成一级荷载的试验检测。加载时间应尽量缩短，测量位移间隔时间应严格准确，试验不得中途停歇。

(3)加载终止条件。当出现下列情况之一时即可终止加载：

①桩顶水平位移超过 20～30mm(软土取 40mm)。

②桩身已经断裂。

③桩侧地表有明显裂纹或隆起。

5. 多循环加卸载法的资料整理

表 5-41 为单桩水平静推试验记录参照表。

单桩水平静推试验记录参照表 表 5-41

试桩号： 上下表距：

荷载(kN)	观测时间(d/h/min)	循环数	加载	卸载	水平位移(min)	加载上下表读数差	转角	备注
			上表	下表	上表	下表	加载	卸载

试验________ 记录________ 校核________ 施工负责人________

由试验记录绘制水平荷载—时间—桩顶位移关系曲线($H-t-x$ 曲线)(图 5-41)、水平荷载—位移梯度关系曲线($H-\Delta x/\Delta H$ 曲线)(图 5-42)。

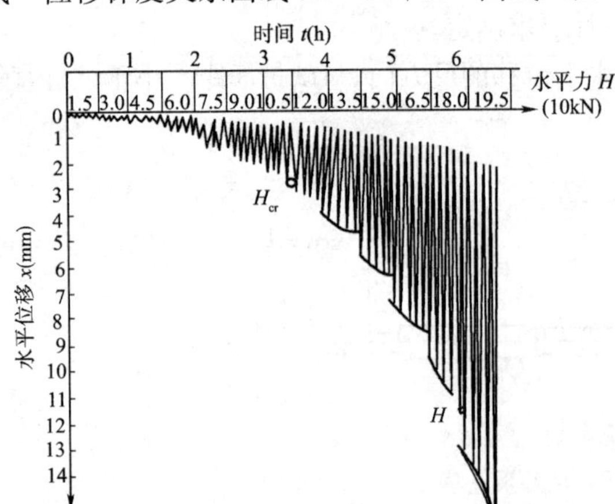

图 5-41 $H-t-x$ 曲线

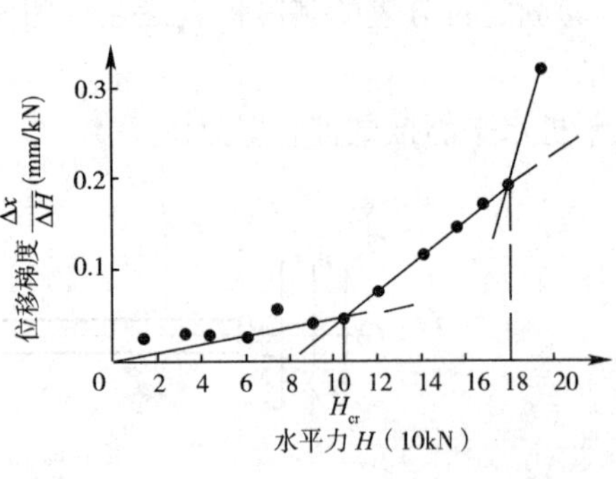

图 5-42 $H-\Delta x/\Delta H$ 曲线

H_{cr}-极限承载力

当桩身具有应力量测资料时，尚应绘制应力沿桩身分布和水平力—最大弯矩截面钢筋应力关系曲线($H-\sigma_g$ 曲线)，见图 5-43。

6. 多循环加卸载临界荷载(H_{cr})、极限荷载(H_u)及水平抗推容许承载力确定

(1)水平临界荷载(H_{cr})相当于桩身开裂，受拉混凝土不参加工作时的桩顶水平力，其数值可按下列方法综合确定：

①取 $H-t-x$ 曲线出现突变点的前一级荷载。

②取 $H-\Delta x/\Delta H$ 曲线第一直线段的终点所对应的荷载。

③取 $H-\sigma_g$ 曲线第一突变点对应的荷载。

(2)水平极限荷载(H_u)可按下列方法综合确定：

①取 $H-t-x$ 曲线明显陡降的前一级荷载值。

②取 $H-\Delta x/\Delta H$ 曲线各级荷载水平位移包络线向下凹曲的前一级荷载。

③取 $H-\sigma_g$ 曲线第二直线终点所对应的荷载。

④桩身断裂或钢筋应力达到流限的前一级荷载。

(3)水平抗推容许荷载为水平极限荷载除以设计规定的安全系数。

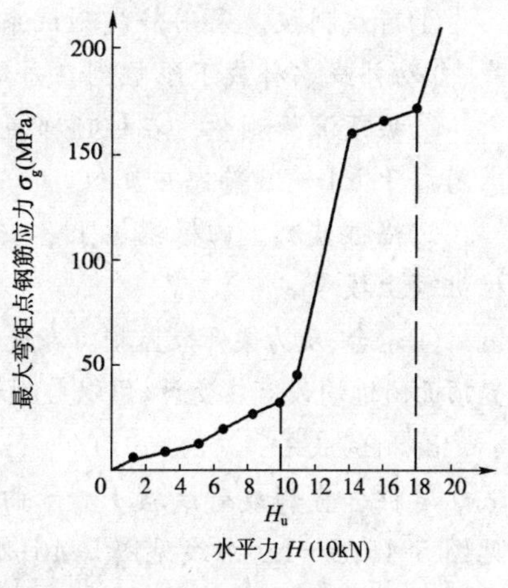

图 5-43　$H-\sigma_g$ 曲线

H_u-水平极限荷载

7. 单循环加载试验法的执行规定

(1)加载分级与多循环加卸载试验方法相同。

(2)加载后测读位移量与静压试验测读的方法相同。

(3)静推稳定标准。如位移量小于或等于 0.05mm/h，即可认为稳定。

(4)终止加载条件。勘察设计阶段的试验，水平力作用点处位移量大于或等于 50mm，加载即可终止；施工检验性试验，加载不应超过设计的容许荷载。

(5)试验记录。所有试验观测数据应填写记录，并绘制曲线图。将水平位移量改为横坐标，荷载改为纵坐标。

四、基桩静载试验工程实例

南方某桥，直径 1.8m、桩长 70m 的钻孔灌注桩，基底嵌入微风化基岩。试桩要求：测定各土层的极限摩阻力及桩底反力，为今后该地区钻孔灌注桩设计提供依据。

1)试桩方案

试桩计算的极限承载约 2 400t，最大加载力确定为 3 300t。锚桩利用桥墩工程桩，桩身混凝土设计强度等级为 C30。

2)现场检测

试验加载系统采用锚桩、承台及反力梁为加载反力系统；用千斤顶加载，最大竖向加载能力 3 300t，用 5 个 800t 的千斤顶并联加载；反力梁为长 8.0m、高 3.5m、宽 2.2m 的预应力混凝土梁，可承受跨中集中荷载 3 300t；副梁为长 11.80m、宽 2.80m、高 3.0m 的预应力混凝土承台，可承受跨中集中荷载 1 650t。现场有关检测技术如下：

(1)加卸载等级、稳定标准及卸载条件，终止加载条件，均按相应规范要求执行。

(2)测点布设及数据采集。采用弦式钢筋计(JXG,$\phi32$)测试各截面钢筋应力;用扁千斤顶测试桩底反力。弦式钢筋计布置在各土层的交界面处,土层较厚时,再增设一测试断面。每断面布设4根钢筋计。数据采集用SS-Ⅱ型袖珍数字钢弦频率接收仪,加载及稳定后各采集一次。

(3)传感器布置及数据采集。

①荷载测控。采用静载测试系统,通过连接于千斤顶油路多通的传感器自动控制每级加载、自动补载。补载下限控制在每级荷载的1/25,本试验采用10t。

②桩顶沉降测量。在桩顶布置4只电测位移传感器,其分辨率为0.01mm。将该位移传感器接于YJ—26静态应变仪。

③锚桩监测。四根锚桩上各安设一只电测位移计监测锚桩桩顶上拔量。

④承台、反力梁开裂监测。在反力梁跨中顶面及承台跨中位置顶面附近均设有应变计,用以监测承台、反力梁是否开裂。

3)测试成果

单桩垂直静载荷试验$P-S$曲线见图5-44;$S-\lg P$曲线见图5-45;$S-\lg t$曲线见图5-46;断面轴力变化见图5-47;各级荷载下各土层单位摩阻力见图5-48。

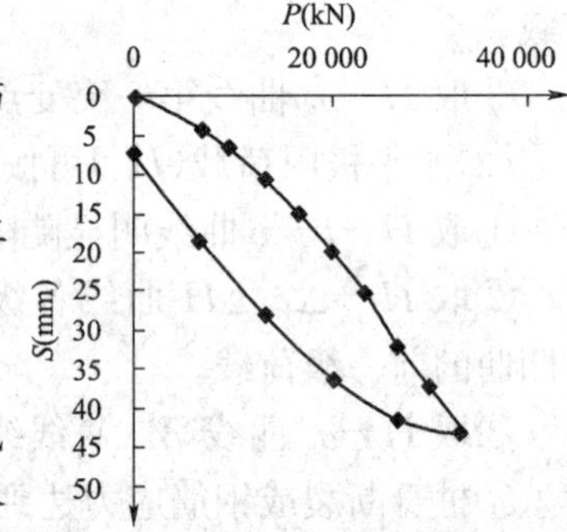

图5-44 单桩垂直静载荷试验$P-S$曲线

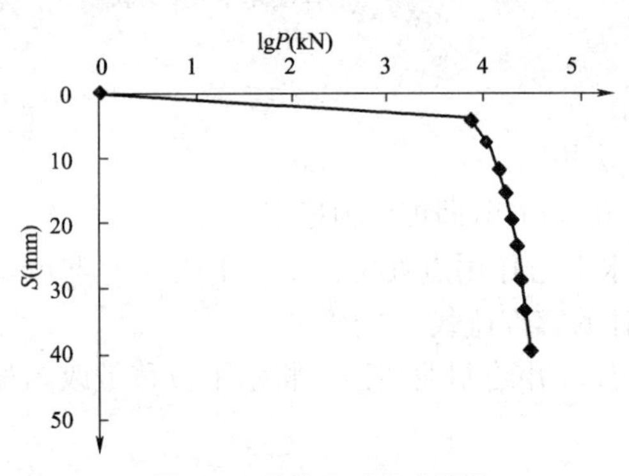

图5-45 试桩$S-\lg P$曲线图

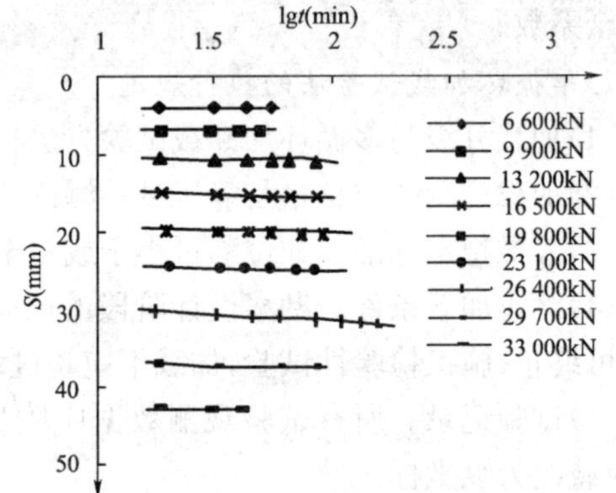

图5-46 试桩$S-\lg t$曲线图

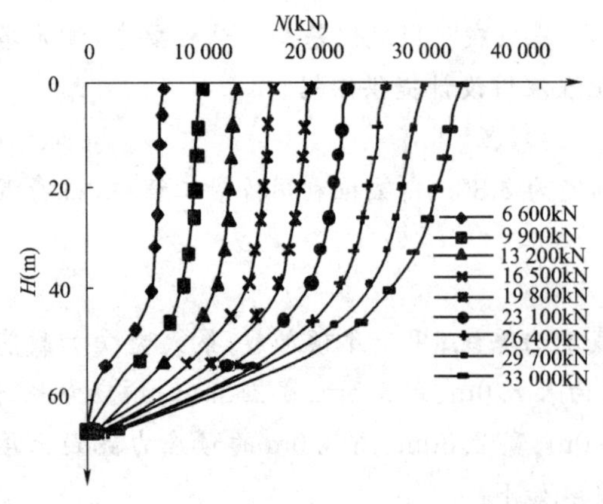

图5-47 试桩断面轴力变化图

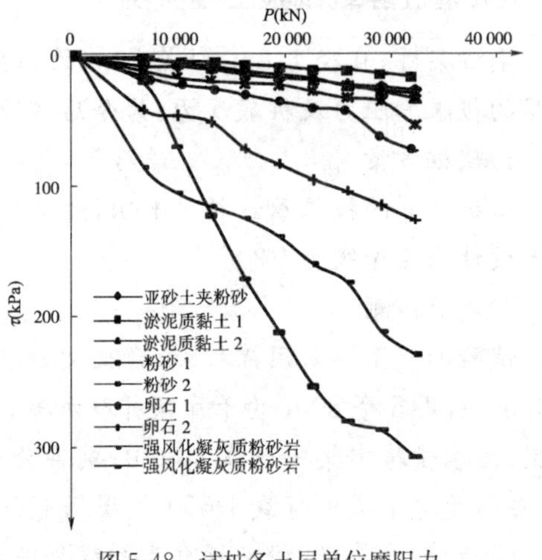

图5-48 试桩各土层单位摩阻力

加载最大吨位时，锚桩上拔量小于3.378mm；荷载从零加至23 100kN时，桩底反力为零；荷载加至33 000kN时，桩底反力为52.1kN。

根据 $P-S$ 曲线、$S-\lg P$ 曲线、$S-\lg t$ 曲线分析，试桩未出现极限承载力特征。因此，将加载33 000kN时的桩侧摩阻力作为极限承载力。

五、高应变动力试桩法

我国早期的动力试桩是依据牛顿刚体碰撞理论、能量和动量守恒定律原理的打桩公式，通过对预制桩施工收锤阶段测得的简单参数，如桩的贯入度与回弹量、落锤高度与回弹高度等，结合场地土有关的经验系数来预估单桩承载力，至今已有近百年历史。在打预制桩时的最后10锤少于3cm，认为已达到桩的预计承载力，可以收锤子了。这种凭实际经验得出的承载力，是粗略的估计值。到1931年，人们意识到打桩问题是波传播问题，但限于当时电子技术发展水平，无法测定一些力学参数。1938年，英国格兰菲尔(W. H. Glanville)等人首先开始桩身应力波的测量。1960年，Smith提出了桩锤—桩—土系统的集中质量法差分求解模型，提供了一套较完整的锤—桩—土系统打桩波动方程分析方法。从1960年开始，美国密西根公路局用特制的测力计测量桩顶的力，并在其上安装有应变式的加速度计，信号由高速示波器记录，主要是为了确定锤击能量。1964年，美国凯斯西部大学G. G. Goble等提出一种简便的确定单桩承载力的方法。他们创建了PDI公司，先后开发研制了PDA、PAK、AL等打桩分析仪，使桩基动测技术在世界各地得到应用。我国在引进消化国外先进技术的基础上，于20世纪80年代开始研制相关设备，分别研制成RSM系列、RS系列、FEI系列等高、低应变基桩动测仪，对推动我国基桩动测技术的发展起到了良好的作用。

高应变动力试桩法是通过与桩应力水平相近的重锤冲击桩顶，即产生沿桩身向下传播应力波和一定的桩—土相对位移，利用对称安装于桩顶一定距离的力和加速度传感器，记录冲击波作用下的加速度与应变信号，经基桩动测仪软件处理后，输出力和速度时程曲线，分析基桩承载力和基桩质量完整性。

1. 检测目的

(1)监测预制桩打入时的桩身应力和锤击能量传递比，为沉桩设备与工艺参数及桩长选择提供依据。

(2)估算单桩抗压极限承载力。

(3)判断桩身完整性。

注意事项：进行极限承载力检测时，应具有相同条件下的动—静试验对比资料和现场工程实践经验。对超长桩、大直径扩底桩和嵌岩桩，不宜采用本方法进行单桩承载力检测。

2. 仪器设备装置

检测系统包括信号采集仪、传感器、锤击设备和贯入度测量仪等。仪器设备装置框图见图5-49。

(1)信号采集仪性能应符合下列规定：

①信号采样点数不宜小于1 024点，采样间隔宜为100～200μs。当用曲线拟合法推算承载力时，信号记录长度应确保桩端反射后不小于20ms或达到 $5L/c$。

②信号采集系统的采样频率可调，其模—数转换精度不应低于12bit，通道之间的相位差

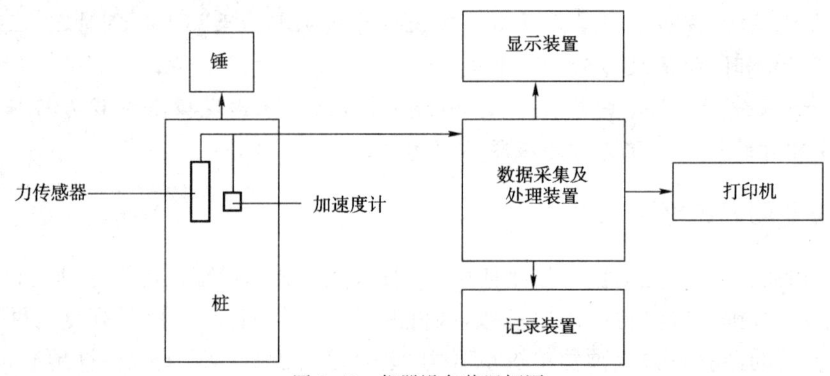

图 5-49 仪器设备装置框图

不应大于 50μs。

(2)传感器性能应符合下列规定:

①力传感器一般采用工具式应变传感器,其安装谐振频率应大于 2kHz,在 1 000με 测量范围内的非线性误差不应大于±1%。

②速度信号宜采用压电式加速度传感器测量,其安装谐振频率应大于 10kHz,且在 2~3 000Hz 范围内,灵敏度变化不大于±5%;在冲击加速度量程范围内,其幅值非线性误差不大于±5%。

③传感器的灵敏度系数应计量检定。

(3)锤击设备。

①激振宜采用由铸铁或铸钢制作的自由落锤。

②锤击用的重锤锤底平整,高径比不得少于 1。

③桩锤的重力不得小于预估单桩极限承载力的 1.2%。桩头应设置锤垫,如胶合板、木板等均质材料。锤击应采用重锤低击的方式。

(4)桩的贯入度应采用精密仪器测量。

3. 现场测试技术

(1)桩头处理。为了确保试桩时锤击力准确地传递给混凝土桩,检测前必须对桩头进行加固处理。要求桩头顶面平整,桩头中轴线与桩身中轴线重合,桩头测点处截面尺寸应与桩身截面相同;距桩顶一倍桩径范围内,宜用厚度为 3~5mm 的厚钢板围裹或距桩顶 1.5 倍桩径范围内设置箍筋,间距不宜大于 100mm。桩顶应设置钢筋网片 2~3 层,间距 60~100mm;桩头的混凝土强度应比桩身提高 1~2 级,且不得低于 C30,并满足地基土类别所需的休止时间。

(2)传感器安装应符合如下规定:

①力传感器和加速度传感器各两个,分别对称安装在离桩顶 1.5~2.0 倍以上桩径的位置,用膨胀螺栓固紧。现场测试仪器设备装置见图 5-50。

②各传感器的安装面材质应均匀、密实、平整,并与桩轴线平行。

③安装应变式传感器时,应对其初始应变值进行监视,其值不得超过规定的限值。

(3)参数设定如下:

①传感器安装点到桩底的桩长和截面积,可根据设计文件或施工记录提供的数据设定。

②桩身波速可用反射波法按桩底反射明显的桩计算出平均波速值来设定。如长桩测不到桩底反射信号,可结合本地经验或混凝土强度等参数综合设定桩身波速 c 值。

③桩身材料的质量密度 ρ，对混凝土灌注桩可取 $2.4t/m^3$，预应力混凝土桩可取 $2.8t/m^3$。

④桩身弹性模量根据 $E=\rho c^2$ 计算后设定。

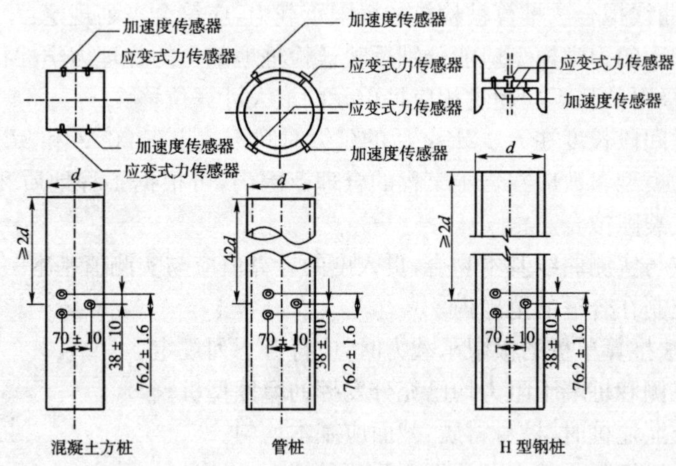

图 5-50 测点处传感器装置(尺寸单位：mm)

(4)检测前，应检查交流供电的测试系统是否良好接地，仪器测试系统是否处于正常状态；结合工程实际情况输入参数设定值。

重锤以自由落锤锤击设有桩垫的桩头，采用以重锤低击，锤的最大落距不宜大于 2.0m。桩的贯入度宜用精密水准仪实测，单击贯入度宜在 2～6mm。有效锤击次数不小于 2 次。在现场及时检查采集的数据、曲线质量。如测试波形紊乱，应查找原因，处理后重新进行检测，直至达到检测质量要求为止。

(5)测试采集的信号应符合如下要求：

两组力和速度信号时域波形基本一致，峰前力与速度信号重合，峰后二者协调，最终归零。波形采样长度不小于 $5L/c$ 或 $2L/c+20ms$；波形无明显的杂波干扰，桩底反射清楚，贯入度不宜小于 2.5mm。

当有下列情况时，不得作为承载力分析计算的依据：传感器安装处混凝土开裂或出现严重塑性变形，使力曲线最终未能归零；严重锤击偏心，两力信号幅值相差 1 倍；四通道测试数据不全。

4. 数据处理分析与判定

(1)桩身波速平均值可根据已知桩长、力和速度信号上的桩端反射波时间或下行波上升沿的起点到上行波下降沿的起点之间的时差来确定(图 5-51)。

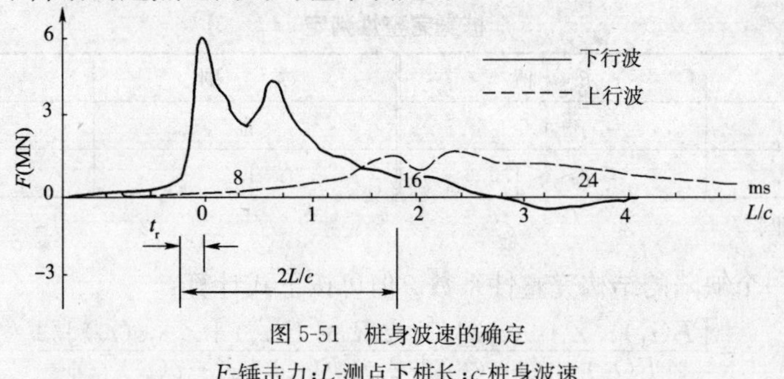

图 5-51 桩身波速的确定

F-锤击力；L-测点下桩长；c-桩身波速

(2)推算被检桩的极限承载力前,应结合工程地质条件和设计参数,利用实测信号特征对桩的荷载传递性状、桩身缺陷程度和位置及连续锤击时缺陷的逐渐扩大或闭合情况进行定性判别。

(3)采用实测曲线拟合法推算被检桩的极限承载力,应符合下列规定:

①采用的桩和土的力学模型应能分别反映被检桩地基土的物理力学性状。在各计算单元中,所用土的弹性极限位移不应超过相应桩单元的最大计算位移。

②曲线拟合时间段长度在 t_1+2L/c 后的延续时间不应小于 20ms 和 $3L/c$ 中的较大值。

③分析所用的模型参数应在岩土工程的合理范围内,可根据工程地质和施工工艺条件进行桩身阻抗变化或裂隙拟合。

④拟合曲线应与实测曲线基本吻合,贯入度的计算值应与实测值基本一致,且整体曲线的拟合质量系数宜控制在合适的范围内。

(4)采用凯司法推算单桩的极限承载力时,应符合下列规定:

①只适用于桩侧和桩端土阻力均已充分发挥的摩擦型桩。

②用于混凝土灌注桩时,桩身材质、截面应基本均匀。

③单桩轴向抗压极限承载力可按下列公式计算:

$$Q_{uc}=\frac{1}{2}\{(1-J_c)[F(t_1)+Z\cdot v(t_1)]+(1+J_c)[F(t_1+2L/c)-Z\cdot v(t_1+2L/c)]\} \tag{5-53}$$

$$Z=A\cdot E/c \tag{5-54}$$

以上式中:Q_{uc}——单桩轴向抗压极限承载力(kN);

J_c——凯司法阻尼系数;

t_1——速度信号第一峰对应的时刻(ms);

$F(t_1)$——t_1 时刻的锤击力(kN);

$v(t_1)$——t_1 时刻的振动速度(m/s);

Z——桩身截面力学阻抗(kN·s/m);

E——桩身材料弹性模量(kPa);

A——桩身截面面积(m^2);

c——桩身波速(m/s);

L——测点以下桩长(m)。

④J_c 应根据基本相同条件下桩的动—静载对比试验结果确定,或由不少于50%被检桩的曲线拟合结果推算,但当其极差相对于平均值大于30%时,不得使用。

(5)对于等截面桩,测点下第一个缺陷可根据桩身完整性系数 β 值按表 5-42 判定。

桩身完整性判定 表 5-42

类 别	β 值	类 别	β 值
Ⅰ	$\beta=1.0$	Ⅲ	$0.6\leqslant\beta<0.8$
Ⅱ	$0.8\leqslant\beta<1.0$	Ⅳ	$\beta<0.6$

注:β 为桩身完整性系数。

①桩顶下第一个缺陷的结构完整性系数 β 值可按下式计算:

$$\beta=\frac{[F(t_1)+Z\cdot v(t_1)]/2-\Delta R+[F(t_x)+Z\cdot v(t_x)]/2}{[F(t_1)+Z\cdot v(t_1)]/2-[F(t_x)+Z\cdot v(t_x)]/2} \tag{5-55}$$

式中：β——桩身结构完整性系数；

t_1——速度第一峰所对应的时刻(ms)；

t_x——缺陷反射峰所对应的时刻(ms)；

ΔR——缺陷以上部位土阻力的估计值，等于缺陷反射起始点的锤击力与速度乘以桩身截面力学阻抗之差值，取值方法见图5-52。

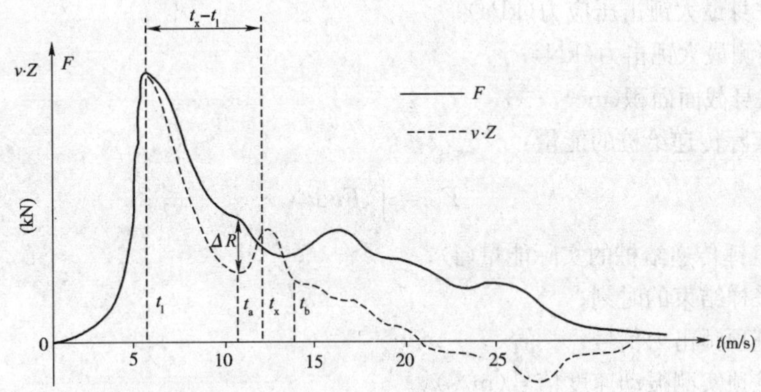

图5-52 桩身结构完整性系数计算

②桩身缺陷位置可按下式计算：

$$x=\frac{c\cdot(t_x-t_1)}{2\ 000} \tag{5-56}$$

式中：x——测点至桩身缺陷之间的距离(m)；

t_x——速度信号第一峰对应的时刻(ms)；

t_1——缺陷反射峰对应的时刻(ms)。

(6)当出现下列情况之一时，应按工程地质和施工工艺条件，采用实测曲线拟合法或其他检测方法综合判定桩身完整性：

①桩身有扩径、截面渐变或多变的混凝土灌注桩。

②桩身存在多处缺陷的桩。

③力和速度曲线在上升沿或峰值附近出现异常，桩身浅部存在缺陷或波阻抗变化复杂的桩。

(7)试打桩分析时，桩端持力层的判定应综合考虑岩土工程勘察资料，并对推算的单桩极限承载力进行复打校核。

(8)桩身最大锤击拉应力和桩身最大锤击压应力可分别按下列公式计算。

①桩身最大锤击拉应力：

$$\sigma_t=\frac{1}{2A}\max\left[Z\cdot v\left(t_1+\frac{2L}{c}\right)-F\left(t_1+\frac{2L}{c}\right)-Z\cdot v\left(t_1+\frac{2L-2x}{c}\right)-F\left(t_1+\frac{2L-2x}{c}\right)\right] \tag{5-57}$$

式中：σ_t——桩身最大锤击拉应力(kPa)；

x——测点至计算点之间的距离(m)；

A——桩身截面面积(m^2)；

Z——桩身截面力学阻抗(kN·s/m)；

c——桩身波速(m/s)；

L——完整桩桩长(m)。

②桩身最大锤击压应力：

$$\sigma_P = \frac{F_{max}}{A} \tag{5-58}$$

式中：σ_P——桩身最大锤击压应力(kPa)；

F_{max}——实测最大锤击力(kN)；

A——桩身截面面积(m^2)。

(9)桩锤实际传递给桩的能量：

$$E_n = \int_0^T Fv\mathrm{d}t \tag{5-59}$$

式中：E_n——桩锤传递给桩的实际能量(J)；

T——采样结束的时刻；

F——桩顶锤击力信号；

v——桩顶实测振动速度信号(m/s)。

(10)检测报告应包括下列内容：

①实测力和速度信号曲线及由加速度信号经两次积分后得到桩顶位移信号曲线、拟合曲线、模拟的静荷载—沉降曲线、土阻力和桩身阻抗沿深度的变化曲线。

②凯司法中所选取的 J_c 值。

③试打桩和打桩监控所采用的桩锤和锤垫类型，监测得到的锤击数、桩侧和桩端阻力、桩身锤击拉(压)应力、能量传递比等随入土深度的变化关系。

④试桩附近的地质柱状图及土的物理力学性能指标。

⑤检测报告格式见《公路工程基桩动测技术规程》(JTG/T F81-01—2004)附录D。

5. 实测曲线拟合实例

由于CASE法的计算过于简单，只利用 t_1 和 $t_2=t_1+2L/c$ 两个时刻的数据，计算误差较大，阻尼系数 J_c 的选用带有很强的经验性，不得不依靠动静对比试验来解决，且无法得到桩侧和桩尖阻力分布。为了充分利用现场采集到的桩—土体系中的宝贵数据，在凯司法的基础上，对桩和土的模型进行改进后，提出实测曲线拟合法程序，对锤击桩顶在桩身中应力波的传播过程，由基桩动测仪记录力和速度的实测曲线。以实测桩顶力时程曲线(或速度时程曲线)作为输入数据，通过不断修改桩土模型参数，求解波动方程，直至计算得到的速度时程曲线(或力时程曲线)和实测速度时程曲线(或力时程曲线)的吻合程度满足要求为止，从而得到单桩承载力、桩身应力等分析结果。其步骤如下：

(1)根据设定的桩土模型及有关参数进行分段参数设定，如桩的参数 E、A、ρ、v、L 以及土的参数 R、Q、J 等。

(2)选择有足够锤击能量，能使桩周土阻力充分发挥，并符合分析质量要求的一组实测速度(v)曲线和力(F)曲线。

(3)利用实测的速度(或力、上行波、下行波)曲线作为输入边界条件，运用一维波动方程，对桩身阻抗和土阻力实现分段分层的分析计算，反算桩顶的力(或速度、下行波、上行波)曲线。

(4)若计算的曲线与实测曲线不吻合,说明假设的模型或参数不合理,要重新调整模型及参数后,再行计算,直至计算曲线与实测曲线的吻合程度达到要求为止。

(5)输出计算结果,给出单桩的极限承载力,打印桩侧阻力分布、桩端阻力以及计算的荷载—位移曲线等,如图 5-53 所示。

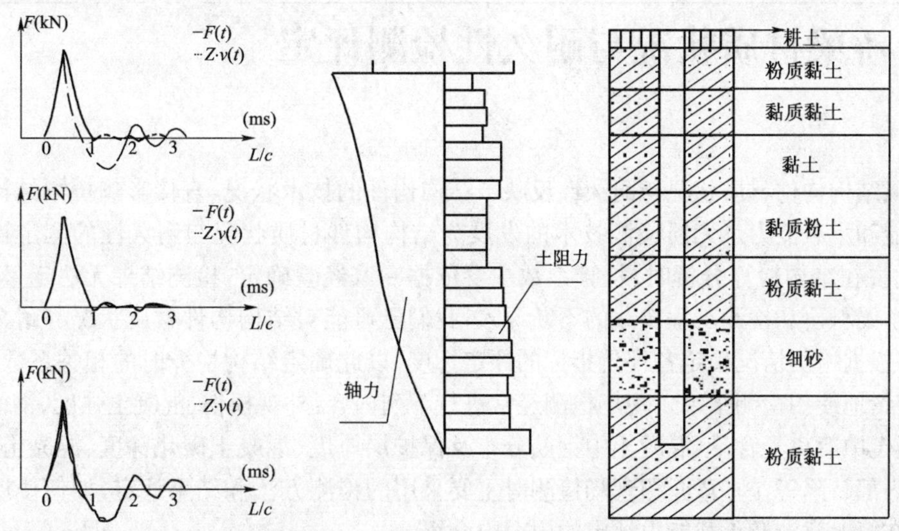

图 5-53　桩侧阻力分布、桩端阻力以及计算的荷载—位移曲线

第五节　本 章 小 结

本章主要介绍了地基检测和基桩的完整性及承载力检测。地基承载力检测介绍了规范中指定的两种常规方法,即平板载荷试验和动力触探试验;基桩检测介绍了成桩前的成孔质量检测和成桩后的桩身结构完整性检测和基桩的承载力检测。成孔检测中包含了对成孔质量起着重要作用的泥浆性能检测。桩身结构完整性检测,使用便捷、快速的反射波法对桩基工程质量进行普查,满足了工程的急需,但该法对桩身缺陷性质及程度判断的准确性,受多种因素影响,不容易判准。声波透射法对缺陷及其范围的判定较准确,但成本较高,检测效率低,而且要事先埋声测管。钻探取芯法对桩身缺陷性质及位置判断准确,但施工难度大、成本高,一般仅在对前两种桩身质量持有疑问时,作为验证时采用。传统的静载荷试验,在目前仍是对桩基承载力检测最可靠的方法,它费工、费时、费力、成本高,通常只有 1%的工程桩进行检测,覆盖面少。因而,近些年来发展了动力试桩法。它具有检测速度快的特点,但成果的可靠性又待进一步提高,一般要求在有动、静试验对比的条件下使用。本章提到的各种基桩检测方法,各有其特点,如能合理搭配使用、取长补短,则可在满足对桩基工程的正确评价前提下,达到快速经济的效果。

第六章

桥梁材质状况与耐久性检测评定

桥梁结构构件材质状况与耐久性反映了结构构件的技术状况，直接影响桥梁结构的整体使用性能和承载能力。无损检测技术的发展为结构构件材质状况与耐久性的测定提供了手段，但过去在结构检算分析时，检算系数主要依据专家经验确定，检测结果无法定量化应用。而随着桥梁科研和检测工程实践的不断深入，我们已可能对结构构件材质状况与耐久性进行检测，并根据检测情况确定各评价指标的评定标度，以此确定结构检算时的相关系数，以便定量、半定量地使用检测结果。现场检测经常进行下列内容：外观损伤、混凝土强度、钢筋锈蚀电位、混凝土中氯离子含量、混凝土中钢筋分布及保护层厚度、混凝土碳化深度、混凝土电阻率、混凝土内部缺陷等。本章介绍现场检测时主要采用的检测方法和结果评定，如何使用这些检测结果在第七章涉及承载能力评定的内容中介绍。

第一节　桥梁结构外观检测

结构外观检测主要以人力目测为主，辅以刻度放大镜、钢卷尺测量和锤击检查等手段，对结构物表面损伤、病害等进行检测，对检测结果尽可能采用坐标图形或照相并结合文字描述进行记录。

一、桥梁结构外观检测的主要内容

(1)构件是否完好，有无损坏、开裂、剥落、锈迹，涂装有无老化变色、起皮。

(2)桥面铺装是否平整，有无裂缝、局部坑槽、积水、沉陷、波浪、碎边；混凝土桥面是否有剥离、渗漏，钢筋是否露筋、锈蚀，填缝料是否老化、损坏，桥头有无跳车。伸缩缝是否堵塞卡死，连接部件有无松动、脱落、局部破坏。

(3)排水设施是否良好，桥面泄水管是否堵塞和破损。人行道、缘石、栏杆、扶手、防撞护栏和引道护栏(柱)有无撞坏、断裂、松动、错位、缺件、剥落、锈蚀等。

(4)观察桥梁结构有无异常变形，异常的竖向振动、横向摆动等情况。

(5)支座是否有明显缺陷，活动支座是否灵活，位移是否正常。

(6)桥位区段河床冲淤变化情况。基础是否受到冲刷损坏、外露、悬空、下沉，墩台及基础是否受到生物腐蚀。墩台是否受到船只或漂浮物撞击而受损。

(7)翼墙(侧墙、耳墙)有无开裂、倾斜、滑移、沉降、风化剥落和异常变形。锥坡、护坡、调治构造物有无塌陷，铺砌面有无缺损、勾缝脱落、灌木杂草丛生。

二、桥面系构件的外观检测

(1)桥面铺装层纵、横坡是否顺适,有无严重的裂缝(龟裂、纵横裂缝)、坑槽、波浪、桥头跳车、防水层漏水。

(2)伸缩缝是否有异常变形、破损、脱落、漏水,是否造成明显的跳车。

(3)人行道构件、栏杆、护栏有无撞坏、断裂、错位、缺件、剥落、锈蚀等。

(4)桥面排水是否顺畅,泄水管是否完好、畅通,桥头排水沟功能是否完好,锥坡有无冲蚀、塌陷。

三、钢筋混凝土和预应力混凝土梁桥的外观检测

(1)梁端头、底面是否损坏,箱形梁内是否有积水,通风是否良好。

(2)混凝土有无裂缝、渗水、表面风化、剥落、露筋和钢筋锈蚀,有无碱集料反应引起的整体龟裂现象。混凝土表面有无严重碳化。

(3)预应力钢束锚固区段混凝土有无开裂,沿预应力筋的混凝土表面有无纵向裂缝。

(4)梁(板)式结构的跨中、支点及变截面处,悬臂端牛腿或中间铰部位,刚构的固结处和桁架节点部位,混凝土是否开裂、缺损和出现钢筋锈蚀。

(5)装配式梁桥应注意检查联结部位的缺损状况。

①组合梁的桥面板与梁的结合部位及预制桥面板之间的接头处混凝土有无开裂、渗水。

②横向联结构件是否开裂,连接钢板的焊缝有无锈蚀、断裂,边梁有无横移或向外倾斜。

四、拱桥的外观检测

(1)主拱圈的拱板或拱肋是否开裂。钢筋混凝土拱有无露筋、钢筋锈蚀。圬工拱桥砌块有无压碎、局部掉块,砌缝有无脱离或脱落、渗水,表面有无苔藓、草木滋生,拱铰工作是否正常,空腹拱的小拱有无较大的变形、开裂、错位,立墙或立柱有无倾斜、开裂。

(2)拱上立柱(或立墙)上下端、盖梁和横系梁的混凝土有无开裂、剥落、露筋和锈蚀。中、下承式拱桥吊杆上下锚固区的混凝土有无开裂、渗水,吊杆锚头附近有无锈蚀现象,外罩是否有裂纹,锚头夹片、楔块是否发生滑移,吊杆钢索有无断丝。采用型钢或钢管混凝土的劲性骨架拱桥,混凝土是否沿骨架出现纵向或横向裂缝。

(3)拱的侧墙与主拱圈间有无脱落,侧墙有无鼓突变形、开裂,实腹拱拱上填料有无沉陷。肋拱桥的肋间横向联结是否开裂、表面剥落、钢筋外露、锈蚀等。

(4)双曲拱桥拱肋处横向联结拉杆是否松动或断裂,拱波与拱肋结合处是否开裂、脱开,拱波之间砂浆有无松散脱落,拱波顶是否开裂、渗水等。

(5)薄壳拱桥壳体纵、横向及斜向是否出现裂缝及系杆是否开裂。

(6)系杆拱的系杆是否开裂,无混凝土包裹的系杆是否有锈蚀。

五、钢桥的外观检测

(1)构件(特别是受压构件)是否扭曲变形、局部损伤。

(2)铆钉和螺栓有无松动、脱落或断裂,节点是否滑动、错裂。

(3)焊缝边缘(热影响区)有无裂纹或脱开。

(4)油漆层有无裂纹、起皮、脱落,构件有无锈蚀。

六、悬索桥和斜拉桥的外观检测

(1)主梁或加劲梁的检查,按预应力混凝土或钢结构的相应要求进行。

(2)悬索桥的锚碇及锚杆有无异常的拨动。锚头、散索鞍有无锈蚀破损,锚室(锚洞)有无开裂、变形、积水,温湿度是否符合要求。

(3)主缆、吊杆及斜拉索的表面封闭、防护是否完好,有无破损、老化。

(4)悬索桥的索鞍是否有异常的错位、卡死、辊轴歪斜,构件是否有锈蚀、破损,主缆索跨过索鞍部分是否有挤扁现象。

(5)悬索桥吊杆上端与主缆索的索夹是否有松动、移位和破损,下端与梁连接的螺栓有无松动。

(6)索体是否开裂、鼓胀及变形,必要时可剥开护套检查索内干湿情况和钢索的锈蚀情况。检查后应做好保护套剥开处的防护处理。

(7)逐个检查锚具及周围混凝土的情况,锚具是否渗水、锈蚀,是否有锈水流出的痕迹,周围混凝土是否开裂。必要时可打开锚具后盖抽查锚杯内是否积水、潮湿,防锈油是否结块、乳化失效,锚杯是否锈蚀。

(8)检查索端出索处钢护筒、钢管与索套管连接处的外观情况。检查钢护筒是否松动脱落、锈蚀、渗水,抽查连接处钢护筒内防水垫圈是否老化失效,筒内是否潮湿积水。

七、支座的外观检测

(1)支座组件是否完好、清洁,有无断裂、错位、脱空。

(2)活动支座是否灵活,实际位移量是否正常,固定支座的锚销是否完好。

(3)支承垫石是否有裂缝。

(4)简易支座的油毡是否老化、破裂或失效。

(5)橡胶支座是否老化、开裂,有无过大的剪切变形或压缩变形,各夹层钢板之间的橡胶层外凸是否均匀。

(6)四氟滑板支座是否脏污、老化,四氟乙烯板是否完好,橡胶块是否滑出钢板。

(7)盆式橡胶支座的固定螺栓是否剪断,螺母是否松动,钢盆外露部分是否锈蚀,防尘罩是否完好。

(8)组合式钢支座是否干涩、锈蚀,固定支座的锚栓是否紧固,销板或销钉是否完好。

(9)摆柱支座各组件相对位置是否准确,受力是否均匀。

(10)辊轴支座的辊轴是否出现不允许的爬动、歪斜。

(11)摇轴支座是否倾斜。

(12)钢筋混凝土摆柱支座的柱体有无混凝土脱皮、开裂、露筋,钢筋及钢板有无锈蚀。

八、墩台与基础的外观检测

(1)墩台及基础有无滑动、倾斜、下沉或冻拔。

(2)台背填土有无沉降或挤压隆起。

(3)混凝土墩台及帽梁有无冻胀、风化、开裂、剥落、露筋等。

(4)石砌墩台有无砌块断裂,通缝脱开、变形,砌体泄水孔是否堵塞,防水层是否损坏。

(5)墩台顶面是否清洁,伸缩缝处是否漏水。

(6)基础下是否发生冲刷或淘空现象,扩大基础的地基有无侵蚀。桩基顶段在水位涨落、干湿交替变化处有无冲刷磨损、颈缩、露筋,有无环状冻裂,是否受到污水、咸水或生物的腐蚀。

第二节　结构混凝土强度的检测与评定

一、结构混凝土强度检测方法分类与要求

结构混凝土强度的检测方法可分为无损检测、半破损检测和破损检测。本节对目前常用的回弹法、超声回弹综合法、取芯法、回弹结合取芯法等测定混凝土强度的常用方法进行介绍。

为了突出混凝土桥梁结构的行业特殊性,混凝土强度检测评定分为结构或构件的强度检测评定与承重构件的主要受力部位的强度检测评定。如主梁,根据具体检测目的和检测要求,选择合适的方法进行检测时,可对主梁整个(批)构件进行检测评定,也可对主梁跨中部位进行混凝土强度的检测评定,但测区布置必须满足相关的规范规定。

原则上对结构不采取破损检测,但在其他方法不能准确评定结构(构件)或承重构件主要受力部位的混凝土强度时,应采用取芯法或取芯法结合其他方法综合评定。在结构上钻、截取试件时,应尽量选择在承重构件的次要部位或次要承重构件上,并应采取有效措施,确保结构安全。钻、截取试件后,应及时进行修复或加固处理。

二、回弹法检测结构混凝土强度的方法

回弹法在我国使用已达50余年,而且越用越广泛,这不仅是因为回弹法简便、灵活,同时也由于我国已解决了回弹法使用精度不高和不能普遍推广的一些关键问题。

1.回弹法的基本原理

回弹法是用弹簧驱动重锤,通过弹击杆弹击混凝土表面,并测出重锤被反弹回来的距离,以回弹值(反弹距离与弹簧初始长度之比)作为与强度相关的指标,来推定混凝土强度的一种方法。由于测量在混凝土表面进行,所以应属于表面硬度法的一种。

图6-1为回弹法的原理示意图。当重锤被拉到冲击前的状态时,若重锤的质量等于1,则这时重锤所具有的势能 e 为:

$$e=\frac{1}{2}kl^2 \tag{6-1}$$

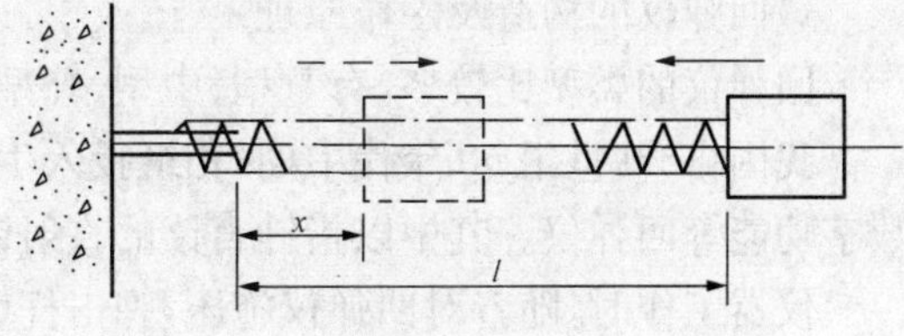

图6-1　回弹法原理示意

式中:k——拉力弹簧的刚度系数;

l——拉力弹簧起始拉伸长度。

混凝土受冲击后产生瞬时弹性变形,其恢复力使重锤弹回,当重锤被弹回到 x 位置时所具有的势能 e_x 为:

$$e_x=\frac{1}{2}kx^2 \tag{6-2}$$

式中：x——重锤反弹位置或重锤弹回时弹簧的拉伸长度。

所以重锤在弹击过程中，所消耗的能量 Δe 为：

$$\Delta e=e-e_{\mathrm{x}}=\frac{1}{2}k(l^2-x^2)=e\left[l-\left(\frac{x}{l}\right)^2\right] \tag{6-3}$$

令

$$R=\frac{x}{l} \tag{6-4}$$

在回弹仪中，l 为定值，所以 R 与 x 成正比，称为回弹值。将 R 代入式(6-3)得：

$$R=\sqrt{1-\frac{\Delta e}{e}}=\sqrt{\frac{e_{\mathrm{x}}}{e}} \tag{6-5}$$

由式(6-5)可知，回弹值只等于重锤冲击混凝土表面后剩余势能与原有势能之比的平方根。简而言之，回弹值的大小，取决于与冲击能量有关的回弹能量，而回弹能量主要取决于被测混凝土的弹塑性性能。其能量的传递和变化概述如下：

$$e=\sum A_{\mathrm{i}}=A_1+A_2+A_3+A_4+A_5+A_6 \tag{6-6}$$

式中：A_1——使混凝土产生塑性变形的功；

A_2——使混凝土、弹击杆及弹击锤产生弹性变形的功；

A_3——弹击锤在冲击过程中和指针在移动过程中因摩擦损耗的功；

A_4——弹击锤在冲击过程中和指针在移动过程中克服空气阻力的功；

A_5——混凝土产生塑性变形时增加自由表面所损耗的功；

A_6——仪器在冲击时由于混凝土构件的颤动和弹击杆与混凝土表面移动而损耗的功。

A_3、A_4、A_5、A_6 一般很小，当混凝土构件具有足够的刚度且在冲击过程中仪器始终紧贴混凝土表面时，均可忽略不计。在一定的冲击能量作用下，A_2 的弹性变形接近为常数。因此弹回距离主要取决于混凝土的塑性变形。混凝土的强度愈低，则塑性变形愈大，消耗于产生塑性变形的功也愈大，弹击锤所获得的回弹功能就愈小，回弹距离相应也愈小，从而回弹值就愈小，反之亦然。据此，可由实验方法建立"混凝土抗压强度—回弹值"的相关曲线，通过回弹仪对混凝土表面弹击后的回弹值来推算混凝土的强度值。

2.回弹仪

1)回弹仪的构造及工作原理

回弹仪的类型比较多，有重型、中型、轻型和特轻型，一般工程使用最多的是中型回弹仪。

我国自 20 世纪 50 年代中期，相继投入生产指针直读式、自记式、带电脑自动记录及处理数字功能等回弹仪。其中以指针直读的直射锤击式仪器应用最广，其构造见图 6-2。

仪器工作时，随着对回弹仪施压，弹击杆(1)徐徐向机壳内推进，弹击拉簧(2)被拉伸，使连接弹击拉簧的弹击锤(4)获得恒定的冲击能量 e，当仪器水平状态工作时，其冲击能量 e 可由式(6-2)计算，其能量大小为 2.207J(标准规定弹击拉簧的刚度 785.0N/m)，单击拉簧工作时拉伸长度 0.075m。

当挂钩(12)与调零螺钉(16)互相挤压时，使弹击锤脱钩，于是弹击锤的冲击面与弹击杆的后端平面相碰撞，此时弹击锤释放出来的能量借助弹击杆传递给混凝土构件，混凝土弹性反应的能量又通过弹击杆传递给弹击锤，使弹击锤获得回弹的能量向后弹回，计算弹击锤回弹的距

离 x 和弹击锤脱钩前距弹击杆后端平面的距离 l 之比，即得回弹值 R，它由仪器外壳上的刻度尺(8)示出。

2)对中型回弹仪的技术要求

(1)水平弹击时，弹击锤脱钩的瞬间，中型回弹仪的标称能量应为 2.207J；

(2)弹击锤与弹击杆碰撞的瞬间，弹击拉簧应处于自由状态，此时弹击锤起跳点应相应于指针指示刻度尺上"0"处；

(3)在洛式硬度 HRC 为 60±2 的钢砧上，回弹仪的率定值应为 80±2；

(4)数字式回弹仪应带有指针直读示值系统，数字显示的回弹值与指针直读示值相差不超过 1；

(5)回弹仪使用时的环境温度应为－4～40℃。

3)回弹仪的率定方法

回弹仪在工程检测前后，应在钢砧上做率定试验，并应符合下述要求。率定试验宜在干燥、室温为 5～35℃的条件下进行。率定时，钢砧应稳固地平放在刚度大的物体上。测定回弹值时，取连续向下弹击三次稳定回弹值的平均值。弹击杆应分四次旋转，每次旋转宜为 90°。弹击杆每旋转一次的率定平均值应为 80±2，率定回弹仪的钢砧应每 2 年校准一次。

4)回弹仪的校验

回弹仪具有下列情况之一时，应由法定部门按照国家现行标准《混凝土回弹仪》(JJG 817—93)对回弹仪进行校验。

(1)新回弹仪启用前；

(2)超过检定有效期限，中型回弹仪有效期为半年；

(3)累计弹击次数超过 6 000 次；

(4)数字式回弹仪显示的回弹值与指针直读示值相差超过 1；

(5)经常规保养后钢砧率定值不合格；

(6)遭受严重撞击或其他损害。

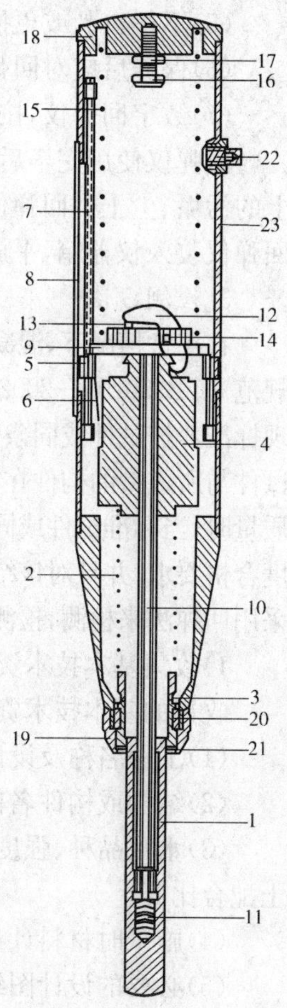

图 6-2　回弹仪的构造

1-弹击杆；2-弹击拉簧；3-拉簧座；4-弹击锤；5-指针块；6-指针片；7 指针轴；8 刻度尺；9-导向法兰；10-中心导杆；11-缓冲压簧；12-挂钩；13-挂钩压簧；14-挂钩销子；15-压簧；16-调零螺钉；17-紧固螺母；18-尾盖；19-盖帽；20-卡环；21-密封毡帽；22-按钮；23-外壳

5)回弹仪的保养方法

当回弹仪的弹击次数超过 2 000 次，或者对检测值有怀疑以及在钢砧上的率定值不合格时，应对回弹仪进行保养。常规保养应符合下列规定：

(1)使弹击锤脱钩后取出机芯，然后卸下弹击杆，取出里面的缓冲压簧，并取出弹击锤、弹击拉簧和拉簧座；

(2)清洗机芯各零部件，重点清洗中心导杆、弹击锤和弹击杆的内孔和冲击面，清洗后应在中心导杆上薄薄涂抹钟表油，其他零部件均不得抹油；

(3)应清理机壳内壁，卸下刻度尺，并应检查指针，其摩擦力应为 0.5～0.8N；

(4)不得旋转尾盖上已定位紧固的调零螺钉；

(5)不得自制或更换零部件；

(6)保养后应对回弹仪进行率定试验。

(7)数字回弹仪，按产品要求的组件程序进行维护。

回弹仪使用完毕后应使弹击杆伸出机壳，清除弹击杆、杆前端球面以及刻度尺表面和外壳上的污垢、尘土。回弹仪不用时，应将弹击杆压入仪器内，经弹击后方可按下按钮锁住机芯，将回弹仪装入仪器箱，平放在干燥阴凉处。数字回弹仪长期不用时，应取出电池。

3.检测方法

在正常情况下，混凝土强度的检验与评定应按现行国家标准《混凝土结构工程施工质量验收规范》(GB 50204—2002)及《混凝土强度检验评定标准》(GB/T 50107—2010)执行。但是，当出现标准养护试件或同条件试件数量不足或未按规定制作试件时，当所制作的标准试件或同条件试件与所成型的构件在材料用量、配合比、水灰比等方面有较大差异，已不能代表构件的混凝土质量时，当标准试件或同条件试件的试压结果，不符合现行标准、规范规定的对结构或构件的强度合格要求，并且对该结果持有怀疑时，总之，当结构中混凝土实际强度有检测要求时，可以考虑采用回弹法来检测，检测结果可作为处理混凝土质量的一个依据。其一般检测步骤如下。

1)收集基本技术资料

收集的基本技术资料包括：

(1)工程名称及设计、施工、监理(或监督)和建设单位名称。

(2)结构或构件名称、外形尺寸、数量及混凝土强度等级。

(3)水泥品种、强度等级、安定性、厂名；砂石种类、粒径；外加剂或掺和料品种、掺量；混凝土配合比等。

(4)施工时材料计量情况，模板、浇筑、养护情况及成型日期等。

(5)必要的设计图纸和施工记录。

(6)检测原因。

2)抽样数量及适用范围

结构或构件混凝土强度检测可采用下列两种方式，其适用范围及结构或构件数量应符合下列规定：

(1)单个检测：适用于单个结构或构件的检测。

(2)批量检测：适用于在相同的生产工艺条件下，混凝土强度等级相同，原材料、配合比、成型工艺、养护条件基本一致且龄期相近的同类结构或构件。按批进行检测的构件，抽检数量不得少于同批构件总数的30%且构件数量不得少于10件。抽检构件时，应随机抽取并使所选构件具有代表性。当检验批构件数量大于30个时，抽样构件数量可适当调整，并不得少于国家现行有关标准规定的最少抽样数量。

3)选择符合下列规定的测区

(1)对一般构件，测区数不宜少于10个，当受检构件数量大于30个且不需提供单个构件推定强度或构件某一方向尺寸小于4.5m且另一方向尺寸小于0.3m，其测区数量可适当减少，但不应少于5个。

(2)测区离构件端部或施工缝边缘的距离不宜大于0.5m，且不宜小于0.2m。

(3)测区宜选在使回弹仪处于水平方向检测混凝土浇筑侧面。当不能满足这一要求时，可使回弹仪处于非水平方向检测混凝土构件的浇筑表面或底面。

(4)测区宜选在构件的两个对称可测面上,也可选在一个可测面上,且应均匀分布。在构件的重要部位及薄弱部位必须布置测区,并应避开预埋件。

(5)测区的面积不宜大于 $0.04m^2$。

(6)检测面应为原状混凝土表面,并应清洁、平整,不应有疏松层、浮浆、油垢、涂层以及蜂窝、麻面,必要时可用砂轮清除疏松层和杂物,且不应有残留的粉末和碎屑。

(7)对弹击时产生颤动的薄壁、小型构件应进行固定。

(8)结构或构件的测区应标有清晰的编号,必要时应在记录纸上描述测区布置示意图和外观质量。

4)回弹值测量

(1)回弹仪的操作:将弹击杆顶住混凝土的表面,轻压仪器,松开按钮,弹击杆徐徐伸出。使仪器对混凝土表面缓慢均匀施压,待弹击锤脱钩冲击弹击杆后即回弹,带动指针向后移动并停留在某一位置上,即为回弹值。继续顶住混凝土表面并在读取和记录回弹值后,逐渐对仪器减压,使弹击杆自仪器内伸出,重复进行上述操作,即可测得被测构件或结构的回弹值。操作中注意仪器的轴线应始终垂直于混凝土构件的检测面,缓慢施压,准确读数,快速复位。

(2)测点宜在测区范围内均匀分布,相邻两测点的净距不宜小于 20mm;测点距外露钢筋、预埋件的距离不宜小于 30mm。测点不应在气孔或外露石子上,同一测点只应弹击一次。每一测区应记取 16 个回弹值,每一测点的回弹值读数估读至 1。

5)碳化深度值测量

(1)回弹值测量完毕后,应在有代表性的位置上测量碳化深度值,测点数不应少于构件测区数的 30%,取其平均值为该构件每测区的碳化深度值。当碳化深度值大于 2.0mm 时,应在每一测区测量碳化深度值。

(2)碳化深度值测量方法:采用适当的工具在测区表面形成直径约 15mm 的孔洞,其深度应大于预估混凝土的碳化深度。孔洞中的粉末和碎屑应除净,并不得用水擦洗。同时,采用浓度为 1%～2%的酚酞酒精溶液滴在孔洞内壁的边缘处,当已碳化与未碳化界线清楚时,再用深度测量工具测量已碳化与未碳化混凝土交界面到混凝土表面的垂直距离,测量 3 次,读数精确至 0.25mm,取其平均值做为检测结果,精确至 0.5mm。

6)泵送混凝土的检测

检测泵送混凝土强度时,测区应选在混凝土浇筑侧面。

4. 回弹值计算和测区混凝土强度的确定

(1)计算测区平均回弹值,应从该测区的 16 个回弹值中剔除 3 个最大值和 3 个最小值,余下的 10 个回弹值按下式计算:

$$R_m=\frac{\sum_{i=1}^{n}R_i}{10} \tag{6-7}$$

式中:R_m——测区平均回弹值,精确至 0.1;

R_i——第 i 个测点的回弹值。

(2)非水平方向检测混凝土浇筑侧面时,应按下式修正:

$$R_m = R_{m\alpha} + R_{a\alpha} \tag{6-8}$$

式中：$R_{m\alpha}$——非水平状态检测时测区的平均回弹值，精确至 0.1；

$R_{a\alpha}$——非水平状态检测时回弹值修正值，可由表 6-1 查取。

非水平状态检测时回弹值修正表 表 6-1

$R_{m\alpha}$	检测角度							
	向上				向下			
	90°	60°	45°	30°	−30°	−45°	−60°	−90°
20	−6.0	−5.0	−4.0	−3.0	+2.5	+3.0	+3.5	+4.0
21	−5.9	−4.9	−4.0	−3.0	+2.5	+3.0	+3.5	+4.0
22	−5.8	−4.8	−3.9	−2.9	+2.4	+2.9	+3.4	+3.9
23	−5.7	−4.7	−3.9	−2.9	+2.4	+2.9	+3.4	+3.9
24	−5.6	−4.6	−3.8	−2.8	+2.3	+2.8	+3.3	+3.8
25	−5.5	−4.5	−3.8	−2.8	+2.3	+2.8	+3.3	+3.8
26	−5.4	−4.4	−3.7	−2.7	+2.2	+2.7	+3.2	+3.7
27	−5.3	−4.3	−3.7	−2.7	+2.2	+2.7	+3.2	+3.7
28	−5.2	−4.2	−3.6	−2.6	+2.1	+2.6	+3.1	+3.6
29	−5.1	−4.1	−3.6	−2.6	+2.1	+2.6	+3.1	+3.6
30	−5.0	−4.0	−3.5	−2.5	+2.0	+2.5	+3.0	+3.5
31	−4.9	−4.0	−3.5	−2.5	+2.0	+2.5	+3.0	+3.5
32	−4.8	−3.9	−3.4	−2.4	+1.9	+2.4	+2.9	+3.4
33	−4.7	−3.9	−3.4	−2.4	+1.9	+2.4	+2.9	+3.4
34	−4.6	−3.8	−3.3	−2.3	+1.8	+2.3	+2.8	+3.3
35	−4.5	−3.8	−3.3	−2.3	+1.8	+2.3	+2.8	+3.3
36	−4.4	−3.7	−3.2	−2.2	+1.7	+2.2	+2.7	+3.2
37	−4.3	−3.7	−3.2	−2.2	+1.7	+2.2	+2.7	+3.2
38	−4.2	−3.6	−3.1	−2.1	+1.6	+2.1	+2.6	+3.1
39	−4.1	−3.6	−3.1	−2.1	+1.6	+2.1	+2.6	+3.1
40	−4.0	−3.5	−3.0	−2.0	+1.5	+2.0	+2.5	+3.0
41	−4.0	−3.5	−3.0	−2.0	+1.5	+2.0	+2.5	+3.0
42	−3.9	−3.4	−2.9	−1.9	+1.4	+1.9	+2.4	+2.9
43	−3.9	−3.4	−2.9	−1.9	+1.4	+1.9	+2.4	+2.9
44	−3.8	−3.3	−2.8	−1.8	+1.3	+1.8	+2.3	+2.8
45	−3.8	−3.3	−2.8	−1.8	+1.3	+1.8	+2.3	+2.8
46	−3.7	−3.2	−2.7	−1.7	+1.2	+1.7	+2.2	+2.7
47	−3.7	−3.2	−2.7	−1.7	+1.2	+1.7	+2.2	+2.7
48	−3.6	−3.1	−2.6	−1.6	+1.1	+1.6	+2.1	+2.6
49	−3.6	−3.1	−2.6	−1.6	+1.1	+1.6	+2.1	+2.6
50	−3.5	−3.0	−2.5	−1.5	+1.0	+1.5	+2.0	+2.5

注：①$R_{m\alpha}$小于 20 或大于 50 时，均分别按 20 或 50 查表。

②表中未列入的相应于$R_{m\alpha}$的修正值$R_{a\alpha}$，可用内插法求得，精确至 0.1。

(3)水平方向检测混凝土浇筑顶面或底面时，应按下列公式修正：

$$R_m = R_m^t + R_a^t \tag{6-9}$$

$$R_m = R_m^b + R_a^b \tag{6-10}$$

式中：R_m^t、R_m^b——水平方向检测混凝土浇筑表面、底面时，测区的平均回弹值，精确至0.1；

R_a^t、R_a^b——混凝土浇筑表面、底面回弹值的修正值，应由表6-2查取。

不同浇筑面的回弹值修正值　　表6-2

R_m^t 或 R_m^b	表面修正值(R_a^t)	底面修正值(R_a^b)	R_m^t 或 R_m^b	表面修正值(R_a^t)	底面修正值(R_a^b)
20	+2.5	−3.0	36	+0.9	−1.4
21	+2.4	−2.9	37	+0.8	−1.3
22	+2.3	−2.8	38	+0.7	−1.2
23	+2.2	−2.7	39	+0.6	−1.1
24	+2.1	−2.6	40	+0.5	−1.0
25	+2.0	−2.5	41	+0.4	−0.9
26	+1.9	−2.4	42	+0.3	−0.8
27	+1.8	−2.3	43	+0.2	−0.7
28	+1.7	−2.2	44	+0.1	−0.6
29	+1.6	−2.1	45	0	−0.5
30	+1.5	−2.0	46	0	−0.4
31	+1.4	−1.9	47	0	−0.3
32	+1.3	−1.8	48	0	−0.2
33	+1.2	−1.7	49	0	−0.1
34	+1.1	−1.6	50	0	0
35	+1.0	−1.5			

注：①R_m^t 或 R_m^b 小于20或大于50时，均分别按20或50查表。

②表中有关混凝土浇筑表面的修正系数，是指一般原浆抹面的修正值。

③表中有关混凝土浇筑底面的修正系数，是指构件底面与侧面采用同一类模板在正常浇筑情况下的修正值。

④表中未列入的相应于 R_m^t 或 R_m^b 的 R_a^t 或 R_a^b 值，可用内插法求得，精确至0.1。

当检测时回弹仪为非水平方向且测试面为非混凝土的浇筑侧面时，应先对回弹值进行角度修正，再对修正后的值进行浇筑面修正。

(4)测区混凝土强度值的确定。

结构或构件第 i 个测区混凝土强度换算值，根据每一测区的回弹平均值及碳化深度值，查阅统一测强曲线[《回弹法检测混凝土抗压强度技术规程》(JGJ/T 23—2011)]得出，当有地区测强曲线或专用测强曲线时，混凝土强度换算值应按地区测强曲线或专用测强曲线换算得出。表中未列入的测区强度值可用内插法求得。对于泵送混凝土要注意规程中的有关规定。

5.混凝土强度计算

(1)结构或构件测区混凝土强度平均值可根据各测区混凝土强度换算值计算。当测区数为10个及以上时，应计算强度标准差。平均值及标准差应按下列公式计算：

$$m_{f_{cu}^c} = \frac{\sum_{i=1}^{n} f_{cu,i}^c}{n} \tag{6-11}$$

$$s_{f_{cu}^c} = \sqrt{\frac{\sum (f_{cu,i}^c)^2 - n(m_{f_{cu}^c})^2}{n-1}} \tag{6-12}$$

式中：$m_{f_{cu}^c}$——结构或构件测区混凝土强度换算值的平均值(MPa)，精确至0.1MPa；

n——对单个检测的构件，取一个构件的测区数；对批量检测的构件，取被抽检构件的测区数之和；

$s_{f_{cu}^{c}}$——结构或构件测区混凝土强度换算值的标准差(MPa)，精确至0.01MPa。

(2)结构或构件混凝土强度推定值($f_{cu,e}$)应按下列公式确定：

①当该结构或构件测区数少于10个时：

$$f_{cu,e}=f_{cu,min}^{c} \tag{6-13}$$

式中：$f_{cu,min}^{c}$——构件中最小的测区混凝土强度换算值。

②当该结构或构件测区强度值中出现小于10.0MPa时：

$$f_{cu,e}<10.0\text{MPa} \tag{6-14}$$

③当该结构或构件测区数不少于10个或按批量检测时，应按下列公式计算：

$$f_{cu,e}=m_{f_{cu}^{c}}-1.645s_{f_{cu}^{c}} \tag{6-15}$$

④当批量检测时，应按下式计算：

$$f_{cu,e}=m_{f_{cu}^{c}}-ks_{f_{cu}^{c}} \tag{6-16}$$

式中：k——推定系数，宜取1.645，当需要进行推定强度区间时，可按国家现行有关标准的规定取值。

⑤对按批量检测的构件，当该构件混凝土强度标准差出现下列情况之一时，则该批构件应全部按单个构件检测：

a.当该批构件混凝土强度平均值小于25MPa时：

$$s_{f_{cu}^{c}}>4.5\text{MPa} \tag{6-17}$$

b.当该批构件混凝土强度平均值不小于25MPa时：

$$s_{f_{cu}^{c}}>5.5\text{MPa} \tag{6-18}$$

6.回弹法测强的误差范围和减小误差的方法

回弹法测强的影响因素比较多，如水泥品种、粗集料品种、成型方法、模板种类、养护方法、湿度、保护层厚度、混凝土龄期、测试时的大气温度、测试技术等均有程度不同的影响。对回弹法测强误差的估计，一般采用在试验室内通过试块测试制定测强相关曲线，然后按试验值进行最小二乘法回归分析时所得的标准差及离散系数，作为测定误差，或以验证性实测试验误差作为测定误差。表6-3为部分国家的回弹法标准中，按这一估计方法所列出的回弹法测强误差范围。关于结构混凝土强度的检测误差与试块混凝土强度的检测误差两者之间的差异，尚待进一步研究。

部分国家的回弹法标准中强度测定误差 表6-3

国　家	误差(%)	条　件
英国	±15～±25	期龄3个月以内，校准曲线法
前苏联	>±15	保证率95%，校准曲线法
罗马尼亚	±25～±35	保证率90%，已知配合比，有试块复核影响系数法
国际建议(ISO)	>±15	期龄14～16d，只有1～2个影响因素的变化，条件明确，校准曲线法
	>±25	期龄同上，已知影响因素很少，校准曲线法

减小误差的方法是：可采用同条件试块或钻取混凝土芯样进行修正，试块或钻取芯样数目不应少于6个。钻取芯样时每个部位应钻取一个芯样，计算时，测区混凝土强度换算值应乘以修正系数。修正系数应按下列公式计算：

1）当有同条件试块时

$$\eta=\frac{1}{n}\sum_{i=1}^{n}f_{cu,i}/f_{cu,i}^{c} \tag{6-19}$$

2）当有钻取混凝土芯样时

$$\eta=\frac{1}{n}\sum_{i=1}^{n}f_{cor,i}/f_{cu,i}^{c} \tag{6-20}$$

式中：η——修正系数，精确到0.01；

$f_{cu,i}$——第i个混凝土立方体试件（边长为150mm）的抗压强度值，精确到0.1MPa；

$f_{cor,i}$——第i个混凝土芯样试件的抗压强度值，精确到0.1MPa；

$f_{cu,i}^{c}$——对应于第i个试件或芯样部位回弹值和碳化深度值的混凝土强度换算值，可按《桥涵工程试验检测技术》中附录Ⅰ采用；

n——试件数。

7.注意问题

（1）回弹法测强的误差比较大，因此对比较重要的构件或结构物强度检测必须慎重使用。

（2）符合下列条件混凝土才能采用全国统一测强曲线进行测区混凝土强度换算。

①混凝土采用的材料、拌和用水符合现行国家有关标准；

②不掺外加剂或仅掺非引气型外加剂；

③采用普通成型工艺；

④采用符合现行国家标准《混凝土结构工程施工质量验收规范》（GB 50204—2002）规定的钢模、木模及其他材料制作的模板；

⑤自然养护或蒸气养护出池后经自然养护7d以上，且混凝土表层为干燥状态；

⑥龄期为14～1 000d；

⑦抗压强度为10～60MPa。

（3）当有下列情况之一时，测区混凝土强度值不得按全国统一测强曲线进行测区混凝土强度换算，但可制定专用测强曲线或通过试验进行修正，专用测强曲线的制定方法见《回弹法检测混凝土抗压强度技术规程》（JGJ/T 23—2001）。

①粗集料最大粒径大于60mm；

②特种成型工艺制作的混凝土；

③检测部位曲率半径小于250mm；

④潮湿或浸水混凝土。

（4）当构件混凝土抗压强度大于60MPa时，可采用标准能量大于2.207J的混凝土回弹仪，并应另行制订检测方法及专用测强曲线进行检测。

（5）批量检测的条件是：在相同的生产工艺条件下，混凝土强度等级相同，原材料、配合比、成型工艺、养护条件基本一致且龄期相近的同类结构或构件。按批进行检测的构件，抽检数量不得少于同批构件总数的30%且构件数量不得少于10件。抽检构件时，应随机抽取并使所选构件具有代表性。

三、超声回弹综合法检测结构混凝土强度的方法

超声回弹综合法是指采用超声仪和回弹仪，在结构混凝土同一测区分别测量声时值和回弹值，然后利用已建立起来的测强公式推算该测区混凝土强度的一种方法。与单一回弹法或超声法相比，超声回弹综合法具有受混凝土龄期和含水率的影响小、测试精度高、适用范围广、能够较全面地反映结构混凝土的实际质量等优点。

1.超声法的基本原理

超声仪是超声检测的基本装置。它的作用是产生重复的电脉冲去激励发射换能器，发射换能器发射的超声波经耦合进入混凝土，在混凝土中传播后被接收换能器所接收并转换成电信号，电信号被送至超声仪，经放大后显示在示波屏上。超声仪除了产生电脉冲，接收、显示超声波外，还具有测量超声波有关参数，如声传播时间、接收波振幅、频率等功能。

超声脉冲检测技术用于结构混凝土的检测起源于20世纪40年代末。目前工程中应用的主要是智能型超声仪，其基本工作原理和组成总体框图如图6-3所示，主要由计算机（主机）、高压发射系统、程控放大系统、数据采集及传输系统、电源系统五大部分组成。其工作原理为：高压发射电路在主机控制下，产生高压脉冲，通过发射换能器转换为声波信号并传入被测介质，接收换能器接收通过被测介质的声波信号并转换为电信号，受主机控制的程控放大系统对接收的电信号作自动增益调整达到设定状态，经数据采集系统转换为数字信号，并将其高速送入主机系统，然后在主机系统控制下进行波形显示、声参量的判读和存储，或者对所存储的声参量进行分析处理等。

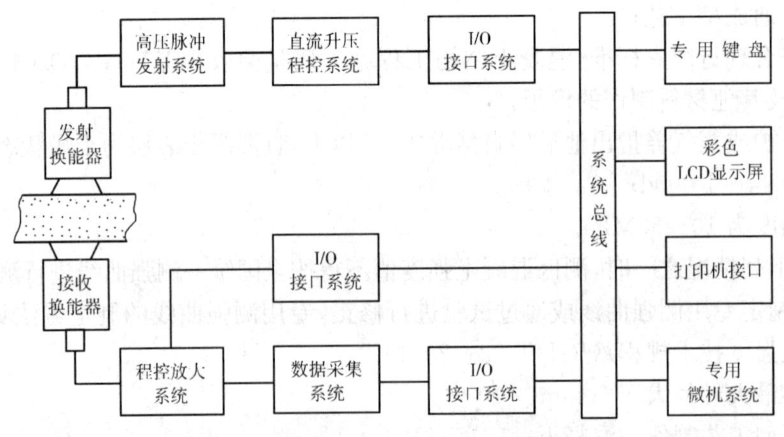

图6-3 超声波仪组成总体框图

2.设备要求

超声回弹综合法检测混凝土强度技术，实质上就是超声法和回弹法两种单一测强的综合测试，因此，有关回弹仪技术要求、检测方法及规定与前述基本相同，超声波仪器技术要求、检测方法及规定如下。

1)一般规定

(1)所采用的混凝土超声检测仪应通过技术鉴定,必须具有产品合格证和检定证。

(2)用于混凝土的超声波检测仪可分为下列两类:

①模拟式:接收的信号为连续模拟量,可由时域波形信号测读声学参数。

②数字式:接收的信号转化离散数字量,具有采集、储存数字信号、测读声学参数和对数字信号处理的智能化功能。

(3)所采用的超声波检测仪应符合现行行业标准《混凝土超声波检测仪》(JG/T 5004—1992)的要求,并在计量检定有效期内使用。

(4)超声波检测仪应满足下列要求:

①具有波形清晰、显示稳定的示波装置;

②声时最小分度值为 0.1μs;

③具有最小分度值为 1dB 的信号幅度调整系数;

④接收放大器频响范围 10～500kHz,总增益不小于 80dB,接收灵敏度(信噪比 3∶1时)不大于 50μV;

⑤电源电压波动范围在标称值±10%情况下能正常工作;

⑥连续正常工作时间不少于 4h。

(5)模拟式超声波检测仪还应满足下列要求:

①具有手动游标和自动整形两种声时测读功能;

②数字显示稳定,声时调节在 20～30μs 范围内,连续静置 1h 数字变化不超过±0.2μs。

(6)数字式超声波检测仪还应满足下列要求:

①具有采集、储存数字信号并进行数据处理的功能。

②具有手动游标测读和自动测读两种方式。当自动测读时,在同一测试条件下,在 1h 内每 5min 测读一次声时值的差异不超过±0.2μs。

③自动测读时,在显示器的接收波形上,有光标指示声时的读位置。

(7)超声波检测仪器使用时,环境温度应为 0～40℃。

2)换能器技术要求

(1)换能器的工作频率宜在 50～100kHz 范围内。

(2)换能器的实测主频与标称频率相差不应超过±10%。

3)校准和保养

(1)超声波检测仪的声时计量检验

①空气中声速的测试步骤如下:

取常用平面换能器一对,接于超声波仪器上,开机预热 10min,在空气中将两个换能器的辐射面对准,依次改变两个换能器辐射面之间的距离(如 50mm、60mm、70mm、80mm、90mm、100mm……),在首波幅度一致的条件下,读取各间距所对应的声时值 t_1、t_2、t_3……t_n。同时测量空气温度 T_k,精确至 0.5℃。

测量时应注意下列事项:

a.两个换能器辐射面的轴线始终保持在同一直线上;

b.换能器辐射面间距的测量误差不应超过±1%,且测量精度为 0.5mm;

c. 换能器辐射面宜悬空相对放置；若置于地板或桌面上，必须在换能器下面垫以吸声材料。

②实测空气中声速可采用下列两种方法之一计算：

a. 以换能器辐射面间距为纵坐标，声时读数为横坐标，将各组数据点绘在直角坐标图上。穿越各点形成一直线，算出该直线的斜率，即为空气中声速实测值 v'。

b. 以各测点的测距 l 和对应的声时 t 求回归直线方程 $l=a+bt$。回归系数 b 便是空气中声速实测值 v'。

③空气中声速计算值

$$v_K=331.4\sqrt{1+0.00367T_K} \tag{6-21}$$

式中：331.4——0℃时空气的声速值(m/s)；

v_K——温度为 T_K 时空气中声速计算值(m/s)；

T_K——测试时空气的温度(℃)。

④误差计算

空气中声速值 v_K 与空气中声速实测值 v'之间的相对误差 e_r 可按式(6-22)计算：

$$e_r=(v_K-v')/v_K\times100\% \tag{6-22}$$

e_r 值不应超过±0.5%，否则，应检查仪器各部位的连接处重测，或更换超声检测仪。

(2)检测时，应根据测度需要在仪器上配置合适的换能器和高频缆线，并测定声时初读数 t_0。检测过程中如更换换能器或高频电缆线，应重新测定 t_0。

(3)超声波检测仪应定期保养。

3. 测区回弹值和声速值的测量及计算

1)一般规定

(1)测试前宜具备下列资料：

①工程名称和设计、施工、建设、委托单位名称；

②结构或构件名称、施工图纸和混凝土设计强度等级；

③水泥的品种、强度等级和用量，砂石的品种、粒径，外加剂或掺和料的品种、掺量和混凝土配合比等；

④模板类型，混凝土浇筑、养护情况和成型日期；

⑤结构或构件检测原因的说明。

(2)检测数量应符合下列规定：

①按单个构件检测时，应在构件上均匀布置测区，每个构件上测区数量不应少于 10 个；

②同批构件检测时，构件抽样数不应少于同批构件的 30%，且不应少于 10 件；对一般施工质量的检测和结构功能的检测，可按照现行国家标准《建筑结构检测技术标准》(GB/T 50344—2004)的规定抽样；

③对某一方向尺寸不大于 4.5m 且另一方向尺寸不大于 0.3m 的构件，其测区数量可适当减少，但不应少于 5 个。

(3)按批抽样检测时，符合下列条件的构件可作为同批构件：

①混凝土设计强度等级相同；

②混凝土原材料、配合比、成型工艺、养护条件和龄期基本相同；

③构件种类相同；

④施工阶段所处状态基本相同。

(4)构件的测区布置宜满足下列规定：

①在条件允许时，测区宜优先布置在构件混凝土浇筑方向的侧面；

②测区可在构件的两个对应面、相邻面或同一面上布置；

③测区宜均匀布置，相邻两测区的间距不宜大于 2m；

④测区应避开钢筋密集区和预埋件；

⑤测区尺寸宜为 200mm×200mm；采用平测时宜为 400mm×400mm；

⑥测试面应清洁、平整、干燥，不应有接缝、施工缝、饰面层、浮浆和油垢，并应避开蜂窝、麻面部位。必要时，可用砂轮片清除杂物和打磨平整，并擦净残留粉尘。

(5)对结构或构件上的测区编号，并记录测区位置和外观质量情况。

(6)对结构或构件的每一测区，应先进行回弹测试，后进行超声测试。

(7)计算混凝土抗压强度换算值时，非同一测区的回弹值和声速值不得混用。

2)回弹测试及回弹值计算(同回弹法测试及计算方法)

3)超声测试及声速值计算

(1)超声测点应布置在回弹测试的同一测区内，每一测区布置 3 个测点。超声测试宜优先采用对测或角测，当被测构件不具备对测或角测条件时，可采用单面平测，具体如下。

①超声波角测方法

a. 当结构或构件被测部位只有两个相邻表面可供检测时，可采用角测方法测量混凝土中的声速。每个测区布置 3 个测点，换能器布置如图 6-4 所示。

b. 布置超声角测点时，换能器中心与构件边缘的距离 l_1、l_2 不宜小于 200m。

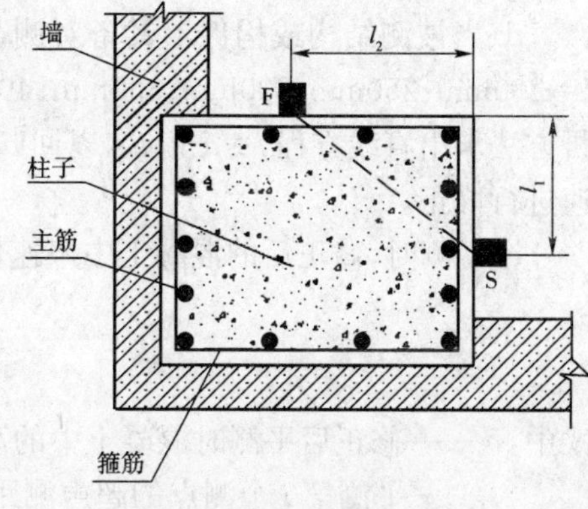

图 6-4　超声波角测示意图

c. 角测时超声测距应按下列公式计算：

$$l_i=\sqrt{l_{1i}^2+l_{2i}^2} \tag{6-23}$$

式中：l_i——角测第 i 个测点换能器的超声测距(mm)；

l_{1i}、l_{2i}——角测第 i 个测点换能器与构件边缘的距离(mm)。

d. 角测时，混凝土中声速代表值应按下列公式计算：

$$v=\frac{1}{3}\sum_{i=1}^{3}\frac{l_i}{t_i-t_0} \tag{6-24a}$$

式中：v——角测时混凝土中声速代表值(km/s)；

t_i——角测第 i 个测点的声时读数(μs)；

t_0——声时初读数(μs)。

②超声波平测方法

a. 当结构或构件被测部位只有一个表面可供检测时，可采用平测方法测量混凝土中声速。每个测区布置 3 个测点。换能器布置如图 6-5 所示。

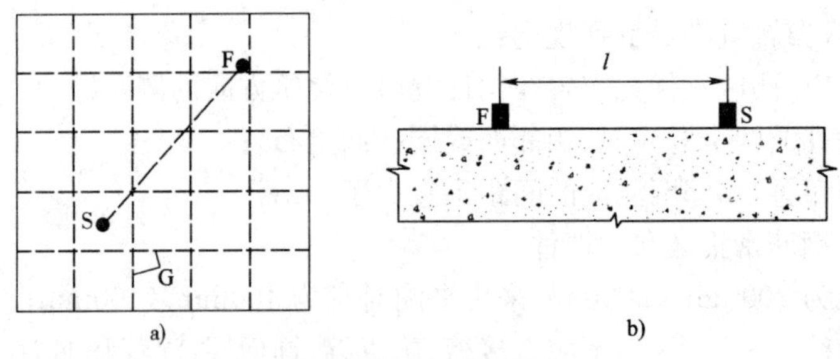

图 6-5 超声波平测示意

a)平面图；b)立面图

F-发射换能器；S-接收换能器；G-钢筋轴线

b. 布置超声平测点时，宜使发射和接收换能器的连线与附近钢筋轴线成 40°～50°，超声测距 l 宜采用 350～450mm。

c. 宜采用同一构件的对测声速 v_d 与平测声速 v_p 之比求得修正系数 $\lambda(\lambda = v_d/v_p)$，对平测声速进行修正。

d. 当被测结构或构件不具备对测与平测的对比条件时，宜选取有代表性的部位，以测距 l=200mm、250mm、300mm、350mm、400mm、450mm、500mm，逐点测读相应声值 t，用回归分析方法求出直线方程 $l=a+bt$。以回归系数 b 代替对测声速 v_d，再按 b 条的规定对各平测声速进行修正。

e. 平测时，修正后的混凝土中声速代表值应按下列公式计算：

$$v_a = \frac{\lambda}{3}\sum_{i=1}^{3}\frac{l_i}{t_i - t_0} \tag{6-24b}$$

式中：v_a——修正后平测时混凝土中的声速代表值(km/s)；

l_i——平测第 i 个测点的超声测距(mm)；

t_i——平测第 i 个测点的声时读数(μs)；

λ——平测声速修正系数。

f. 平测声速可采用直线方程 $l=a+bt$，根据混凝土浇筑的顶面或底面平测数据求得，修正后混凝土中声速代表值应按下列公式计算：

$$v = \frac{\lambda\beta}{3}\sum_{i=1}^{3}\frac{l_i}{t_i - t_0} \tag{6-24c}$$

式中：β——超声测试面的声速修正系数，顶面平测 β=1.05，底面平测 β=0.95。

(2)超声测试时，换能器发射面应通过耦合剂与混凝土测试面良好耦合。

(3)声时测量应精确至 0.1μs，超声测距测量应精确至 1.0mm，且测量误差不应超过 ±1%。声速计算应精确至 0.01km/s。

(4)当在混凝土浇筑方向的侧面对测时，测区混凝土中声速代表值应根据该测区中 3 个测点的混凝土声速值，按下列公式计算：

$$v=\frac{1}{3}\sum_{i=1}^{3}\frac{l_i}{t_i-t_0} \tag{6-25}$$

式中：v——测区混凝土中声速代表值(km/s)；

l_i——第 i 个测点的超声测距(mm)，角测时测距按式(6-23)计算；

t_i——第 i 个测点的声时读数(μs)；

t_0——声时初读数(μs)。

(5)当在混凝土浇筑的顶面或底面测试时，测区声速代表值应按下列公式修正：

$$v_a=\beta\cdot v \tag{6-26}$$

式中：v_a——修正后的测区混凝土中声速代表值(km/s)；

β——超声测试面的声速修正系数，在混凝土浇筑的顶面和底面对测或斜测时，$\beta=1.034$；在混凝土浇筑的顶面或底面平测时，测区混凝土中声速代表值应按式(6-24)中相关规定进行修正。

4. 结构混凝土强度推定

(1)超声回弹法强度换算方法适用范围：

①混凝土用水泥应符合现行国家标准《通用硅酸盐水泥》(GB 175—2007)；

②混凝土用砂、石集料应符合现行行业标准《普通混凝土用砂、石质量及检验方法标准》(JGJ 52—2006)的要求；

③可掺或不掺矿物掺和料、外加剂、粉煤灰、泵送剂；

④人工或一般机械搅拌的混凝土或泵送混凝土；

⑤自然养护；

⑥龄期 7～2 000d；

⑦混凝土强度 10～70MPa。

(2)结构或构件中第 i 个测区的混凝土抗压强度换算值，可按式(6-7)或式(6-8)和式(6-23)、(6-24)求得修正后的测区回弹代表值 R_{ai} 和声速代表值 v_{ai} 后，优先采用专用测强曲线或地区测强曲线换算而得。专用测强曲线或地区测强曲线应按《超声回弹综合法检测混凝土强度技术规程》(CECS 02：2005)的规定制定，并经工程质量监督主管部门组织审定和批准实施，专用或地区测强曲线的抗压强度相对误差 e_r，应符合下列规定：

$$e_r=\sqrt{\frac{\sum_{i=1}^{n}\left(\frac{f_{cu,i}^{0}}{f_{cu,i}^{c}}-1\right)^2}{n}}\times 100\% \tag{6-27}$$

式中：e_r——相对误差；

$f_{cu,i}^{0}$——第 i 个立方体试件的抗压强度实测值(MPa)；

$f_{cu,i}^{c}$——第 i 个立方体试件的抗压强度换算值(MPa)。

其中专用测强曲线相对误差 $e_r\leqslant 12\%$，地区测强曲线相对误差 $e_r\leqslant 14\%$。

(3)当无专用和地区测强曲线时，按综合法测定混凝土强度曲线的验证方法[见《超声回弹综合法检测混凝土强度技术规程》(CECS 02：2005)相关内容]通过验证后，可按规程规定的全国统一测区混凝土抗压强度换算表换算，也可按下列全国统一测区混凝土抗压强度换算公式计算：

①当粗集料为卵石时

$$f_{cu,i}^{c}=0.0056v_{ai}^{1.439}R_{ai}^{1.769} \tag{6-28a}$$

②当粗集料为碎石时

$$f_{cu,i}^{c}=0.0162v_{ai}^{1.656}R_{ai}^{1.410} \tag{6-28b}$$

式中：$f_{cu,i}^{c}$——结构或构件第 i 个测区混凝土抗压强度换算值(MPa)，精确至 0.1MPa。

(4)当结构或构件中的测区数不少于 10 个时，各测区混凝土抗压强度换算值的平均值和标准差应按下列公式计算：

$$m_{f_{cu}^{c}}=\frac{1}{n}\sum_{i=1}^{n}f_{cu,i}^{c} \tag{6-29a}$$

$$s_{f_{cu}^{c}}=\sqrt{\frac{\sum_{i=1}^{n}(f_{cu,i}^{c})^{2}-n(m_{f_{cu,i}^{c}})^{2}}{n-1}} \tag{6-29b}$$

式中：$f_{cu,i}^{c}$——结构或构件第 i 个测区的混凝土抗压强度换算值(MPa)；

$m_{f_{cu,i}^{c}}$——结构或构件测区混凝土抗压强度换算值的平均值(MPa)，精确到 0.01MPa；

$s_{f_{cu}^{c}}$——结构或构件测区混凝土抗压强度换算值的标准差(MPa)，精确到 0.01MPa；

n——测区数，对单个检测的构件，取一个构件的测区数，对批量检测的构件，取被抽检构件测区数的总和。

(5)当结构或构件所采用的材料及其龄期与制定测强曲线所采用的材料及其龄期有较大差异时，应采用同条件立方体试件，试件数量不应少于 4 个，或对结构或构件测区中钻取的混凝土芯样试件的抗压强度进行修正，钻芯取样数量不应少于 6 个。此时，采用式(6-31-1)及式(6-31-2)计算测区混凝土抗压强度换算值应乘以下列修正系数 η。

①采用同条件立方体试件修正时：

$$\eta=\frac{1}{n}\sum_{i=1}^{n}f_{cu,i}^{0}/f_{cu,i}^{c} \tag{6-30a}$$

②采用混凝土芯样试件修正时：

$$\eta=\frac{1}{n}\sum_{i=1}^{n}f_{cor,i}^{0}/f_{cu,i}^{c} \tag{6-30b}$$

式中：η——修正系数，精确至小数点后两位；

$f_{cu,i}^{c}$——对应于第 i 个立方体试件或芯样试件的混凝土抗压强度换算值(MPa)，精确至0.1 MPa；

$f_{cu,i}^{0}$——第 i 个混凝土立方体(边长 150mm)试件的抗压强度实测值(MPa)，精确至0.1MPa；

$f_{cor,i}^{0}$——第 i 个混凝土芯样(ϕ100mm×100mm)试件的抗压强度实测值(MPa)，精确至0.1MPa；

n——试件数。

(6)结构或构件混凝土抗压强度推定值 $f_{cu,e}$，应按下列规定确定：

①当结构或构件的测区抗压强度换算值中出现小于10.0MPa的值时，该构件的混凝土抗压强度推定值 $f_{cu,e}$ 取小于10MPa。

②当结构或构件中测区少于10个时：

$$f_{cu,e}=f^{c}_{cu,min} \tag{6-31a}$$

式中：$f^{c}_{cu,min}$——结构或构件最小的测区混凝土抗压强度换算值(MPa)，精确至0.1 MPa。

③当结构或构件中测区数不少于10个或按批量检测时：

$$f_{cu,e}=m_{f^{c}_{cu,min}}-1.645s_{f^{c}_{cu}} \tag{6-31b}$$

(7)对按批量检测的构件，当一批构件的测区混凝土抗压强度标准差出现下列情况之一时，该批构件应全部按单个构件进行强度推定：

①一批构件的混凝土抗压强度平均值 $m_{f^{c}_{cu}}<250$MPa，标准差 $s_{f_{cu}}>4.50$MPa；

②一批构件的混凝土抗压强度平均值 $m_{f_{cu}}=25.0\sim50.0$MPa，标准差 $s_{f_{cu}}>5.00$MPa；

③一批构件的混凝土抗压平均值 $m_{f_{cu}}>50$MPa，标准差 $s_{f_{cu}}>6.50$MPa。

四、钻芯法检测结构混凝土强度的方法

钻芯法检测混凝土强度是从混凝土结构物中钻取芯样来测定混凝土的抗压强度，是一种直观准确的方法。用钻芯法还可以检测混凝土的裂缝、接缝、分层、孔洞或离析等缺陷，具有直观、精度高等特点，因而广泛应用于土木工程中混凝土结构或构筑物的质量检测。

1.适用情况

(1)对试块抗压强度的测试结果有怀疑时；

(2)因材料、施工或养护不良而发生混凝土质量问题时；

(3)混凝土遭受冻害、火灾、化学侵蚀或其他损害时；

(4)需检测经多年使用的建筑结构或构筑物中混凝土强度时。

2.钻取芯样

1)钻前准备资料

(1)工程名称(或代号)及设计、施工、建设单位名称；

(2)结构或构件种类，外形尺寸及数量；

(3)设计采用的混凝土强度等级；

(4)成型日期，原材料(水泥品种，粗集料粒径等)和混凝土试块抗压强度试验报告；

(5)结构或构件质量状况和施工中存在问题的记录；

(6)有关的结构设计图和施工图等。

2)钻取芯样部位

(1)结构或构件受力较小的部位；

(2)混凝土强度质量具有代表性的部位；

(3)便于钻芯机安放与操作的部位；

(4)避开主筋、预埋件和管线的位置，并尽量避开其他钢筋。

3.芯样要求

1)芯样数量

芯样试件的数量应根据检测批的容量确定。标准芯样试件的最小样本量不宜少于15个，小直径芯样试件的最小样本量应适当增加。

芯样应从检测批的结构构件中随机抽取，每个芯样应取自一个构件或结构的局部部位，且取芯位置应符合上文提到的要求。

2)芯样直径

抗压试验的芯样试件宜使用标准芯样试件，其公称直径不宜小于集料最大粒径的3倍；也可采用小直径芯样试件，但其公称直径不应小于70mm且不得小于集料最大粒径的2倍。

3)芯样高度

芯样抗压试件的高度和直径之比(H/d)宜为1.00。

4)芯样外观检查

每个芯样应详细描述有关裂缝、分层、麻面或离析等情况，并估计集料的最大粒径、形状种类及粗细集料的比例与级配，检查并记录存在气孔的位置、尺寸与分布情况，必要时应进行拍照。

5)芯样测量

在试验前应按下列规定测量芯样试件的尺寸：

(1)平均直径用游标卡尺在芯样试件中部相互垂直的两个位置上测量，取测量的算术平均值作为芯样试件的直径，精确至0.5mm；

(2)芯样试件高度用钢卷尺或钢板尺进行测量，精确至1mm；

(3)垂直度用游标量角器测量芯样试件两个端面与母线的夹角，精确到0.1°；

(4)平整度用钢板尺或角尺紧靠在芯样试件端面上，一面转动钢板尺，一面用塞尺测量钢板尺与芯样试件端面之间的缝隙，也可采用其他专用设备量测。

6)芯样端面处理方法

锯切后的芯样应进行端面处理，宜采取在磨平机上磨平端面的处理方法。承受轴向压力芯样试件的端面，也可采取下列处理方法：

(1)用环氧胶泥或聚合物水泥砂浆补平；

(2)抗压强度低于40MPa的芯样试件，可采用水泥砂浆、水泥净浆或聚合物水泥砂浆补平，补平层厚度不宜大于5mm；也可采用硫黄胶泥补平，补平层厚度不宜大于1.5mm。

7)芯样试件内不宜含有钢筋。当不能满足此项要求时，抗压试件应符合下列要求：

(1)标准芯样试件，每个试件内最多只允许有2根直径小于10mm的钢筋；

(2)公称直径小于100mm的芯样试件，每个试件内最多只允许有一根直径小于10mm的钢筋；

(3)芯样内的钢筋应与芯样试件的轴线基本垂直并离开端面10mm以上。

8)芯样试件尺寸偏差及外观质量超过下列数值时，相应的测试数据无效：

(1)芯样试件的实际高径比(H/d)小于要求高径比的0.95或大于1.05；

(2)沿芯样试件高度的任一直径与平均直径相差大于2mm；

(3)抗压芯样试件端面的不平整度在100mm长度内大于0.1mm；

(4)芯样试件端面与轴线的不垂直度大于1°；

(5)芯样有裂缝或有其他较大缺陷。

4. 抗压强度试验

(1)芯样试件宜在与被检测结构或构件混凝土湿度基本一致的条件下进行抗压试验。如结构工作条件比较干燥,芯样试件应以自然干燥状态进行试验;如结构工作条件比较潮湿,芯样试件应以潮湿状态进行试验。

(2)按自然干燥状态进行试验时,芯样试件在受压前应在室内自然干燥 3d,按潮湿状态进行试验时,芯样试件应在 20℃±5℃的清水中浸泡 40～48h,从水中取出后应立即进行抗压试验。

5. 芯样强度计算

芯样试件的混凝土强度换算值,应按下列公式计算:

$$f_{cu,cor}=F_c/A \tag{6-32}$$

式中:$f_{cu,cor}$——芯样试件混凝土强度换算值(MPa);

F_c——芯样试件抗压试验测得的最大压力(N);

A——芯样试件抗压截面面积(mm^2)。

6. 钻芯确定混凝土强度推定值

(1)检测批混凝土强度的推定值应按下列方法确定:

①检测批的混凝土强度推定值应计算推定区间,推定区间的上限值和下限值按下列公式计算。

上限值:

$$f_{cu,e1}=f_{cu,cor,m}-k_1S_{cor} \tag{6-33a}$$

下限值:

$$f_{cu,e2}=f_{cu,cor,m}-k_2S_{cor} \tag{6-33b}$$

平均值:

$$f_{cu,cor,m}=\frac{\sum_{i=1}^{n}f_{cu,cor,i}}{n} \tag{6-33c}$$

标准差:

$$s_{cor}=\sqrt{\frac{\sum_{i=1}^{n}(f_{cu,cor,i}-f_{cu,cor,m})^2}{n-1}} \tag{6-33d}$$

式中:$f_{cu,cor,m}$——芯样试件的混凝土抗压强度平均值(MPa),精确至 0.1 MPa;

$f_{cu,cor,i}$——单个芯样试件的混凝土抗压强度值(MPa),精确至 0.1 MPa;

$f_{cu,e1}$——混凝土抗压强度推定上限值(MPa),精确至 0.1 MPa;

$f_{cu,e2}$——混凝土抗压强度推定下限值(MPa),精确至 0.1 MPa;

k_1、k_2——推定区间上限值系数和下限值系数,按表 6-4 查得;

S_{cor}——芯样试件抗压强度样本的标准差(MPa),精确至 0.1MPa。

在置信度 0.85 条件下,试件数与上限值系数、下限值系数的关系见表 6-4。

上、下限值系数

表 6-4

试件数 n	$k_1(0.10)$	$k_2(0.05)$	试件数 n	$k_1(0.10)$	$k_2(0.05)$
15	1.222	2.566	37	1.360	2.149
16	1.234	2.524	38	1.363	2.141
17	1.244	2.486	39	1.366	2.133
18	1.254	2.453	40	1.369	2.125
19	1.263	2.423	41	1.372	2.118
20	1.271	2.396	42	1.375	2.111
21	1.279	2.371	43	1.378	2.105
22	1.286	2.349	44	1.381	2.098
23	1.293	2.328	45	1.383	2.092
24	1.300	2.309	46	1.386	2.086
25	1.306	2.292	47	1.389	2.081
26	1.311	2.275	48	1.391	2.075
27	1.317	2.260	49	1.393	2.070
28	1.322	2.246	50	1.396	2.065
29	1.327	2.232	60	1.415	2.022
30	1.332	2.220	70	1.431	1.990
31	1.336	2.208	80	1.444	1.964
32	1.341	2.197	90	1.454	1.944
33	1.345	2.186	100	1.463	1.927
34	1.349	2.176	110	1.471	1.912
35	1.352	2.167	120	1.478	1.899
36	1.356	2.158	—	—	—

②$f_{cu,e1}$和$f_{cu,e2}$所构成推定区间置信度宜为0.85，$f_{cu,e1}$与$f_{cu,e2}$之间的差值不宜大于5.0MPa和0.10$f_{cu,cor,m}$两者的较大值。

③宜以$f_{cu,e1}$作为检测批混凝土强度的推定值。

④钻芯确定检测批混凝土强度推定值时，可剔除芯样试件抗压强度样本中的异常值。剔除规则应按现行国家标准《数据的统计处理和解释正态样本异常值的判断和处理》(GB/T 4883—2008)的规定执行。当确有试验依据时，可对芯样试件抗压强度样本的标准差s_{cor}进行符合实际情况的修正或调整。

(2)检测单个构件混凝土强度的推定值应按下列方法确定：

①钻芯确定单个构件的混凝土强度推定值时，有效芯样试件的数量不应少于3个；对于较小构件，有效芯样试件的数量不得少于2个。

②单个构件的混凝土强度推定值不再进行数据的舍弃，而应按有效芯样试件混凝土抗压强度值中的最小值确定。

7.钻芯修正方法

(1)对间接测强方法进行钻芯修正时，宜采用修正量的方法，也可采用其他形式的修正方法。

(2)当采用修正量的方法时，芯样试件的数量和取芯位置应符合下列要求：

①标准芯样试件的数量不应少于6个，小直径芯样试件数量宜适当增加；

②芯样应从采用间接检测方法的结构构件中随机抽取；

③当采用的间接检测方法为无损检测方法时，钻芯位置应与间接检测方法相应的测区重合；

④当采用的间接检测方法对结构构件有损伤时，钻芯位置应布置在相应测区的附近。

(3)钻芯修正后的换算强度可按下列公式计算：

$$f^{c}_{cu,i0}=f^{c}_{cu,i}+\Delta f \tag{6-34a}$$

$$\Delta f=f_{cu,cor,m}-f^{c}_{cu,mi} \tag{6-34b}$$

式中：$f^{c}_{cu,i0}$——修正后的换算强度；

$f^{c}_{cu,i}$——修正前的换算强度；

Δf——修正量；

$f^{c}_{cu,mi}$——所用间接检测方法对应芯样测区的换算强度的算术平均值。

(4)由钻芯修正方法确定检测批的混凝土强度推定值时，应采用修正后的样本算术平均值和标准差，并按前面规定的方法确定。

五、结构混凝土材质强度检测的评定

桥梁结构混凝土材质强度检测结果的评定，应依据桥梁结构或构件实测强度推定值或测区平均换算强度值，按式(6-35a)、式(6-35b)两式计算其推定强度匀质系数K_{bt}或平均强度匀质系数K_{bm}，并根据其值的范围按表6-5确定混凝土强度评定标度。

(1)推定强度匀质系数：

$$K_{bt}=\frac{R_{it}}{R} \tag{6-35a}$$

式中：R_{it}——混凝土实测强度推定值；

R——混凝土极限抗压强度设计值。

(2)平均强度匀质系数：

$$K_{bm}=\frac{R_{im}}{R} \tag{6-35b}$$

式中：R_{im}——混凝土测区平均换算强度值。

桥梁混凝土强度评定标准　　表6-5

K_{bt}	K_{bm}	强度状况	评定标度
≥0.95	≥1.00	良好	1
(0.95,0.90]	(1.00,0.95]	较好	2
(0.90,0.80]	(0.95,0.90]	较差	3
(0.80,0.70]	(0.90,0.85]	差	4
<0.70	<0.85	危险	5

第三节 钢筋锈蚀电位的检测与判定

一、概述

钢筋混凝土结构物的耐久性问题越来越引起人们的重视，而钢筋锈蚀则是影响结构物耐久性的主要因素之一，随着工业污染及建筑结构的老化，钢筋锈蚀问题越来越突出，直接影响到结构物的安全使用。

钢筋锈蚀是一个电化学过程，这已为人们所共知，然而电化学过程的起始与发展还取决于许多复杂的因素，一些工程技术人员往往不重视或不甚了解这些因素的作用原理与钢筋锈蚀的密切关系，甚至在设计、施工及使用过程中增加一些不利的人为因素，使结构物过早出现腐蚀问题。此外，一切防护措施，均应在全面分析和了解影响钢筋锈蚀的各种因素的基础上制订和实施，方能得到预期的效果。

下面以硅酸盐水泥为例，介绍一下混凝土中钢筋表面钝化膜的破坏与腐蚀半电池的形成机理。

硅酸盐水泥，水化过程产生一定的碱，方程式如下：

$$2[3CaO \cdot SiO_2]+6H_2O \rightarrow 3CaO \cdot 2SiO_2 \cdot 3H_2O+3Ca(OH)_2 \tag{6-36}$$

$Ca(OH)_2$ 一部分溶解于混凝土的液相中，使混凝土 pH 在 13～14 之间，另一部分则沉淀于混凝土的微孔中，处于强碱环境中的钢筋，其表面生成致密氧化膜，使钢筋处于钝化状态，同时混凝土对钢筋也起着物理保护作用。

但是从热力学的观点来看，钢筋的钝化是不稳定的，钝化状态的保持具有一定的条件，一旦条件改变，钢筋钝化状态便向活化状态转变。

混凝土通常是具有连续贯通的毛细孔隙，起初这些毛细孔隙被水泥水化过程中所产生的自由水和固体 $Ca(OH)_2$ 所填塞，但是，暴露在空气中的混凝土随着时间的推移，会逐渐释放一部分自由水，在干燥过程中，混凝土中的水分挥发，其原来占有的孔隙空间就会被空气所填补，通常空气中包含着大量的 CO_2 和酸性气体，它们能与混凝土中的碱性成分起反应，大气中 CO_2、SO_2、SO_3 能中和混凝土中的 $Ca(OH)_2$：

$$\left.\begin{aligned} CO_2+Ca(OH)_2 &\rightarrow CaCO_3+H_2O \\ SO_2 &\rightarrow CaSO_3 \\ SO_3 &\rightarrow CaSO_4 \end{aligned}\right\} \tag{6-37}$$

这就是我们所说的混凝土碳化。混凝土碳化会使得混凝土的 pH 值降低，当 pH 值小于 11 时，这时混凝土中钢筋表面的致密钝化膜就被破坏，不仅如此，$CaSO_3$、$CaSO_4$ 还会与水泥水化产物中的铝酸三钙反应，生成物体积增大，从而使混凝土胀裂，这就是硫酸盐侵蚀破坏。常说的碱性集料反应或者叫碱性反应破坏机理，也与此相似。当混凝土中的碱浓度超过一定临界值后，集料中像微晶和隐晶硅等活性矿料就会起化学反应而生成一种凝胶，而这种凝胶往往是吸水膨胀的，一旦混凝土遭受水的侵蚀，就使凝胶膨胀，从而产生过高的内应力，导致混凝土胀裂，这样一来就加快了混凝土表面剥落。

一旦钢筋表面钝化膜局部破坏或变得致密度差，即不完整，则钝化膜处就会形成阳极，而周围钝化膜完好的部位构成阴极，从而形成了若干个微电池。虽然有些微电池处于抑制状态，但在一定条件下可以激化，从而使其处于活化状态发生氧化还原反应，这样就造成钢筋的锈蚀，宏观上混凝土和握裹其中的钢筋形成半电池，而我们也正是通过检测以上所述的处于活化状态的钢筋锈蚀半电池电位来判断目前混凝土内的钢筋锈蚀活化程度。

二、半电池电位法

半电池电位法是利用混凝土中钢筋锈蚀的电化学反应引起的电位变化来测定钢筋锈蚀状态的一种方法。通过测定钢筋/混凝土半电池电极与在混凝土表面的铜/硫酸铜参考电极之间电位差的大小，评定混凝土中钢筋的锈蚀活化程度。

此方法主要针对半电池电位法检测混凝土中钢筋锈蚀状况的原理，规定仪器的使用方法、检测方法和判定标准的应用方法。

钢筋锈蚀状况检测范围应为主要承重构件或承重构件的主要受力部位，或根据一般检查结果有迹象表明钢筋可能存在锈蚀的部位。用于估测在用的现场和试验室硬化混凝土中无镀层钢筋的半电池电位，测试与这些钢筋的尺寸和埋在混凝土中的深度无关，可以在混凝土构件使用寿命中的任何时期使用。

此方法用于检测混凝土中钢筋的锈蚀活化程度。已经干燥到绝缘状态的混凝土或已发生脱空层离的混凝土表面，测试时不能提供稳定的电回路，不适用本方法。对特殊环境，如海水浪溅区、处于盐雾中的混凝土结构等，不具有普遍适用性。

电位的测量须由有经验的、从事结构检测的工程师或相关技术专家检测并解释，除了半电池电位测试之外，有必要使用其他数据，如氯离子含量、碳化深度、层离状况、混凝土电阻率和所处环境调查等，以形成关于钢筋腐蚀活动及其对结构使用寿命可能产生的影响。

三、测量装置

1. 参考电极(半电池)

(1)本方法参考电极为铜/硫酸铜半电池。它由一根不与铜或硫酸铜发生化学反应的刚性有机玻璃管、一只通过毛细作用保持湿润的多孔塞、一个处在刚性管里饱和硫酸铜溶液中的紫铜棒构成，如图6-6所示。

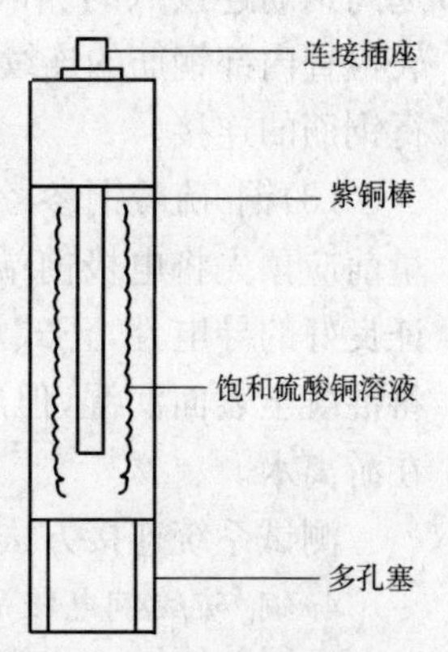

图6-6　铜/硫酸铜参考电极结构图

(2)铜/硫酸铜参考电极温度系数为0.9mV/℃。

2. 二次仪表的技术性能要求

(1)测量范围大于1V；

(2)准确度优于0.5%±1mV；

(3)输入电阻大于$10^{10}\Omega$；

(4)仪器使用环境条件：环境温度0～+40℃；相对湿度≤95%。

3. 导线

导线总长不应超过 150m，一般选择截面积大于 0.75mm² 的导线，以使在测试回路中产生的电压降不超过 0.1mV。

4. 接触液

为使铜/硫酸铜电极与混凝土表面有较好的电接触，可在水中加适量的家用液态洗涤剂对被测表面进行润湿，减少接触电阻与电路电阻。

5. 使用情况

在使用接触液后仍然无法得到稳定的电位差时，应分析是否为电回路的电阻过大或是附近存在与桥梁连通的大地波动电流，在以上情况下，不应使用半电池电位法。

四、测试方法

1. 测区的选择与测点布置

(1)钢筋锈蚀状况检测范围应为主要承重构件或承重构件的主要受力部位，或根据一般检查结果有迹象表明钢筋可能存在锈蚀的部位。但测区不应有明显的锈蚀胀裂、脱空或层离现象。

(2)在测区上布置测试网格，网格节点为测点，网格间距可选 20cm×20cm、30cm×30cm、20cm×10cm 等，根据构件尺寸而定，测点位置距构件边缘应大于 5cm，一般不宜少于 20 个测点。

(3)当一个测区内存在相邻测点的读数超过 150mV 时，通常应减小测点的间距。

(4)测区应统一编号，注明位置，并描述外观情况。

2. 混凝土表面处理

用钢丝刷、砂纸打磨测区混凝土表面，去除涂料、浮浆、污迹、尘土等，并用接触液将表面润湿。

3. 二次仪表与钢筋的电连接

(1)现场检测时，铜/硫酸铜电极一般接二次仪表的正输入端，钢筋接二次仪表的负输入端。

(2)局部打开混凝土或选择裸露的钢筋，在钢筋上钻一小孔并拧上自攻螺钉，用加压型鳄鱼夹夹住并润湿，确保有良好的电连接。若在远离钢筋连接点的测区进行测量，必须用万用表检查内部钢筋的连续性，如不连续，应重新进行钢筋的连接。

(3)铜/硫酸铜参考电极与测点的接触。测量前应预先将电极前端多孔塞充分浸湿，以保证良好的导电性，正式测读前应再次用喷雾器将混凝土表面润湿，但应注意被测表面不应存在游离水。

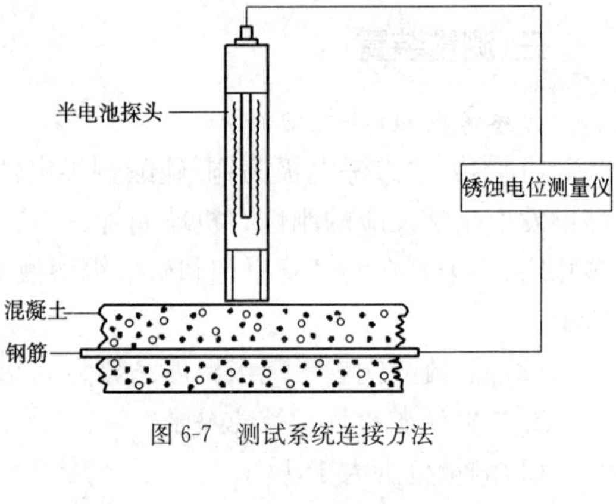

图 6-7 测试系统连接方法

测试系统连接方法见图 6-7。

4. 铜/硫酸铜电极的准备

饱和硫酸铜溶液由硫酸铜晶体溶解在蒸馏水中制成。当有多余的未溶解硫酸铜结晶体沉积在溶液底部时，可以认为该溶液是饱和的。

电极铜棒应清洁，无明显缺陷；否则，需用稀释盐酸溶液清洁铜棒，并用蒸馏水彻底冲净。硫酸铜溶液应注意更换，保持清洁，溶液应充满电极，以保证电连接。

5.测量值的采集

测点读数变动不超过2mV，可视为稳定。在同一测点，同一支参考电极，重复测读的差异不超过10mV；不同的参考电极重复测读的差异不超过20mV。若不符合读数稳定要求，应检查测试系统的各个环节。

五、影响测量准确度的因素及修正

混凝土含水率对测值的影响较大，测量时构件应处在自然干燥状态。为提高现场评定钢筋状态的可靠度，一般要进行现场比较性试验。现场比较性试验通常按已暴露钢筋的锈蚀程度不同，在它们的周围分别测出相应的锈蚀电位。比较这些钢筋的锈蚀程度和相应测值的对应关系，提高评判的可靠度，但不能与有明显锈蚀胀裂、脱空、层离现象的区域比较。若环境温度在22℃±5℃范围之外，应对铜/硫酸铜电极作温度修正。此外，各种外界因素产生的波动电流对测量值影响较大，特别是靠近地面的测区，应避免各种电、磁场的干扰。混凝土保护层电阻对测量值有一定影响，除测区表面处理要符合规定外，仪器的输入阻抗要符合技术要求。

六、钢筋锈蚀电位的一般判定标准

(1)在对已处理的数据(已进行温度修正)进行判读之前，按惯例将这些数据加以负号，绘制等电位图，然后进行判读。

(2)按照表6-6的规定判断混凝土中钢筋发生锈蚀的概率或钢筋正在发生锈蚀的锈蚀活化程度。

混凝土桥梁钢筋锈蚀电位评定标准　　表6-6

电位水平(mV)	钢筋状况	评定标度
≥−200	无锈蚀活动性或锈蚀活动性不确定	1
(−200,−300]	有锈蚀活动性，但锈蚀状态不确定，可能坑蚀	2
(−300,−400]	有锈蚀活动性，发生锈蚀概率大于90%	3
(−400,−500]	有锈蚀活动性，严重锈蚀可能性极大	4
<−500	构件存在锈蚀开裂区域	5

注：①量测时，混凝土桥梁结构或构件应为自然状态。
②表中电位水平为采用铜/硫酸铜电机时的量测值。

第四节　结构混凝土中氯离子含量的测定与评定

一、概述

有害物质侵入混凝土将会影响结构的耐久性。混凝土中氯离子可引起并加速钢筋的锈蚀；硫酸盐(SO_4^{2-})的侵入可使混凝土成为易碎松散状态，强度下降；碱的侵入(K^+、Na^+)在集料具有碱活性时，可能引起碱—集料反应破坏。因此在进行结构耐久性评定时，根据需要应对混凝土中Cl^-、SO_4^{2-}、Na^+、K^+含量进行测定。目前，对混凝土中氯离子含量的测定方法比较成熟，已被普遍应用于现代结构。

二、结构混凝土中氯离子含量的测定方法

(1)氯离子含量的测定方法比较简便的有两种：实验室化学分析法和滴定条法(Quantab-strips)。滴定条法可在现场完成氯离子含量的测定。

(2)混凝土中的氯离子含量，可采用现场按混凝土不同深度取样，测定结果须能反映氯离子在混凝土中随深度的分布，根据钢筋处混凝土氯离子含量判断引起钢筋锈蚀的危险性。

(3)氯离子含量测定应根据构件的工作环境条件及构件本身的质量状况确定测区，测区应能代表不同工作条件及不同混凝土质量的部位，测区宜参考钢筋锈蚀电位测量结果确定。

三、取样

1. 混凝土粉末分析样品的取样部位和数量

(1)分析样品的取样部位可参照钢筋锈蚀电位测试测区布置原则确定。

(2)测区的数量应根据钢筋锈蚀电位检测结果以及结构的工作环境条件确定。在电位水平不同部位，工作环境条件、质量状况有明显差异的部位布置测区。

(3)每一测区取粉的钻孔数量不宜少于3个，取粉孔可与碳化深度测量孔合并使用。

(4)测区、测孔应统一编号。

2. 取样方法

(1)使用直径20mm以上的冲击钻在混凝土表面钻孔，钻孔前应先确定钢筋位置。

(2)钻孔取粉应分层收集，一般深度间隔可取3mm、5mm、10mm、15mm、20mm、25mm、50mm等。若需指定深度处的钢筋周围氯离子含量，取粉间隔可进行调整。

(3)钻孔深度使用附在钻头侧面的标尺杆控制。

(4)用一硬塑料管和塑料袋收集粉末，如图6-8所示，对每一深度应使用一个新的塑料袋收集粉末，每次采集后，钻头、硬塑料管及钻孔内都应用毛刷将残留粉末清理干净，以免不同深度粉末混杂。

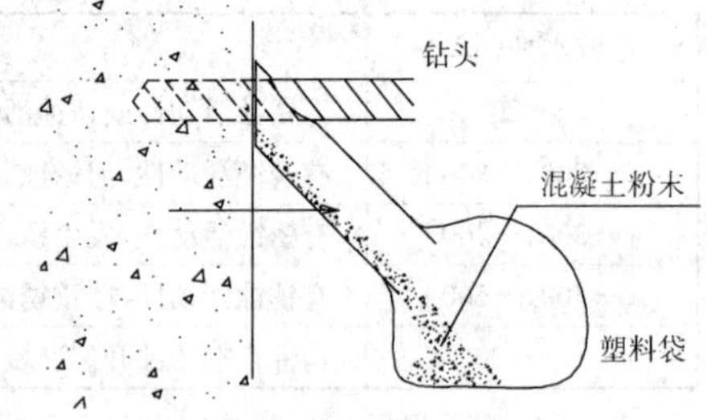

图6-8 钻孔取混凝土粉末的方法

(5)同一测区不同孔相同深度的粉末可收集在一个塑料袋内，质量不应少于25g，若不够可增加同一测区测孔数量。不同测区测孔相同深度的粉末不应混合在一起。

(6)采集粉末后，塑料袋应立即封口保存，注明测区、测孔编号及深度。

四、滴定条法

分析步骤如下：

(1)将采回的样品过筛，去掉其中较大的颗粒。

(2)将样品置于105℃±5℃烘箱内烘2h后，冷却至室温。

(3)称取5g样品粉末(准确度优于±0.1g)放入烧杯中。

(4)缓慢加入50mL(1.0mol，HNO_3)并彻底搅拌直至嘶嘶声停止。

(5)用石蕊试纸检查溶液是否呈酸性(石蕊试纸变红),如果不呈酸性,再加入适量硝酸。

(6)加入约 5g 无水碳酸钠(Na_2CO_3)。

(7)用石蕊试纸检查溶液是否呈中性(石蕊试纸不变);否则,再加入少量无水碳酸钠直至溶液呈中性。

(8)用过滤纸做一锥斗加入液体。

(9)当纯净的溶液渗入锥头后,把滴定条插入液体中。

(10)待到滴定条顶端水平黄色细条转变成蓝色,取出滴定条并顺着由上至下的方向将其擦干。

(11)读取滴定条颜色变化处的最高值,然后,在该批滴定条表中查出所对应的氯离子含量值,此值是以百万分之几表示的。若分析过程取样 5g,加硝酸 50mL,则将查表所得的值除以 1 000 即为百分比含量。

(12)如果使用样品质量不是 5g 或使用过量的硝酸,则应按式(6-38)修正百分比含量。

$$\text{氯离子百分比含量}=\frac{a\times b}{10\ 000c} \tag{6-38}$$

式中:a——查表所得的值;

b——硝酸体积(mL);

c——样品质量(g)。

五、试验室化学分析法

1.混凝土中游离氯离子含量的测定

1)适用范围

测定硬化混凝土中砂浆的游离氯离子含量。

2)所需化学药品

硫酸(相对密度 1.84)、酒精(95%)、硝酸银、铬酸钾、酚酞(以上均为化学纯)、氯化钠(分析纯)。

3)试剂配制

(1)配制浓度约 5%铬酸钾指示剂——称取 5g 铬酸钾溶于少量蒸馏水中,加入少量硝酸银溶液使之出现微红,摇匀后放置 12h 后,过滤并移入 100mL 容量瓶中,稀释至刻度。

(2)配置浓度约 0.5%酚酞溶液——称取 0.5g 酚酞,溶于 75mL 酒精和 25mL 蒸馏水中。

(3)配置稀硫酸溶液——以 1 份体积硫酸倒入 20 份蒸馏水中。

(4)配置 0.02N 氯化钠标准溶液——把分析纯氯化钠置于瓷坩埚中加热(以玻璃棒搅拌),一直到不再有盐的爆裂声为止。冷却后称取 1.2g 左右(精确至 0.1mg),用蒸馏水溶解后移入 1 000mL 容量瓶,并稀释至刻度。

氯化钠当量浓度按式(6-39)计算:

$$N=\frac{W}{58.45} \tag{6-39}$$

式中:N——氯化钠溶液的当量浓度;

W——氯化钠重(g);

58.45——氯化钠的克当量。

(5)配置 0.02N 硝酸银溶液(视所测的氯离子含量,也可配成浓度略高的硝酸银溶液)——称取硝酸银 3.4g 左右溶于蒸馏水中并稀释至 1 000mL,置于棕色瓶中保存。用移液管吸取氯化钠标准溶液 20mL(V_1)于三角烧瓶中,加入 10～20 滴铬酸钾指示剂,用于配制的硝酸银溶液滴定至刚呈砖红色。记录所消耗的硝酸银毫升数(V_2)。

$$N_2=\frac{N_1\times V_1}{V_2} \tag{6-40}$$

式中:N_2——硝酸银溶液的当量浓度;

N_1——氯化钠标准溶液的当量浓度;

V_1——氯化钠标准溶液的毫升数;

V_2——消耗硝酸银溶液的毫升数。

4)试验步骤

(1)样品处理

取混凝土中的砂浆约 30g,研磨至全部通过 0.63mm 筛,然后置于 105℃±5℃烘箱中加热 2h,取出后放入干燥器冷却至室温。称取 20g(精确至 0.01g),质量为 G,置于三角烧瓶中并加入 200mL(V_3)蒸馏水,塞紧瓶塞,剧烈振荡 1～2min,浸泡 24h。

(2)将上述试样过滤。用移液管分别吸取滤液 20mL(V_4),置于两个三角烧瓶中,各加 2 滴酚酞,使溶液呈微红色,再用稀硫酸中和至无色后,加铬酸钾指示剂 10～20 滴,立即用硝酸银溶液滴定至呈砖红色。记录所消耗的硝酸银毫升数(V_5)。

5)试验结果计算

游离氯离子含量按下式计算:

$$P=\frac{N_2V_5\times 0.035\ 45}{G\cdot V_4/V_3}\times 100\% \tag{6-41}$$

式中: P——砂浆样品游离氯离子含量(%);

N_2——硝酸银标准溶液的当量浓度;

G——砂浆样品重(g);

V_3——浸样品的水重(mL);

V_4——每次滴定时提取的滤液量(mL);

V_5——每次滴定时消耗的硝酸银溶液(mL);

0.035 45——氯离子的毫克当量。

2.混凝土中氯离子总含量的测定

1)适用范围

测定混凝土中砂浆的氯离子总含量,其中包括已和水泥结合的氯离子量。

2)基本原理

用硝酸将含有氯化物的水泥全部溶解,然后在硝酸溶液中,用佛尔哈德法来测定氯化物含量。佛尔哈德法是在硝酸溶液中加入过量的 $AgNO_3$ 标准溶液,使氯离子完全沉淀在上述溶液中,用铁矾作指示剂;将过量的硝酸银用 KCNS 标准溶液滴定。滴定时 CNS^- 首先与 Ag^+

生成白色的 AgCNS 沉淀，CNS^- 略有多余时，即与 Fe^{3+} 形成 $Fe(CNS)^{2+}$ 络离子使溶液显红色，当滴至红色能维持 5～10s 不褪，即为终点。

反应式为：

$$\left.\begin{array}{l} Ag^+ + Cl^- \rightarrow AgCl\downarrow \\ Ag^+ + CNS^- \rightarrow AgCNS\downarrow \\ Fe^{3+} + CNS^- \rightarrow Fe(CNS)^{2+}\text{（红色）} \end{array}\right\} \tag{6-42}$$

3)化学试剂

氯化钠、硝酸银、硫氰酸钾、硝酸、铁矾、铬酸钾(以上均为化学纯)。

4)试验步骤

(1)试剂配置

①0.02N 氯化钠标准溶液的配制。

②0.02N 硝酸银溶液配制与标定。

③6N 硝酸溶液的配制——取含量 65%～68%的 25.8mL 化学纯浓硝酸(HNO_3)置容量瓶中，用蒸馏水稀释至刻度。

④10%铁矾溶液——用 10g 化学纯铁矾溶于 90g 蒸馏水配成。

⑤0.02N 硫氰酸钾标准溶液——用天平称取化学纯硫氰酸钾晶体约 1.95g，溶于 100mL 蒸馏水，充分摇匀，装在瓶内配成硫氰酸钾溶液，并用硝酸银标准溶液进行标定。将硝酸银标准溶液装入滴定管，从滴定管放出硝酸银标准溶液约 25mL，加 6N 硝酸 5mL 和 10%铁矾溶液 4mL，然后用硫氰酸钾标准溶液滴定。滴定时，激烈摇动溶液，当滴至红色维持 5～10s 不褪时即为终点。

硫氰酸钾标准溶液的当量浓度按下式计算：

$$N_1 = \frac{N_2 V_2}{V_1} \tag{6-43}$$

式中：N_1——硫氰酸钾标准溶液的当量浓度；

V_1——滴定时消耗的硫氰酸钾标准溶液(mL)；

N_2——硝酸银标准溶液的当量浓度；

V_2——硝酸银标准溶液(mL)。

(2)混凝土试样处理和氯离子测定步骤

①取适量的混凝土试样(约 40g)，用小锤仔细除去混凝土试样中石子部分，保存砂浆，把砂浆研碎成粉状，置于 105℃±5℃烘箱中烘 2h。取出放入干燥器内冷却至室温，用感量为 0.01g天平称取 10～20g 砂浆试样倒入三角锥瓶。

②用容量瓶盛 100mL 稀硝酸(按体积比为浓硝酸∶蒸馏水＝15∶85)倒入盛有砂浆试样的三角锥瓶内，盖上瓶塞，防止蒸发。

③砂浆试样浸泡一昼夜左右(以水泥全部溶解为度)，其间应摇动三角锥瓶，然后用滤纸过滤，除去沉淀。

④用移液管准确量取滤液 20mL 两份，置于三角锥瓶，每份由滴定管加入硝酸银溶液约 20mL(可估算氯离子含量的多少而酌量增减)，分别用硫氰酸钾溶液滴定。滴定时激烈摇动溶液，当滴至红色能维持 5～10s 不褪色时即为终点。

注:必要时加入3～5滴10%铁矾溶液以增加水泥含有的Fe^{3+}。

5)试验结果计算

氯离子总含量按下式计算:

$$P=\frac{0.03545(NV-N_1V_1)}{GV_2/V_3}\times 100\% \tag{6-44}$$

式中: P——砂浆样品中氯离子总含量(%);

N——硝酸银标准溶液的当量浓度;

V——加入滤液试样中的硝酸银标准溶液(mL);

N_1——硫氰酸钾标准溶液的物质的量浓度;

V_1——加入滤液试样中的硫氰酸钾标准溶液(mL);

V_2——每次滴定时提取的滤液量(mL);

V_3——浸样品的水量(mL);

G——砂浆样品重(g);

0.035 45——氯离子的毫克当量。

六、氯离子含量的评判标准

(1)氯化物浸入混凝土引起钢筋的锈蚀,其锈蚀危险性受到多种因素的影响,如碳化深度、混凝土含水量、混凝土质量等,因此应进行综合分析。

(2)根据每一取样层氯离子含量的测定值,作出氯离子含量的深度分布曲线,判断氯化物是混凝土生成时已有的,还是结构使用过程中由外界渗入及浸入的。

(3)混凝土中的氯离子含量可按表6-7的评判经验值确定其引起钢筋锈蚀的可能性。

混凝土中氯离子含量评定标准 表6-7

氯离子含量（占水泥含量的百分比）	诱发钢筋锈蚀的可能性	评定标度
<0.15	很小	1
[0.15,0.40)	不确定	2
[0.40,0.70)	有可能诱发钢筋锈蚀	3
[0.70,1.00)	会诱发钢筋锈蚀	4
≥1.00	钢筋锈蚀活化	5

第五节　混凝土中钢筋分布及保护层厚度的检测

一、应用范围

混凝土中钢筋分布及保护层厚度的检测针对主要承重构件或承重构件的主要受力部位,或钢筋锈蚀电位测试结果表明钢筋可能锈蚀活化的部位,以及根据结构检算及其他检测需要确定的部位。在下列情况下需对其检测:

(1)用于估测混凝土中钢筋的位置、深度和尺寸。

(2)在无资料或其他原因需要对结构进行调查的情况下。

(3)进行其他测试之前需要避开钢筋进行的测试。

二、检测方法及原理

(1)检测方法:采用电磁法无损检测方法确定钢筋位置,辅以现场修正确定保护层厚度,估测钢筋直径,量测值精确至毫米。

(2)检测原理:仪器探头产生一个电磁场,当某条钢筋或其他金属物体位于这个电磁场内时,会引起这个电磁场磁力线的改变,造成局部电磁场强度的变化。电磁场强度的变化和金属物大小与探头距离存在一定的对应关系。如果把特定尺寸的钢筋和所要调查的材料进行适当标定,通过探头测量并由仪表显示出来这种对应关系,即可估测混凝土中钢筋位置、深度和尺寸。

三、仪器技术要求

1.检测仪器的技术要求

检测仪器一般包含探头、仪表和连接导线,仪表可进行模拟或数字的指示输出,较先进的仪表还具有图形显示功能,仪器可用电池或外接电源供电。

2.钢筋保护层测试仪的技术要求

(1)钢筋保护层测试仪应通过技术鉴定,必须具有产品合格证。

(2)仪器的保护层测量范围应大于120mm。

(3)仪器的准确度应满足:

①0～60mm,±1mm。

②60～120mm,±3mm。

③>120mm,±10%。

(4)适用的钢筋直径范围应为$\phi6 \sim \phi50$,并不少于符合有关钢筋直径系列规定的12个档次。

(5)仪器应具有在未知保护层厚度的情况下,测量钢筋直径的功能。

(6)仪器应能适用于温度0～40℃、相对湿度≤85%、无强磁场干扰的环境条件。

(7)仪器工作时应为直流供电,连续正常工作时间不小于6h。

四、仪器的标定

(1)钢筋保护层测试仪使用期间的标定校准应使用专用的标定块。当测量标定块所给定的保护层厚度时,测读值应在仪器说明书所给定的准确度范围之内。

(2)标定块由一根$\phi16$的普通碳素钢筋垂直浇铸在长方体无磁性的塑料块内,使钢筋距四个侧面分别为15mm、30mm、60mm、90mm,如图6-9所示。

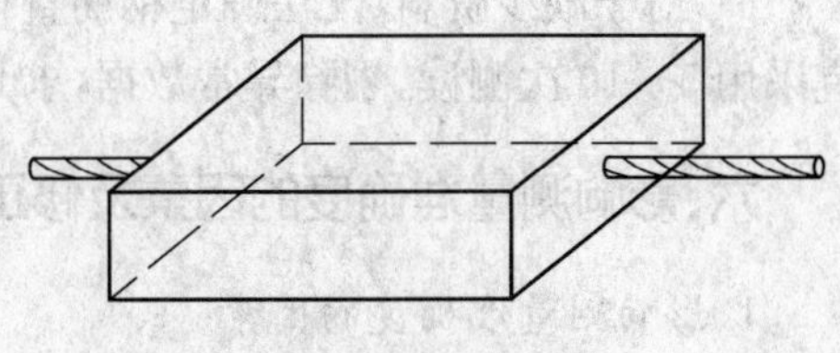

图6-9　标定块

(3)标定应在无外界磁场干扰的环境中进行。

(4)每次试验检测前均应对仪器进行标定,若达不到应有的准确度，应送专业机构维修检验。

五、操作程序

1. 混凝土结构钢筋分布状况调查的范围

其范围应为主要承重构件或承重构件的主要受力部位，或钢筋锈蚀电位测试结果表明钢筋可能锈蚀活化的部位，以及根据结构检算及其他检测需要确定的部位。

2. 测区布置原则

(1)按单个构件检测时，应根据尺寸大小，在构件上均匀布置测区，每个构件上的测区数不应少于 3 个。

(2)对于最大尺寸大于 5m 的构件，应适当增加测区数量。

(3)测区应均匀分布，相邻两测区的间距不宜小于 2m。

(4)测区表面应清洁、平整，避开接缝、蜂窝、麻面、预埋件等部位。

(5)测区应注明编号，并记录测区位置和外观情况。

(6)测点数量及要求：

①对构件上每一测区应检测不少于 10 个测点。

②测点间距应小于保护层测试仪传感器长度。

(7)对某一类构件的检测，可采取抽样的方法，抽样数不少于同类构件数的 30%，且不少于 3 件，每个构件测区布置按单个构件要求进行。

(8)对结构整体的检测，可先按构件类型分类，再按类型进行检测。

3. 测量步骤

(1)测试前应了解有关图纸资料，以确定钢筋的种类和直径。

(2)进行保护层厚度测读前，应先在测区内确定钢筋的位置与走向，做法如下：

①将保护层测试仪传感器在构件表面平行移动，当仪器显示值最小时，传感器正下方即是所测钢筋的位置。

②找到钢筋位置后，将传感器在原处左右转动一定角度，仪器显示最小值时传感器长轴线的方向即为钢筋的走向。

③在构件测区表面画出钢筋位置与走向。

(3)保护层厚度的测读。

①将传感器置于钢筋所在位置正上方，并左右稍稍移动，读取仪器显示最小值即为该处保护层厚度。

②每一测点值宜读取 2～3 次稳定读数，取其平均值，精确至 1mm。

③应避免在钢筋交叉位置进行测量。

(4)对于缺少资料、无法确定钢筋直径的构件，应首先测量钢筋直径。对钢筋直径的测量宜采用 5～10 次测读，剔除异常数据，求其平均值的测量方法。

六、影响测量准确度的因素及修正

1. 影响测量准确度的因素

(1)外加磁场的影响，应予避免。

(2)混凝土若具有磁性,测量值需加以修正。

(3)钢筋品种对测量值有一定影响,主要是高强钢筋需加以修正。

(4)不同的布筋状况,钢筋间距影响测量值,当 $D/S<3$ 时需修正测量值。其中,D 为钢筋净间距(mm),即钢筋边缘至边缘的间距;S 为保护层厚度,即钢筋边缘至保护层表面的最小距离。

2.保护层测量值的修正

当钢筋直径、材质、布筋状况、混凝土性质都确知时,才能准确测量保护层厚度,而实际测量时,往往这些因素都是未知的。

(1)仪器测量直径档的选择:

两根钢筋横向并在一起(图 6-10),等效直径 $d_{等效}=d_1+d_2$;

两根钢筋竖向并在一起(图 6-11),等效直径 $d_{等效}=3(d_1+d_2)/4$。

图 6-10　两根钢筋横向并在一起　　图 6-11　两根钢筋竖向并在一起

(2)用标准垫块进行综合修正,这种方法适用于现场检测,标准垫块用硬质无磁性材料制成,例如,工程塑料或电工用绝缘板,平面尺寸与仪器传感器底面相同,厚度 S_b 为 10mm 或 20mm,修正系数 K 计算方法如下:

①将传感器直接置于混凝土表面已标好的钢筋位置正上方,读取测量值 S_{m1}。

②将标准垫块置于传感器原混凝土表面位置,并把传感器放于标准垫块之上,读取测量值 S_{m2},则修正系数 K 为:

$$K=(S_{m2}-S_{m1})/S_b \tag{6-45}$$

③对于不同钢种和直径的试块应确定各自的修正系数,每一修正系数应采用 3 次平均求得。

(3)用校准孔进行综合修正,这也是现场校准测量值的有效方法。

①用 6mm 钻头在钢筋位置正上方,垂直于构件表面打孔,手感碰到钢筋立即停止,用深度卡尺量测钻孔深度,即为实际的保护层厚度 S_r,则修正系数为:

$$K=S_m/S_r \tag{6-46}$$

式中:S_m——仪器读数值。

②对于不同钢种和直径的试块应打各自的校准孔,一般应不少于 2 个,求其平均值。

(4)现场检测的准确度。经过修正后确定的保护层厚度值,精确度可在 10%以内,因混凝土表面的平整度及各种影响因素仍会给测量带来误差。

(5)用图示方式注明检测部位及测区位置,将各个测区的钢筋分布、走向绘制成图,并在图上标注间距、保护层厚度及钢筋直径等数据。

七、钢筋分布及保护层厚度的评定

1. 数据处理

(1)首先根据某一测量部位各测点混凝土厚度实测值，按下式求出混凝土保护层厚度平均值 $\overline{D}_n$(精确至 0.1mm)。

$$\overline{D}_n=\frac{\sum_{i=1}^{n}D_{ni}}{n} \tag{6-47}$$

式中：D_{ni}——结构或构件测量部位测点混凝土保护层厚度，精确至 0.1mm；

n——检测构件或部位的测点数。

(2) 按照下式计算确定测量部位混凝土保护层厚度特征值 D_{ne}(精确至 0.1mm)：

$$D_{ne}=\overline{D}_n-K_pS_D \tag{6-48}$$

式中：S_D——测量部位测点保护层厚度的标准差，精确至 0.1mm，$S_D=\sqrt{\dfrac{\sum_{i=1}^{n}(D_{ni})^2-n(\overline{D}_n)^2}{n-1}}$；

K_p——合格判定系数值，按表 6-8 取用。

混凝土保护层厚度合格判定系数值　　表 6-8

n	10～15	16～24	≥25
K_p	1.695	1.645	1.595

2. 结果评定

根据测量部位实测保护层厚度特征值 D_{ne} 与其设计值 D_{nd} 的比值，混凝土保护层厚度对结构钢筋耐久性评判可参考表 6-9 中的经验值。

钢筋保护层厚度评定标准　　表 6-9

D_{ne}/D_{nd}	对结构钢筋耐久性的影响	评定标度
>0.95	影响不显著	1
(0.85,0.95]	有轻度影响	2
(0.70,0.85]	有影响	3
(0.55,0.70]	有较大影响	4
≤0.55	钢筋易失去碱性保护，发生锈蚀	5

第六节　混凝土碳化深度的检测与评定

一、检测方法

钢筋锈蚀电位测试结果表明可能存在钢筋锈蚀活动的区域(钢筋锈蚀电位评定标度值为 3、4、5)，应进行混凝土碳化深度测量。另外，碳化深度的检测也是混凝土强度检测中需要进行的一项工作。

混凝土碳化状况的检测通常采用在混凝土新鲜断面喷洒酸碱指示剂，通过观察酸碱指示剂颜色变化来确定混凝土的碳化深度。

二、检测步骤

碳化深度检测时，测区位置的选择原则可参照钢筋锈蚀自然电位测试的要求，若在同一测区，应先进行保护层和锈蚀电位、电阻率的测量，再进行碳化深度及氯离子含量的测量，具体检测步骤如下。

1. 测区及测孔布置

(1)测区应包括锈蚀电位测量结果有代表性的区域，同时能反映不同条件及不同混凝土质量的部位，结构外侧面应布置测区。

(2)测区数不应小于3个，测区应均匀布置。

(3)每一测区应布置3个测孔，3个测孔应呈"品"字排列，孔距根据构件尺寸大小确定，但应大于2倍孔径。

(4)测孔距构件边角的距离应大于2.5倍保护层厚度。

2. 形成测孔

(1)用装有20mm直径钻头的冲击钻在测点位置钻孔。

(2)成孔后用圆形毛刷将孔中碎屑、粉末清除，露出混凝土新茬。

(3)将测区测孔统一编号，并绘出示意图。

3. 碳化深度的测量

(1)检测前配制好指示剂(酚酞试剂)：75%的酒精溶液与白色酚酞粉末配置成酚酞浓度为1%～3%的酚酞溶剂，装入喷雾器备用，溶剂应为无色透明的液体。

(2)将酚酞指示剂喷到测孔壁上。

(3)待酚酞指示剂变色后，用测深卡尺测量混凝土表面至酚酞变色交界处的深度，准确至1mm。酚酞指示剂从无色变为紫色时，混凝土未碳化，酚酞指示剂未改变颜色处的混凝土已经碳化。

4. 数据整理

(1)将测量结果标注在测区、测孔布置图上。

(2)将测量值整理列表，应列出最大值、最小值和平均值。

三、碳化深度检测结果的评定

混凝土碳化深度对钢筋锈蚀影响的评定，可取构件的碳化深度平均值与该类构件保护层厚度平均值之比 K_c，并考虑其离散情况，参考表6-10对单个构件进行评定。

混凝土碳化评定标准　　表6-10

K_c	评定标度	K_c	评定标度
<0.5	1	[1.5,2.0)	4
[0.5,1.0)	2	≥2.0	5
[1.0,1.5)	3		

第七节 混凝土电阻率的检测与评定

一、混凝土电阻率的检测方法

混凝土的电阻率反映其导电性。混凝土电阻率大，若钢筋发生锈蚀，则发展速度慢，扩散能力弱；混凝土电阻率小，锈蚀发展速度快，扩散能力强。因此，对钢筋状况进行检测评定，测量混凝土的电阻率是一项重要内容。

混凝土电阻率检测测区，应根据钢筋锈蚀电位测量结果确定，对钢筋锈蚀电位测试结果表明钢筋可能锈蚀活化的区域，应进行混凝土电阻率测量。

混凝土电阻率可采用四电极阻抗测量法测定，即在混凝土表面等间距接触四支电极，两外侧电极为电流电极，两内侧电极为电压电极，通过检测两电压电极间的混凝土阻抗获得混凝土电阻率 ρ，如图 6-12 所示。

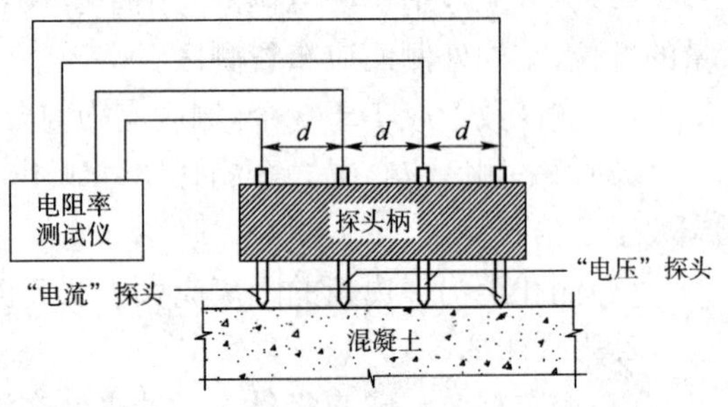

图 6-12 混凝土电阻率测试技术示意图

$$\rho=2\pi dV/I \tag{6-49}$$

式中：V——电压电极间所测电压；

I——电流电极通过的电流；

d——电极间距。

二、电阻率测试仪及技术要求

混凝土电阻率测试仪应通过技术鉴定，具有产品合格证，并进行定期计量标准。

电阻率测试仪由四电极探头与电阻率仪表组成，采用交流测量系统。

(1)探头四电极间距可调，调节范围 10cm，每一电极内均装有压力弹簧，从而保证可测不同深度的电阻率及电极与混凝土表面接触良好。

(2)电压电极间的输入阻抗＞1MΩ。

(3)电极端部直径尺寸不得大于 5mm。

(4)显示方式：直接数字显示电阻率值。

(5)电源：直流供电，连续正常工作时间不小于 6h。

(6)仪器使用环境条件：环境温度 0～＋40℃，相对湿度≤85%。

三、仪器的检查

在四个电极上分别接上三支电阻，则仪器的显示值为相应的电阻率值。例如，电阻值为 1kΩ，相应电阻率值为：$2\pi d\times 1\text{k}\Omega\cdot\text{cm}$。

四、混凝土电阻率的测量

测区与测位布置可参照钢筋锈蚀自然电位测量的要求，在电位测量网格间进行，并做好编号工作。

混凝土表面应清洁、无尘、无油脂。为了提高量测的准确性，必要时可去掉表面碳化层。

调节好仪器电极的间距，一般采用的间距为50mm。为了保证电极与混凝土表面有良好、连续的电接触，应在电极前端涂上耦合剂，特别是当读数不稳定时。测量时探头应垂直置于混凝土表面，并施加适当的压力。

五、混凝土电阻率的评定标准

混凝土电阻率的评定标准见表6-11。

混凝土电阻率评定标准　　表6-11

电阻率(Ω·cm)	可能的锈蚀速率	评定标度
≥20 000	很慢	1
[15 000,20 000)	慢	2
[10 000,15 000)	一般	3
[5 000,10 000)	快	4
<5 000	很快	5

注：量测时混凝土桥梁结构或构件应为自然状态。

第八节　结构混凝土内部缺陷与表层损伤的超声法检测

结构混凝土内部缺陷与表层损伤的超声法检测方法适用于公路常见混凝土桥梁结构混凝土内部缺陷与表层损伤的检测。涉及的检测内容主要包括：混凝土内部空洞和不密实区的位置与范围、裂缝深度、表层损伤厚度，以及不同时间浇筑的混凝土结合面的质量和钢管混凝土中的缺陷检测等。

一、超声法检测混凝土缺陷的基本依据与方法

1.超声法检测混凝土缺陷判别的基本依据

(1)根据超声波在混凝土中传播时遇到缺陷的绕射现象，按声时和声程的变化来判别和计算缺陷的大小。

(2)依据超声波在缺陷界面上的反射，抵达接收探头时能量显著衰减的现象，来判别缺陷的存在和大小。

(3)依据超声波脉冲各频率成分在遇到缺陷时衰减的程度不同，从而造成接收频率明显降低，或接收波频谱与反射波频谱产生差异，来判别内部缺陷。

(4)根据超声波在缺陷处的波形转换和叠加，造成波形畸变的现象来判别缺陷。

2.超声法检测混凝土内部缺陷与表层损伤的方法

用超声法检测混凝土缺陷时，发射和接收换能器与测试面之间应具备良好的耦合状态，发射和接收换能器的连线必须离开钢筋一定距离或与钢筋轴线形成一定夹角，并力求混凝土处于自然干燥状态。

超声法检测混凝土内部缺陷与表层损伤的方法总体上可分为两类：第一类为用厚度振动式换能器进行平面测试，第二类为采用径向振动式换能器进行钻孔测试。

1)第一类平面测试方法

(1)对测法：一对发射和接收换能器，分别置于被测结构相互平行的两个表面，且两个换能器的轴线位于同一直线上。

(2)斜测法：一对发射和接收换能器分别置于被测结构的两个表面，但两个换能器的轴线不在同一直线上。

(3)单面平测法：一对发射和接收换能器置于被测结构物同一个表面上进行测试。

2)第二类钻孔测试方法

(1)孔中对测：一对换能器分别置于两个对应钻孔中，位于同一高度进行测试。

(2)孔中斜测：一对换能器分别置于两个对应的钻孔，但不在同一高度，而是在保持一定高程差的条件下进行测试。

(3)孔中平测：一对换能器置于同一钻孔中，以一定高程差同步移动进行测试。

二、声学参数测量

1.一般规定

(1)检测前应取得有关资料：工程名称、检测目的与要求、混凝土原材料品种和规格、混凝土浇筑和养护情况、构件尺寸和配筋施工图或钢筋隐蔽图，以及构件外观质量及存在的问题。

(2)依据检测要求和测试操作条件，确定缺陷测试的部位(简称测位)。测位混凝土表面应清洁、平整，必要时可用砂轮磨平或用高强度的快凝砂浆抹平，抹平砂浆必须与混凝土黏结良好。

(3)在满足首波幅度测读精度的条件下，应选用较高频率的换能器。换能器应通过耦合剂与混凝土测试表面保持紧密结合，耦合层不得夹杂泥沙或空气。

(4)检测时应避免超声传播路径与附近钢筋轴线平行，如无法避免，应使两个换能器连线与该钢筋的最短距离不小于超声测距的1/6。

(5)检测中出现可疑数据时，应及时查找原因，必要时进行复测校核或加密测点补测。

2.声学参数测量

1)模拟式超声检测仪测量

(1)检测之前应根据测距大小将仪器的发射电压调在某一挡，并以扫描基线不产生明显噪声干扰为前提，将仪器“增益”调至较大位置保持不动。

(2)声时测量。应将发射换能器(简称T换能器)和接受换能器(简称R换能器)分别耦合在测位中的对应测点上。当首波幅度过低时，可用“衰减器”调节至便于测读，再调节游标脉冲或扫描延时，使首波前沿基线弯曲的起始点对准游标脉冲前沿，读取声时值 t_1(精确至0.1μs)。

(3)波幅测量。应保持换能器良好耦合状态下采用下列两种方法之一进行读取。

①刻度法:将衰减器固定在某一衰减位置,在仪器荧光屏上读取首波幅度的格数。

②衰减值法:采用衰减器将首波调至一定高度,读取衰减器上的dB值。

(4)主频测量。应先将游标脉冲调至首波前半个周期的波谷(或波峰),读取声时值 t_1(μs),再将游标脉冲调至相邻的波谷(或波峰),读取声时值 t_2(μs),按式(6-50)计算出该点(第 i 点)第一个周期波的主频 f_i(精确至0.1kHz)。

$$f_i = 1\,000/(t_1 - t_2) \tag{6-50}$$

(5)在进行声学参数测量的同时,应注意观察接收信号的波形或包络线的形状,必要时进行描绘或拍照。

2)数字式超声检测仪测量

(1)检测之前根据测距大小和混凝土外观质量情况,将仪器的发射电压、采样频率等参数设置在某一挡并保持不变。换能器与混凝土测试表面应始终保持良好的耦合状态。

(2)声学参数自动测读:停止采样后即可自动读取声时、波幅、主频值。当声时自动测读光标所对应的位置与首波前沿基线弯曲的起始点有差异或者波幅自动测读光标所对应的位置与首波峰顶(或谷底)有差异时,应重新采样或改为手动游标读数。

(3)声学参数手动测量:先将仪器设置为手动判读状态,停止采样后调节手动声时游标至首波前沿基线弯曲的起始位置,同时调节幅度游标使其与首波峰顶(或谷底)相切,读取声时和波幅值;再将声时光标分别调至首波及其相邻的波谷(或波峰),读取声时差值 Δt(μs),取 $1\,000/\Delta t$ 即为首波的主频(kHz)。

(4)波形记录:对于有分析价值的波形,应予以储存。

3)混凝土声时值计算

$$t_{ci} = t_i - t_0 \tag{6-51}$$

或

$$t_{ci} = t_i - t_{00}$$

式中:t_{ci}——第 i 点混凝土声时值(μs);

t_i——第 i 点测读声时值(μs);

t_0、t_{00}——声时初读数(μs)。

当采用厚度振动式换能器时,t_0 应参照仪器使用说明书的方法测得;当采用径向振动式换能器时,t_{00} 可按下述的"时—距"法测得。

将两个径向振动式换能器保持其轴线相互平行,置于清水中同一水平高度,两个换能器内边缘间距先后调节在 l_1(如200mm)、l_2(如100mm),分别读取相应声时值 t_1、t_2。由仪器、换能器及其高频电缆所产生的声时初读数 t_0 应按下式计算:

$$t_0 = (l_1 \times t_1 - l_2 \times t_2)/(l_1 - l_2) \tag{6-52}$$

用径向振动式换能器在钻孔中进行对测时,声时初读数应按下式计算:

$$t_{00} = t_0 + (d_2 - d)/v_w \tag{6-53}$$

当用径向振动式换能器在预埋声测管中检测时，声时初读数应按下式计算：

$$t_{00}=t_0+(d_2-d_1)/v_g+(d_1-d)/v_w \tag{6-54}$$

以上式中：t_{00}——钻孔或声测管中测试的声时初读数（μs）；

t_0——仪器设备的声时初读数（μs）；

d——径向振动式换能器直径(mm)；

d_1——声测孔直径或预埋声测管的内径(mm)；

d_2——声测管的外径(mm)；

v_w——水的声速(km/s)，均按表 6-12 取值；

v_g——预埋声测管所用材料的声速(km/s)，用钢管时，$v_g=5.80$，用 PVC 管时，$v_g=2.35$；

l_1——第一次调节换能器内边缘间距；

l_2——第二次调节换能器内边缘间距。

水声速取值 表 6-13

水温度(℃)	5	10	15	20	25	30
水声速(km/s)	1.45	1.46	1.47	1.48	1.49	1.50

当采用一只厚度振动式换能器和一只径向振动式换能器进行检测时，声时初读数可取该两对换能器初读数之和的一半。

4)超声传播距离(简称测距)的测量

当采用厚度振动式换能器对测时，宜用钢卷尺测量 T、R 换能器辐射面之间的距离；当采用厚度振动式换能器平测时，宜用钢卷尺测量 T、R 换能器内边缘之间的距离；当采用径向振动式换能器在钻孔或预埋管中检测时，宜用钢卷尺测量放置 T、R 换能器的钻孔或预埋管内边缘之间的距离；测距的测量误差应不大于±1%。

三、混凝土不密实区和空洞的检测

混凝土结构在施工过程中，因漏振、漏浆或石子架空在钢筋骨架上，会导致混凝土内部形成蜂窝状不密实或空洞等隐蔽缺陷。检测时，宜先根据现场施工记录和外观质量情况，或者在结构的使用过程中出现了质量问题后，初步判定混凝土内部缺陷的大致位置，或采用大范围的粗测定位方法(大面积扫测)确定隐蔽缺陷的大致位置，然后再根据粗测情况对可疑区域进行细测。检测不密实区和空洞时，构件的被测部位应具有一对或两对相互平行的测试面，测试范围原则上应大于有怀疑的区域，同时应在同条件的正常混凝土区域进行对比测试。一般地，对比测点数不宜少于 20 个。

采用平面测试法和钻孔或预埋管测法时，需注意以下内容。

(1)当结构被测部位具有两对平行表面时，可采用一对换能器，分别在两对互相平等的表面上进行对测。如图 6-13 所示，先在测区的两对平行表面上分别画出间距为 200～300mm 的网格，并逐点编号，定出对应测点的位置，然后将 T、R 换能器经耦合剂分别置于对应测点上，逐点读取相应的声时 t_i、波幅 A_i 和频率 f_i，并量取测试距离 l_i。

(2)当结构物的被测部位只有一对平行表面可供测试，或被测部位处于结构的特殊位置，可采用对测和斜测相结合的方法，换能器在对测的基础上进行交叉斜测，测点布置如图 6-14 所示。

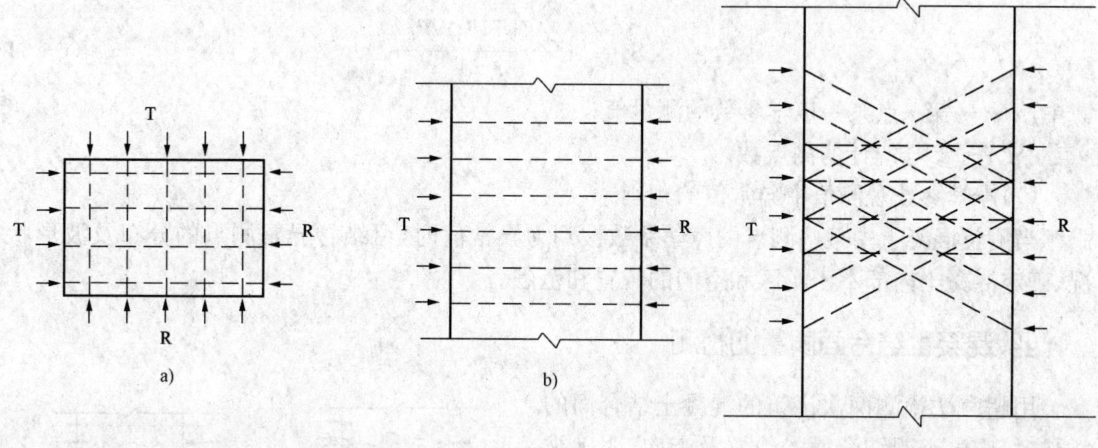

图 6-13　对测法换能器布置

a)平面图；b)立面图

图 6-14　斜测法测缺陷

(3)对于大体积混凝土结构，由于其断面尺寸较大，如直接进行平面对测，接收到的脉冲信号微弱，甚至无法识别首波的起始位置，不利于声学参数的读取和分析。为了缩短测试距离，提高检测灵敏度，可采用钻孔或预埋管测法。如图 6-15 所示，在测位预埋声测管或钻出竖向测试孔，预埋管内径或钻孔直径宜比换能器直径大 5～10mm，预埋管或钻孔间距宜为 2～3m，其深度可根据测试需要确定。检测时可用两个径向振动式换能器分别置于两测孔中进行测试，或用一个径向振动式与一个厚度振动式换能器，分别置于测孔中和平行于测孔的侧面进行测试。根据需要，可以将两个换能器置于同一高度，也可以将二者保持一定的高度差，同步上下移动，逐点读取声时、波幅和频率值，并记下孔中换能器的位置。

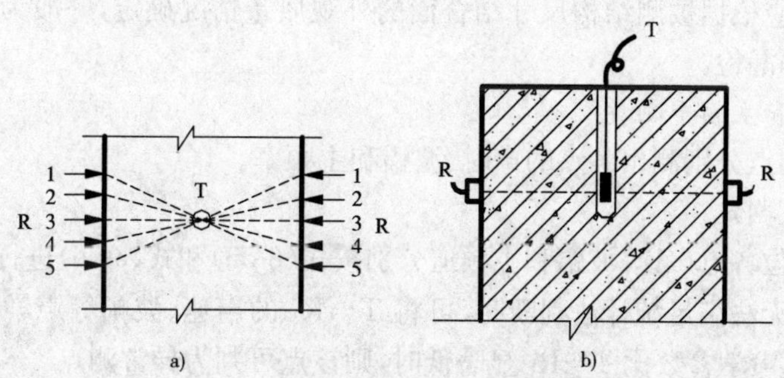

图 6-15　钻孔或预埋管测法换能器布置图

a)平面图；b)立面图

(4)每一测点的声时、波幅、主频和测距，应按本节二所述方法进行测量。

(5)由于混凝土本身的不均匀性，以及混凝土的原材料品种、用量及混凝土的湿度和测距等因素对声学参数值的影响，一般宜采用统计方法进行不密实区和空洞的测定。

(6)测位混凝土声时(或声速)、波幅及频率等声学参数的平均值 m_x 和标准差 S_x 可按下列公式计算：

$$m_x = \frac{1}{n}\sum_{i=1}^{n} x_i \qquad (6\text{-}55)$$

$$S_x=\sqrt{\frac{(\sum_{i=1}^{n}x_i^2-n\cdot m_x^2)}{n-1}} \tag{6-56}$$

式中：x_i——第 i 点某一声学参数的测量值；

n——参与统计的测点数。

(7)声学参数观测值中异常值的判别

当测位混凝土中某些测点的声学系数被判为异常值时，可结合异常测点的分布及波形状况，确定混凝土内部不密实区和空洞的位置和范围。

四、混凝土结合面质量的检测

用超声法检测两次浇筑的混凝土结合面的质量时，应先查明结合面的位置及走向，明确被测部位及范围。若构件的被测部位具有声波垂直或斜穿结合面的测试条件，可采用对测法与斜测法进行检测。换能器的具体布置方法如图6-16所示。

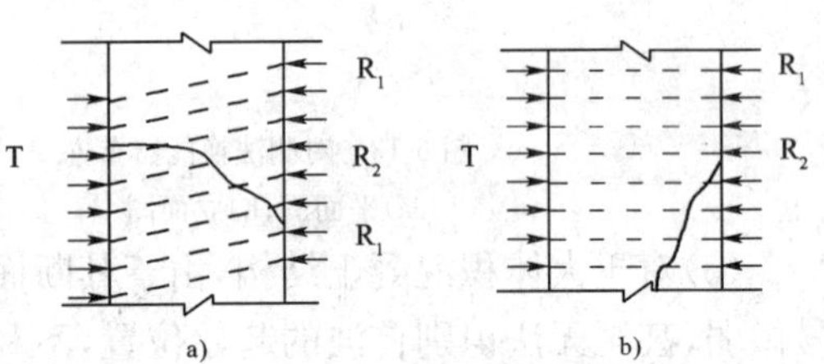

图 6-16　混凝土结合面质量检测示意图

a)斜测法；b)对测法

1. 测点布置

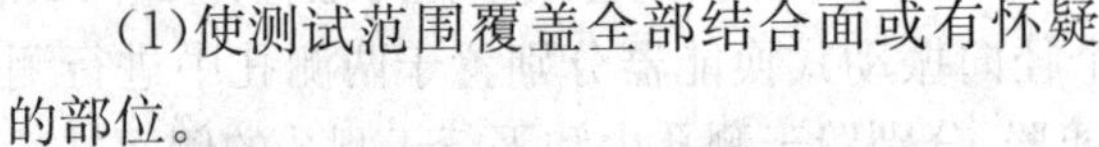

(1)使测试范围覆盖全部结合面或有怀疑的部位。

(2)各对 $T-R_1$(声波传播不经过结合面)和 $T-R_2$(声波传播经过结合面)换能器连线的倾斜角测距应相等。

(3)测点间距应根据被测结构尺寸结合面的外观质量情况确定，一般为 100～300mm，间距过大易造成缺陷漏检。

2. 声时、波幅和主频率测量

按布置好的测点分别测出各点的声时、波幅和主频率。

3. 数据处理及判定

(1)将同一测位各点声速、波幅和主频道分别按式(6-55)和式(6-56)进行统计计算。

(2)当测点数无法满足统计法判断时，可将 $T-R_2$ 的声速、波幅等声学参数与 $T-R_1$ 进行比较，若 $T-R_2$ 声学参数比 $T-R_1$ 显著低时，则该点可判为异常测点。

(3)当通过结合面的某些测点的数据被列为异常，并查明无其他因素影响时，可判定混凝土结合面在该部位结合不良。

五、混凝土表面损伤层的检测

冻害、高温或化学腐蚀会引起混凝土表面层损伤。检测表面损伤层厚度时，被测部位和测点的确定应满足下列要求：

(1)根据构件的损伤情况和外观质量选取有代表性的部位布置测位。

(2)构件被测部位表面应平整并处于自然干燥状态，且无接缝和饰面层。

(3)检测时，为保证检测结果的可靠性，宜做局部破损验证。

1.测试方法

(1)用超声法检测混凝土表面损伤层厚度的方法大致有两种:一是单面平测法,二是逐层穿透法。

(2)单面平测法。此法可应用于仅有一个可测表面的结构,也可应用于损伤层位于两个对应面上的结构或构件。如图 6-17 所示,将发射换能器 T 置于测试面某一点保持不动,再将接收换能器 R 以测距 l_i=30mm、60mm、90mm……依次置于各点,读取相应的声时值 t_i。每一测位的测点数不得少于 6 个,当损伤厚度较厚时,应适当增加测点数,当构件的损伤层厚度不均匀时,应适当增加测位数量。

(3)逐层穿透法。在损伤结构的一对平行表面上,分别钻出一对不同深度的测试孔,孔径为 50mm 左右,然后用直径小于 50mm 的平面式换能器,分别在不同深度的一对测孔中进行测试,读取声时值和测试距离,并计算其声速值,或者在结构同一位置先测一次声速,然后凿开一定深度的测孔,在孔中测一次声速,再将测孔增加一定深度,再测声速,直至两次测得的声速之差小于 2%或接近于最大值时为止,如图 6-18 所示。

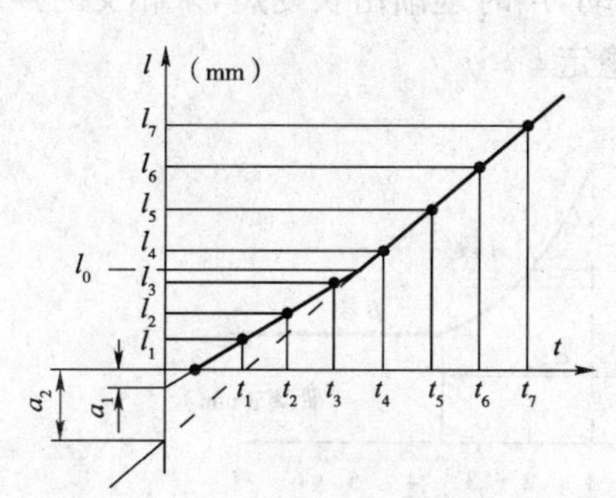

图 6-17　采用平测法检测损伤层厚度示意图

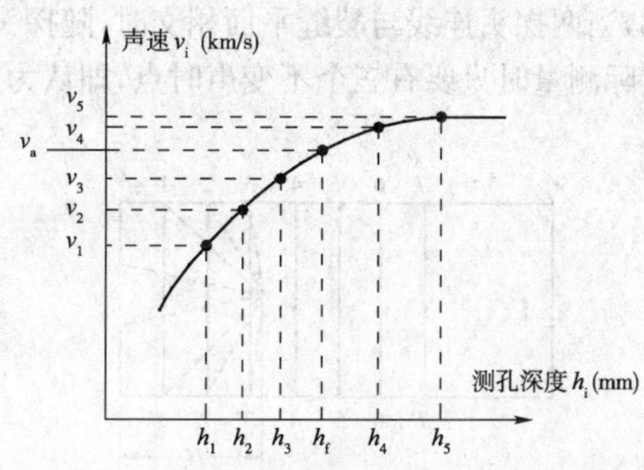

图 6-18　采用逐层穿透法检测损伤厚度的 $v-h$ 曲线

(4)表层损伤层评测法检测时,宜选用 30～50kHz 的低频厚度振动式换能器。

2.数据处理及判断

(1)当采用单面平测时,将各测点的声时测值 t_i 和相应的测距值 l_i 绘制"时—距"坐标图。如图 6-17 所示,由图可求得声速改变所形成的转折点,该点前、后分别表示损伤和未损伤混凝土的 l 与 t 相关直线用回归分析方法分别求出损伤、未损伤混凝土 l 与 t 的回归直线方程:

损伤混凝土:

$$l_f = a_1 + b_1 t_f \tag{6-57}$$

未损伤混凝土:

$$l_a = a_2 + b_2 t_a \tag{6-58}$$

式中:　l_f——损伤前各测点的测距(mm),对应于图 6-17 中的 l_1、l_2 和 l_3;

t_f——对应于图 6-17 中的 l_1、l_2 和 l_3 的声时 t_1、t_2 和 t_3(μs);

l_a——损伤后各测点的测距(mm),对应于图 6-17 中的 l_4、l_5、l_6 和 l_7;

t_a——对应于测距 l_4、l_5、l_6 和 l_7 的声时 t_4、t_5、t_6 和 t_7(μs);

a_1、a_2、b_1、b_2——直线的回归系数,分别为图 6-17 中损伤和未损伤混凝土直线的截距和斜率。

(2)采用单面平测法检测的损伤层厚度 h_f(mm)可按下式进行计算:

$$L_0 = (a_1b_2 - a_2b_1)/(b_2 - b_1) \tag{6-59}$$

$$h_f = l_0/2(b_2 - b_1)/(b_2 + b_1) \tag{6-60}$$

(3)当采用逐层穿透法检测时,可将每次测量的声速值(v_i)和测孔深度值(h_i)绘制"$v-h$"曲线,如图6-18所示,当声速趋于基本稳定的测孔深度,便是混凝土损伤层的厚度h_f。

六、混凝土裂缝深度的检测

超声法可用于检测混凝土裂缝的深度。检测时,裂缝中应没有积水和其他能够传声的夹杂物,且裂缝附近混凝土相当匀质。

开口垂直裂缝检测分为如下两种情况。

1. 构件断面不大且可对测情况

(1)在两个测面上等距布置测点,用对测法逐点测出声时值,见图6-19a)。

(2)绘制测点声时与距离的关系曲线,见图6-19b)。曲线A段的末端与B段的首端之距即为裂缝深度所在区域,对这一区域再采用加密测点的方法即可准确地确定裂缝深度H_L。

(3)当两探头连线与裂缝平面相交时,随探头的移动,声时逐渐由长变短,未相交时声时不变。实际测量时只要有三个不变声时点,即认为声时稳定。

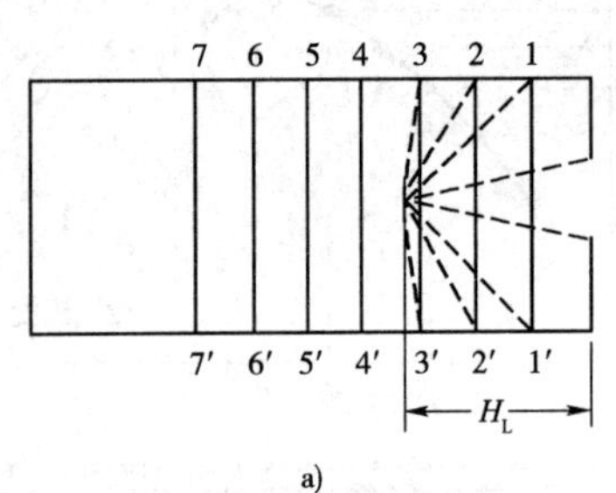

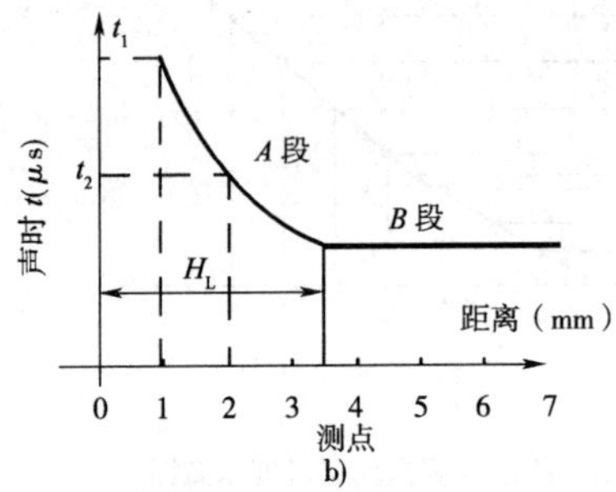

图6-19 开口垂直裂缝的穿透法探测

2. 构件断面很大不可对测情况

只有一个可测面,无法在侧面用对测法检测时,可用平测法检测裂缝的深度。

1)当估计裂缝深度不大于500mm时,宜采用单面平测法进行检测。检测时应在裂缝的被测部位以不同的测距,按跨缝和不跨缝布置测点。测点布置应避开钢筋的影响。

(1)进行不跨缝的声时测量:将发射换能器T和接收换能器R置于裂缝附近同一侧,并将T耦合好保持不动,以T、R两个换能器内边缘间距l'_i为100mm、150mm、200mm等,依次移动R并读取相应的声时值t_i。以l'为纵轴、t为横轴绘制"时—距"坐标图(图6-20),或用回归分析的方法求声时与测距之间的回归直线方程:

$$l_i = a + b \cdot t_i \tag{6-61}$$

每一个测点的超声实际传播距离l_i为:

$$l_i = l'_i + |\alpha| \tag{6-62}$$

式中:l_i——第i点的超声波实际传播距离(mm);

l'_i——第i点的R、T换能器边缘距(mm);

α——“时—距”图中 l' 轴的截距或回归直线方程的常数项(mm)。

不跨裂缝平测的混凝土声速值 v 为：

$$v=(l'_{\mathrm{n}}-l'_{1})/(t_{\mathrm{n}}-t_{1}) \qquad (\mathrm{km/s}) \tag{6-63}$$

或

$$v=b \tag{6-64}$$

式中：l'_{n}、l'_{1}——第 n 点和第 1 点的测距(mm)；

t_{n}、t_{1}——第 n 点和第 1 点读取的声时值(μs)；

b——“时—距”直线的斜率。

(2)进行跨缝的声时测量：如图 6-21 所示，将 T、R 换能器分别置于以裂缝为对称轴的两侧，l'_{1} 取 100mm、150mm、200mm 等，分别读取声时值 t_{ci}，同时观察首波相位的变化。

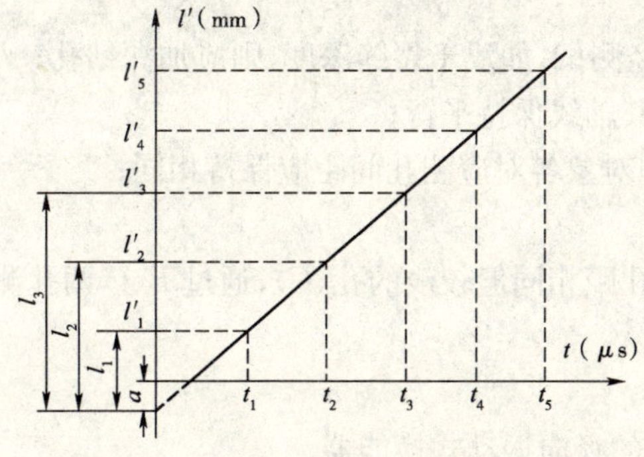

图 6-20 平测“时—距”图

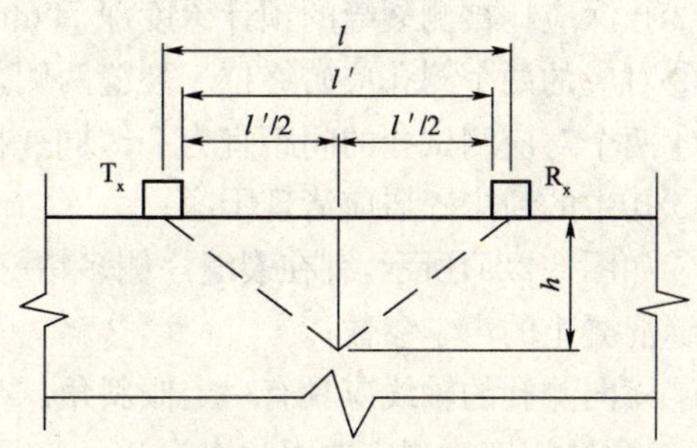

图 6-21 单面平测浅裂缝(深度不大于 500mm)示意图

(3)裂缝深度按下式计算：

$$h_{\mathrm{i}}=\frac{l_{\mathrm{i}}}{2}\sqrt{(t_{\mathrm{ci}}v/l_{\mathrm{i}})^{2}-1} \tag{6-65}$$

$$h_{\mathrm{m}}=\frac{1}{n}\sum_{\mathrm{i}=1}^{\mathrm{n}}h_{\mathrm{i}} \tag{6-66}$$

式中：l_{i}——不跨缝平测时第 i 点的超声波实际传播距离(mm)；

h_{i}——以第 i 点计算的裂缝深度(mm)；

t_{ci}——第 i 点跨缝平测时的声时值(μs)；

h_{m}——各测点计算裂缝深度的平均值(mm)；

n——测点数。

(4)裂缝深度的确定方法：

①跨缝测量中，当在某测距发现首波反相时，可用该测距及两个相邻测距的测量值按式(6-65)计算 h_{i} 值，取此三点 h_{i} 的平均值作为该裂缝的深度值 h。

②跨缝测量中，如难于发现首波反相，则以不同测距按式(6-65)、式(6-66)计算 h_{i} 及其平均值 h_{m0}。将各测距 l'_{i} 与 h_{m} 作比较，剔除测距 l'_{i} 小于 h_{m} 和大于 $3h_{\mathrm{m}}$ 的数据组，然后取余下 h_{i} 的平均值，作为该裂缝的深度值 h。

2)对于裂缝深度超过 500mm，在被检测混凝土允许在裂缝两侧钻测试孔的情形下，可采用钻孔对测法检测裂缝深度，如图 6-22 所示。

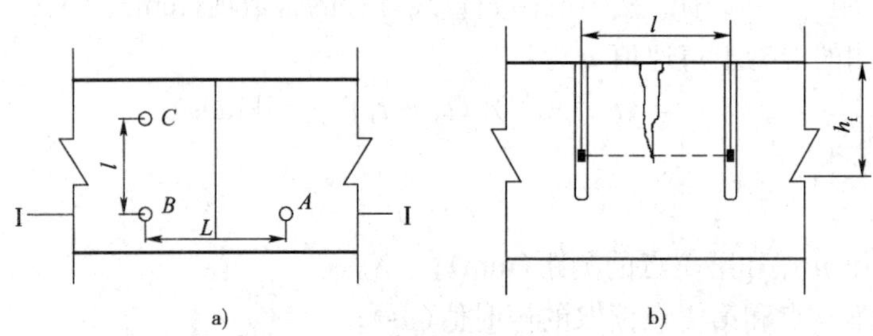

图 6-22 钻孔测裂缝深度示意图

a)平面图(C为比较孔);b)Ⅰ—Ⅰ剖面图

(1)所钻测试孔应满足下列技术要求:

①孔径应比所用换能器的直径大 5～10mm;

②孔深应比被测裂缝的预计深度深 70mm,经测试,如浅于裂缝深度,则应加深钻孔;

③对应的两个测孔应始终位于裂缝两侧,且其轴线保持平行;

④两个对应测试孔的间距宜为 2m,同一检测对象各对应测孔间距应保持相同;

⑤孔中的粉尘碎屑应清理干净;

⑥如图 6-22a)所示,宜在裂缝一侧多钻一个孔距相同但较浅的孔(C),通过 B、C 两孔测试无裂缝混凝土的声学参数;

⑦横向测孔的轴线应具有一定倾斜角。

(2)裂缝深度检测应选用频率为 20～60kHz 的径向振动式换能器。

(3)测试前首先向测孔注满清水,并检查是否有漏水现象,如果漏水较快,说明该测孔与裂缝相交,此孔不能用于测试。经检查测孔不漏水,可将 T、R 换能器分别置于裂缝同侧的 B、C 孔中,以相同高度等间距地同步向下移动,并读取相应的声时和波幅值。再将两个换能器分别置于裂缝两侧对应的 A、B 测孔中,以同样方法同步移动两个换能器,逐点读取声时、波幅和换能器所处的深度。换能器每次移动的间距一般为 100～300mm,当初步查明裂缝的大致深度时,为便于准确判定裂缝深度,当换能器位于裂缝末端附近,移动的间距应减小,详见图 6-22b)。

(4)若需确定裂缝末端的具体位置,可按图 6-23 所示的方法,将 T、R 换能器相差一个固定高度,然后上下同步移动,在保持每一个测点的测距相等、测线倾角一致的条件下,读取相应声时的波幅值及两个换能器的位置。

(5)裂缝深度及末端位置判定。

①裂缝深度判定主要以波幅测值作为依据。具体对测孔所测得的波幅值和相应的孔深,用图 6-23 进行判别。其方法如下:换能器所处深度 h 为纵坐标,对应的波幅值 A 为横坐标,绘制 h-A 坐标图,如图 6-24 所示。随着换能器位置的下移,波幅逐渐增大,当换能器下移至某一位置后,波幅达到最大并基本保持稳定,该位置对应的深度,便是该裂缝的深度值 h。

②裂缝末端位置判定,如图 6-23 所示。当两个换能器的连线(测线)超过裂缝末端后,波幅测值将保持最大值,根据这种情况可以确定达到裂缝末端的两条测线 AB 和 CD 的位置,该两测线的交点便是裂缝末端的位置。

(6)采用钻孔对测值时,应注意混凝土不均匀性的影响、温度和外力的影响、钢筋的影响。

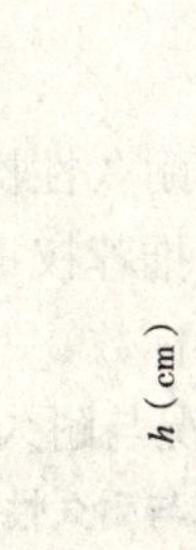

图 6-23 孔中交叉斜测示意图

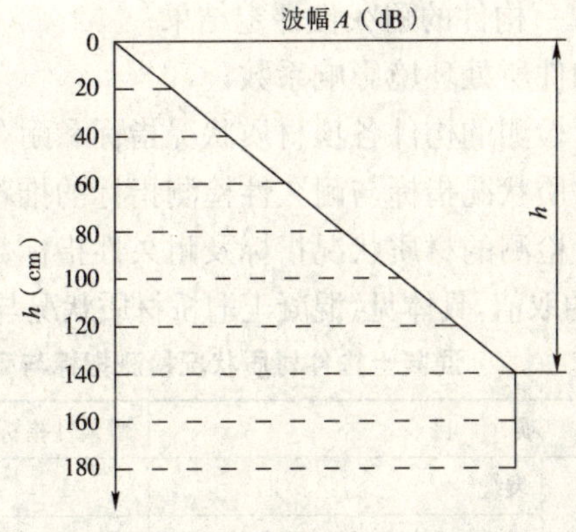

图 6-24 h-A 坐标图

七、混凝土匀质性检验

结构混凝土的均匀性一般宜采用平面式换能器进行穿透对测法检测。

检测时，要求被测结构应具备一对相互平行的测试表面，并保持平整、干净。先在两个测试面上分别画出等间距的网格，并编上对应的测点序号，网格的间距大小取决于结构的种类和测试要求，一般为 200～300mm。对于测距较小、质量要求较高的结构，测点间距宜小些，而对于大体积结构，测点间距可适当取大些。

其次，应使 T、R 换能器在对应的一对测点上保持良好的耦合状态，逐点读取声时值 t_i。超声测距的测量方法可根据构件的实际情况确定，如果各测点的测距完全一致，便可在构件的不同部位抽测几次，取其平均值作为该构件的超声测距值 l。当各测点的测距不尽相同(相差≥1%)时，应分别进行测量，有条件最好采用专用工具逐点测量 l_i 值。

最后，根据被测结构混凝土的"声速 v—强度 R"关系曲线，先计算出被测构件测位处测点换算强度值 R_i，然后，再按下述方法计算出测位处测点换算强度的平均值 m_R、标准差 S_R 和离差系数(变异系数)C_R。

第九节 混凝土桥梁结构耐久性综合评价

一、评价原则

根据检测评定的具体要求，可对结构的单一构件进行耐久性评价，也可对结构整体进行评价。耐久性评价基于前面各项耐久性检测指标进行，重点针对结构材质状况和表观损伤的耐久性方面。

二、单一构件评价方法

单一构件的耐久性评定以该构件的各项耐久性评定标度为依据，考虑构件所处环境条件及各项耐久性指标权重值进行评价，公式如下：

$$E_{单}=\delta\times\sum_{i=1}^{n}A_i\alpha_i \tag{6-67}$$

式中：$E_{单}$——单一构件的耐久性评定结果；

δ——构件所处环境影响系数；

A_i——所检测的构件各项材质状况指标和耐久性检测指标的评定标度；

α_i——材质状况指标与耐久性检测指标的推荐权重值，见表 6-13；

n——所检测的材质状况指标及耐久性指标数，一般 $n=9$。

δ、A_i 参数的取值，具体见《混凝土旧桥材质状况与耐久性检测评定指南及工程实例》一书。

混凝土构件材质状况检测指标与耐久性指标推荐权重值 表 6-13

项目		耐久性指标	权重值		备注
混凝土表观损伤 α_i	裂缝	1	0.20	0.32	取用时按照实际检测项目的权重值进行取值
	层离、剥落或露筋、掉棱与缺角	2	0.07		
	蜂窝麻面、表面侵蚀、表面沉积	3	0.05		
混凝土强度 α_2		4	0.05		—
钢筋自然电位 α_3		5	0.11		—
氯离子含量 α_4		6	0.15		—
钢筋分布及保护层厚度 α_5		7	0.12		—
混凝土碳化深度 α_6		8	0.20		—
混凝土电阻率 α_7		9	0.05		—

考虑部分耐久性检测指标之间的相互关联性，当对混凝土单一构件只检测了表 6-13 所列部分指标，即 $n\leqslant9$ 时，可按下式进行评价：

$$E_{单}=\frac{\delta\times\sum_{i=1}^{n}A_i\alpha_i}{\sum_{i=1}^{n}\alpha_i} \tag{6-68}$$

混凝土单一构件的耐久性评定标准如表 6-14 所列。

混凝土单一构件的耐久性评定标准 表 6-14

$E_{单}$范围	$0.7\leqslant E_{单}<2$	$2\leqslant E_{单}<3$	$3\leqslant E_{单}<4$	$4\leqslant E_{单}<5$	$E_{单}>5$
构件耐久等级	5	4	3	2	1
构件耐久性状况	完好	较好	一般	较差	很差

三、结构耐久性综合评价

结构的耐久性综合评价以组成该结构的各类构件的耐久性评定结果为依据，综合考虑各类构件的权重系数，按下式进行评价。

$$E_{总}=\sum_{j=1}^{m}E_{单j}\alpha_j \tag{6-69}$$

式中：$E_{总}$——结构整体的耐久性评定结果；

$E_{单j}$——单一构件的耐久性评定结果；

α_j——结构构(部)件推荐权重值，如表 6-15 所示；

m——进行了耐久性检测的结构构(部)件件数。

推荐的混凝土桥梁各构(部)件权重值　　表 6-15

构(部)件	名　称	推荐权重 α_j
1	桥台与基础	0.23
2	桥墩与基础	0.24
3	支座	0.07
4	上部主要承重构件	0.26
5	下部一般承重构件	0.12
6	桥面铺装	0.02
7	人行道承重构件	0.05
8	栏杆或防撞墙	0.01

注:当评定标度值为“1”时,表示好的状态,或表示没有设置的构件部件,不再进行叠加。

表 6-15 中与材质状况及耐久性有关的构件评定可遵照《混凝土旧桥材质状况与耐久性检测评定指南及工程实例》的方法评定,其他构件(如支座、桥面铺装等)评定可参照《公路桥涵养护规范》(JTG H11—2004)中桥梁评定的有关内容进行,桥梁技术状况等级“一类、二类……五类”分别对应构件耐久等级“1、2……5”。

结构整体的耐久性综合评价标准如表 6-16 所列。

结构整体的耐久性综合评价标准　　表 6-16

$E_总$范围	$1 \leqslant E_总 < 2$	$2 \leqslant E_总 < 3$	$3 \leqslant E_总 < 4$	$4 \leqslant E_总 < 5$	$E_总 \geqslant 5$
构件耐久等级	5	4	3	2	1
构件耐久性状况	好	较好	一般	较差	很差

第十节　钢结构试验检测

一、构件焊接质量检验

桥梁建造工程中许多构件需焊接加工,其焊接质量的好坏直接影响着构件的质量,故钢结构构件焊接质量的检验工作是确保产品质量的重要措施。根据焊接工序的特点,检验工作是贯穿焊接始终的。一般分成三个阶段,即焊前检验、焊接过程中检验和焊后成品的检验。

1. 焊前检验

焊前检验是指焊接实施之前准备工作的检验,包括原材料的检验、焊接结构设计的鉴定及其他可能影响焊接质量因素的检验(如焊工考试、电源的质量、工具和电缆的检查)。检验应根据图纸要求和相应的国家标准及行业标准进行。

2. 焊接过程中的检验

在焊接过程中主要检验焊接规范、焊缝尺寸和结构装配质量。

1)焊接规范的检验

焊接规范是指焊接过程中的工艺参数,如焊接电流、焊接电压、焊接速度、焊条(焊丝)直径、焊接的道数、层数、焊接顺序、能源的种类和极性等。正确的规范是在焊前进行试验总结取得的。有了正确的规范，还要在焊接过程中严格执行才能保证接头质量的优良和稳定。对焊接规范的检查，不同的焊接方法有不同的内容和要求。

(1)手工焊规范的检验

一方面检验焊条的直径和焊接电流是否符合要求，另一方面要求焊工严格执行焊接工艺规定的焊接顺序、焊接道数、电弧长度等。

(2)埋弧自动焊和半自动焊焊接规范的检验

除了检查焊接电流、电弧电压、焊丝直径、送丝速度、焊接速度(对自动焊而言)外，还要认真检查焊剂的牌号、颗粒度、焊丝伸出长度等。

(3)接触焊规范的检验

对于对焊，主要检查夹头的输出功率、通电时间、顶锻量、工件伸出长度、工件焊接表面的接触情况、夹头的夹紧力和工件与夹头的导电情况等。电阻对焊时还要注意焊接电流、加热时间和顶锻力之间的相互配合。压力正常但加热不足，或加热正确而压力不足都会形成未焊透。电流过大或通电时间过长会使接头过热，降低其机械性能。闪光对焊时，特别要注意检查烧化时间和顶锻速度。若焊接时顶锻力不足，焊件断头表面可能因氧化物未被挤出而形成未焊透或白斑等缺陷。对于点焊，要检查焊接电流、通电时间、初压力以及加热后的压力、电极表面及工件被焊处表面情况等是否符合工艺规范要求。对焊接电流、通电时间、加热后的压力三者之间配合是否恰当要认真检查，否则会产生缺陷。如加热后的压力过大会使工件表面显著凹陷和部分金属被挤出；压力不足会造成未焊透；电流过大或通电时间过长会引起金属飞溅和焊点缩孔。对于缝焊，要检查焊接电流、滚轮压力和通电时间是否符合工艺规范。通电时间过少会形成焊点不连续，电流过大或压力不足会使焊缝区过烧。

(4)气焊规范的检验

要检查焊丝的牌号、直径，焊嘴的号码，并检查可燃气体的纯度和火焰的性质。如果选用过大的焊嘴会使焊件烧坏，过小的焊嘴会形成未焊透，使用过分的还原性火焰会使金属渗碳，而氧化焰会使金属激烈氧化。这些都会使焊缝金属机械性能降低。

2)焊缝尺寸的检查

焊缝尺寸的检查应根据工艺卡或行业标准所规定的要求进行，一般采用特制的量规和样板来测量。图6-25和图6-26是普通样板和万能量规量测的示意图。

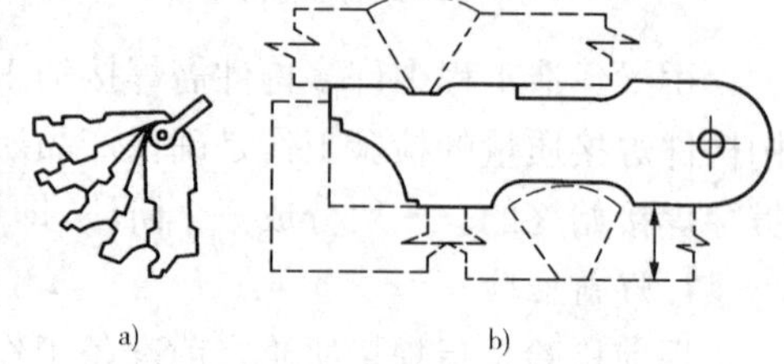

图6-25 样板及其对焊缝的量测

3)结构装配质量的检验

在焊接之前进行装配质量检验是保证结构焊成后符合图纸要求的重要措施。对装配结构应作如下几项检查：

(1)按图纸检查各部分尺寸、基准线及相对位置是否正确，是否留有焊接收缩余量和机械加工余量。

(2)检查焊接接头的坡口形式及尺寸是否正确。

(3)检查点固焊的焊缝布置是否恰当，能否起到固定作用，是否会给焊后带来过大的内应力，并检查点固焊缝的缺陷。

(4)检查焊接处是否清洁,有无缺陷(如裂缝、凹陷、夹层)。

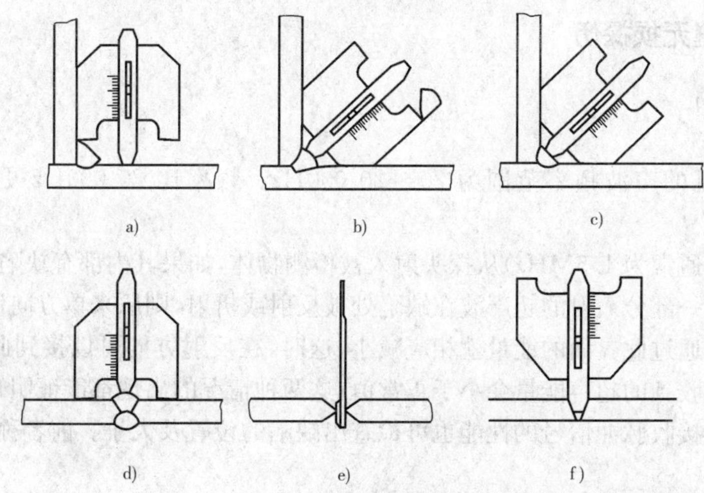

图 6-26　万能量规的用法

a)测量焊脚;b)丁字焊缝加强量的测量;c)测量丁字缝的减量;d)测量对接缝加强高;e)坡口间隙的测量;f)坡口角度的测量

3.焊后成品的检验

焊接产品虽然在焊前和焊接过程中进行了检查,但由于制造过程中外界因素的变化,如操作规范的不稳定、能源的波动都有可能引起缺陷的产生。为了保证产品的质量,对成品必须进行质量检验。钢结构构件一般用外观检验法检测表面缺陷,内部缺陷用超声波探伤和射线探伤检测。下面先介绍外观检测方法,其他探伤原理和方法将作专门介绍。

焊接接头的外观检测是一种手续简便而应用广泛的经验方法,是成品检验的一项重要内容。这种方法有时亦使用于焊接过程中,如厚壁焊件作多层焊时,每焊完一层焊道便采用这种方法进行检查,以防止前道焊层的缺陷被带到下一层焊道中去。

外观检查主要是发现焊缝表面的缺陷和尺寸上的偏差。

这种检查一般是通过肉眼观察,借助标准样板、量规和放大镜等工具进行检测的,故有肉眼观察法或目视法之称。

检查之前,必须将焊缝附近 10～20mm 基本金属上所有飞溅及其他污物清除干净。在清除焊渣时,要注意焊渣覆盖的情况。一般来说,根据熔渣覆盖的特征和飞溅的分布情况,可粗略地预料在该处会出现什么缺陷。例如,贴焊缝面的熔渣表面有裂纹痕迹,往往在焊缝中也有裂纹;若发现有飞溅成线状集结在一起,则可能因电流产生磁场磁化工件后,金属微粒堆积在裂纹上。因此,应在该处仔细地检查是否有裂纹。

对合金钢的焊接产品必须进行两次外部检查,即紧接着焊接之后和经过 15～30d 以后。这是因为有些合金钢内产生的裂纹形成得很慢,以致在第二次检查时才发现裂缝。

对未填满的弧坑应特别仔细检查,因该处可能会有星形散射状裂纹。

若焊缝表面出现缺陷,焊缝内部便有存在缺陷的可能。如焊缝表面出现咬边或满溢,则内部可能存在未焊透或未熔合;焊缝表面多孔,则焊缝内部亦可能会有气孔或非金属夹杂物存在。

焊缝尺寸的检查可采用前面介绍的量规和样板进行。

二、钢材焊缝无损探伤

1. 超声波探伤

1)探伤原理

人耳可听得见的声波频率范围为 20～20 000Hz。频率比 20 000Hz 更高的声波叫超声波。

超声波脉冲(通常为 1.5MHz)从探头射入被检测物体,如果其内部有缺陷,缺陷与材料之间便存在界面,则一部分入射的超声波在缺陷处被反射或折射,则原来单方向传播的超声能量有一部分被反射,通过此界面的能量就相应减小,这时,在反射方向可以接到此缺陷处的反射波,在传播方向接收到的超声能量会小于正常值,这两种情况的出现都能证明缺陷的存在。在探伤中,利用探头接收脉冲信号的性能也可检查出缺陷的位置及大小。前者称为反射法,后者称为穿透法。

2)探伤方法

(1)脉冲反射法

图 6-27 所示为用单探头(一个探头兼作反射和接收)探伤的原理图。

图 6-27 中脉冲发生器所产生的高频电脉冲激励探头的压电晶片振动,使之产生超声波。超声波垂直入射到工件中,当通过界面 A、缺陷 F 和底面 B 处,均有部分超声波反射回来,这些反射波各自经历了不同的往返路程回到探头上,探头又重新将其转变为电脉冲,经接收放大器放大后,即可在荧光屏上显现出来。其对应点的波形分别称为始波 A'、缺陷波 F' 和底波 B'。当被测工件中无缺陷存在时,则在荧光屏上只能见到始波 A' 和底波 B'。缺陷的位置(深度 AF)可根据各波形之间的间距之比等于所对应的工件中的长度之比求出,即:

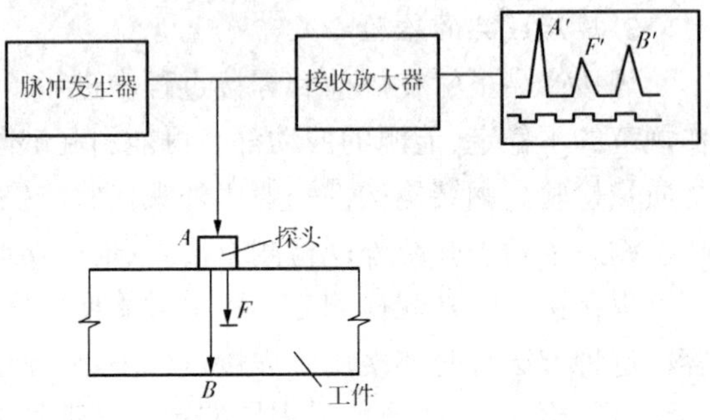

图 6-27 脉冲反射法探伤原理

$$AF = \frac{AB}{A'B'} \times A'F' \tag{6-70}$$

其中,AB 是工件的厚度,可以测出;$A'B'$ 和 $A'F'$ 可从荧光屏上读出。

缺陷的大小可用当量法确定。这种探伤方法叫纵波探伤或直探头探伤。振动方向与传播方向相同的波称纵波;振动方向与传播方向相垂直的波称横波。

(2)横波脉冲反射法

当入射角不等于零的超声波入射到固体介质中,且超声波在此介质中的纵波和横波的传播速度均大于在入射介质中的传播速度时,则同时产生纵波和横波。又由于材料的弹性模量 E 总是大于剪切模量 G,因而纵波传播速度总是大于横波传播速度。根据几何光学的折射规律,纵波折射角也总是大于横波折射角。当入射角取得足够大时,可以使纵波等于或大于 90°,从而使纵波在工作中消失,这时工件中就得到了单一的横波。图 6-28 表示单探头横波探伤的情况。横波入射工件后，遇到缺陷时便有一部分被反射回来，即可以从荧光屏上见到脉冲信号，如图 6-28a)所示；若探头离工件端面很近，会有端面反射，如图 6-28b)所示，因此，应该注意与缺陷区分；若探头离工件端面很远，横波又没有遇到缺陷，有可能由于过度衰减而出现图 6-28c)之情况(超声波在传播中存在衰减)。

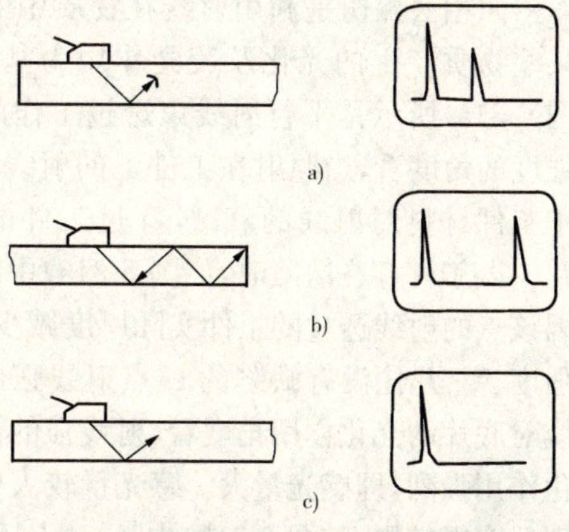

图 6-28　横波脉冲反射法波型示意图

横波探伤的定位在生产中采用标准试块调节或三角试块比较法。缺陷的大小同样用当量法确定。

钢结构构件焊缝的超声波探伤必须由持证专业人员按 GB 11345 进行，并根据图纸技术要求和行业标准确定验收。

(3)穿透法

穿透法是根据超声波能量变化情况来判断工件内部状况的，它是将发射探头和接收探头分别置于工件的两相对表面。发射探头发射的超声波能量是一定的，在工件不存在缺陷时，超声波穿透一定工件厚度后，在接收探头上所接收到的能量也是一定的。而工件存在缺陷时，由于缺陷的反射使接收到的能量减少，从而断定工件存在缺陷。

根据发射波的不同种类，穿透法有脉冲波探伤法和连续波探伤法两种，如图 6-29 和图 6-30所示。

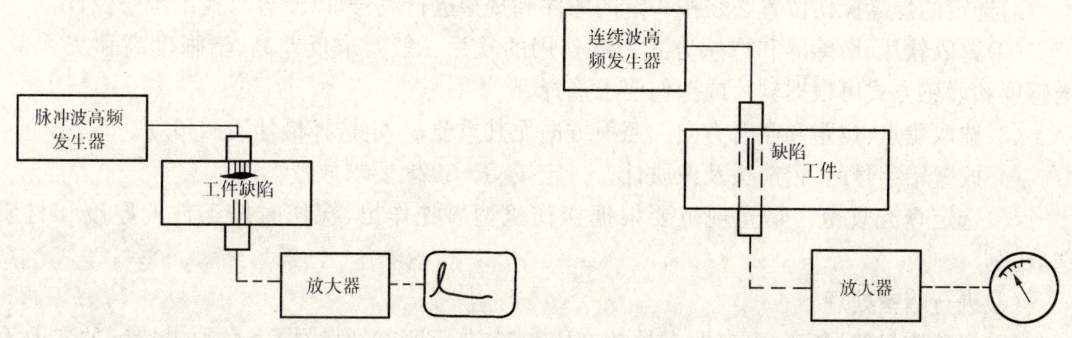

图 6-29　脉冲波穿透探伤法示意图　　图 6-30　连续波穿透探伤法示意图

穿透法探伤的灵敏度不如脉冲反射法高，且受工件形状的影响较大，但较适宜检查成批生产的工件。如板材一类的工件，可以通过接收能量的精确对比而得到高的精度，宜实现自动化。

2.射线探伤

射线探伤是利用射线可穿透物质和在物质中有衰减的特性来发现缺陷的一种探伤方法。按探伤所用的射线不同，射线探伤可以分为 X 射线、γ 射线和高能射线探伤三种。由于显示缺陷的方法不同，每种射线探伤又有电离法、荧光屏观察照相法和工业电视法几种。运用最广的是 X 射线照相法，下面介绍其探伤原理和过程。

1)X 射线照相法的探伤原理

照相法探伤是利用射线在物质中的衰减规律和对某些物质产生的光化及荧光作用为基础进行探伤的。图 6-31a)所示是平行射线束透过工件的情况。从射线强度的角度看，当照射在工件上的射线被减弱至 J_0，由于工件材料对射线的衰减，穿过工件的射线被减弱至 J_C。若工件存在缺陷时，如图 6-31a)中的 A、B 点所示，因该点的射线透过的工件实际厚度减少，则穿过的射线强度 J_A、J_B 比没有缺陷的 C 点射线强度大一些。从射线对底片的光化作用角度看，射线强的部分对底片的光化作用强烈，即感光量大。感光量较大的底片经暗室处理后变得较黑，如图 6-31b)中 A、B 点比 C 点黑。因此，工件中的缺陷通过射线在底片上产生黑色的影迹，这就是射线探伤照相法的探伤原理。

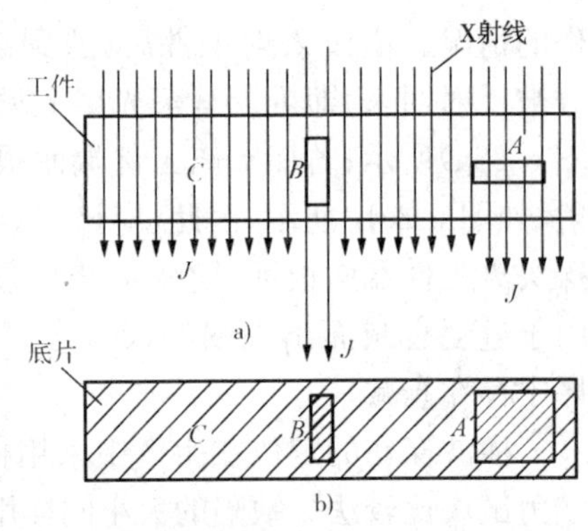

图 6-31 射线透过工件的情况和与底片作用的情况
a)射线透视有缺陷的工件的强度变化情况；
b)不同射线强度对底片作用的黑度变化情况

2)X 射线探伤照相法的工序

(1)确定产品的探伤位置和对探伤位置进行编号。在探伤工作中，抽查的焊缝位置一般选在：

①可能或常出现缺陷的位置；

②危险断面或受力最大的焊缝部位；

③应力集中的位置。

对选定的焊缝探伤位置必须按一定的顺序和规律进行编号，以便容易找出翻修位置。

(2)选取软片、增感屏和增感方式。探伤用的软片一般要求反差高、清晰度高和灰雾少。增感屏和增感方式可根据软片或探伤要求选择。

(3)选取焦点、焦距和照射方向。照射方向尤其重要，一定选择最佳透照角度。

(4)放置铅字号码、铅箭头及像质计。一定按 GB 3323 要求放置。

(5)选定曝光规范。曝光规范要根据探伤机型事先作出，探伤时按工件的厚度和材质选取。

(6)进行暗室处理。

(7)焊缝质量的评定。由专业人员按 GB 3323 进行评定，射线探伤必须由持证的专业人员按 GB 3323 进行，根据图纸中的技术要求或行业标准确定验收。

3. 磁粉检测法和渗透检测法

1)磁粉检测法

磁粉检测用于检测铁磁性材料和构件(包括铁、镍、钴等)表面上或近表面的裂纹以及其他缺陷。磁粉检测对表面缺陷最灵敏，对表面以下的缺陷随埋藏深度的增加检测灵敏度迅速下降。采用磁粉检测方法检测磁性材料的表面缺陷，比采用超声波或射线检测的灵敏度高，而且操作简便、结果可靠、价格便宜，因此被广泛用于磁性材料表面和近表面缺陷的检测。

磁粉检测的基本原理如下：当材料或构件被磁化后，若在构件表面或近表面存在裂纹、冷隔等缺陷，便会在该处形成一漏磁场，此漏磁场将吸引、聚集检测过程中施加的磁粉，而形成缺陷显示。因此，磁粉检测首先是对被检构件外加磁场进行磁化。外加磁场的获得一般有两种方法：一种是由可以产生大电流（几百安培至上万安培）的磁力探伤机直接给被检构件通大电流而产生磁场；另一种是把被检构件放在螺旋管线圈产生的磁场中，或是放在电磁铁产生的磁场中使构件磁化。构件被磁化后，在构件表面上均匀喷撒微颗粒的磁粉（磁粉平均粒度为5～10μm），一般用四氧化三铁或三氧化二铁作为磁粉。

如果被检构件没有缺陷，则磁粉在构件表面均匀分布。当构件上有缺陷时，由于缺陷（如裂纹、气孔、非金属夹杂物等）内含有空气或非金属，其磁导率远远小于构件的磁导率；由于磁阻的变化，位于构件表面或近表面的缺陷处产生漏磁场，形成一个小磁极，如图6-32所示。磁粉将被小磁极所吸引，缺陷处由于堆积比较多的磁粉而被显示出来，形成肉眼可以看到的缺陷图像。为了使磁粉图像便于观察，可以采用与被检构件表面有较大反衬颜色的磁粉。常用的磁粉有黑色、红色和白色。为了提高检测灵敏度，还可以采用荧光磁粉，在紫外线照射下使之更容易观察到构件中缺陷的存在。

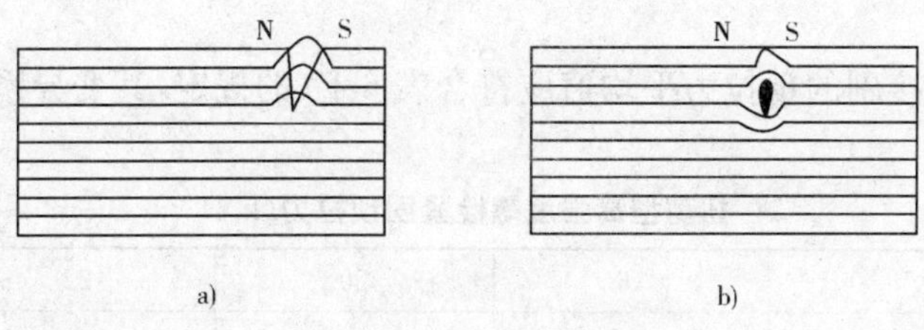

图6-32　缺陷漏磁场的产生

a)表面缺陷；b)近表面缺陷

2)渗透检测法

液体渗透检测是一种检查构件或材料表面缺陷的一种方法，它不受材料磁性的限制，比磁粉探伤的应用范围更加广泛。

液体渗透检测的基本原理是：利用黄绿色的荧光渗透液或红色的着色渗透液对窄狭缝隙良好的渗透性，经过渗透清洗、显示处理以后显示放大了的探伤显示痕迹，用目视法来观察，对缺陷的性质和尺寸做出适当的评价。

液体渗透检测应用于各种金属、非金属、磁性、非磁性材料及零件表面缺陷的检查。可以说，除表面多孔性材料以外，几乎一切材料的表面开口缺陷都可以应用此方法获得满意的检测结果。

此法的优点是应用不受限制，原理简明易懂，检查经济，设备简单，显示缺陷直观，并可以同时显示各个不同方向的各类缺陷。渗透探伤对大型构件和不规则零件的检查以及现场机件的检查，更能显示其特殊的优点。但渗透探伤对埋藏于表皮层以下的缺陷是无能为力的，它只能检查开口暴露于表面的缺陷，另外，还有操作程序繁杂等缺点。

在现代工业探伤中应用的液体渗透探伤分成两大类，即荧光渗透探伤和着色渗透探伤。随着化学工业的发展，这两种渗透探伤技术已日益完善，基本上具有同等的检测效果，被广泛应用于建筑、机械、航空、仪表、压力容器和化工等各个领域。

以上两种方法在钢结构中当发现裂缝或需要检测结构表面缺陷时采用，详细操作步骤读者可查阅有关标准规范和无损检测书籍。

三、高强螺栓及组合件力学性能试验

1. 扭剪型高强螺栓连接副预拉力复验方法

(1)复验用的螺栓应在施工现场待安装的螺栓批中随机抽取，每批应抽取5套连接副进行复验。

(2)连接副预拉力可采用各类轴力计测试。

(3)试验用的电测轴力计、油压轴力计、电阻应变仪、扭矩扳手等计量器具，应在试验前进行标定，其误差不得超过2%。

(4)采用轴力计方法复验连接副预拉力时，应将螺栓直接插入轴力计。紧固螺栓分初拧、终拧两次进行，初拧应采用手动扭矩扳手或专用定扭电动扳手；初拧值应为预拉力标准值的50%左右。终拧应采用专用电动扳手，至尾部梅花头拧掉时，读出预拉力值。

(5)每套连接副只应做一次试验，不得重复使用。在紧固中垫圈发生转动时，应更换连接副，重新试验。

(6)复验螺栓连接副的预拉力平均值应符合表6-17的规定，其变异系数应符合下列计算并应小于或等于10%。

扭剪型高强度螺栓紧固预拉力(kN) 表6-17

螺栓直径(mm)	16	20	22	24
每批紧固预拉力的平均值 μ	≤120	≤186	≤231	≤270
	≥99	≥154	≥191	≥222

$$\delta=\frac{\sigma_P}{\overline{P}}\times 100\% \tag{6-71}$$

式中：δ——紧固预拉力的变异系数；

σ_P——该批螺栓预拉力平均值(kN)；

$\overline{P}$——该批螺栓预拉力平均值(kN)。

2. 高强度大六角头螺栓连接副扭矩系数的复验方法

(1)复验用螺栓应在施工现场待安装的螺栓批中随机抽取，每批应抽取8套连接副进行复验。

(2)连接副扭矩系数复验用的计量器具应在试验前进行标定，误差不得超过2%。

(3)每套连接副只应做一次试验，不得重复使用。

(4)连接副扭矩系数的复验应将螺栓穿入轴力计，在测出螺栓预拉力 P 的同时，应测定施加于螺母上的施拧矩值 T，并应按下式计算扭矩系数 K。

$$K=\frac{T}{Pd} \tag{6-72}$$

式中：T——施拧扭矩(N·m)；

d——高强度螺栓的螺纹规格(螺纹大径)(mm)；

P——螺栓预拉力(kN)。

(5)进行连接副扭矩系数试验时，螺栓预拉力值应符合表6-18的规定。

螺栓预拉力值范围 表 6-18

螺栓规格(mm)	M12	M16	M20	M24	M27
P(kN)	≤59	≤113	≤177	≤250	≤324
	≥49	≥93	≥142	≥206	≥265

3. 高强度螺栓连接抗滑移系数试验方法

1)基本要求

(1)制造厂和安装单位应分别以钢结构制造批为单位进行抗滑移系数试验。制造批可按单位工程划分规定的工程量,每 2 000t 为一批,不足 2 000t 的可视为一批。选用两种及两种以上表面处理工艺时,每种处理工艺应单独检验。每批三组试件。

(2)抗滑移系数试验应采用双摩擦面的两栓或三栓拼接的拉力试件(图 6-33)。

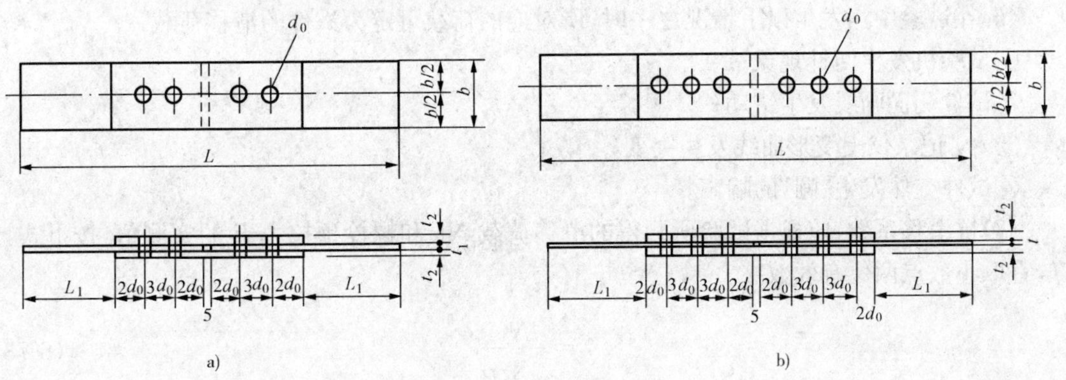

图 6-33 抗滑移系数试件的形式和尺寸

a)两栓拼接试件;b)三栓拼接试件

(3)抗滑移系数试验用的试件应由金属结构厂或有关制造厂加工,试件与所代表的钢结构件应为同一材质、同批制作、采用同一摩擦面处理工艺和具有相同的表面状态,并应用同批同一性能等级的高强度螺栓连接副,在同一环境条件下存放。

(4)试件钢板的厚度 t_1、t_2 应根据钢结构中有代表性的板材厚度来确定,宽度 b 规定如表 6-19 所示。

试件板的宽度 表 6-19

螺栓直径(mm)	16	20	22	24
板宽 b(mm)	60	75	80	85

(5)试件板面应平整,无油污,孔和板的边缘无飞边、毛刺。

2)试验方法

(1)试验用的试验机误差应在 1%以内。

(2)试验用的贴有电阻片的高强度螺栓、压力传感器和电阻应变仪应在试验前用试验机进行标定,其误差应在 2%以内。

(3)试件的组装顺序应符合下列规定。

①先将冲钉打入试件孔定位,然后逐个换成装有压力传感器或贴有电阻片的高强度螺栓,

或换成同批经预拉力复验的扭剪型高强度螺栓。

②紧固高强度螺栓应分初拧、终拧。初拧应达到螺栓预拉力标准值的50%左右。终拧后,螺栓预拉力应符合下列规定:

a.对装有压力传感器或贴有电阻片的高强度螺栓,采用电阻应变仪实测控制试件每个螺栓的预拉力值应在$0.05P$～$1.05P$(P为高强度螺栓设计预拉力值)之间;

b.不进行实测时,扭剪型高强度螺栓的预拉力(紧固轴力)可按同批复验预拉力的平均值取用。

③试件应在其测面画出观察滑移的直线。

(4)将组装好的试件置于拉力试验机上,试件的轴线应与试验机夹具中心严格对中。

(5)加荷时,应先加10%的抗滑移设计荷载值,停1min后,再平稳加荷,加荷速度为3～5kN/s。直拉至滑动破坏,测得荷载N_V。

(6)在试验中当发生以下情况之一时,所对应的荷载可定为试件的滑移荷载:

①试验机发生回针现象;

②试件测面画线发生错动;

③x-y记录仪上变形曲线发生突变;

④试件突然发生"嘣"的响声。

(7)抗滑移系数,应根据试验所测得的滑移荷载N_V和螺栓预拉力P的实测值,按下式计算,宜取小数点两位有效数字。

$$\mu=\frac{N_V}{n_f\sum_{i=1}^{m}P_i} \tag{6-73}$$

式中:N_V——由试验测得的滑移荷载(kN);

n_f——摩擦面面数,取$n_f=2$;

$\sum_{i=1}^{m}P_i$——试件滑移一侧高强度螺栓预拉力实测值(或同批螺栓连接副的预拉力平均值)之和(取三位有效数字)(kN);

m——试件一侧螺栓数量。

四、漆膜厚度现场检测

漆膜厚度测试一般有两种方法,即杠杆千分尺法和磁性测厚仪法。下面介绍磁性测厚仪法的主要步骤。

1.仪器设备

磁性测厚仪,精确度为2μm。

2.检测步骤

(1)调零:取出探头,插入仪器的插座上。将已打磨未涂漆的底板(与被测漆膜底材相同)擦洗干净,把探头放在底板上按下电钮,再按下磁芯,当磁芯跳开时,如指针不在零位,应旋动调零电位器,使指针回到零位,需重复数次。如无法调零,需更换新电池。

(2)校正:取标准厚度片放在调零用的底板上,再将探头放在标准厚度片上,按下电钮,再

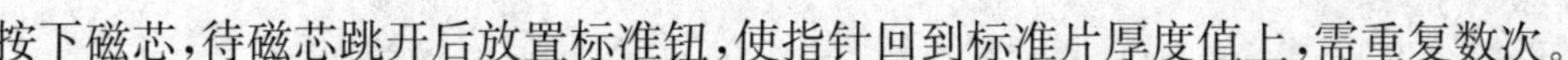

按下磁芯，待磁芯跳开后放置标准钮，使指针回到标准片厚度值上，需重复数次。

(3)测量：取距样板边缘不少于1cm的上、中、下三个位置进行测量。将探头放在样板上，按下电钮，再按下磁芯，使之与被测漆膜完全吸合，此时指针缓慢下降，待磁芯跳开表针稳定时，即可读出漆膜厚度值。取各点厚度的算术平均值为漆膜的平均厚度值。

第十一节　本章小结

本章主要介绍了近几年开展较多的桥梁构件材质状况和耐久性检测评定技术内容，大多是桥梁养护检查中特殊检查以及用于结构材质状况检测结合检算进行桥梁承载能力评定所需检测的项目，一般采用无损检测的方法。

检查、检测项目包括：

(1)结构构件混凝土状况的检测：①混凝土强度检测；②外观、内部缺陷和损伤的检测。

(2)构件钢筋锈蚀状况的检测：①钢筋锈蚀电位；②混凝土中氯离子含量；③钢筋分布及保护层厚度；④混凝土碳化深度；⑤混凝土电阻率。

学习时要注意以下几个方面：

(1)如何根据检查、检测目的制订试验方案。

(2)现场实施时，仪器设备的选用及测试方法的掌握。

(3)检测结果数据整理和判断；如何将检测结果用于第七章涉及的承载能力评定。

(4)结构耐久性的评定方法。

(5)相关报告的编制。

第七章

桥梁荷载试验与承载力评定

桥梁荷载试验是检验桥梁结构工作状态或实际承载能力的一种试验手段。荷载试验的目的、任务和内容通常由实际工程需要所决定。

一般桥梁荷载试验的任务有：

1)检验桥梁设计与施工的质量

对于一些新建的大中型桥梁或者具有特殊设计的桥梁，为保证桥梁建设质量，竣工后一般要求进行实桥荷载试验，并把试验结果作为评定桥梁工程质量优劣的主要技术资料和依据。

2)判断桥梁结构的实际承载能力

国内许多早年建成的桥梁设计荷载等级偏低，难以满足现今交通发展的需要，为了加固、改建，有必要通过试验检测确定桥梁的实际承载能力；有时因为特殊原因(如超重型车过桥或结构遭意外损伤等)也要用试验检测方法确定桥梁的承载能力。

3)验证桥梁结构设计理论和设计方法

桥梁工程中的新结构、新材料和新工艺创新不断，对一些理论问题的深入研究，对某种新方法、新材料的应用实践，往往都需要实测数据。

4)桥梁结构动力特性及动态反应的测试研究

对一些桥梁在动力荷载作用下的动态反应，桥梁车致振动问题，大跨径轻柔结构抗风稳定以及桥梁结构抗震性能等，都要求实测桥梁结构的动力特性和动态反应。

为使桥梁荷载试验能顺利实施，首先要做好试验的总体设计和组织工作。试验组织者必须熟悉荷载试验(特别是野外实桥试验)的各个方面，并做大量细致的工作。具体来说，要做好准备阶段、荷载试验阶段和试验数据整理阶段三个阶段的工作(图 7-1)。其中准备环节是十分重要的基础工作，试验准备的好坏将直接影响整个试验的质量。作为中心环节，加载试验阶段是试验成败的关键，实际也是对各项准备工作、试验人员素质等的考核。试验成果(成败得失)最终会体现在试验数据上，当然它也是进一步做结构评估、鉴定的基础。

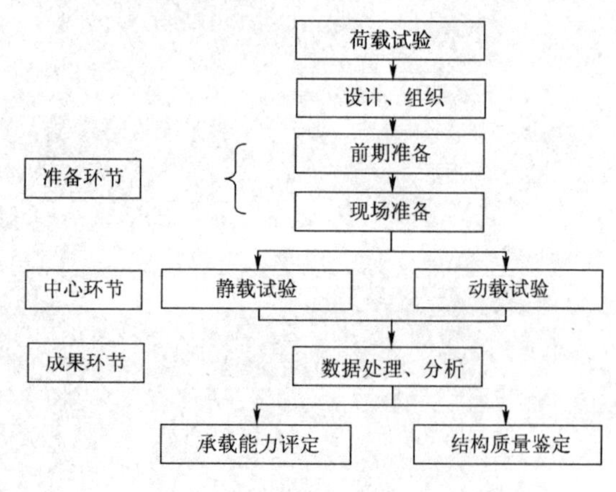

图 7-1　桥梁荷载试验各环节框图

本章将按图 7-1 框图顺序，叙述桥梁荷载试验的基本内容和方法，介绍怎样通过荷载试验对桥梁结构质量和承载能力进行评估。各节都配有具体实例。

第一节 桥梁静载试验

桥梁静力加载试验是鉴定桥梁成桥质量和评估结构承载能力等试验检测中最基本的内容,大量的桥梁荷载试验往往都以静力荷载试验为主进行。

一、试验组织准备

实桥荷载试验组织准备工作非常重要,一般试验准备工作包括试验前期准备和现场准备。前期准备工作主要有资料收集、试验方案拟订、仪器配套以及相应的试验计算等;现场准备工作则包括加载物准备,测点、测站布置等。

1.前期准备

1)收集资料

(1)书面资料

组织桥梁荷载试验时要向有关部门收集与试验有关的设计资料,仔细阅读与试验有关的文献资料,以便对试验对象有透彻的了解,并对试验进行必要的模拟分析计算。

荷载试验需要收集的资料一般有:

①结构的设计资料,如设计图纸、相关计算资料等,必要时还要设计的原始资料。

②结构的施工资料,如竣工图纸、材性试验报告、有关施工记录、隐蔽工程报告和重要质量差错报告等。

③对有些桥梁,须收集试验前结构尺寸变化的数据资料,如拱轴线的变形、墩台和拱顶的沉降观察资料等。

此外,在明确试验目的后,如果有类似的试验借鉴则通过阅读他人试验报告或情况介绍,弄清试验目的有何不同,哪些地方可以改进等。

(2)现场资料

收集书面资料的同时,应该对桥梁试验现场进行踏勘,收集有关资料。

①找负责设计、施工、监理或养护部门的工程师,了解与试验对象有关的设计、施工、监理和养护等问题,了解得越多越好。

②对实桥进行踏勘,了解结构物的现状、周围的环境条件和试验条件,包括:

a.对结构物进行详细的外观检查,查明结构物的实际技术状况,如结构的尺寸、行车道、支座情况以及各种缺陷等。

b.详细检查桥上和两端接线线路的技术状况、线路容许车速、桥下净空、水深和通航情况、桥址处供电情况等。

c.实桥结构和周围环境的踏勘,详查拟订试验方案(如加载方式、量测手段等)。

d.详细了解现场试验时主管单位可能提供的配合情况,如加载车辆的情况,试验时的交通、航运影响等,做到心中有数,以便在确定方案时全面考虑。

2)拟订试验方案

拟订试验方案是桥梁荷载试验前期准备工作中最重要的环节,因为试验方案是指导荷载试验的行动大纲。

通过分析收集到的有关资料,充分了解试验对象以及试验现场的情况后,根据试验目的和客观条件着手拟订试验方案。一个完整的桥梁荷载试验方案应包括:

(1)试验对象概况

主要叙述试验对象的结构、与设计和施工有关的技术资料、试验任务的性质等基本情况。

(2)试验目的和要求

试验目的是桥梁加载试验之纲,如新建桥梁的竣工验收、旧桥承载力评估或改建加固等的试验目的和要求既有相似之处,又各有侧重。所以试验目的一定要非常明确,有了明确的目的才能提具体要求。

(3)试验内容

要详细列出试验检测内容。实桥静力荷载试验一般应包括以下内容:

①结构控制断面的变形或挠度,或沿桥长轴线的挠度分布。

②结构控制截面最大应力(或应变),或结构构件的实际应变分布。

③受试验荷载影响的所有桥梁支座、墩台的位移或转角,塔柱和结构连接部分的变形等。

④钢筋混凝土结构裂缝的出现或扩展,包括裂缝宽度、长度、间距、位置、方向和性状,以及卸载后的闭合情况。

⑤其他桥梁次结构构件的受力反应。

(4)试验方法

这部分内容要定得很细,包括荷载的考虑、测点布置、仪器选用以及具体的测试步骤等,并列出一张试验程序(工况)表,具体应考虑以下几点:

①荷载

必须依据设计荷载的大小并根据现场可能提供荷载的情况来拟订试验加载方案。

鉴于方便和实用的理由,现场实桥试验荷载一般选用载重车辆(图 7-2),很少采用其他加载形式(有些无行车条件的桥梁也采用水箱、堆物等,不具体介绍)。方案须列清车辆的种类、吨位、数量以及要求车辆的轴重、总重等。

确定荷载大小和加载方式后,需编制加载细则,一般要求具体到每个工况。

②测点和测站布置

根据试验的目的要求,应用桥梁专业知识,考虑各种桥梁体系的受力特点,还要结合测试技术的可行性,确定被测桥梁的控制断面和测点布置。

下面是一些主要桥梁结构的测试控制断面,供参考。

a.梁桥

a)简支梁

主要:跨中挠度和截面应力(或应变),支点沉降。

次要:跨径四分点的挠度,支点附近腹板应力。

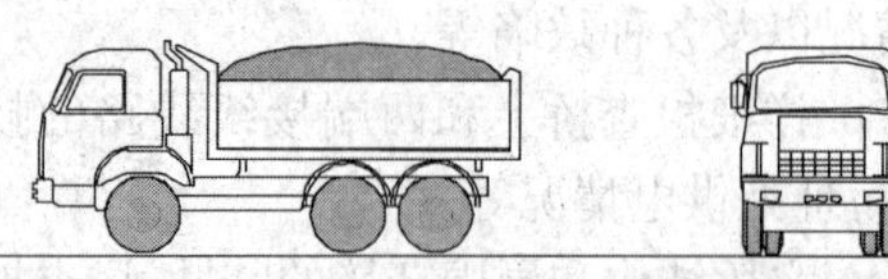

图 7-2 试验载重车辆

b)连续梁

主要:主跨、边跨跨中挠度,主跨跨中、边跨弯矩最大和支点断面应力(或应变)。

次要:1/4 跨径处的挠度和截面应力(或应变)。

c)悬臂梁(包括T形刚构)

主要:悬臂端挠度,挂孔跨中挠度和应力,固端根部或支点截面的应力,T形刚构墩身控制截面应力。

次要:牛腿局部应力,墩顶变位(水平与垂直位移、转角)。

b.拱桥

主要:跨中、1/4跨径处的变位和应力,拱脚截面应力。

次要:1/8跨径处的变位和应力,拱上建筑变位和应力,墩台变位。

c.刚架桥(包括框架、斜腿刚架和刚架—拱式组合体系)

主要:跨中截面的挠度和应力,结点附近截面应力、变位。

次要:柱脚截面的应力、变位和转角,墩台顶变位和转角。

d.索结构(包括斜拉桥和悬索桥)

主要:主梁挠度,控制截面应力,索塔顶部水平位移,拉(吊)索拉力。

次要:活载索力,塔柱底截面应力,锚索拉力。

上述各种桥梁体系的主要部位是一般静载试验必须观测的部位。方案上应画出结构简图,注明测点测站的位置、测点总数和测站数等。

③选用仪器设备

方案要列出试验选用仪器设备的型号、测量精度、数量等。

(5)试验程序(步骤)

一般可列一张工况流程表,列清楚试验的工况序号、加载方式(纵向、横向怎么布置,荷载如何分级)、测读内容、时间间隔等内容。

(6)参加试验的人员安排

对于规模较大的桥梁荷载试验,通常需要较多的测试人员,有时单靠某一个单位的专业测试人员不够,需要几个单位的测试人员合作;另外需不需要临时找辅助人员,具体怎样安排等,方案中均应提出。

(7)试验时间安排

方案要列出整个试验的进度计划。

(8)安全措施

包括试验期间人员、结构物、加载设备和测试仪器等的安全措施。

(9)其他

方案中须提出来有哪些未定因素、一些补充说明内容等。一些特别重要的桥梁荷载试验方案,还需要经过专家评审。

试验方案拟订以后,应分发给参加试验的有关单位和个人,并着手测试仪器设备的准备和试验人员的组织。

3)试验计算

在拟订方案的同时或之前,应进行必要的与试验有关的计算,如计算试验荷载作用下主要测试断面的内力或变形控制值、静力加载效率等。所有相关计算结果是试验荷载大小、加载等级等的理论依据,也作为试验加载响应的期望值;另外,还可作为选用仪器量程和灵敏度等的依据,以及对现场试验数据进行校核,以便及早发现试验过程中可能出现的异常情况。

(1)试验控制荷载确定

试验控制荷载根据与设计作用(或荷载)等级相应的活载效应控制值或有特殊要求的荷载效应值确定,以使控制截面产生最不利荷载效应(内力和变形)较大的荷载作为试验控制荷载。

具体计算时,还应选择理论计算活载作用下能够产生最大截面应力和变形的控制位置或截面,某些特殊桥梁还需考虑其关键构件的加载。

目前,试验控制荷载通常是根据桥梁设计图纸采用各种通用的有限元程序建立平面或空间有限元模型,简单结构也可以采用手算,结合规范及设计要求计算确定。

在用桥梁控制荷载的确定还需结合实际桥梁技术状态检测结果。

(2)试验荷载确定

综合试验荷载效率 η、与设计荷载的等效性、车辆的机动性等选择加载车辆车型。

静载试验效率 η 的计算公式为:

$$\eta=\frac{S_{t}}{S\times(1+\mu)} \tag{7-1}$$

式中:S——设计控制活载作用下,加载控制截面内力(应力)的最不利效应值;

S_t——静力试验荷载作用下,加载控制截面内力(应力)的计算效应值;

μ——按规范取用的冲击系数值。

静载试验荷载效率系数应满足 $0.95<\eta\leqslant1.05$。

下面举一简支空心板梁旧桥确定试验荷载例子,说明如何确定试验荷载效率:

20m(计算跨径 19.3m)单跨预应力混凝土空心板梁桥,梁宽 99cm 、高 75 cm,车行道宽 11m,横向 12 片梁。原设计荷载汽车超—20 级、挂车—120 验算,同时用公路—I 级校验(该桥改建后拟将荷载等级提到公路—I 级)。

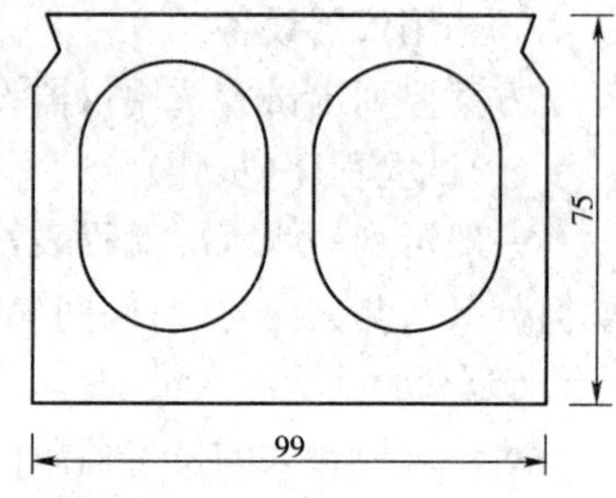

图 7-3 空心板梁截面(尺寸单位:cm)

①截面特性计算(图 7-3,表 7-1)

空心板梁截面特性 表 7-1

截面类型	截面面积(m^2)	中性轴至下缘距离(m)	惯性矩(m^4)
毛截面	0.415 0	0.349	0.027 77

②控制内力计算

a.荷载横向分布系数计算

采用铰接板梁法计算板梁跨中荷载横向分布系数,分别输入各片梁的抗弯、抗扭惯矩,桥面板沿梁长方向单位长度的抗弯惯性矩和悬臂长度,结果如表 7-2 所示(这部分内容可编程计算,也可以查表手算)。

荷载横向分布系数(按 2 车道计算) 表 7-2

跨中	梁号	1	2	3	4	5	6
	m_c	0.219	0.218	0.214	0.209	0.197	0.184
	梁号	7	8	9	10	11	12
	m_c	0.184	0.197	0.209	0.214	0.218	0.219

注:规范规定多车道折减后的效应不得小于 2 车道,本例 3 车道折减后系数值小于 2 车道。

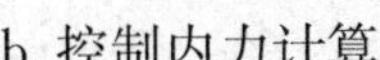

b. 控制内力计算

计算上部结构成桥使用阶段汽车超—20 级和公路—Ⅰ级(计冲击系数)主要控制截面的内力,如表 7-3“设计控制值”一栏。

c. 试验加载效率计算

采用控制内力同样的计算方法(也可利用表 7-2 横向分布系数手算),将选定的试验车辆加到桥跨上,算出试验荷载作用下控制截面内力和加载效率 η,如表 7-3 后两栏。

主要控制截面的内力　　表 7-3

内力名称	跨中弯矩(kN·m)		支点剪力(kN)	
设计荷载等级	汽车超—20 级	公路—Ⅰ级	汽车超—20 级	公路—Ⅰ级
设计控制值	4 150	4 736	1 108	1 094
试验计算值	4 221		1 073	
加载效率 η	1.02	0.89	0.97	0.98

试验加载计算的基本内容是比较常规的结构分析,也是土木工程师必备的技能之一。[例 7-1]为连续梁桥(利用影响线布载)的实例,其中有较详尽的具体步骤和数据资料,读者可结合着进一步体会。

4)仪器准备

试验仪器的准备是整个试验前期准备工作中另一个重要方面,实际就是按照已经拟订的试验方案准备仪器,并着手进行仪器的选用和配套。

(1)选用原则

试验仪器的选用原则是必须确保试验仪器的规格、数量、测试精度等都能够满足试验的要求,以保证试验顺利进行。

①根据被测对象的结构情况,选择精度和量程。如被测对象是一座大跨度桥梁,它的试验挠度期望值达几十厘米,那么选精度为毫米级的量测仪器已足够;反之测一座小跨径桥梁的挠度,毫米级的量测精度就不够。

②根据现场环境条件,选择仪器种类。如一座桥上应变测点很多,就应考虑在设置测站方便的同时,选用有合适测点的多点测量仪器,还要估计导线的长短;又如现场有电磁干扰源存在,则须带抗干扰性能比较好的仪器,必要时宁可采用机械式仪器。

③选用可靠性好的仪器。对实桥试验来说,试验往往是一次性的,仪器使用性能的可靠与否至关重要。

④尽量考虑仪器设备的便携性,就轻避重,能小不大。因为实桥试验时装备越轻便,工作起来就越是方便,更不用说还有路途携带的方便。

⑤要强调经验。一个有经验的试验人员一般能做到对每次试验所需的仪器设备胸中有数,同样,一个有经验的试验检测单位都应配备有几套适合不同要求的仪器设备供选用。

(2)配套准备

试验用的仪器一经选定,试验前期还应做好配套准备工作,具体如下。

①对所有被选用的仪器设备进行系统检查。各级仪器要逐一开机,从整机到通道,一一调试;各类表具要逐个检查,要保证带到现场去的仪器设备质量的完好。

②对所有仪器设备进行系统标定，逐个编号。

③根据测点和测站位置，备齐备足测量导线，每根导线都要逐一检查并使之完好。如连接应变计的导线，可以预先焊好锡，以减少现场工作量。

④对初次使用的仪器设备或第一次要做的测试内容，先要进行模拟测试，使测试人员熟悉测试过程和仪器操作。

仪器设备的完善配备，某种程度上是建立在从事试验的单位和人员平时对仪器的性能熟悉并正确维护的基础上的，要十分认真地对待这项工作。有不少试验，场面颇大，试验结果却不理想，究其原因往往是测试仪器这一关没能把握住。所以要保证现场试验的成功，必须充分重视仪器设备的准备和使用。

2. 现场准备

一般情况下，试验现场的具体准备工作要占去全部试验的大部分工作量，要保证试验的成功，这部分工作必须有条不紊地进行。

1)荷载准备

荷载(车辆荷载或重物荷载)准备工作要有专人负责。

(1)车辆加载

①落实车辆型号、数量和装载物。这项工作一般在方案设计阶段完成，到了现场主要是具体对号操作。落实装载物和装载设备，装载物一般以石料、砂子等居多，视现场情况而定。

②车辆过秤。在有条件的地方，用地磅称重比较方便。过磅时除称总重外，还要分轴称出各车轴的轴重；如条件允许，尽可能在过秤的同时调整各辆车的轴重和总重。在没有地磅的地方，也可用移动电子传感器称重，使用时车辆经停过去即可读出吨位。

③记录下每辆车的车号、轴距、轮距和轴重指标。

④分批编号。按实际轴重和车型编号，对大型桥梁试验用车较多的情形，还要考虑多辆车横向质量的均匀性，以减少计算误差。

⑤对准备做动载试验的车辆，还要求车上时速表准确灵敏，以控制车速。

(2)重物加载

当确定选用重物加载，且加载仅为满足控制截面内力要求时，可采用直接在桥面堆放重物或设置水箱的方法加载。试验前应采取可靠的方法对加载物进行称量，采用水箱或采用在桥面直接堆放重物加载时，可通过测量水体积或堆放重物的体积与重度来换算加载物的重力。分级加载以同样方法处理。加载物的堆放应安全、合理。

由于重物加载准备工作量大，加卸载所需周期一般较长，试验受温度变化、仪器稳定性等影响较大，所以实桥加载试验选用重物加载的情况不多(以下不再叙述)。

2)工作脚手架和桥梁检测车

比较多的桥梁检测试验需要工作脚手架，供测试人员粘贴应变计或安装其他表具等使用；对一些使用相对式仪器测量变形的情况，人员工作脚手架和架设仪器脚手架要分开。

目前，桥梁检测车已经比较普及，在许多无架设脚手架条件的地方有很大的优势。功能好的桥梁检测车可伸缩自如，横跨桥梁断面进行工作，为桥梁检测准备和实施带来很大的便利。图 7-4 为桥梁检测车使用例子。

3)测点、测站布置

实桥测点布置的具体工作就是按试验方案放样，测站布设则要根据现场情况确定。

(1)应变测量准备

应变测点如果比较多，那么这部分准备工作会占据整个试验现场准备大部分工作量，其一般内容有：

①放样。把方案上的测点布置到桥上，在准备粘贴应变片测点上，预画定位线、确定位置和方向(对应变花尤其重要)。

②粘贴应变片。包括对试件表面的前处理、贴片、焊接等。必须指出，钢筋混凝土受拉区应变测点应粘贴在钢筋上(凿去保护层混凝土)，全预应力混凝土构件可直接在混凝土表面贴应变片。

图 7-4　桥梁检测车使用例子

③检查绝缘度。对钢筋测点和混凝土测点绝缘电阻有最低要求(参见第二章"应变片粘贴"有关章节)，绝缘度不合要求者要采取适当措施，必要时铲除重贴。

④敷设测量导线。把所有编号导线与对应测点一一焊好，另一端拉到测站位置，绑好捆牢；测量导线的长短与测站的设立位置有关，所以测站设置时要尽可能考虑优化(尽量不用过长导线)。

⑤全部测点接线完成之后，调试仪器，逐点检查；对质量不好的测点，要查出原因予以更正，必要时重新贴片。

⑥防潮。野外条件下温度、湿度影响比较大，要注意及时采取防潮措施。短期使用时可用无水凡士林或 703 胶等；长期使用情况要用专门配制的防护剂，如环氧树脂掺稀释剂和固化剂。

(2)变形测量准备

变形测量包括挠度、支座位移、桥塔水平位移等内容，凡是考虑要布置测点的地方，都要做必要的准备，如表 7-4 所示。

变位测量方法　　表 7-4

测试内容	采用方法	准备工作
挠度	挠度计	打木桩，吊钢丝，安装挠度计
	连通管	立标尺，排管子，接三通，备好储水器具
	水准仪	在桥上布置搁尺位置点
	(高精度)全站仪	在桥上布置棱镜
支座变位	百分表、倾角仪	安装表架、表具
桥塔水平位移	经纬仪、全站仪或红外测距仪	标清测点，找好测站或布置棱镜

当测量采用光学测量仪器时，测试前需要踩点确定架设仪器的位置。如由专业测量队伍协作完成，事先必须交代清楚任务和要求。变位测点准备好以后，在试验前应进行现场操练，以熟悉读数过程。

4)其他准备

上面叙述的是试验现场准备的基本内容,其他准备工作还有:

(1)按方案排定的工况,用醒目涂料或油漆在桥面行车道上画停车线,停车线要画得清楚、醒目。

(2)如要测裂缝,须在试验梁上画格子线,一般先在试件上刷一层薄薄的石灰水,然后画格子线(格子线不宜太密)。

(3)运营中桥梁做荷载试验存在交通问题,试验前要统筹好桥上交通和桥下航道的管制问题。试验如在夜间进行,要做好照明准备工作。

二、加载试验

实桥静载试验一般安排在晚上进行,主要是考虑加载时温度变化和环境的干扰。如果这种干扰不大或对试验数据不会产生任何影响(如适逢阴天,又如简支梁小桥,加载车辆少、时间短的情况),也不一定非要安排在晚上。

1.加载试验过程

静载试验过程如图7-5所示。

1)静载初读数

静载初读数是指试验正式开始时的零荷载读数,不是准备阶段调试仪器的读数。对于新建桥梁,在初读数之前往往要进行预压(一般以部分重车在桥上缓行几次)。从初读数开始,整个测试系统就开始运作,测量、读数记录人员进入岗位各司其职。

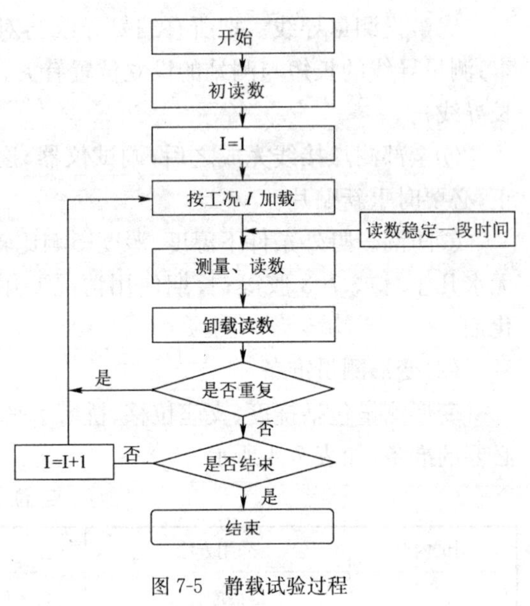

图7-5 静载试验过程

2)加载

桥梁加载一般都要考虑分级加载,特别是一些旧桥鉴定试验,分级施载有助于被测结构的安全。分级可以以控制断面弯矩值为依据进行,具体实施时可以分批按排按列布置车辆,也可以把车辆加载于不同断面递进加载。

按桥上画定的停车线布置荷载,要安排专人指挥车辆停靠。

3)稳定后读数

加载后结构的变形和内力需要有一个稳定过程。不同的结构这一过程的长短都不一样,一般是以控制点的应变值或挠度值稳定为准,只要读数波动值在测试仪器的精度范围以内,就认为结构已处于相对稳定状态,可以测量读数。

4)卸载读零

一个工况结束,各测点要读回零值,同样要有一个稳定过程。试验加卸载要求稳定后读数,实际有一个结构残余变形或应变问题,因为当结构变形或应变在卸载后不能正常回复时,反映的可能是结构承载能力不足或其他原因(需要仔细分析)。

2. 静载试验控制

1)重复加载要求

试验过程中必须时时关心几个控制点数据的情况,一旦发现问题(数据本身规律差或仪器故障等)要重新加载测试。这种现场数据校核的做法,可以避免实测数据出现大的差错。

2)加载控制条件

试验指挥人员在加载试验过程中应随时掌握各方面情况,对加载进行控制。当试验过程中发生下列情况应中途停止加载,及时找出原因,在确保结构及人员安全情况下可继续试验。

(1)控制测点应力值达到或超过计算的控制应力值时;

(2)控制测点变位(或挠度)超过规范允许值时;

(3)由于加载,使结构裂缝的长度、宽度急剧增加,新裂缝大量出现,缝宽超过允许值的裂缝大量增多,对结构使用寿命造成较大的影响时;

(4)发生其他损坏,影响桥梁承载能力或正常使用时。

三、试验数据整理

整理桥梁现场试验数据,不仅要求有一份完整的原始记录,还要用到一些数据处理方面的知识,同时又要求整理者有桥梁专业方面的知识。从试验总体上说,它还是每个试验程序的结束环节,必须予以充分重视。

通过静载试验得到的原始数据、曲线和图像等是最重要的第一手资料,应该特别强调现场试验数据原始记录重要性,对每一份现场记录(无论是数据还是信号)都要求完整、清晰和可靠。有些原始数据数量庞大,也不直观,不能直接用来进行结构评估,所以必须对它进行处理分析。

1. 荷载

整理实际荷载的载重、加载工况等,因为实际布载位置、大小等可能会与方案要求的不一样。整理出来的荷载数据,一方面用以结构计算,另一方面会与试验数据结果直接有关。

由于桥梁试验荷载一般都采用车辆荷载,下面只叙述对车辆加载要求:

(1)列出试验加载效率表,如采取分级加载方法还要列出分级加载表。

(2)制作实际载重明细表,表中详细列出加载车辆的型号、车号及其试验时的编号、轮轴距、理论质量和实际载重(包括各轴轴重和总重)等。

(3)绘制荷载的纵、横向(包括对称和偏心)布置图,并标明具体尺寸。

2. 变形

桥梁变形包括挠度和各种非竖向变位(如拱桥桥轴线的两维变位,斜拉桥索塔的水平变位等)。变形是衡量桥梁结构实际刚度的重要指标之一。

实测值和计算值一般都要求画成曲线并放在一起,或列出一张比较表等。有的桥梁在整理挠度数据时,还应考虑支座处沉降的影响。

3. 应力和应变

1)实测应变的修正

应变测试中,出现应变计灵敏系数 $K \neq 2$,或导线过长或过细使导线电阻不能忽略等情况时，需要对实测应变结果进行修正(一般这类因素对测值的影响小于1%时可不予修正)。在较先进的计算机控制的数据采集器里，灵敏系数等修正都可以事先设定，直接得到 ε 。

2)应力、应变的换算

应变计测试结果一般为应变值，而人们感兴趣的往往是应力。对钢结构而言，弹性模量稳定，应力和应变关系是常数乘积关系；对钢筋混凝土或预应力混凝土结构来说，不管是混凝土上测得的应变，还是钢筋上测得的应变，换算成混凝土应力都有一个实际弹性模量的取值问题。解决这个问题的办法，一是用实际试块（或回弹或超声波）测到的数据，二是取《公路钢筋混凝土及预应力混凝土桥涵设计规范》(JTG D62—2004)给出的混凝土弹性模量值。对有些试验(如极限破坏试验)，有时直接以应变指标衡量。

弹性模量确定以后，各种应力状态下测点应力均可按材料力学公式进行计算。

对单向应力：

$$\sigma = E \cdot \varepsilon \tag{7-2}$$

对主应力方向已知的平面应力：

$$\sigma_1 = \frac{E}{1-\upsilon^2}(\varepsilon_1 + \upsilon\varepsilon_2) \tag{7-3}$$

$$\sigma_2 = \frac{E}{1-\upsilon^2}(\varepsilon_2 + \upsilon\varepsilon_1) \tag{7-4}$$

式中：E——构件材料的弹性模量；

υ——构件材料的泊松比；

ε_1、ε_2——相互垂直方向的主应变；

σ_1、σ_2——相互垂直方向的主应力。

对主应力方向未知的平面应力(采用45°应变花时)：

$$\sigma_1 = \frac{E}{1-\upsilon^2}A + \frac{E}{1+\upsilon}\sqrt{B^2+C^2} \tag{7-5}$$

$$\sigma_2 = \frac{E}{1-\upsilon^2}A - \frac{E}{1+\upsilon}\sqrt{B^2+C^2} \tag{7-6}$$

$$\tau = \frac{E}{1+\upsilon}\sqrt{B^2+C^2} \tag{7-7}$$

$$\varphi_0 = \frac{1}{2}\tan^{-1}\frac{C}{B} \tag{7-8}$$

式中：σ_1、σ_2、τ、φ_0——分别为测点两主应力、最大剪应力、主应力方向角；

A、B、C——应变花计算参数，其中，

$$A = \frac{\varepsilon_0 + \varepsilon_{90}}{2}, B = \frac{\varepsilon_0 - \varepsilon_{90}}{2}, C = \frac{2\varepsilon_{45} - \varepsilon_0 - \varepsilon_{90}}{2}$$

其余符号意义同上。

3)实测与计算的比较

控制断面应力是衡量桥梁结构实际强度的重要指标。具体衡量指标为试验荷载作用下，各主要控制断面测点应力的实测值与计算值的比值。

由于实桥试验往往是按设计基本荷载施加的，故计算截面上各点的应力，对钢结构或预应力混凝土结构一般仍用普通材料力学的弹性阶段方法；对钢筋混凝土结构，可根据断面内力的大小并考虑断面开裂情况采用相应的计算方法。

断面应力的计算值和实测值应列在同一张表内并作成曲线（或图），以便比较；根据需要，还可绘制各加载工况下控制截面应变的分布图、截面应变沿高度分布图等。

混凝土结构应力实测值（不如变形那样反映整体）有时会发生局部偏大或偏小问题，当实测值与计算值之间的差别超出正常允许误差范围时，应该仔细分析并找出原因。

4.残余变形（或应变）

残余变形（或应变）是一个加卸载周期后结构上残留的变形（或应变）。静载试验数据整理中，要关注各测点实测变形与应变的残余值。

$$\left.\begin{aligned}&\text{总变形（或应变）：}\quad S_t=S_I-S_i\\&\text{弹性变形（或应变）：}\quad S_e=S_I-S_u\\&\text{残余变形（或应变）：}\quad S_p=S_t-S_e=S_u-S_i\end{aligned}\right\}\tag{7-9}$$

式中：S_t——加载前测值；

S_I——加载达到稳定时测值；

S_u——卸载后达到稳定时测值。

相对残余变形（或应变）S'_p（%）为：

$$S'_p=\frac{S_p}{S_t}\times 100\tag{7-10}$$

实际加载试验中，相对残余变形（或应变）不允许大于20%。

5.裂缝

裂缝图应按试验过程中裂缝的实际开展情况进行测绘，当裂缝数量较少时可根据试验前后观测情况及裂缝观测表对裂缝状况进行描述。当裂缝发展较多时应选择结构有代表性部位描绘裂缝展开图，图上应注明各加载程序裂缝长度和宽度的发展。

图7-6是一段T梁的裂缝图示意。对于T形或矩形截面的梁，可以先画出梁底面和两侧面的展开图，然后在图上画出裂缝的走向，标清楚裂缝的宽度及相应的荷载大小。

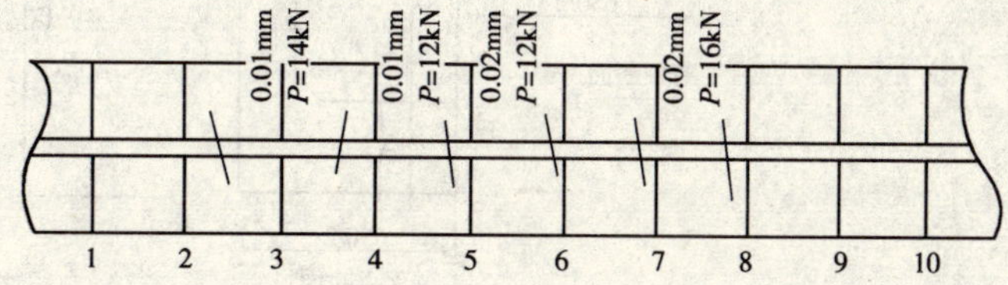

图7-6 裂缝图举例

试验数据整理中有一些习惯做法：如画试验曲线总是把理论计算值画成实线，而试验点则点在图上；如没有相应的理论计算值，一般用曲线拟合的办法绘制试验曲线，有时也把试验数据点直接连成曲线；通过曲线来表示实测应变和理论计算值的比较情况、各控制断面主要控制点的变位（应变）与荷载的历程曲线、挠度分布以及截面应变沿高度的分布情况。

实际工作中，根据不同的试验要求还会有其他的内容和数据整理方法，尽管内容和方法不同,其基本原则是一样的,即把试验数据结果归纳成图、表并加以说明,能用图表示的结果优先考虑用图。试验图表或曲线能够非常直观地反映试验结果,通过试验曲线可以一目了然地对试验结果进行评价,找出异常点,有针对性地分析产生这些情况的原因,最终对结构做出客观准确的评价。

计算机办公室软件和其他数据处理软件都可以用来对静载试验数据进行整理、分析。

四、静载试验举例

【例 7-1】 五跨连续梁桥静载试验。

一座高速公路上的五跨预应力混凝土连续箱梁桥,大桥跨径布置为 68m+120m×3+68m=496m。横向分上下行两幅,桥宽方向尺寸构成:0.5m(护栏)+11.5m(车行道)+0.55m(护栏)+0.9 m(空隔带)+0.55m(护栏)+11.5m(车行道)+0.5m(护栏)=26.0m。每幅主梁为单箱单室竖直腹板断面,箱梁顶板宽 12.4m,箱梁底宽 6.55m,翼缘板长 2.95m;梁高 2.5(跨中)~6.5m(支点)不等变化;顶板厚度 25~80cm,底板厚度 30~65cm,腹板厚度 55cm。箱梁顶面向外侧 2%单向横坡,底板横向保持水平。下部结构为钢筋混凝土薄壁墩,钻孔灌注桩。设计荷载为汽车超—20 级,挂车—120 验算(1985 年版《公路钢筋混凝土及预应力混凝土桥涵设计规范》)。设计车速 100km/h。

图 7-7 为大桥主桥结构立面和断面图。

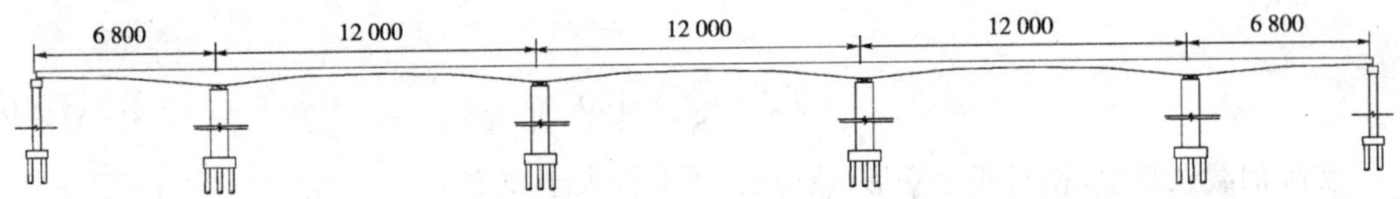

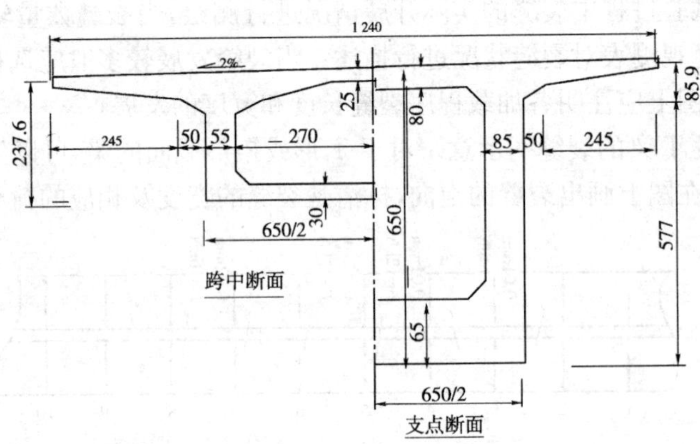

图 7-7 桥梁结构立面和断面图(尺寸单位:cm)

大桥建成后,为检验桥梁结构的设计、施工质量,保证桥梁交工及竣工以后桥梁结构正常运营安全,决定进行大桥的交工试验。交工试验主要试验内容包括结构外观检查、静力加载试验、动载试验和自振特性测试四部分,本例主要介绍该桥静力加载试验内容。

桥梁静载试验是测量桥梁结构在静力试验荷载作用下的变形和内力,它是了解结构实际性能如结构刚度、强度等最直接有效的办法。

1. 试验荷载

因试验主要目的是了解新建桥梁在荷载作用下的实际工作状态，检验桥梁结构实际承载能力是否符合设计要求，故采用基本荷载加载。对基本荷载试验，取静力试验荷载效率系数 $\eta \geqslant 0.85$ 且 $\eta \leqslant 1.05$。

1)加载计算

加载计算的目的主要是确定试验采用的车辆数量和加载位置，具体根据静力试验荷载效率及主要控制断面的设计内力值进行。计算方法可直接在程序上布置试验车辆，也可以在结构影响线上进行布载计算。为清楚说明如何在实桥上实施分级加载和达到要求的加载效率，本例采用后者。

以次边跨支点附近负弯矩影响线为例，如图7-8(只画出3跨)，在影响线上纵向布置加载车辆(按规范标准车辆轴距或实际已确定车辆轴距)，分别计算每排车辆引起的负弯矩及其对应的加载效率，并列入表7-5。表中弯矩值为横向1列车引起的弯矩，实际弯矩还需乘2.487(设计采用的车道数乘以偏载系数)。由表值可以方便地安排分级加载，还可以通过纵向移动车辆位置调整加载效率，使其达到要求的加载效率(表中最后一栏为总的加载效率)。

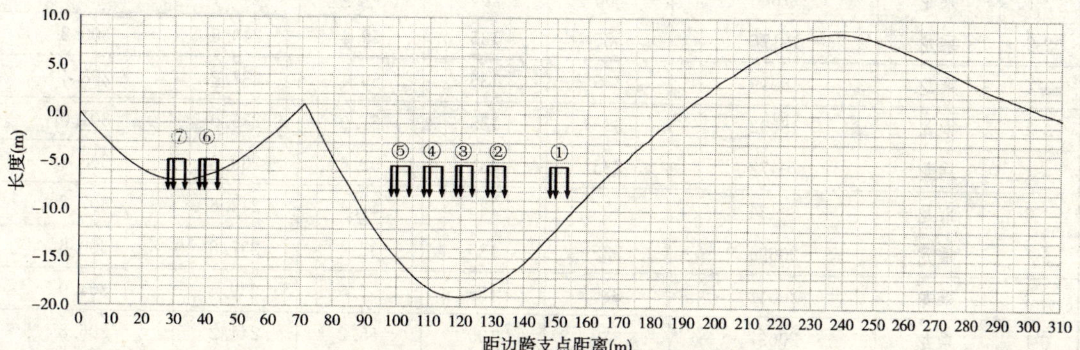

图7-8　次边跨支点附近弯矩影响线及加载方法

分级加载弯矩及其对应的加载效率　　表7-5

车辆排号(数量)	7	6	5	4	3	2	1	(7)
分级弯矩(kN·m)	−2 100	−1 940	−4 550	−5 440	−5 690	−5 330	−3 290	−28 340
分级荷载效率	0.07	0.07	0.16	0.19	0.20	0.19	0.12	0.99

注：次边跨支点附近负弯矩设计值为-71 300kN·m，实际加载弯矩为-28 340×2.487=70 490kN·m。

每一个控制断面都需要进行类似计算，最后得到如表7-6所示的各断面加载效率。因为是新建桥梁，各断面加载效率基本都控制在1.0左右。

主桥静力加载效率系数　　表7-6

检验内力	控制弯矩(kN·m)	加载弯矩(kN·m)	加载效率
中跨跨中弯矩	29 900	30 540	1.01
中跨支点负弯矩	−70 200	−68 889	0.99
次边跨跨中弯矩	28 000	28 951	1.02
次边跨支点负弯矩	−71 300	−70 490	0.99
边跨跨中弯矩	−29 300	−29 217	1.00

2)加载车辆确定

根据上述计算结果，结合当地能够组织到的实际车辆情况，本例采用了14辆乘龙三轴载重车(1985年版《公路钢筋混凝土及预应力混凝土桥涵设计规范》中汽车—20级重车)作为加载车辆。该车辆的型号、技术参数和载重分别如表7-7和表7-8所列。

加载车辆技术参数和理论载重表

表7-7

车型	轴距		后轮距(cm)	前轴重(kN)	中后轴重(kN)	总重(kN)
	中后轴距(cm)	前中轴距(cm)				
乘龙	135	335	190	60	240	300

车辆载重明细表

表7-8

编号	类型	牌号	前中轴距(cm)	中后轴距(cm)	前轴重(kN)	中后轴重(kN)	总重(kN)
1-1	乘龙	90326	335	135	60.8	237.8	300.2
1-2	乘龙	18168	335	135	55.0	238.6	300.4
2-1	乘龙	17838	335	135	61.0	240.4	304.4
2-2	乘龙	19176	335	135	59.4	240.6	300.2
3-1	乘龙	18019	335	135	59.4	237.2	298.4
3-2	乘龙	18092	335	135	61.0	236.0	301.0
4-1	乘龙	20472	335	135	52.6	239.6	300.2
4-2	乘龙	90424	335	135	57.4	242.6	307.2
5-1	乘龙	20694	335	135	52.4	237.8	300.6
5-2	乘龙	20513	335	135	57.6	239.4	304.0
6-1	乘龙	20697	335	135	55.2	244.2	306.8
6-2	乘龙	20729	335	135	55.6	241.0	305.6
7-1	东风	19439	330	130	60.0	237.4	301.2
7-2	东风	20159	330	130	52.0	241.6	299.6

3)加载位置

最后确定的加载位置，纵、横向及平面布置如图7-9所示(类似的加载图，5个控制断面共有5幅)。

2. 试验内容和测点布置

1)试验内容

考虑到桥梁分上、下行两幅，且这两幅在结构上完全一样，试验基本以上游幅为主。

根据连续梁的受力特点，取中跨和一个次边跨跨中断面、边跨最大正弯矩断面、中跨和一个次边跨支点附近两个负弯矩断面五个断面为测试断面，具体如下。

(1)对应中跨和次边跨跨中加载位置横向对称和偏心布载时测量

①全桥挠度；

②箱梁跨中断面顶板和底板的混凝土应变。

(2)对应边跨最大正弯矩加载位置横向对称和偏心布载时测量

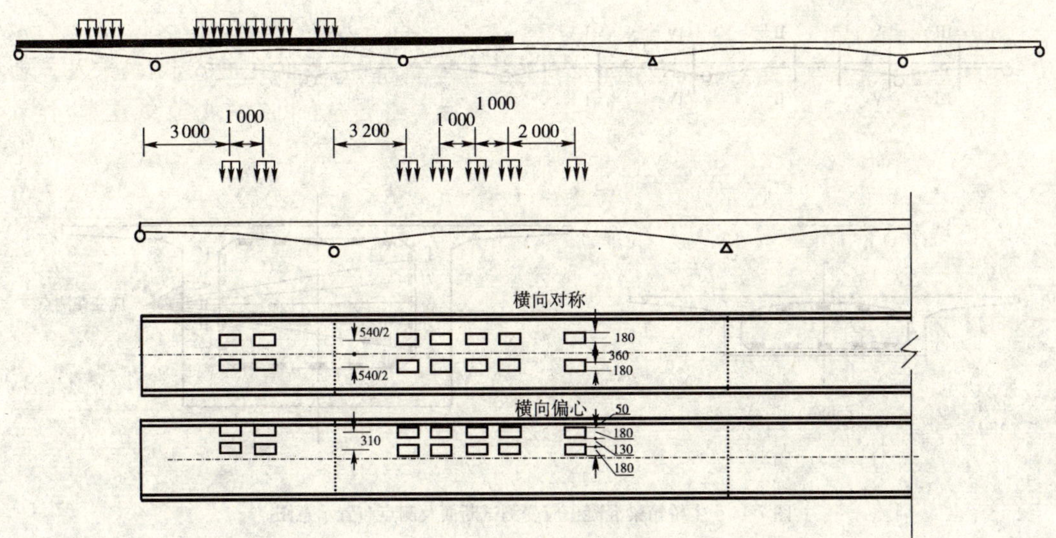

图 7-9 对应次边跨支点附近最大负弯矩布载图(尺寸单位:cm)

①全桥挠度;

②边跨箱梁最大正弯矩断面顶板和底板的混凝土应变。

(3)对应两个支点附近箱梁负弯矩最不利加载位置横向对称和偏心布载时,主要测量主墩附近箱梁断面顶板、腹板和底板的混凝土应变。

2)测点布置

(1)挠度测点

在中跨和加载次边跨的四分点、边跨的跨中断面以及另侧次边跨和边跨的跨中断面布置挠度测点,共9个断面,每断面桥面两侧各1点,共18点。

具体测量断面和测点如图7-10所示。

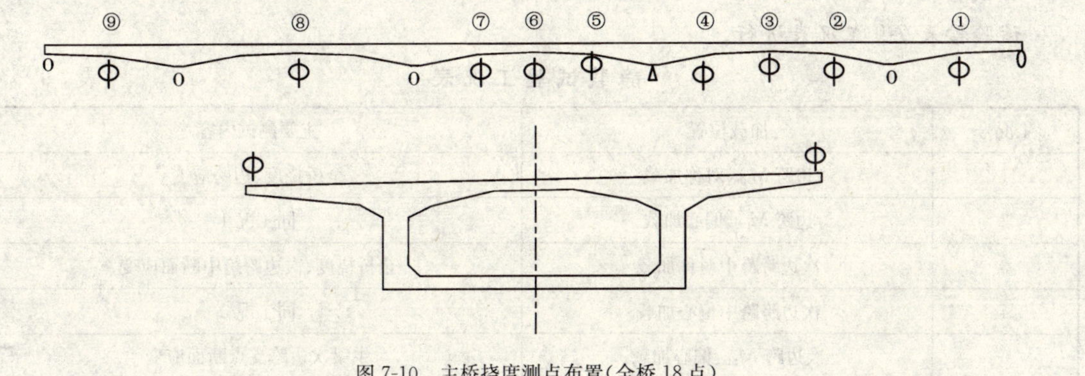

图 7-10 主桥挠度测点布置(全桥18点)

(2)应变测点

选中跨跨中(Ⅰ-Ⅰ断面)、加载次边跨跨中(Ⅱ-Ⅱ断面)、边跨正弯矩最大(Ⅲ-Ⅲ断面)、中跨支点附近(Ⅳ-Ⅳ断面)和边跨支点附近(Ⅴ-Ⅴ断面)5个箱梁断面为应变测试断面,如图7-11所示。

在中跨、次边跨跨中和边跨正弯矩最大断面(Ⅰ-Ⅰ、Ⅱ-Ⅱ和Ⅲ-Ⅲ)箱梁内部,沿箱梁顶板

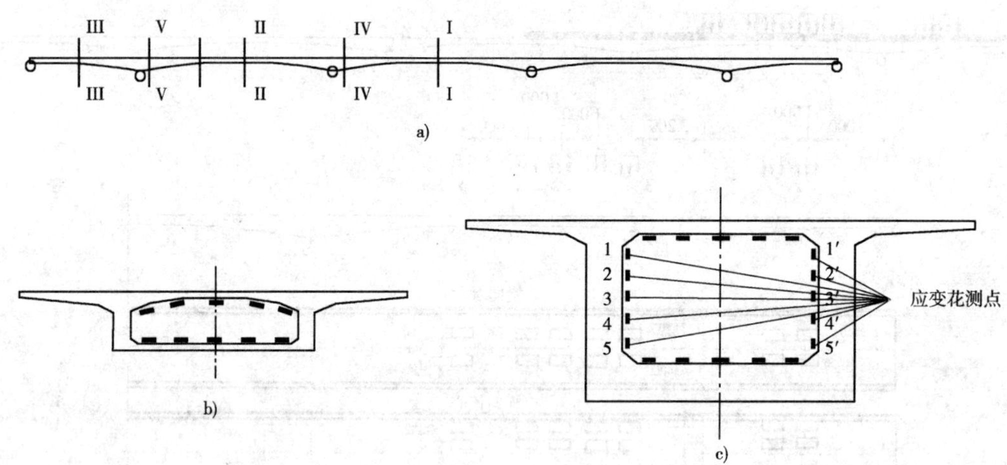

图 7-11 主桥箱梁混凝土应变测试断面及测点布置示意图

a)测试断面；b)Ⅰ-Ⅰ、Ⅱ-Ⅱ和Ⅲ-Ⅲ断面测点(每断面 10 点单向应变片)；c)Ⅳ-Ⅳ、Ⅴ-Ⅴ断面测点(每断面 10 点单向应变片，10 点应变花)

和底板宽度布置混凝土应变测点，顶、底板各 5 点，每断面 10 点，共 30 点。

在两个支点附近断面(Ⅳ-Ⅳ和Ⅴ-Ⅴ)箱梁内部，沿箱梁腹板高度、顶板和底板宽度布置混凝土应变测点，每腹板 5 点(应变花)，顶板和底板各 5 点，每断面应变花和单向应变片测点各 10 个，两断面共 20 个应变花测点、20 个单向应变片测点。

全桥共布置 50 个单向应变测点、20 个应变花测点。

3. 试验仪器

挠度和位移测试采用 2 台徕卡 TCA2003 型智能全站仪；应变测试采用电阻应变片、应变花，配 2 套 DH3815 型静态应变测量系统。

4. 试验程序

试验按表 7-9 工况表进行。

静载试验工况表 表 7-9

工况号	加载位置	主要测试内容
1	边跨 M_{max}对称加载	全桥挠度、边跨应变
2	边跨 M_{max}偏心加载	同工况 1
3	次边跨跨中对称加载	全桥挠度、次边跨跨中断面应变
4	次边跨跨中偏心加载	同工况 3
5	次边跨-M_{max}偏心加载	主梁次边跨支点断面应变
6	中跨跨中对称加载	全桥挠度、中跨跨中断面应变
7	中跨跨中偏心加载	同工况 6
8	中跨 M_{max}偏心加载	主梁中跨墩顶断面应变
9	中跨 M_{max}对称加载	同工况 8
10	次边跨 M_{max}对称加载	主梁次边跨支点断面应变

1)预加载

正式加载试验前，用两辆试验重车分别对加载幅桥梁进行预加载。预加载的目的是使结构能进入正常工作状态，同时检查整个试验、测试系统能否正常运行。卸载预加载，等到结构充分零恢复后，再进行正式加载。

2)加载、卸载分级和重复加载

正式加载试验时采取了分级加载，按方案原则上分成四级荷载(50%、75%、90%和100%试验荷载)。每个加载工况还采用了分级卸载，卸载分成两级(50%和0%试验荷载)。

每个主要加载工况均要求重复一次，重复工况不再分级。

3)加载、卸载控制

加载、卸载时，每个工况均要求稳定读数和回零读数。加卸载读数控制均以挠度值控制。

5.试验结果和分析

表7-10列出了不同试验荷载作用下主梁各主要控制断面的挠度值。

不同对称试验荷载作用下主梁各对应控制断面挠度值(mm)　　表7-10

断　面	实测值①	计算值②	①/②
中跨跨中	－46.1(-63.0)	－74.0	0.62
次边跨跨中	－48.1(-58.6)	－71.0	0.68
边跨跨中	－15.6(-18.5)	－24.0	0.65

注：表中挠度以向下为负。括弧中值为偏心加载时加载侧的实测值。

作为例子，图7-12是对应次边跨跨中加载工况时全桥的挠度曲线(类似曲线共有6条，分别与边跨、次边跨和跨中三个正弯矩对称和偏心加载对应)。

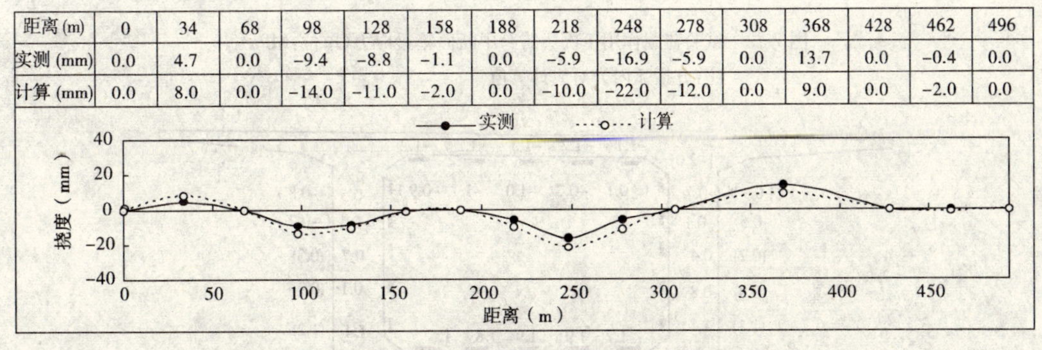

距离(m)	0	34	68	98	128	158	188	218	248	278	308	368	428	462	496
实测(mm)	0.0	4.7	0.0	-9.4	-8.8	-1.1	0.0	-5.9	-16.9	-5.9	0.0	13.7	0.0	-0.4	0.0
计算(mm)	0.0	8.0	0.0	-14.0	-11.0	-2.0	0.0	-10.0	-22.0	-12.0	0.0	9.0	0.0	-2.0	0.0

图7-12　次边跨跨中加载工况时全桥的挠度曲线

由表7-10值可见，中跨、次边跨和边跨等三个控制断面的挠度校验系数(①/②)分别为62%、68%和65%，基本符合一般大跨度预应力混凝土箱形连续梁的变形规律。从实测挠度绝对值大小和全桥挠度变化曲线也可看出，主桥结构整体刚度及其分布情况比较好。

表7-11列出了上述各控制断面在最不利对称荷载作用下箱梁顶板和底板(内壁)正应力的实测值与计算值(其中，顶板应力取中间3点平均值)，其中未列入绝对值较小的次边跨四分点断面的应力值。

最不利对称荷载作用下箱梁顶板和底板(内壁)混凝土正应力(MPa) 表 7-11

断面	顶板			底板		
	实测值①	计算值②	①/②	实测值①	计算值②	①/②
中跨跨中	1.6	2.8	0.57	−2.9	−5.2	0.56
次边跨跨中	1.2	2.7	0.44	−3.4	−4.9	0.69
边跨跨中	0.8	2.0	0.40	−2.8	−3.0	0.93
中跨支点	−1.0	−2.1	0.48	2.0	2.2	0.91
次边跨支点	−1.2	−2.0	0.60	1.8	2.1	0.86

注:表中应力受拉为负,受压为正。

作为例子,图 7-13 和图 7-14 分别列出了次边跨跨中和支点负弯矩断面实测应力值(类似的还有边跨 M_{max}、中跨跨中和中跨负弯矩最大其他三个断面的应力图)。

可见各控制断面箱梁的应力水平都比较低,结构的应力校验系数的范围在 40%～93%,说明各箱梁控制断面正应力的受力状态基本正常。从表 7-11 中数据可以看出,顶板的应力校验系数都偏小、底板则偏大,原因主要是由于桥面系的参与,实际截面中和轴偏上(较理论值)。

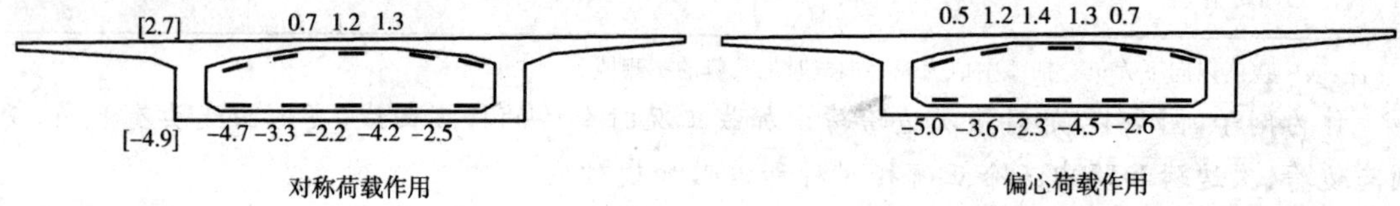

图 7-13 试验荷载作用下次边跨跨中断面箱梁应力(单位:MPa)
注:方括弧内为对应计算值

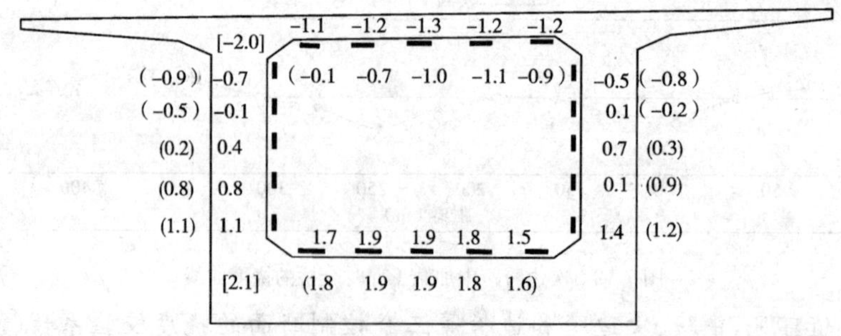

图 7-14 试验对称荷载作用下次边跨支点附近断面箱梁应力(单位:MPa)
注:方括弧内为对应计算值,圆括弧内为偏心荷载作用值

作为例子,表 7-12 列出了试验荷载作用下次边跨箱梁负弯矩断面腹板主应力实测值,表中角度值以度计,并以主梁水平方向作基准,逆时针为正。

试验荷载作用下次边跨负弯矩断面箱梁腹板主应力实测值　表 7-12

荷载	测点	实测微应变			主拉应力 (MPa)	主压应力 (MPa)	剪应力 (MPa)	角度 (°)
		ε_1	ε_2	ε_3				
对称	1	13	6	−9	−0.23	0.08	0.16	9.61
	1′	18	5	−8	−0.39	−0.04	0.18	−1.65
	2	2	0	−3	−0.04	0.09	0.07	11.20
	2′	−2	3	−10	−0.05	0.52	0.28	33.71
	3	−20	0	0	0.00	0.81	0.41	−22.51
	3′	−12	0	0	−0.01	0.49	0.25	−21.91
	4	−37	−5	4	−0.01	1.38	0.69	−15.64
	4′	−23	4	8	−0.25	0.86	0.56	−19.05
	5	−39	−2	1	0.00	1.54	0.77	−20.59
	5′	−32	−1	11	−0.27	1.10	0.68	−12.13
偏心	1	22	21	−6	−0.87	0.22	0.54	21.45
	1′	26	10	−2	−0.89	−0.08	0.41	−4.61
	2	5	12	0	−0.39	0.17	0.28	37.81
	2′	15	7	−1	−0.52	−0.07	0.22	−0.45
	3	−9	1	2	−0.04	0.34	0.19	−19.28
	3′	−6	4	4	−0.17	0.25	0.21	−20.77
	4	−25	4	9	−0.28	0.92	0.60	−17.46
	4′	−22	0	7	−0.17	0.76	0.47	−13.05
	5	−33	9	20	−0.62	1.15	0.89	−15.15
	5′	−30	4	14	−0.41	1.04	0.72	−13.78

注:表中角度以度计,并以应变花中第一片逆时针为正。

由表 7-12 值可以看出,试验荷载作用下腹板主拉应力的绝对值最大为 0.89MPa,该点靠近顶板附近(角度很小),其方向已趋近正应力方向;靠近腹板高度中间(3 或 3′)测点的值都很小。偏心荷载作用对箱梁根部附近腹板主应力基本没有影响。

6. 静载试验小结

静力试验荷载作用下,各控制断面的挠度绝对值及其校验系数均在正常范围内,全桥挠度曲线的分布规律也比较理想,说明主桥结构的刚度及其整体分布情况正常;各正负弯矩控制断面应力值及其校验系数均在正常范围内,说明主桥箱梁结构的截面强度能满足设计要求。

第二节　桥梁动载试验

桥梁是承受动荷载的结构物,面对日常运营过程中各种各样的桥梁动态问题,我们不仅要研究桥梁结构本身的动力特性,还要研究由车辆移动荷载引起的车致振动等问题。桥梁动载试验是能使上述关注或研究得以进行和不断深入的一个重要手段。

桥梁动载试验涉及的问题,与所有工程振动试验研究的问题相似,基本可以归为三个方面:桥梁外部振源、结构动力特性和动力反应。

传统结构动力学方法,从结构设计图纸出发,根据力学原理建立结构的数学模型,然后由已知振源(输入或作用)去求结构响应。这种方法至少有两方面的问题难以完善:一是计算图式和设计图式与实际结构之间的差异,二是阻尼系数只能凭假定设置。桥梁动载(包括振动)试验可相逆而行,利用已知(或未知)输入对结构激励,用仪器测得结构的输出响应,然后通过实测或输入、输出的关系求结构的实际工作模型。

这种计算与试验的正逆关系可由图 7-15 表述。

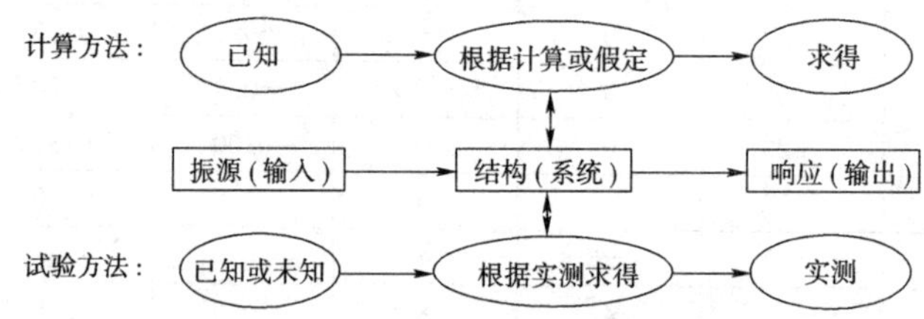

图 7-15 计算与试验的正逆关系

振源是引起桥梁振动的外作用(包括风、地震或移动车辆振动的激励等)。如果结构是个"系统",它就是一种"输入"。结构这个"系统"的动力特性是桥梁的固有特性,有三个主要参数(频率、振型和阻尼),它是桥梁动态试验中最重要最基本的内容。结构响应表示桥梁在特定动荷载作用下的动态"输出",桥梁结构动力响应主要参数为动应力、动挠度、加速度等。

本节主要叙述桥梁结构动力特性参数及其试验测定的方法,介绍桥梁(在移动车辆荷载作用下)结构动态响应的测试内容和方法。

一、桥梁动力特性参数测定

测定桥梁动力特性参数是桥梁动载试验的基础内容,要研究桥梁结构的动态性能和能力必须了解桥梁结构的动力特性。

结构动力特性参数,也称结构自振特性参数或振动模态参数,其内容主要包括结构的自振频率(自振周期)、阻尼比和振型等。它们都是由结构形式、建筑材料性能等结构所固有的特性所决定的,与外荷载无关。

为了叙述上的方便,先通过最简单的物理模型说明这些特性参数的概念,而后再介绍怎样通过试验手段去得到。

1. 动力特性参数

图 7-16 示意一根自由端作用一集中质量 m 的悬臂梁,假定只考虑 y 方向的自由度并不计梁自重,以 $M\ddot{y}$ 表示惯性力,$C\dot{y}$ 表示阻尼力,Ky 表示弹簧力,$p(t)$表示外作用力。这是一个典型的单自由度振动体系,它的振动方程为:

$$m\ddot{y} + C\dot{y} + Ky = p(t) \tag{7-11}$$

如果 $p(t)=0$,体系的自由振动方程的解可写成:

$$y = A\exp(-\zeta\omega t)\sin(\sqrt{1-\zeta}\omega_{d}t + \varphi) \tag{7-12}$$

把式(7-12)画成曲线,如图 7-17 所示。

通过图 7-16 和图 7-17,对一些动力特性参数进行讨论。

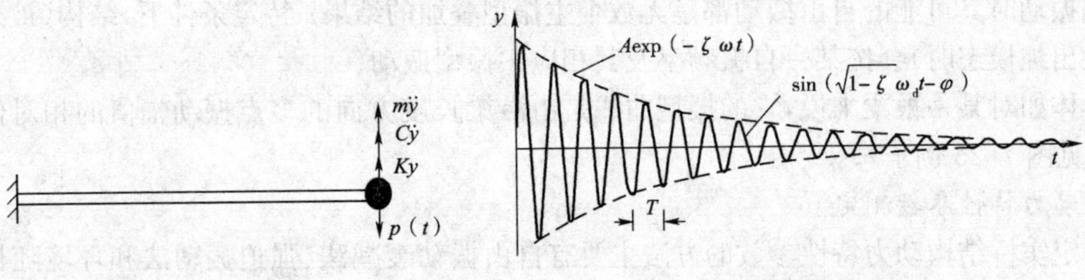

图 7-16　悬臂梁例　　　　图 7-17　自由振动衰减曲线

1）自振频率和自振周期

自振频率是动力特性参数中最重要的概念，自振频率物理上指单位时间内完成振动的次数，通常用 f 表示，单位为赫兹（Hz）；也可以用圆频率 $\omega(\omega=2\pi f)$ 表示，单位为 1/秒（1/s）。

自振周期（T）物理上指物体振动波形重复出现的最小时间，单位为秒（s），它和自振频率互成倒数关系 $T=\frac{1}{f}$。由于这种倒数关系，工程中一般并不专门区分频率和周期的表达。

对图 7-16 所示悬臂梁：

$$f=\frac{1}{T}=\frac{1}{2\pi}\sqrt{\frac{K}{m}} \tag{7-13}$$

式中：K——悬臂梁结构的刚度；

m——梁端部的集中质量。

由此可见，结构的自振频率只与结构的刚度和质量有关，并与刚度 K 成正比，与质量 m 成反比。

对多自由度情况，以上关系同样存在，一般每个自由度都对应有一个自振频率，通常把多个频率按数值从小到大排列成一阶（也称作基本频率）、二阶、n 阶频率。

2）阻尼

阻尼是存在于结构中的消耗结构振动能量的一种物理作用，它对结构抵抗振动是有利的。结构工程上假定阻尼属黏滞阻尼，与结构振动速度成正比，并习惯以一个无量纲的系数 ζ（阻尼比）来表示阻尼的量值大小。

阻尼比 ζ 定义为阻尼系数 C 与临界阻尼 $C_c(2m\omega)$ 的比值，即：

$$\zeta=\frac{C}{C_c}=\frac{C}{2m\omega}=\frac{C}{2\sqrt{mK}} \tag{7-14}$$

ω 和 ω_d 分别是无阻尼和有阻尼圆频率。桥梁结构体系的阻尼比 ζ 一般小于 20%，$\sqrt{1-\zeta^2}$ 的值接近 1，故 ω 与 ω_d 差得不多，实用上也就不作区别。

由图 7-17 知，阻尼比的大小决定了自由振动衰减的快慢程度。从结构抵抗振动的工程意义上说，总希望这种衰减作用能够对结构有利。

在多自由度振动体系中，对应每一个频率都有一个阻尼比。必须指出，阻尼比是（且只能是）试验值。

3）振型

振型是结构上各点振幅值的连线，它不是结构的变形曲线。

结构动力学认为对应每一个固有频率，结构都有并只有一个主振型。一般情况下，结构线性微幅振动时其可能的自由振动都是无数个主振型叠加的结果；特定条件下，结构(被外界激励源激出纯模态时)会按某一自振频率及其相应主振型振动。

具体如对某一根梁来说，它的振型曲线是由沿梁长度方向的多点振动幅值的相对值决定的(详见图7-23例子)。

2. 动力特性参数测定

测定实桥结构动力特性参数的方法主要有自由振动衰减法、强迫振动法和环境随机振动法等，原则上任何一种方法都可以测得各种动力特性参数。

从桥梁测试技术的发展来说，自由振动法和强迫振动法是用得比较早的方法，它们得到的数据结果往往简单直观，容易处理；环境随机振动法是一种建立在概率统计方法上的技术，它以现场测试简单和数据后续处理计算机化的优势进入桥梁振动测试领域。随着计算机技术的迅速发展以及随机振动试验数据分析设备和软件的广为普及，原则上自由振动法和强迫振动法得到的试验数据结果也都可以用计算机技术去处理分析。因此，这三种方法的区别，实际上只剩下激振方法或有无激励的区别。

为了更好地了解桥梁结构动力特性测试的各种方法并加以贯通理解，下面以三种方法为题分别叙述具体做法。

1)自由振动衰减法

给结构一个初位移或初速度使结构产生振动，因结构的自振特性只与它本身的刚度、质量和材料等固有形式有关，与所施加的力、初位移或初速度(当然在结构受力允许条件下)没有关系，只要求能够激发起结构的振动并能够测到结构的自由振动衰减曲线。通过对该曲线的分析处理可以得到一些自振特性参数。

自由振动衰减法的实测框图如图7-18所示。

激振力 → 桥梁结构 → 传感器 → 测振放大器 → 信号采集设备

图7-18 自由振动衰减法的实测框图

能使桥梁产生自由振动的方法很多，撞击、跳车、突然释放等(只要求给结构一个瞬态激振力)(图7-19)，实际做起来，这一类方法比较灵活，往往根据不同的要求因地制宜。如为测竖向振动，可采用跳车、撞击等方法；为测横向或扭转振动，可采用突然释放、撞击等方法。

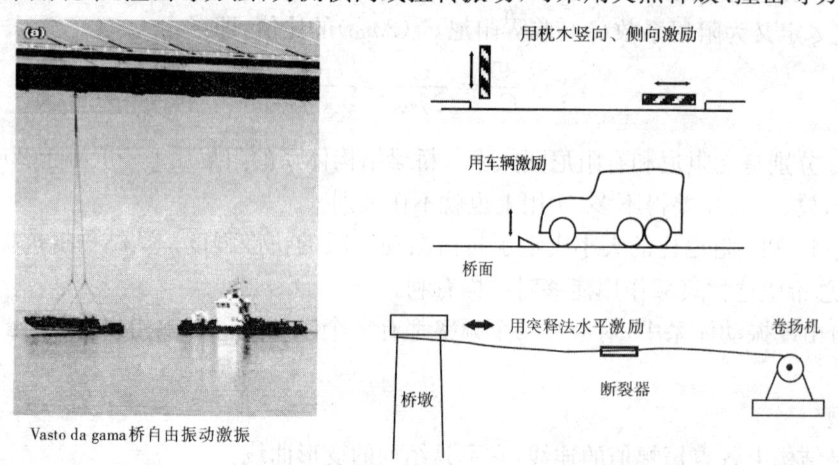

图7-19 施加外作用力使结构产生自由振动

现场测试前，测试仪器要先行调好，特别是放大器的衰减挡要用得妥当，以保证仪器能够记录到完整的瞬态响应信号；此外，同样工况一般要求重复几次，以利数据分析。

实测自由振动衰减曲线的典型形状如图 7-20 所示，通过对它的分析可以求出频率、阻尼和振型等参数。

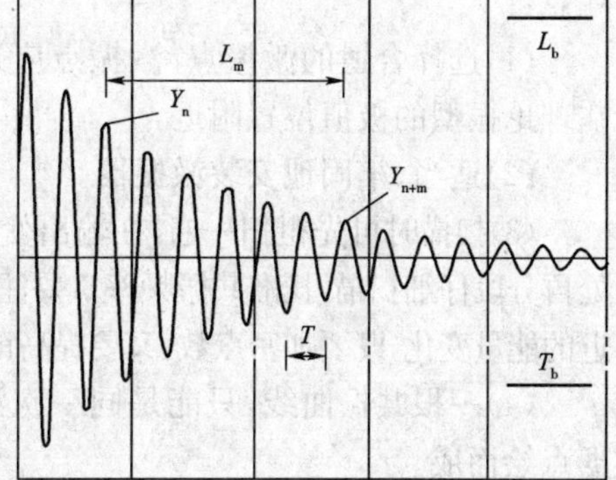

图 7-20 实测自由振动衰减曲线

如图，通过比例关系可求得：

$$f = \frac{mL_b}{L_m T_b} \tag{7-15}$$

式中：f——实测频率；

L_m——实测 m 个波形波峰总间距；

T_b、L_b——分别是记录仪器给定的时标和标距。

如果只取一个波，可令式(7-15)中的 $m=1$，一样可以求得 f 值。

利用曲线可求出桥梁结构自由振动频率对应的阻尼比：

$$\delta \approx 2\pi m\zeta \tag{7-16}$$

或

$$\zeta = \frac{\delta}{2m\pi} \tag{7-17}$$

直接按照记录曲线绘制振型，能得到自由振动频率对应的振型，具体做法和强迫振动法中一样。

自由振动衰减法的优点是激励形式可以多变，比较容易实现，对于一些只要求得到结构基本频率或其他较低阶频率是很方便的，对测试仪器的要求也不高，所得到的频率(特别是基频)对应的阻尼比也比较准确。如要获得更高阶自振特性参数，需要有后面将要提到的随机振动法中的信号分析手段。

2)强迫振动法(共振法)

实桥强迫振动法通常是利用激振器械对结构进行连续正弦扫描，根据共振效应，当扫描频率与结构的某一固有频率相一致时，结构振幅会明显增大，用仪器测出这一过程，绘出频率—幅值曲线（共振曲线)，通过曲线可以得到结构的自振特性参数。

强迫振动法的实测框图如 7-21 所示。

控制仪器 → 激振器 → 桥梁结构 → 传感器 → 测振放大器 → 信号采集设备

图 7-21 强迫振动法实测框图

把激振器按要求安装在桥上，根据理论计算得到的期望值对桥梁结构进行扫描激振，同时记录下扫描过程中的输出幅值，把它与相应的频率分别作为纵、横坐标，画出如图 7-22 这样的曲线。

所谓扫描激振，是指用正弦信号控制激振器在一定频率范围内进行扫描，理论上控制信号也可以不是正弦波，而用其他周期波或随机波。但这只适用于模型振动试验，实桥上因需采用庞大的机械式激振器进行激励，非周期信号不易实现。

实桥强迫振动实施过程中有些技术问题必须注意：

(1)选择合适的激振点，激振点应避开节点放在理论振型的极值位置附近。

(2)适当、牢固地安装激振器。

(3)扫描时可先粗扫一遍，在输出变化明显增大处再分段仔细扫描，找准共振频率。要注意共振峰附近的能量变化，既要加密点数，又要提高记录速度。

(4)一根共振曲线，只能是同一次测量中的数据点绘而成。

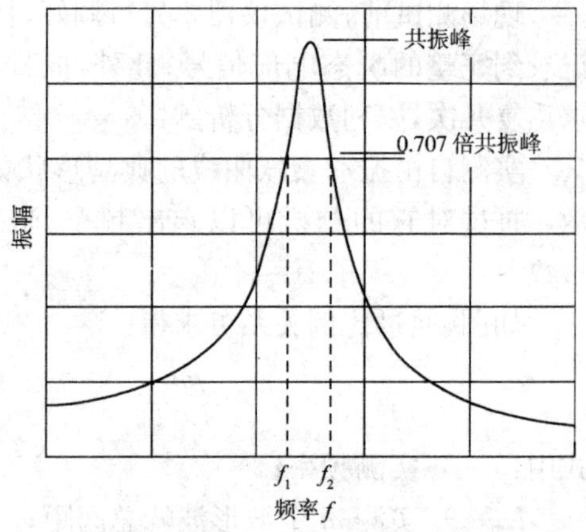

图7-22 共振曲线

图7-22中共振曲线的峰值在横坐标上的对应值就是结构的自振频率，纵坐标应除以频率的平方(因为偏心质量块式激振器的出力与频率平方成正比，将输出幅值除以对应频率的平方后，就化成等输入条件下的输出)。如图7-22所示，在共振曲线峰值的70.7%处，作一平行于频率轴的直线与曲线交两点，这两点对应的横坐标上的频率差 $\Delta f=f_2-f_1$，据此可求出阻尼比：

$$\zeta=\frac{1}{2f}(f_2-f_1)=\frac{\Delta f}{2f} \tag{7-18}$$

这个方法称作半功率带宽法，是用得最广的求结构阻尼方法。一般认为，对各阶频率靠得不是很近的情况，用此法求得的阻尼结构精度比较高。

强迫振动法在测频率、阻尼的同时，还可对桥梁的振型进行测量。当桥梁结构在其某一共振频率上产生共振时，总对应着一个主振型，此时只要在桥上布置足够的测点，同时记录它们在振动过程中的幅值和相位差就可分析得到所要求的振型曲线。

利用仪器记录下来的振动波形可分析、确定振型曲线。下面通过简支梁的例子简单介绍分析、判别的方法。

将该简支梁划分成6段，梁上布置7个测点，其中中间5个测点测到的波形如图7-23a)所示。图中两端(1号、7号)测点为支座，不用测试，可直接赋零处理(实际这是处理支座约束条件的一般做法，实际测试中经常用到)。

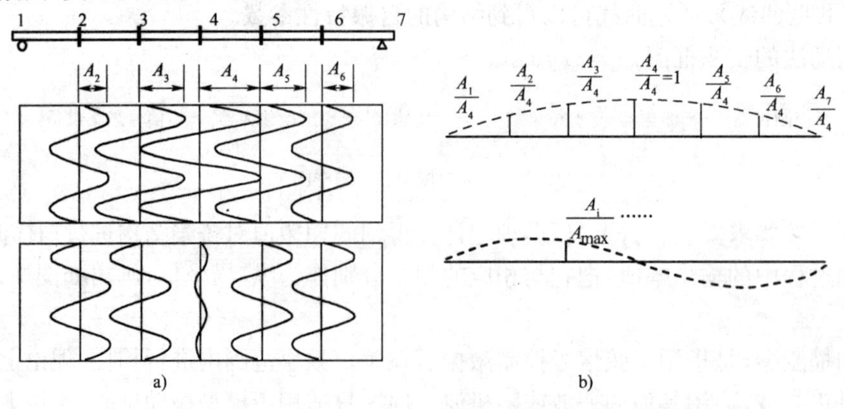

图7-23 强迫振动法确定简支梁振型的方法图示

a)幅值和相位；b)振型曲线

以一阶振型的确定为例[图 7-23a)]，先量取各测点的幅值(峰值)A_i，并把它们按 A_i/A_{max} 归一化处理，如图 7-23b)中的标注，图中第一振型 $A_{max}=A_4$，将各测点 A_i 除以 A_4；接着以 A_4 或其他某一测点为基准，判断其他四个测点与它的相位差，波形同方向(0～π/2)的为同相位，反方向(π/2～π)的为反相位，居两者间(π/2 附近)是节点附近点。

图 7-23b)是按上述方法(根据左边曲线)绘制的简支梁前二阶振型。

实桥振型测量还要注意：

(1)合理布置测点。事先须了解(各类桥型的)理论振型，测点数目要足以连接曲线并尽可能布在控制断面上。由于每次试验用的传感器数量总是有限的，所以要在桥上选择合适的参考点(将一个传感器放在参考点上始终不动)，分批搬动其他传感器到所有测点。

(2)现场标定。因为振型是考虑同一时刻波形的幅值和相位差得到的，所以测量前要把测振仪器系统放在参考点上标定(第二章已介绍)，要注意标完以后的仪器系统，从传感器、导线，一直到记录通道的变更(最好不再变动或稍加变动)。

(3)确定振型。利用各通道的系统灵敏度，可把实测得到的幅值关系算出来并归一化后，得到最大坐标值是 1 的振型曲线。

强迫共振法的优点是方法可靠，激出来的自振特性参数精度比较高。对实桥试验来说，它最大的缺点是激振设备和器械庞大，搬装费时费力，所以国内实桥振动试验极少采用(日本为得到桥梁可靠的阻尼比，凡大跨径桥梁基本上都用大型激振器)。

特别指出，这里介绍的分析结构阻尼、振型的方法，虽然是对强迫振动法来说的，但该方法本身却是振动测试技术里最基本的部分，当然也适用于环境随着振动法。

3)环境随机振动法

环境随机振动法(工程上也有人称其为“脉动法”)可用来识别桥梁结构的动力特性。早前人们认识到对桥梁等大型结构物进行“激励”的难度和局限性，所以试着通过测量结构响应的时域信号来识别动力特性参数。刚开始用手算作业方法对一些时域波形(振动拍波形、自由衰减波形等)进行频率、阻尼等参数分析，其过程和结果都有赖于所测波形的可分析或不可分析(对复杂波形往往会束手无策)。直到 20 世纪 80 年代，随着振动数字分析技术的计算机化，人们研究各种基于“响应”信号数据处理的方法，通过只测响应信号来识别桥梁结构的动力特性参数，包括获得结构的多阶振型。美国普林斯顿大学在 1985 年完成了金门大桥主桥和主索塔的环境随机振动测试，研究者通过实测获得了大桥数十阶振型。同期，国内同济大学也应用随机振动方法先后完成天津永和斜拉桥等桥梁的动力特性测试分析。通过多年发展，环境随机振动法目前已成为桥梁振动测试中应用十分广泛的方法。

环境随机振动法牵涉的诸如随机信号数字特征、信号处理方面的基础知识比较多。但考虑到该方法目前在桥梁振动测试(包括斜拉索索力测试)方面的应用已相当普及，实际工程中确实需要了解这方面基本的知识点。下面还是从应用的角度简单讲述目前已发展且最为成熟的以谱分析技术为基础的环境随机振动方法。对于下面要出现的一些数学公式和专业术语等有兴趣的读者可进一步参考有关文献。

(1)谱分析基础

随机振动振动信号的频谱代表了信号在不同频率分量处信号成分的大小，它能够提供比时域信号波形更直观、更丰富的信息。如图 7-24 为一个随机复杂时域振动波形，从波形上很难看出其特征，但将其分解成各频率的谐波，并将它投影在 A-f 频域坐标上，就可以识别出信号中的频率分量。

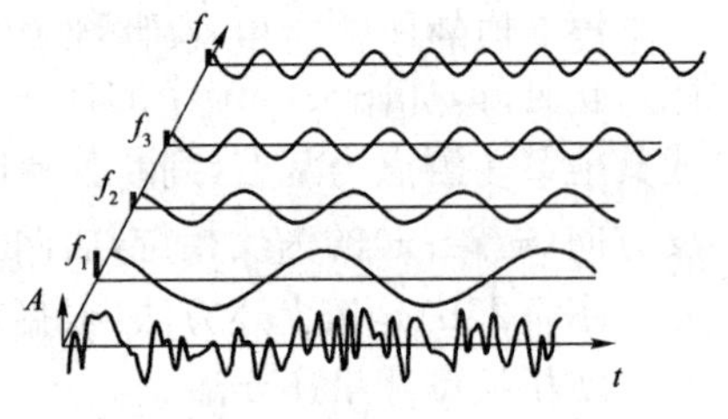

图 7-24 复杂时域波形的频域分解

借助于图 7-24，我们可以感性地理解谱分析的物理意义。实际对图中随机振动信号进行数值估计无需先时域分解，而是直接用快速傅氏变换(FFT)算法得到该随机振动信号频谱。

对随机数据进行谱分析用得最多的是自功率谱密度函数(也称均方谱密度函数)。

$$G(f)=\lim_{\Delta f\to 0}\frac{1}{\Delta f}\left[\lim_{T\to\infty}\frac{1}{T}\int_0^T x^2(t,f,\Delta f)\mathrm{d}t\right] \tag{7-19}$$

自功率谱密度函数主要用来建立数据的频率结构，在机械振动中，功或能量一般与其振幅的平方或均方值成比例，故 $G(f)$ 叫功率谱密度函数。类似的还有(两组随机数据的)互功率谱密度函数。

自谱分析可以识别结构的阻尼、频率等参数，互谱分析则可以识别数据两两之间的相关特性和相位关系(这对确定结构振型参数是必需的)，还可以导出反映激励、响应和结构关系的一个主要函数——传递函数。

传递函数在数学上也被称频率响应函数。具体地说，桥梁结构(假定为线性系统)上任一点 i 的动态位移响应 $y_{\mathrm{i}}(f)$ 可由 k 点的激励力 $x_{\mathrm{k}}(f)$ 和结构系统的传递函数 $h_{\mathrm{ik}}(f)$ 表示：

$$y_{\mathrm{i}}(f)=\sum_{\mathrm{k}=1}^{\mathrm{m}}h_{\mathrm{ik}}(f)x_{\mathrm{k}}(f) \tag{7-20}$$

式中：m——结构的激励点数。

根据自功率谱和互功率谱的测量来计算线性结构的传递函数：

$$G_{\mathrm{ik}}(f)=H(f)G_{\mathrm{kk}}(f) \tag{7-21}$$

传递函数测量精度的置信程度通过计算相干函数(也叫凝聚函数)：

$$\gamma_{\mathrm{ik}}^2(f)=|G_{\mathrm{ik}}(f)|^2/[G_{\mathrm{ii}}(f)G_{\mathrm{kk}}(f)] \tag{7-22}$$

得到。

$$0\leqslant\gamma_{ik}^2(\mathrm{f})<1 \tag{7-23}$$

如果系统响应仅仅是由激励所引起的，则在所有频率上激励和响应的相干函数将等于 1。如果系统响应不是由激励引起的，则激励和响应是独立的，它们在所有频率上的相干函数将等于零。如果系统响应仅仅部分由激励引起，则相干函数将是 0 与 1 之间某个值。所以相干函数表征了响应和激励之间的相互依赖性或相干性，是实际随机信号数据处理中区别信噪比、判别振型测点真伪的一个重要参数。

实桥结构在自然环境振源(如地脉动、风、水流等)影响下会产生随机振动，这种振动有时会比较明显，有时却很微弱(人感觉不出来)，但利用测振仪器可测得桥上的这种随机响应信号。问题是实桥激励是随机多元素的，根据传递函数的定义，环境随机激励作为输入是不可测的，只有输出是可测的，似乎无法求传递函数。那么在结构响应可测、激励力不可测的前提下，如何获得结构的动力特性呢？根据随机振动理论，桥梁振动测试中应用环境随机振动法，须作如下假定：

①认为桥梁结构的振动系统属多输入系统，系统的输入和响应是各态历经过程，即结构的自振特性与时间起始点无关，而且当样本足够多时，单个样本的特性能反映所有样本的特征。

在比较平稳的地脉动和风荷载情况下，这个假设是成立的。

②假设环境随机激励信号是白噪声。这个假定一般不容易满足，但是在数据分析中主要是利用半功率带宽内的数据，所以只要激励谱比较平坦，而且在桥梁谐振半功率带宽及其附近的一定范围内激励信号分别为白谱就行了，这样的假设是比较容易满足的。

③假设各阶阻尼很小，各阶频率分开，即各模态之间的耦合很小，可以忽略。

实际桥梁结构(特别是大型桥梁)基本上能满足上述假定。只要满足以上条件，就可以只通过实测响应信号识别结构的自振特性，具体就能利用响应谱峰值确定频率和振型，并用半功率带宽法求阻尼。

这样就可以用响应谱方法来确定实桥结构的各阶振动模态。

(2)实桥随机振动数据的测量

环境随机振动法和前面两种方法的区别主要表示在：①不用任何激振设备或手段，只以环境随机振源为激励源；②需要按照随机数据处理分析要求确定采样、记录时间和方式；③应用随机振动数据处理技术分析数据结果。

环境随机振动法测量、分析仪器框图如图 7-25 所示。

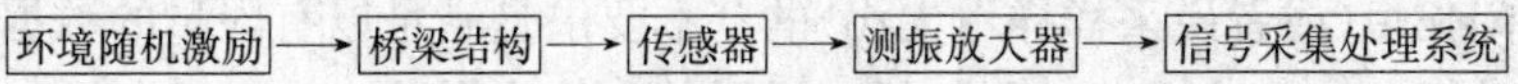

环境随机激励 → 桥梁结构 → 传感器 → 测振放大器 → 信号采集处理系统

图 7-25　环境随机振动法测量、分析仪器框图

可见，环境随机振动法主要是增加了随机信号数据采集、处理和分析内容，下面我们以框图形式简要介绍该法在桥上是如何具体实现的以及对随机信号进行数据处理和分析的过程。

现场数据采集、记录过程如图 7-26 所示。这里，拟订测试工况、选择合适的参考点和测点布置、信号滤波和放大，以及测试过程的信号监控等，与前面叙述过的强迫振动方法都一样，只有随机信号的采样和记录是新的概念。

环境随机振动法是一种数理统计意义上的数值估计和样本分析方法，因为现场测量信号不可能无限，所以对任何连续振动信号的量化都会产生统计意义上的误差，包括随机误差和系统误差。为减少这类误差，具体测试及信号处理时对信号的记录、采样等都有最低要求。

下面仅以结论形式简单介绍有关内容：

①采样定理

这里介绍的采样定理是对信号进行时域—频率域转换时应遵守的原则。

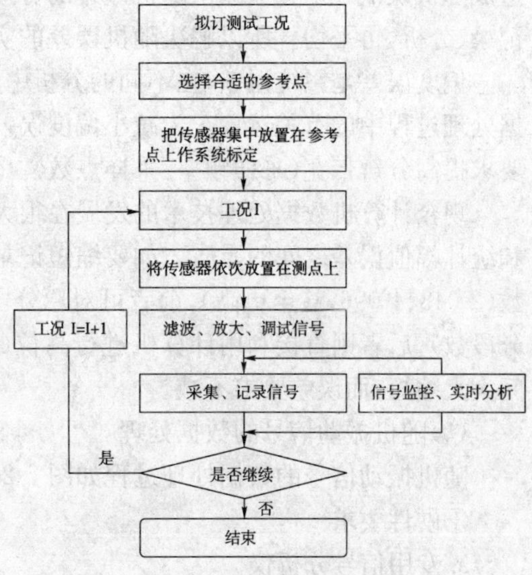

图 7-26　环境随机振动法在实桥上的实现

采样定理叙述为：要保证从信号采样后的离散时间信号无失真地恢复原始时间连续信号(采样不会导致任何信息丢失)，必须满足采样频率 f_s 至少是信号最高频率 f_{max}（也称分析频率)的 2 倍，即：

$$f_s = \frac{1}{T_s} = 2f_{max} \tag{7-24}$$

式中：T_s——采样间隔，与采样频率互成倒数关系。

"采样频率至少是信号最高频率的 2 倍"是采样信号恢复原始信号的基本保证。这里最高频率为测试感兴趣的最高分析频率。如果不按照采样定理进行采样，则采样信号将无法恢复到原始信号，也就是说采集的信号是失真的。工程上设定最高频率的方法一般是将 $f_s(t)$ 通过截止频率为 f_c 的低通滤波器；实际操作时，一般要求先估计被测对象的最高分析频率，再设低通滤波，最后确定采样频率，以保证信号采样的正确。

采样定理是满足频率不被混淆的必要条件，事实上以目前的计算机技术，为提高功率谱峰值的估计精度，减少相对误差，完全可以将采样频率设得高一些。

实际测试时，为保证信号数据质量一般都是先低通滤波再采样，这样正确确定分析频率就非常重要，因为已经被滤波过的数据是不能再生的。举例来说，估计最高频率是 2.0Hz，此时取 2.0Hz 为分析频率，低通滤波也设定 2.0Hz；采样结束后，如实际结构最高频率超过了 2.0Hz，那样在已采集的数据里就不可能得到超过 2.0Hz 的数据了，所以设置滤波频率一定要慎重，宁高勿低。

②统计误差和采样时间

对采样时间长短（或者说采样样本大小）的基本要求是满足以有限量的数据进行分析处理数据带来的统计误差。统计误差主要包括随机误差和偏度误差。

随机误差指同一个随机过程不同样本之间的偶然差异。只对有限多的样本或有限长时间的样本记录和运算，测试仪器设备的电噪声、对输出有影响的与被测信号不相干的输入等都会造成随机误差。工程上减小随机误差的有效方法是分段平滑，即将样本数据分成若干段进行记录、分析，再平均。所以解决随机误差的实际做法就是加长采样时间。

偏度误差是系统误差，在不同的分析中，它的大小和方向是不变的。偏度误差一般来自数据处理过程中的有关运算。为减小偏度误差一般要求增加半功率带宽内的点数，这实际就是要求提高分辨带宽（采样频率/采样点数）。

现今计算机数据处理技术的发展在很大程度上已经解决了（或者说已不存在）分辨率带宽和统计幅值误差之间的矛盾。如要缩短记录时间，可用数据重叠采样技术或提高分段采样点数（2 048、4 096，甚至更高），前者可对原分段记录的数据按一定重叠率再采样（实际等于提高分段数），后者则直接利用计算机进行高位（16 或 32 位）数据采样处理，所以可将总的记录时间大大缩短，而误差要求不减。

(3)随机振动信号的数据处理

随机振动信号的数据处理过程如图 7-27 所示。

①硬件要求

a. 专用信号分析仪

所有具有 FFT 数据处理功能的信号分析仪都可以用做随机信号处理。

b. 虚拟仪器

目前比较好的振动信号数据处理软件（含采集），不仅功能能够满足随机振动信号处理的全部内容，使用也非常方便，基本已替代了专用分析仪。

②随机信号预处理

桥梁现场测试、数据采集一般或多或少都会受到环境干扰，造成采集、记录的信号不理想，所以正式做数据处理前需对信号进行预处理。

信号预处理的目的主要是检验信号数据的平稳性，另外也对不符合要求（如信号突变点、噪声较大）的信号进行剔除、置零或拼接处理。信号预处理的原则是不能改变原信号的特性及各测点通道相互之间的依赖关系。

信号预处理的问题对参考通道尤其重要，因为各测点幅值归一、相位判别均需通过参考点相互联系的。换句话说，某一测点信号不好只耽误一点，但参考点出错影响的是整体。

图 7-28 为典型的实桥随机振动信号。

③功率谱分析

功率谱分析是随机信号处理的第一步，所以也称信号一次处理。环境随机振动信号处理一般都采用线性谱（功率谱的平方根谱）。图7-29是比较典型的实桥振动线性谱例子。

④确定频率、阻尼

由功率谱可直接读取频率，频率的确定是信号二次处理所必须的工作。通过线性谱还可以用半功率法计算阻尼比（注意不同软件有不同计算分析方法）。

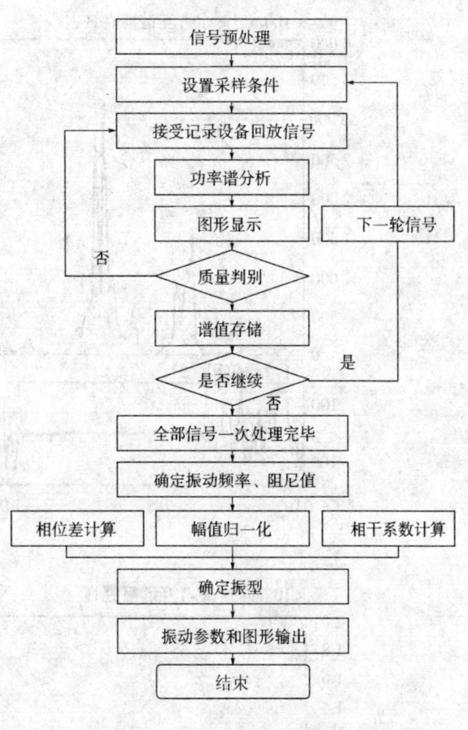

图 7-27 数据分析处理过程

如果仅分析频率或阻尼，理论上只需要分析一个测点的信号就够了，但对桥梁实际振动分析来说读出多个频率不够，因为它不能判断这些频率的真伪，以及它对应的是哪阶振型。所以接下去要做信号二次分析，即相位分析和振型确定。

⑤相位分析

和强迫振动中做法不同，随机振动数据的相位分析不是靠曲线判断的，它由相位函数确定。图 7-30 和图 7-31 分别是典型的相位和相干函数图，图上方是互功率谱。

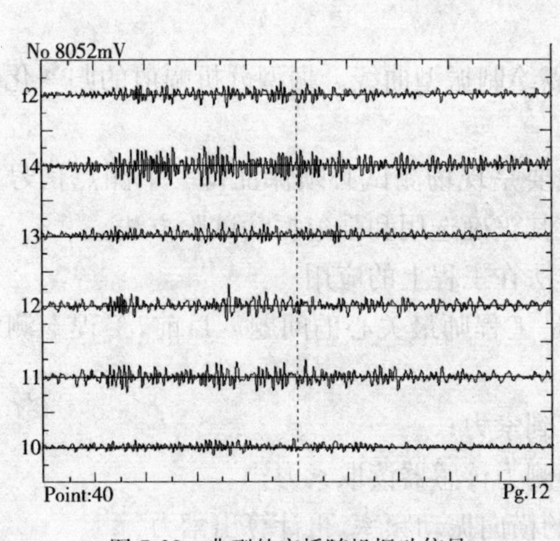

图 7-28 典型的实桥随机振动信号

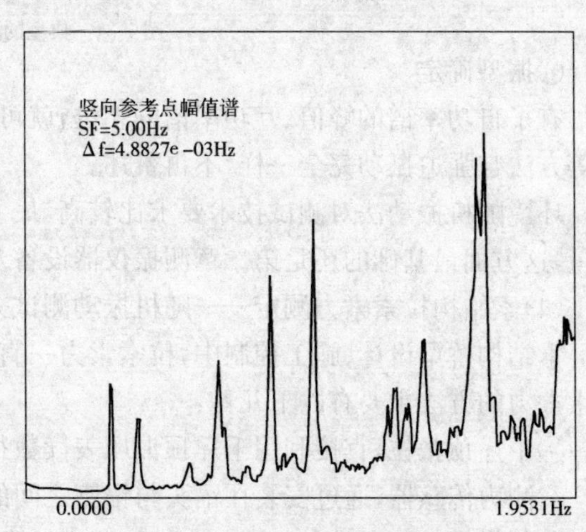

图 7-29 典型的实桥振动线性谱

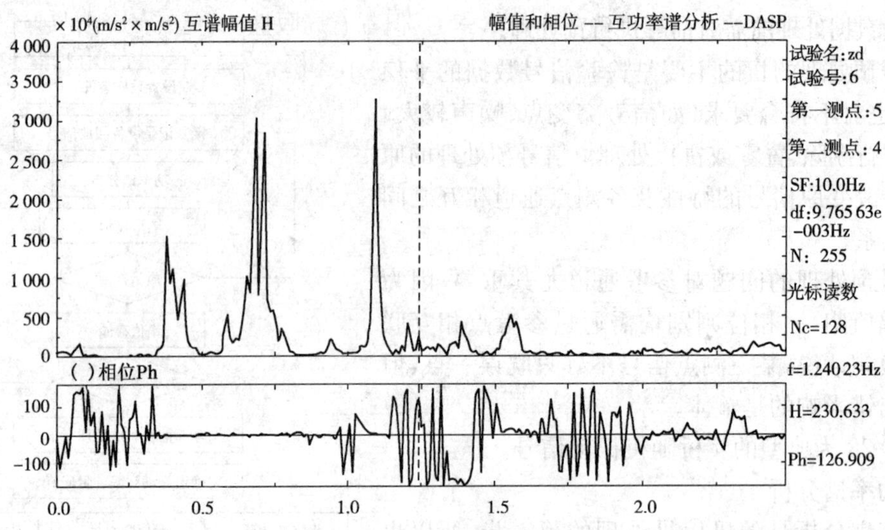

图 7-30　典型的相位函数图

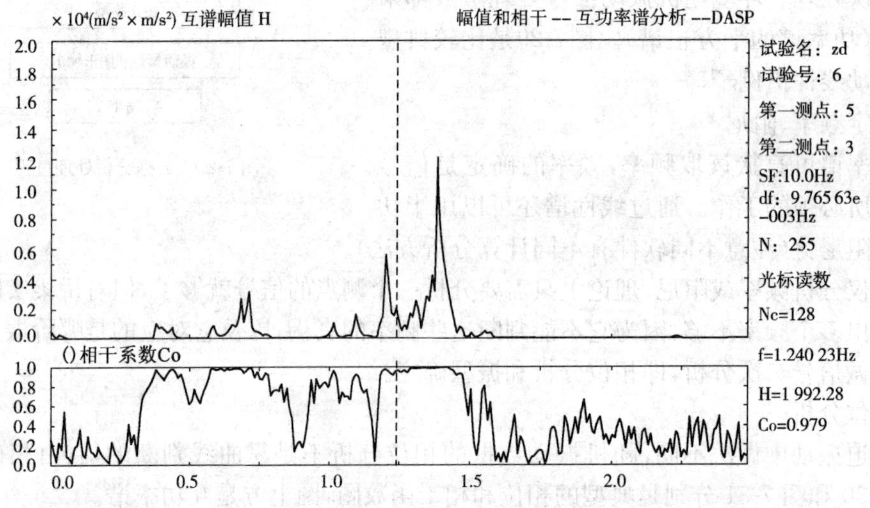

图 7-31　典型的相干函数图

⑥振型确定

有了自功率谱的峰值、互功率谱的相位，就可以绘制振型曲线。振型分析幅值的归一化处理等方法与强迫振动完全一样，不再赘述。

环境随机振动法对测试技术要求比较高，最主要是现场测试必须保证每一个测点信号的质量，这方面最基础的还是第二章测振仪器设备及其正确选用和强迫振动试验方法。

(4)索结构拉索索力测定——随机振动测试方法在工程上的应用

索结构桥梁设计、施工控制中，拉索索力一直是工程师最关心的问题。目前，工程上测定拉索索力的方法主要有以下几种：

①千斤顶张拉，直接利用千斤顶油压表读数得到索力；

②测力传感器，通过安装在锚头与锚座之间的测力传感器读取索力；

③测拉索频率，应用振动测振手段，测出拉索的横向振动频率，再计算出索力。

这里①、②两种方法都能正确测出拉索索力，但都有局限性。方法①实则是施工安装过程中的通常做法，利用它测读索力没有任何问题。但对于成桥状态几十、几百根拉索，一一测读则变得十分麻烦，而超静定结构索和索之间的力分配相互也有影响。方法②一般传感器存在长期观测的稳定性或能力问题，而一些智能设备(如光纤传感器)虽然有这个能力，但应用成本相对昂贵。方法③是利用弦振动的理论，用振动方法测拉索频率的方法确定索力，较上述两种方法，有快速、方便、经济等特点，更适合进行现场测试。

鉴于桥梁工程上拉索索力测定技术的应用已相当广泛，下面我们先简单叙述索力测定的基本原理，然后联系随机振动测试技术介绍具体实施过程。

①索力测定的基本原理

根据弦振动理论，张紧的斜拉索，其动力平衡方程为：

$$\frac{w}{g}\cdot\frac{\partial^2 y}{\partial t^2}-EI\cdot\frac{\partial^4 y}{\partial x^4}-T\cdot\frac{\partial^2 y}{\partial x^2}=0 \tag{7-25}$$

式中：w——单位索长的重力；

g——重力加速度；

y——垂直于索的长度方向的横向坐标；

t——时间；

x——索的长度方向的纵向坐标；

T——索的张力；

EI——索的抗弯刚度。

如果索的两端是铰支的，方程的解有较简单的形式：

$$T=\frac{4wl^2 f_n^2}{n^2 g}-\frac{n^2 EI\pi^2}{l^2} \tag{7-26}$$

式中：f_n——索的第 n 阶频率；

l——索长；

n——振动阶数。

式(7-26)右边第二项是拉索抗弯刚度的影响，如不计这一项，索力的表达式有如下简单形式：

$$T=\frac{4wl^2 f_n^2}{n^2 g} \tag{7-27}$$

如果索的两端是固结的，或一端固结一端铰接，方程的解的形式都是超越函数。

计算表明，对一般细长比极小的拉索，支座形式对索力的影响不大，可以直接采用式(7-27)进行索力计算。对于某一根确定的索，式(7-27)右边的 w、l、g 都是已知值，只要能精确测得 f_n，就可求得索力 T。

对于一些特殊的(较粗、不太长)的索，一般不能再用式(7-27)，要采取另外的计算方法求索力，当然频率还是要求能精确测得。

总之，精确测定拉索的横向振动频率是能够利用测振方法得到拉索索力的第一步，也是关键所在。

②拉索频率测试

拉索频率的测试可采用环境随机振动法。相对桥梁结构环境随机振动测试来说，拉索的测试比较简单、容易，因为它只需要测频率一个参数，所用仪器与实桥环境随机振动基本一样。这里需要注意的是拾振器的选用，对各种不同拉索的振动，要估计它们的频率，选择频响特性合适的拾振器。

测试时，将拾振器绑扎在拉索上(图 7-32)，无须对拉索进行任何激励，测量拉索的横向振动随机振动信号，而后对信号进行谱分析。图 7-33 为实测拉索频谱例子，实际工程上，索力计算往往需要高阶频率(至少 4～5 阶)。

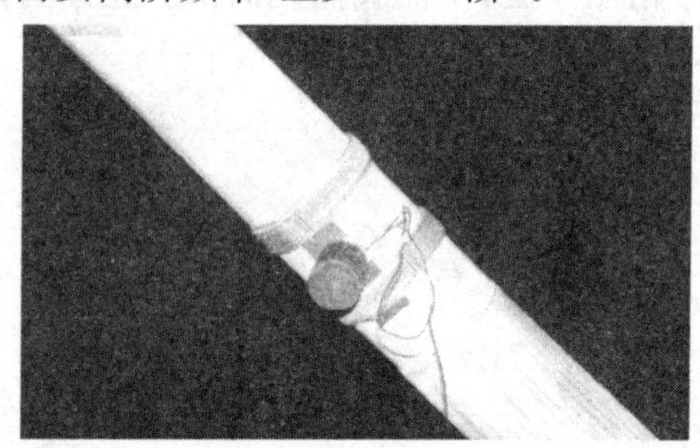

图 7-32 拾振器绑扎在拉索上

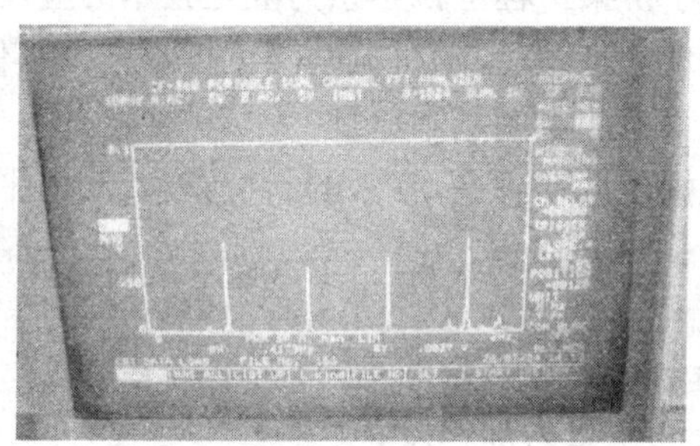

图 7-33 实测拉索频谱例

③拉索索力的确定

根据拉索索力测定的原理，确定索力的方法与拉索的约束条件等有关。从式(7-26)可以看出，对较长的索而言，频率的测试精度要求很高，抗弯刚度的影响也较小；对较短的索来说，则对计算索长的确定比较严格。就是说，对较长的索可以直接采用式(7-27)计算索力，实际误差完全可以接受；对较短索的索力确定要考虑其他因素，索力测定的误差相对大一些。

一种比较可行的做法是编制有限元程序，先输入各种参数和估计索力，考虑几何刚度、抗弯刚度、约束条件等，算出若干阶频率并与实测值比较，如误差不可接受，修改索力再算，直至最后确定索力。

根据弦振动理论测定拉索索力的方法问世以来，测试方面的发展比较快，从早先的强迫(甚至用手摇晃)激励到随机振动测试谱分析，到目前已发展的无线测试、激光测试等技术，应该说精确测得拉索的频率已不存在任何问题。现在工程师关注的问题是有关索力的计算方法和误差大小。实际索力的确定是十分复杂的，如索(系杆拱吊杆、安装了阻尼器的短斜拉索等)边界条件，工程上碰到的问题不只有我们这里讨论的几种。对一些精度要求比较高的工程，最好的方法是现场标定，在工地施工现场将测试数据与张拉千斤顶的油压表读数或力传感器的读数比照，反过来确定有关计算条件和参数。对一些明显不适合采用弦振动方法测定索力的情况应考虑其他测试方法。

【例 7-2】 日本多多拉(TATARA)桥动力特性测定。

1999 年建成通车的多多拉桥(图 7-34)是一座主跨 890m、总长 1 480m 的钢结构斜拉桥。钢箱梁桥宽 30.6m，钢筋混凝土桥塔高 220m。大桥竣工

图 7-34 多多拉桥结构布置图

前，进行了大桥动力特性测定。作为特大跨桥梁结构抗震抗风安全性的重要部分，为检验设计采用的有关参量、风洞试验所取假定值是否恰当等内容，多多拉桥的实际结构动力特性，备受关注。振动试验采用的强迫振动方法和环境随机振动方法，其强迫振动激振试验创下世界最大跨斜拉桥动用大型机械激振器的记录。

1）激振器和激振点

在桥上安置竖向和水平向激振装置（专门研制的上限频率为 10Hz 的大功率激振器，参见本书第二章第三节激振器有关内容）。

因激振器十分庞大，为能在一个断面位置上既能激励出对称振型，也能激励出反对称振型，把激振器安装在桥面 $3L/8$ 位置，参见图 7-35。另外为激励出扭转振型，使用了两台竖向激振器，分别安装在桥面两侧。

2）测点布置和测试仪器

分别在桥面两侧（一侧竖向、侧向两维，另一侧竖向一维）、塔顶和上横梁（纵向、侧向和竖向三维）安放 30 个加速度传感器，为考查振动参数，也在拉索上（垂直索长方向在平面和出平面两维）安置 12 个加速度传感器，在主塔和各辅助墩接近桥面处（纵桥向和侧桥向两维）安装 14 个位移计，在桥下承台上架设了 2 台光学位移计，现场还安装了 4 台风速仪和 1 个温度计。具体测点如图 7-35 所示。

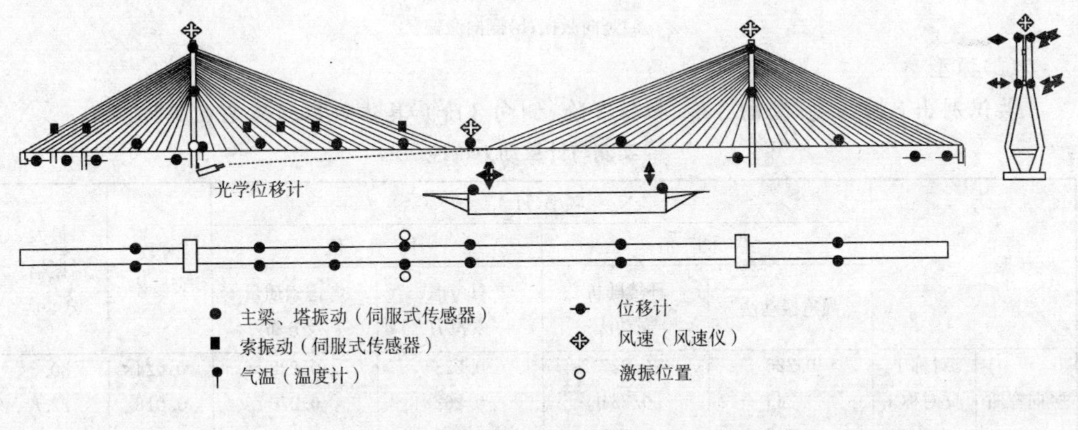

图 7-35　测点布置

3）试验方法和步骤

（1）理论计算

对桥梁进行振动试验之前，必须先了解结构的振动频率及其对应的振型，而对多多拉大桥这样等待进行强迫振动的特大型桥梁，试验之前对应的正确计算更是必不可少的。实际采用有限元方法对大桥进行了三维建模分析，得到大桥多阶频率和振型作为试验的期望值。

（2）在桥梁中跨 $3L/8$ 断面安装激振器的底架、设备，其中激竖向和扭转振型的两个底架位于桥面两侧，激侧向振型的（水平激振器）底架只在单侧。

（3）控制桥面两侧两台激振器同相同步出力，激出竖向振型；反向出力，激出扭转振型；控制单侧激振器水平向运动、激振，激出侧向振型。

（4）在共振频率处，突然制动激振器，测试所激频率的自由衰减曲线。

（5）用环境随机振动法测试大桥自振特性（具体略）。

4)测试结果

(1)共振频率

图 7-36 为实测得到的共振曲线,图中振幅标注(Cal/tf)为单位力标定值。由竖向共振曲线可以看出,除前 2 阶频率共振峰比较清楚外,其他共振峰曲线比较复杂,有的连在一起。由侧向共振曲线和对应相位曲线可以看出,3 阶频率共振峰比较清楚。

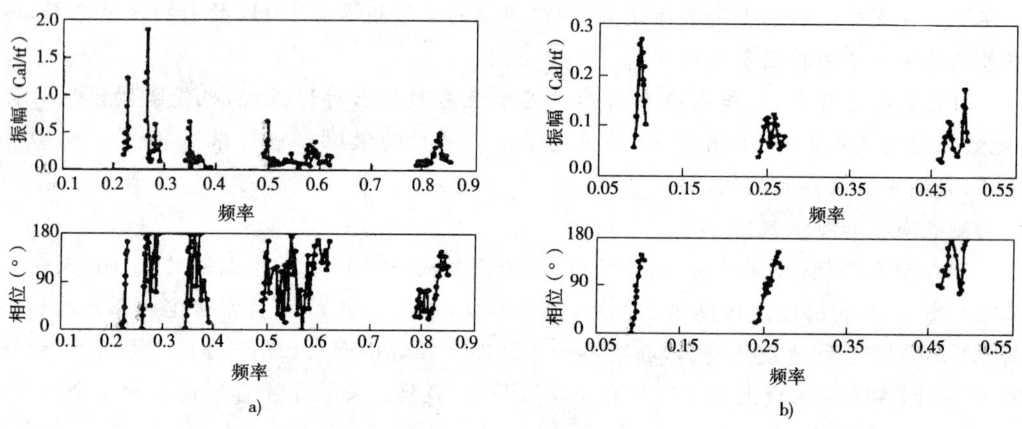

图 7-36 实测共振曲线

a)竖向激振;b)侧向激振

(2)振型

共识别出 8 阶振型(竖向 3 阶、扭转 2 阶、侧向 3 阶),具体数据结果见表 7-13。

实测与计算动力特性 表 7-13

振型		频率(Hz)				对数衰减率	最大振幅(cm)
		实测值		计算值			
		强迫振动法	环境随机振动法	只考虑索拉力	考虑索质量及分布		
竖向弯曲	对称 1	0.226	0.227	0.223	0.232	0.024	30.5
	反对称 1	0.263	0.264	0.262	0.276	0.018	22.6
	对称 2	0.348	0.348	0.345	0.352	0.007	9.5
扭转	对称 1	0.497	0.497	0.498	0.561	0.017	4.8
	反对称 1	0.831	0.821	0.822	0.823	0.051	1.6
侧向弯曲	对称 1	0.097	0.102	0.094	0.093	0.132	9.4
	反对称 1	0.248	0.285	0.249	0.258	0.213	4.0
	对称 2	0.470	0.496	0.494	0.492	0.173	1.1

图 7-37 为大桥振型图,实测值以点形式画在上面。从振型曲线可以明显看出,无论是竖向还是侧向对称 2 阶振型,在激振点($3L/8$)附近正好是拐点,所以这 2 阶振型对应的实测共振曲线相对较差。

实际更多的振型测定主要依赖环境随机振动法。

(3)阻尼

多多拉桥的阻尼测定方法,当激振器把某一阶振型激励起来后,随即制动激振器,测试该振型频率对应的自由衰减曲线。

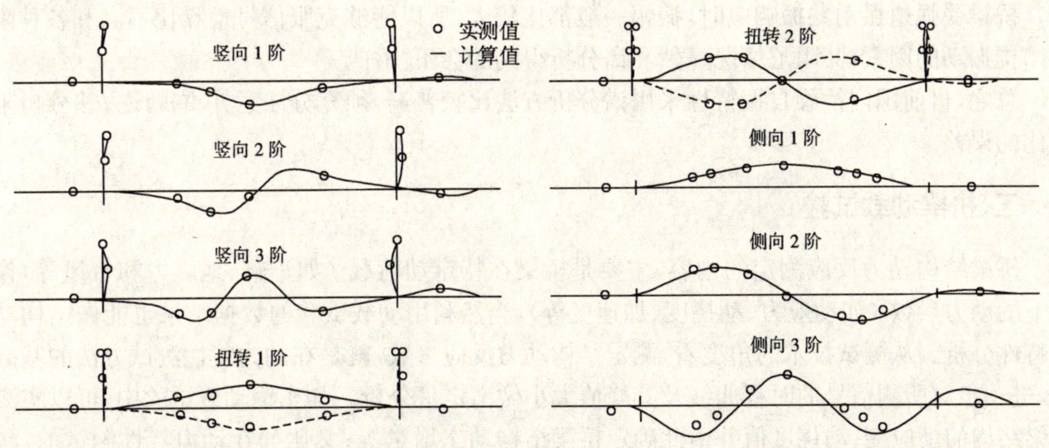

图 7-37　振型曲线

为考察不同振幅情况下结构的阻尼效果，试验同时得到了振动幅值与阻尼的关系曲线。表 7-13 中列出的是半功率法算得的阻尼值(用对数衰减率表示)。可见，多多拉桥的低阶竖向和扭转振型对应的阻尼比都不到 1%(表值/6.28)，侧向振型阻尼比相对比较大，尤其是反对称 1 阶值达到 3.4%，分析认为与结构实际侧向约束有关。

图 7-38 为实测自由衰减曲线和对数衰减率的例子。

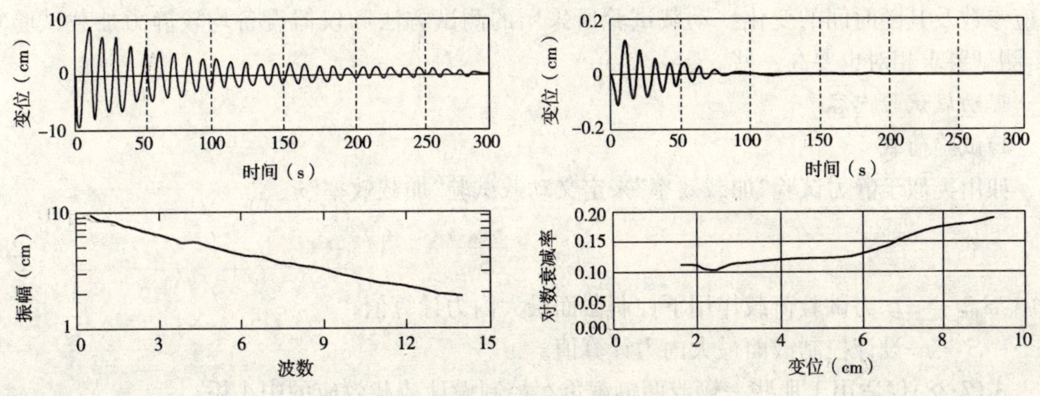

图 7-38　实测自由衰减曲线和对数衰减率

桥梁结构动力特性三个参数中，阻尼比是唯一依赖实测得到的，但实桥试验中如何确定阻尼却是最为复杂的问题。日本同行之所以不惜财力地采用大型激振器做实桥振动试验，很大程度上是为了测得正确的阻尼值，因为像多多拉大桥这样超大跨桥梁的抗风抗震分析研究中，阻尼比的取值是非常重要的。

目前用响应谱求阻尼比一般都基于半功率带宽法，实际数据不仅有些离散，误差也比较大。究其原因，主要是当结构在环境振源下处于常时微振状态时，一方面结构的加速度低频响应信号的信噪比不高，使峰值与半功率带宽数据的精度降低；另一方面，结构阻尼作用机理很复杂，微幅振动时存在各种阻碍结构振动的因素(如结构的弱连接、摩阻力等)，它们和阻尼混在一起作用于结构，所以从结构上不同测点(如中跨和边跨、跨中和塔附近)得到的阻尼值往往不一样，有的甚至成倍相差。

桥梁受强迫振动共振响应时，振幅一般都比较大，所以能够克服信号信噪比不高和各种阻碍结构振动的因素，其阻尼情况显然和谱分析得到的会不一样。

总之，目前国内桥梁自振特性采用谱分析方法比较普遍，须充分注意并重视该方法分析阻尼比的误差。

二、桥梁动载试验

桥梁结构动力反应测定的内容，主要是桥梁在特定动荷载（如车辆、地震力和台风等）作用下的动力参数（如动应力、动挠度、加速度等），当然利用动载试验的数据结果也能做结构动力特性分析。从测试技术的角度看，测定结构动力反应参数，就是在动力特性测试方法的基础上，进一步对所测信号的时程曲线及其峰值大小做出定量分析。如车辆动载试验中，可以实测桥梁结构的动应变、动挠度值并由此确定桥梁结构动态增量等；又比如在动力特性测试前，将所用仪器测试系统的灵敏度做必要的标定，那么由该系统所测的信号，就可以确定加速度或振幅大小。

桥梁结构的抗震、抗风试验在整个桥梁结构的抗震和抗风研究中有极其重要的地位，其相关试验或试验方法其实是相通的，但这方面内容已超出大纲范围，这里不作介绍。下面主要叙述实桥动载试验中最常见的移动车辆荷载作用下桥梁动力反应测试内容。

实桥动载试验一般采用移动车辆荷载进行加载，对应主要测试动荷载作用下结构的动态响应参数及其随时间的变化。动载试验所采用的测试方法和仪器设备均较静力加载试验复杂，测试要求相对也要高一些。

1. 动载试验内容

1）试验荷载

如用类似于静力试验“加载效率”来定义动载试验“加载效率”η_{dyn}：

$$\eta_{dyn}=\frac{S_{dyn}}{S} \tag{7-28}$$

式中：S_{dyn}——动力试验荷载作用下控制截面最大内力计算值；

S——设计控制截面最大内力计算值。

式(7-28)仅适用于那些一辆或两辆载重车控制设计荷载效应的中小桥。

因为一般情况下，实桥上将规范的设计组合荷载模拟成试验动荷载（能使结构控制截面产生最大内力）并无可行性。实际桥梁动载试验时，即使是特大型桥梁，也都采用一辆或多辆载重车作为动载试验荷载。

2）加载方式

实桥动载试验加载基本方式有如下几种：

(1)试验车辆以不同车速（10km/h、20km/h……下同）按指定车道匀速行驶过桥。

(2)试验车辆以不同车速按指定车道行驶，并跨越指定断面上模拟桥面不平障碍物。

(3)试验车辆以一定车速按指定车道行驶，至指定断面紧急制动。

(1)～(3)的加载车辆可以是单辆，也可以两辆或多辆，两辆或多辆加载时应要求车辆保持同速同步。动载试验前，应将加载车辆在控制断面（一般也是测试断面）按指定车道位置停放一遍，测量对应的静态响应，留作后续动载试验数据分析时参考比较。加载过程中，发现车辆明显偏位或车速明显不对或多辆车不同步等情况，应重新加载。

(4)实时在线车辆(如超载车、特殊交通量等)荷载作用。

2. 动载试验过程

动载试验过程如图 7-39 所列。

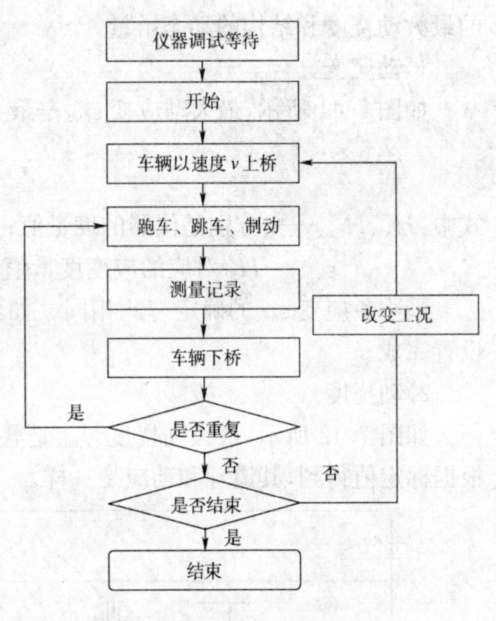

图 7-39　动载加载试验过程框图

1)仪器调试

所有仪器设备在准备阶段应已调试完毕，要考虑好记录的具体方法。如使用动态电阻应变仪，必须根据估计应变的大小确定增益、标定值范围等，调整记录速度和记录幅值等。如采用计算机动态数据采集系统直接采样、记存，其增益、标定值等条件设置大同小异，只是更方便而已。

2)车辆控制

要控制好车辆上下桥车速、位置和时间，要协助驾驶员准确控制好行车速度，注意每次上桥的行车路线，对一些大跨度桥梁，还要确定车辆行驶到各个断面时的位置信息。

3)测试记录

(1)跑车

跑车测试的目的是判别不同车行速度下桥梁结构的动态响应(如位移或应力的动态增量和时程曲线)，进而可以分析出动态响应与车速之间的关系。给车辆规定各挡车速，要求车辆在桥上保持匀速行进，记录动态响应的全过程。如果跑车速度相当慢，动测仪器记录的过程曲线就是对应测点位置的内力荷载影响线或挠度荷载影响线。

(2)制动

车辆以一定速度行进，到规定位置突然紧急制动，记录此制动时的动态响应时程曲线。

(3)跳车(跨越障碍物)

在桥上特征断面位置设置一障碍物，模拟桥面不平整(以弓形木板较为理想，见图 7-40)。当车辆以不同的车速碾过木板时，测定结构的动态响应时程曲线。选用半正弦曲线弓形板模拟桥面不平整的好处主要是数学模型比较简单，另外对实桥和车辆弹簧的冲击相对三角垫块等也要缓和一些。

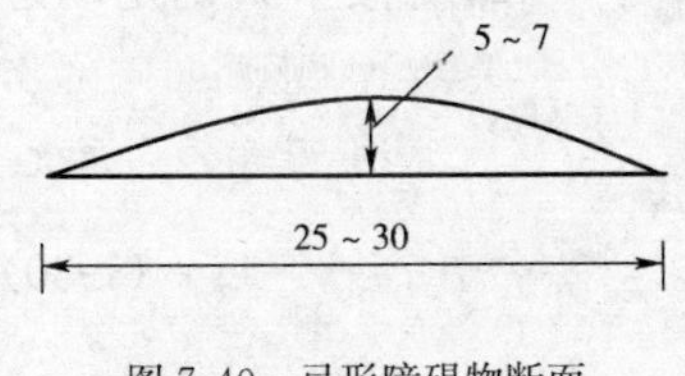

图 7-40　弓形障碍物断面
(尺寸单位：cm)

(4)实时在线车辆荷载作用

相当于桥梁日常或特殊运营情况下的实时监测，主要测试峰值交通量或特殊车辆作用下结构的动态时程曲线、响应峰值或动态增量等。

动载试验中，影响因素比较多，要特别注意仪器的正确操作和信号实时控制，防止信号中断或幅值超限，发现信号记录明显出错或被遗漏等情况，应重新加载。另外在各种不同工况中应抓住主要内容，如要求记录结构动态响应的完整过程时，重点记录信号的完整性；而只为确定动态增量时，则要求能记录到响应信号的峰值及其附近部分。

3. 动载试验数据整理

动载试验数据整理的主要对象是动应变和动挠度，通过动应变数据(曲线)可整理出对应结构构件的最大(正)应变和最小(负)应变以及动态增量，通过动挠度数据(曲线)可得到结构的最大动挠度和结构的动态增量。

1)动应变

如图 7-41 所示，最大动应变 ε_{max} 是最大正应变，它的度量可按比例换算得到：

$$\varepsilon_{max} = \varepsilon_x \frac{H_{max}}{H_x} \tag{7-29}$$

式中：H_x、H_{max}——分别是仪器的度量值；

ε_x——H_x 对应的应变度量值。

最小负应变 ε_{min} 的确定与此相同。如使用动态应变采集系统测试，这类换算直接由软件设置完成。

2)动挠度

如图 7-42 所示，最大动挠度 y_{max} 是叠加在相应静载挠度曲线上的波峰总值，它的度量可根据标定值得到，其道理和动应变一样。

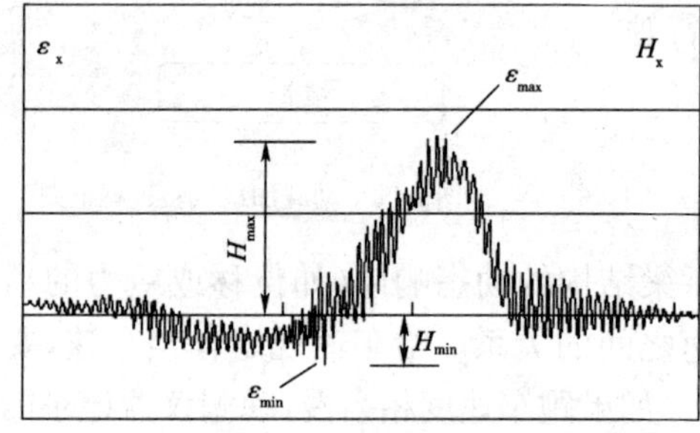

图 7-41 应变曲线

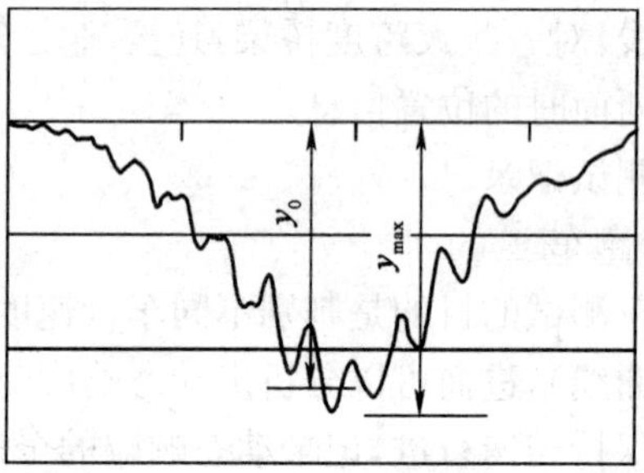

图 7-42 动挠度曲线

3)动态增量(动力增大系数)

动态增量既可定义为最大动应力与最大静应力之差比最大静应力的值，也可定义为最大动挠度与最大静挠度之差比最大静挠度的值。根据图 7-41 和图 7-42，可按下式确定动态增量。

应力动态增量：

$$\varphi_\varepsilon = \frac{\varepsilon_{max} - \varepsilon_0}{\varepsilon_0} \tag{7-30}$$

挠度动态增量：

$$\varphi_y = \frac{y_{max} - y_0}{y_0} \tag{7-31}$$

以上式中：ε_0、y_0——分别为动荷载相应静荷载作用下测点的最大应变和挠度。

动态增量和冲击系数的关系为：

$$\mu = 1 + \phi \tag{7-32}$$

4)影响线

荷载（车辆）缓慢匀速行驶过桥时，测量桥上动挠度曲线或某一断面测点的动应变，可得到该测量断面上变形或内力的“影响线”。图7-43上下两条曲线分别是实测的某吊桥四分点断面和跨中弦杆的内力影响线。

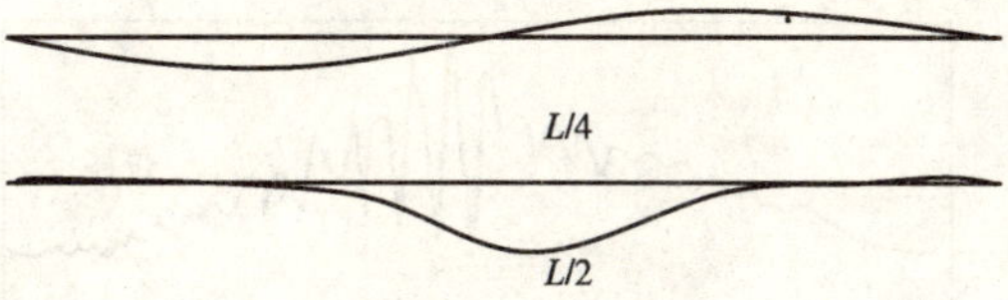

图 7-43 实测影响线

【例 7-3】 简支箱梁动载试验。

对于一座31.7m跨度的先张法预应力混凝土简支箱梁桥，动载试验内容是测试移动车辆荷载作用下，箱梁跨中断面的动应变(应力)和动挠度。

1)加载情况

根据可供车源(事先已对车辆动力特性进行过测试)，并考虑在移动车辆荷载作用下主梁弯矩尽可能大的原则，选用1辆斯泰尔三轴载重车(总载重325kN)作为加载车辆。加载程序如下：

(1)一辆满载斯泰尔车，以不同车速对中匀速行驶过桥。

(2)一辆满载的斯泰尔车，以5km/h、10km/h、15km/h、20km/h、25km/h、30km/h、35km/h车速分别跨越四分点和跨中的障碍(图7-44)。

2)测点及测试仪器

主梁跨中下缘分别布置动应变和动挠度各两个测点，如图7-44所示。

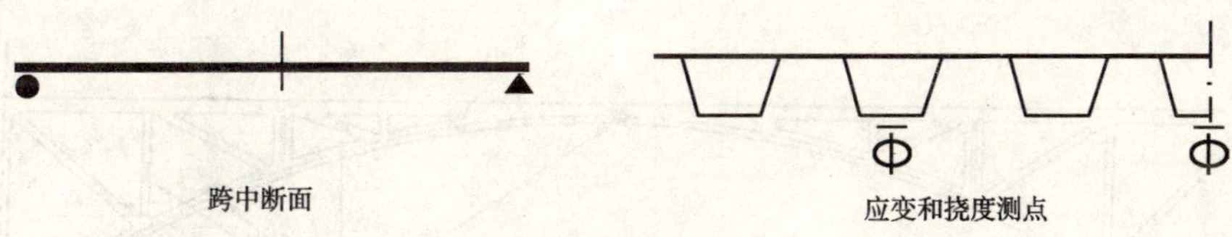

图 7-44 测试断面及测点图

选用应变计和电阻式位移计(装在固定支架上)分别测量动应变和动挠度。

3)试验结果和讨论

图7-45是单车以13km/h(实测)的时速跨越障碍时简支箱梁跨中的两根动态响应曲线，可见其最大动态增量已超出静态分量。

由实测曲线可以看出，当车辆通过模拟不良桥面的障碍时会引起较大的动态增量，即桥面的不平整度对车辆的冲击作用十分敏感。另外，在反映整个动态变化趋势时，应变曲线和挠度曲线的形状基本是一致的。

图7-46是不同车速时预应力混凝土简支箱梁跨中应变和位移的动态增量。由图可见，有障碍的情况下，动态增量随车速增大而下降；无障碍在25km/h的时速时有一增大趋势，但随后动态增量又下降，以后随车速成正比上升。

【例 7-4】 组合拱桥动载试验。

本例大桥设计跨径组合为14m＋138m＋10m＋8m×2＝178m，主孔为预应力混凝土组合桁架拱桥，矢跨比1/6。上弦杆在两侧第二、三节间处断开，使其两边各形成长为31m的悬臂桁架，中间为固结于悬臂桁架上的76m桁架拱。桥梁平面采用双幅两个行车道，每幅桥宽11.75m。

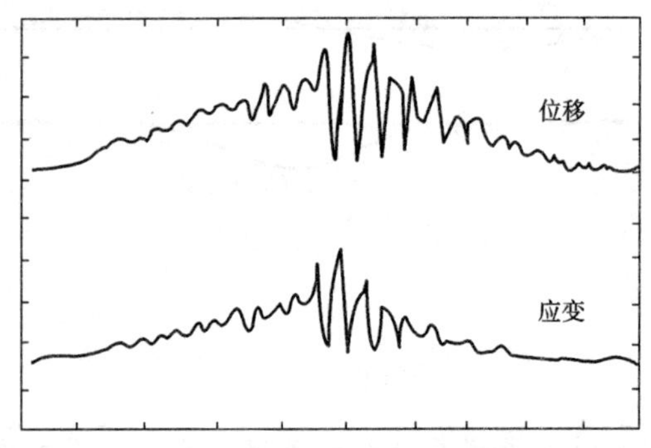

图 7-45 跨中动态响应曲线(车速:13km/h)

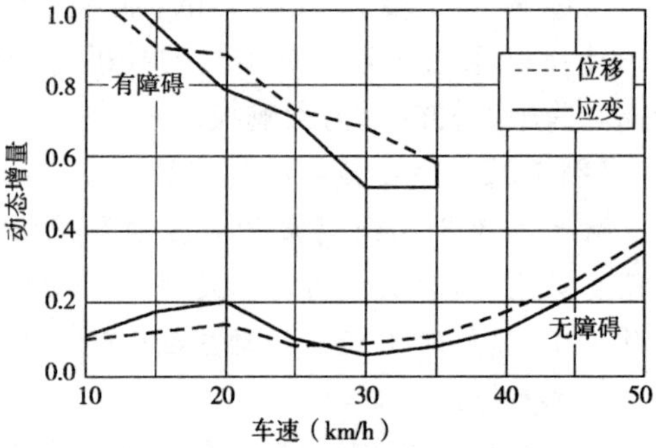

图 7-46 车速—动态响应曲线

本动载试验,主要是测量移动车辆作用下桥梁结构的应力动态响应。这里应力动态增量 φ 用式(7-30)计算。

1)试验内容及测点布置

动荷载采用 1 辆和 2 辆载重车,以不同车速匀速行驶过桥、跨越模拟路面不平的障碍物(图 7-40)和突然制动等工况,测量这些不同动荷载情况下结构控制断面的动态增量。

测点主要选择布置在跨中断面和各桁架杆处,共 6 个测点(跨中 2 点,斜杆 2 点,下弦杆和竖杆各 1 点),如图 7-47 所示。

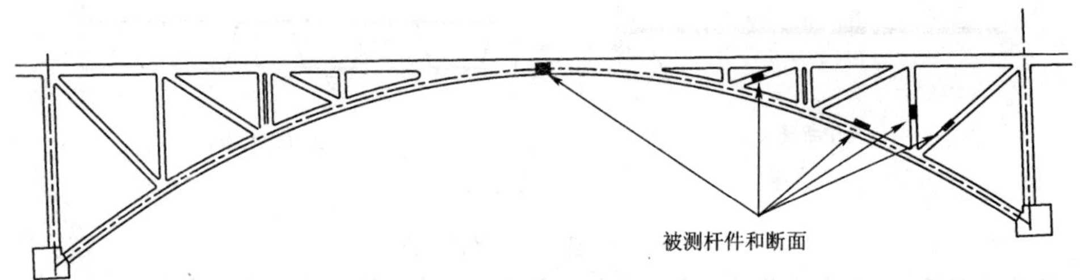

图 7-47 动应力测点布置示意图

2)测试仪器及其配套框图(图 7-48)

采用弓形电阻应变计作传感器,动态电阻应变仪为放大器,配备计算机数据采集和处理系统作为记录和分析设备。

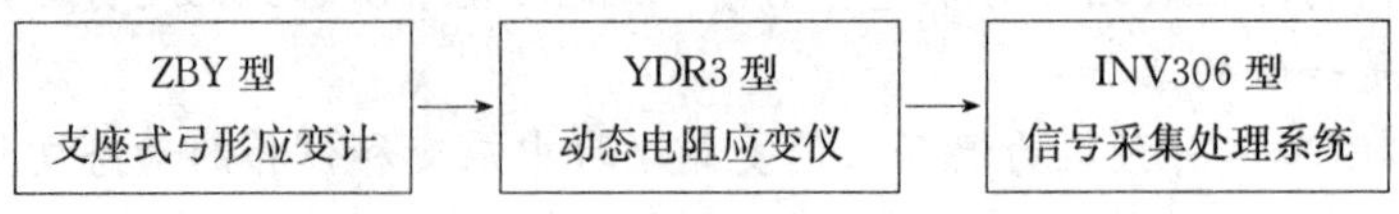

图 7-48 测量和分析仪器的过程框图

3)测试顺序

(1)1 辆、2 辆加载车辆分别以 10km/h、20km/h、30km/h、40km/h 和 50km/h 的车速行驶过桥,记录所有测点的动应变时程信号。

(2)1 辆、2 辆加载车辆分别以 10km/h 和 20km/h 的车速驶过设有人工障碍物的桥面,记录所有测点的动应变峰值。

(3)加载车辆以30km/h车速驶到跨中附近时,突然制动,记录所有测点的动应变峰值。

4)测试结果和分析

图7-49是车辆以不同车速(图中标注的车速是试验要求车速)匀速行驶过桥时实测得到的桁架斜杆动应力时程曲线。由图可清楚地看到,斜杆动态增量有随车速提高不断增大的趋势。其他杆件或断面的动应力曲线也差不多,不再列举。

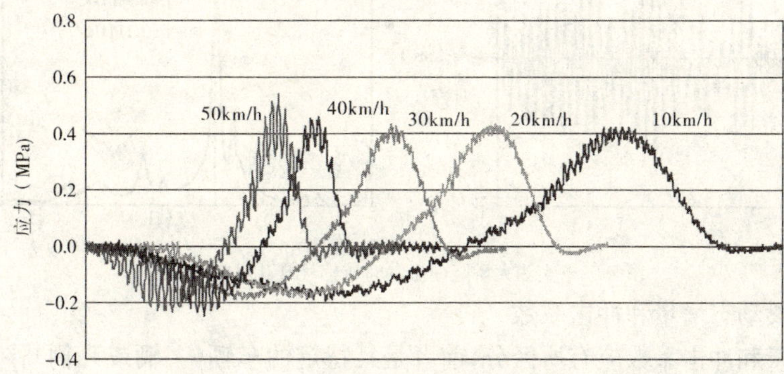

图7-49 载重车辆以不同车速匀速行驶过桥时实测桁架斜杆动应力时程曲线

各控制截面和杆件动应力值及与其对应的应力动态增量列在表7-14中,可见行车在40~50km/h匀速情况下,1辆车引起的跨中和下弦杆动态增量都已超过20%,2辆车作用下所有被测杆件的动态增量继续增大;跨越障碍物情况动态增量更大。各种动荷载作用下两根斜杆的动态增量一直偏大于其他杆件,这对静应力本来就比较大的斜杆受力十分不利。

移动荷载作用下控制截面和杆件动应力值及其相应的应力动态增量　表7-14

荷载 \ 测试断面		跨中	下弦杆	斜杆(短)	斜杆(长)	竖杆
1辆,40km/h匀速	σ	0.14	−0.09	0.36	0.19	−0.24
	ϕ	0.22	0.28	0.12	0.14	0.11
1辆,50km/h匀速	σ	0.16	−0.09	0.33	0.23	−0.25
	ϕ	0.37	0.31	0.09	0.13	0.16
2辆,40km/h匀速	σ	0.60	−0.08	0.73	0.45	−0.57
	ϕ	0.28	—	0.25	0.09	0.24
2辆,50km/h匀速	σ	0.52	−0.07	0.76	0.54	−0.65
	ϕ	0.40	0.23	0.20	0.27	0.37
2辆,10km/h跨越障碍	σ	0.67	−0.22	0.68	0.42	−0.47
	ϕ	0.38	1.24	1.17	0.82	0.28
2辆,20km/h跨越障碍	σ	0.67	−0.19	0.60	0.44	−0.50
	ϕ	0.37	0.76	1.06	0.99	0.06
1辆,30km/h制动	σ	0.31	0.10	0.10	—	—
	ϕ	0.03	0.12	0.22	0.23	0.19

注:表中应力单位为MPa;σ为动应力幅值,并以受压为负,受拉为正;ϕ表示动态增量。

图7-50是实测大桥的竖向振动时域信号和对应功率谱,显然使大桥产生拍状振动的是两个靠得比较近的竖向频率,且恰恰与载重车辆的自振频率(3.0Hz左右)十分接近。该桥动力

特性及车致振动问题被设计者低估(或者说没考虑)而由此引起桥梁杆件开裂及行车不适,使得该桥建成不久就开始维修,但一直未能解决动力特性"不好"的根本问题。

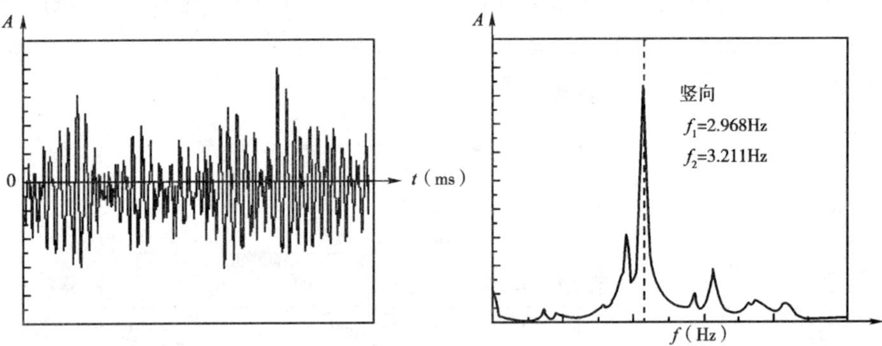

图 7-50 实测大桥竖向振动时域信号及其对应功率谱

5)有关桥梁动态增量和冲击系数

对动态增量和冲击系数应有所区分,前者是某特定的车辆(一辆或几辆)移动荷载作用下桥梁应力或位移响应的一个动力增大系数;后者是设计汽车组合荷载所乘的考虑汽车制动力作用的一个系数。

我国桥梁规范在 2004 年前一直把冲击系数定为跨长的递减函数,也就是在车辆作用下桥梁的冲击系数只取决于跨长。《公路桥涵设计通用规范》(JTG D60—2004)已规定冲击系数与结构基本频率有关,并定义 $\mu=0.1767\ln f-0.0157$ 。按此公式,本桥计算冲击系数为 0.18。

实桥上能够测出的是特定试验车辆引起的结构动态增量,如果考虑到这个实测结构动态增量也是桥上实际可能发生的情况,则可通过式(7-32)计算 μ,并将其称为试验冲击系数。通过试验得到的 μ 有时会大于设计冲击系数,但由于一般情况下这个"大于"是通过小于设计组合荷载的试验荷载得到的,所以不能简单讲某桥实测冲击系数已大于设计冲击系数。

试验和研究表明,动态增量与桥梁固有频率、结构的阻尼、车行速度、车辆数以及桥面平整度等都有关系。大量实桥试验表明,即使在桥面平整情况下,由于共振原因,最大动态增量会发生在基频为 2.5~4Hz 的桥梁上。动态增量与行车速度不一定成正比关系,对此不同桥梁结构有不同的结果。有的在低速时动态增量比较大(如【例 7-3】简支梁桥),有的动态增量随车速的提高而提高(如本例),有的这种关系则不明显(如大跨径斜拉桥)。一般情况下,单辆车的动态增量会大于多辆车;而桥面平整与否,对动态增量的影响极大。

目前,实际公路桥梁冲击系数一直是国内外学者研究的热点之一,对一些实桥动力响应参数(如试验冲击系数、车致振动加速度等)的定量评估尚缺乏标准或规范。

第三节 桥梁实际承载能力评定

通过试验检测评定桥梁结构实际承载能力一般采用两种方法:一种是适用于大多数在用桥梁的通过桥梁技术状况检测,结合结构检算评定桥梁承载能力的方法;另一种是确定新建或在用桥梁承载能力最直接、有效,但花费物力相对较大的荷载试验方法。

2011 年 10 月交通运输部正式颁布的《公路桥梁承载能力检测评定规程》(JTG/T J21—

2011)(以下简称《规程》),提出在用桥梁应以《公路钢筋混凝土及预应力混凝土桥涵设计规范》(JTG D62—2004)(以下简称《桥规》)为基础,按承载能力极限状态和正常使用极限状态两类极限状态计算桥梁结构或构件抗力效应和作用效应,并采用引入分项检算系数修正极限状态设计表达式的方法进行在用桥梁承载能力检测评定。

《规程》规定,在用桥梁有下列情况之一时,应进行承载能力检测评定:

(1)技术状况等级为四、五类的桥梁;

(2)拟提高荷载等级的桥梁;

(3)需通行大件运输车辆的桥梁;

(4)遭受重大自然灾害或意外事件的桥梁。

本节分两部分,先介绍基于结构技术状况检测和检算,按《规程》确定在用桥梁分项检算系数,继而评定桥梁实际承载能力的方法;然后介绍通过荷载试验,如何确定桥梁实际承载能力的方法。

一、基于结构技术状况检测与检算的承载能力评定

基于结构技术状况检测和检算的主要内容包括:按现行规范有关定期检查的规定和本书第六章所述方法或其他相关规程,对结构构件缺损状况、材质状况与状态参数以及实际运营荷载状况等进行检查评估;按《桥规》分别检算结构或构件在持久状况承载能力极限状态下的强度、稳定性和正常使用极限状态下的刚度、抗裂性。

《规程》规定:计算圬工结构、配筋混凝土和钢结构桥梁承载能力极限状态的抗力效应时,应根据各类桥梁试验检测结果,引入不同的检算系数,并分别考虑截面折减系数和材性恶化系数等。对交通繁忙和重载车辆较多的桥梁,通过活载影响修正系数计算汽车荷载效应。

《规程》还规定:对在用桥梁,当结构或构件的承载能力检算系数评定标度为 1 或 2 时,结构或构件的总体状况较好,可不进行正常使用极限状态评定计算;当桥梁结构或构件的承载能力检算系数评定标度为 3、4 或 5 时,应采用引入检算系数 Z_1 或 Z_2 的方式对限制应力、结构变形和裂缝宽度等,进行正常使用极限状态评定计算。

此外,《规程》指出:桥梁结构检算应针对结构主要控制截面、薄弱部位和出现严重缺损部位。在用桥梁结构检算宜遵循桥梁设计规范,也可采用为科研所证实的其他可靠方法。桥梁检算宜依据竣工资料或设计资料,并应与桥梁实际情况进行核对修正。对缺失资料的桥梁,可根据桥梁检测结果,参考同年代类似桥梁的设计资料或标准定型图进行检算。结构检算时,宜参照设计采用的计算假定,根据结构的预应力状况、恒载分布状况、结构尺寸和开裂状况等方面的检测评定结果,对模型的边界条件、结构初始状态等进行调整,重新建立计算模型。

1. 圬工结构桥梁承载能力评定

圬工结构桥梁承载能力极限状态,应根据桥梁检测结果按下式进行计算评定。

$$\gamma_0 S \leqslant R(f_d, \xi_c a_d) Z_1 \tag{7-33}$$

式中:γ_0——结构的重要性系数;

S——荷载效应函数;

$R(\cdot)$——抗力效应函数;

f_d——材料强度设计值;

a_d——结构的几何尺寸；

Z_1——承载能力检算系数；

ξ_c——截面折减系数。

抗力效应值应按现行设计规范进行计算，Z_1、ξ_c 应按《规程》有关规定取值。

（圬工桥梁正常使用极限状态，宜按现行设计和养护规范进行计算评定。）

2.配筋混凝土桥梁承载能力评定

配筋混凝土桥梁承载能力极限状态，应根据桥梁检测结果按下式进行计算评定。

$$\gamma_0 S \leqslant R(f_d, \xi_c a_{dc}, \xi_s a_{ds}) Z_1 (1-\xi_e) \tag{7-34}$$

式中：γ_0——结构的重要性系数；

S——荷载效应函数；

$R(\cdot)$——抗力效应函数；

f_d——材料强度设计值；

a_{dc}——构件混凝土几何参数值；

a_{ds}——构件钢筋几何参数值；

Z_1——承载能力检算系数；

ξ_e——承载能力恶化系数；

ξ_c——配筋混凝土结构的截面折减系数；

ξ_s——钢筋的截面折减系数。

抗力效应值应按现行设计规范进行计算，Z_1、ξ_e、ξ_c、ξ_s 应按《规程》有关规定取值。正常使用极限状态宜按现行设计和养护规范、检测结果分以下三方面进行计算评定：

1）限制应力

$$\sigma_d < Z_1 \sigma_L \tag{7-35}$$

式中：σ_d——计入活载影响修正系数的截面应力计算值；

σ_L——应力限值；

Z_1——承载能力检算系数。

2）荷载作用下的变形

$$f_{d1} < Z_1 f_L \tag{7-36}$$

式中：f_{d1}——计入活载影响修正系数的荷载变形计算值；

f_L——变形限值；

Z_1——承载能力检算系数。

3）各类荷载组合作用下裂缝宽度满足

$$\delta_d < Z_1 \delta_L \tag{7-37}$$

式中：δ_d——计入活载影响修正系数的短期荷载变形计算值；

δ_L——变位限值；

Z_1——承载能力检算系数。

桥梁结构或构件在持久状况下裂缝宽度应小于表 7-15 的限值。

裂缝限值表 表 7-15

<table>
<tr><th>结构类别</th><th colspan="3">裂缝部位</th><th>允许最大缝宽(mm)</th><th>其他要求</th></tr>
<tr><td rowspan="5">钢筋混凝土梁</td><td colspan="3">主筋附近竖向裂缝</td><td>0.25</td><td></td></tr>
<tr><td colspan="3">腹板斜向裂缝</td><td>0.30</td><td></td></tr>
<tr><td colspan="3">组合梁结合面</td><td>0.50</td><td>不允许贯通结合面</td></tr>
<tr><td colspan="3">横隔板与梁体端部</td><td>0.30</td><td></td></tr>
<tr><td colspan="3">支座垫石</td><td>0.50</td><td></td></tr>
<tr><td rowspan="3">全预应力
混凝土梁</td><td colspan="3">梁体竖向裂缝</td><td>不允许</td><td></td></tr>
<tr><td colspan="3">梁体横向裂缝</td><td>不允许</td><td></td></tr>
<tr><td colspan="3">梁体纵向裂缝</td><td>0.20</td><td></td></tr>
<tr><td rowspan="3">A 类预应力
混凝土梁</td><td colspan="3">梁体竖向裂缝</td><td>不允许</td><td></td></tr>
<tr><td colspan="3">梁体横向裂缝</td><td>不允许</td><td></td></tr>
<tr><td colspan="3">梁体纵向裂缝</td><td>0.20</td><td></td></tr>
<tr><td rowspan="3">B 类预应力
混凝土梁</td><td colspan="3">梁体竖向裂缝</td><td>0.15</td><td></td></tr>
<tr><td colspan="3">梁体横向裂缝</td><td>0.15</td><td></td></tr>
<tr><td colspan="3">梁体纵向裂缝</td><td>0.20</td><td></td></tr>
<tr><td rowspan="3">砖、石、混凝土拱</td><td colspan="3">拱圈横向</td><td>0.30</td><td>裂缝高小于截面高一半</td></tr>
<tr><td colspan="3">拱圈纵向</td><td>0.50</td><td>裂缝长小于跨径的 1/8</td></tr>
<tr><td colspan="3">拱波与拱肋结合处</td><td>0.20</td><td></td></tr>
<tr><td rowspan="7">墩台</td><td colspan="3">墩台帽</td><td>0.30</td><td rowspan="7">不允许贯通墩台身截面的一半</td></tr>
<tr><td rowspan="5">墩台身</td><td rowspan="2">经常受侵蚀性环境水影响</td><td>有筋</td><td>0.20</td></tr>
<tr><td>无筋</td><td>0.30</td></tr>
<tr><td rowspan="2">常年有水，但无侵蚀性影响</td><td>有筋</td><td>0.25</td></tr>
<tr><td>无筋</td><td>0.35</td></tr>
<tr><td colspan="2">干沟或季节性有水河流</td><td>0.40</td></tr>
<tr><td colspan="3">有冻结作用部分</td><td>0.20</td></tr>
</table>

注：表中所列除特殊要求外适用于一般条件。对于潮湿和空气中含有较多腐蚀性气体等条件下的缝宽限值应要求严格一些。

3. 钢结构桥梁承载能力评定

钢结构桥梁承载能力极限状态，应根据检测结果，采用引入检算系数 Z_1 的方式进行修正计算。结构构件的强度、总稳定性和疲劳验算应执行现行设计规范，其应力限值取值为 $Z_1[\sigma]$。

荷载作用下的变形应按下式计算评定：

$$f_{d1} < Z_1[f] \tag{7-38}$$

式中：f_{d1}——计入活载影响修正系数的短期荷载变形计算值；

$[f]$——允许变形值；

Z_1——承载能力检算系数。

4. 拉吊索承载能力评定

拉吊索强度应按下式计算评定：

$$\frac{T_j}{A} \leqslant Z_1[\sigma] \tag{7-39}$$

式中：T_j——计入活载影响修正系数索的计算索力；

A——索的计算面积；

$[\sigma]$——允许应力限值。

5. 桥梁地基评定

参照《公路桥涵地基与基础设计规范》(JTG D63—2007)第 3.3.6 条相关规定，经久压实的桥梁地基土，在墩台与基础无异常变位的情况下可适当提高承载能力，最大提高系数不得超过 1.25。

6. 分项检算系数确定

1)圬工与配筋混凝土桥梁承载能力检算系数 Z_1 的确定

应综合考虑桥梁结构或构件表观缺损状况、材质强度和桥梁结构自振频率等的检测评定结果。

(1)按式(7-40)计算确定结构或构件承载能力检算系数评定标度 D：

$$D=\sum \alpha_j D_j \tag{7-40}$$

式中：α_j——某一项检测指标的权重值，$\sum_{j=1}^{3}\alpha_j=1$，按表 7-16 的规定取值；

D_j——结构或构件某项检测指标的评定标度(桥面系、上部和下部结构技术状况等级 1、2、3、4 和 5，对应的缺损状况评定标度值为 1、2、3、4 和 5)，按表 7-17 和表 7-18 取值。

承载能力检算系数检测指标权重值 表 7-16

检测指标名称	缺损状况	材质强度	自振频率
权重 α_j	0.4	0.3	0.3

桥梁混凝土强度评定标准 表 7-17

K_{bt}	K_{bm}	强度状况	评定标度
≥0.95	≥1.00	良好	1
(0.95,0.90]	(1.00,0.95]	较好	2
(0.90,0.80]	(0.95,0.90]	较差	3
(0.80,0.70]	(0.90,0.85]	差	4
<0.70	<0.85	危险	5

桥梁自振频率评定标准 表 7-18

上部结构	下部结构	评定标度
f_{mi}/f_{di}	f_{mi}/f_{di}	
≥1.1	≥1.2	1
[1.00,1.10)	[1.00,1.20)	2
[0.90,1.00)	[0.95,1.00)	3
[0.75,0.90)	[0.80,0.95)	4
<0.75	<0.80	5

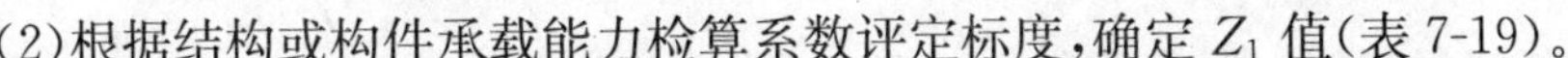

(2)根据结构或构件承载能力检算系数评定标度，确定 Z_1 值(表 7-19)。

圬工及配筋混凝土桥梁的承载能力检算系数 Z_1 值 表 7-19

承载能力检算系数评定标度 D	受弯构件	轴心受压	轴心受拉	偏心受压	偏心受拉	受扭构件	局部承压
1	1.15	1.20	1.05	1.15	1.15	1.10	1.15
2	1.10	1.15	1.00	1.10	1.10	1.05	1.10
3	1.00	1.05	0.95	1.00	1.00	0.95	1.00
4	0.90	0.95	0.85	0.90	0.90	0.85	0.90
5	0.80	0.85	0.75	0.80	0.80	0.75	0.80

注：①小偏心受压可参照轴心受压取用承载能力检算系数 Z_1 值。

②检算系数 Z_1 值，可按承载能力检算系数评定标度 D 线性内插。

2)钢结构桥梁承载能力检算系数 Z_1 的确定

根据钢结构或构件缺损状况评定标度确定 Z_1 值(表 7-20)。

钢结构桥梁承载能力检算系数 Z_1 值 表 7-20

缺损状况评定标度	性状描述	Z_1 值
1	焊缝完好，各节点铆钉、螺栓无松动；构件表面完好，无明显损伤，防护涂层略有老化、污垢	(0.95,1.05]
2	焊缝完好，少数节点有个别铆钉、螺栓松动变形；构件表面有少量锈迹，防护涂层油漆变色、起泡剥落，面积在 10%以内	(0.90,0.95]
3	少数焊缝开裂，部分节点有铆钉、螺栓松动变形；构件表面有少量锈迹，防护涂层油漆明显老化变色，并伴有大量起泡剥落，面积在 10%～20%以内。个别次要构件有异常变形，行车稍感振动或摇晃	(0.85,0.90]
4	焊缝开裂，并造成截面削弱。联结部位铆钉、螺栓松动变形，10%～30%已损坏；构件表面锈迹严重，截面损失在 3%～10%以内，防护涂层油漆明显老化变色，并普遍起泡剥落，面积在 50%以上。个别主要构件有异常变形，行车有明显振动或摇晃并伴有异常声音	(0.80,0.85]
5	焊缝开裂严重，造成截面削弱在 10%以上。联结部位 30%以上铆钉、螺栓已损坏；构件表面锈迹严重，截面损失在 10%以上，材质特性明显退化；防护涂层油漆完全失效。主要构件有异常变形，行车振动，或摇晃显著并伴有不正常移动	≤0.80

3)拉吊索承载能力检算系数 Z_1 的确定

根据拉吊索缺损状况评定标度确定 Z_1 值(表 7-21)。

拉吊索承载能力检算系数 Z_1 值 表 7-21

缺损状况评定标度	性状描述	Z_1 值
1	表面防护完好，锚头无积水，锚下混凝土无裂缝	(1.00,1.10]
2	表面防护基本完好，有细微裂缝，锚头无锈蚀，锚固区无裂缝	(0.95,1.00]
3	表面防护有少量裂缝，伴有少量锈迹，锚头有轻微锈蚀，锚固区有细小裂缝	(0.90,0.95]
4	表面防护普遍开裂，并有部分脱落，锚头锈蚀，锚固区有明显的受力裂缝	(0.85,0.90]
5	表面防护普遍开裂，并有大量脱落，钢索裸露，钢索锈蚀严重，锚头积水锈蚀，锚固区有明显的受力裂缝，裂缝宽度大于 0.2mm	≤0.85

4)配筋混凝土桥梁承载能力恶化系数 ξ_e 的确定

承载能力恶化系数 ξ_e 是考虑评定基准期内桥梁结构质量状况进一步衰退恶化产生的不利影响，通过承载能力恶化系数 ξ_e 来反映这一不利影响可能造成的结构抗力效应的降低。

(1)依据检测结果，确定构件恶化状况评定标度 E(表 7-22)。

配筋混凝土桥梁结构或构件恶化状况评定标度 表 7-22

序 号	检测指标名称	权重 α_j	综合评定方法
1	缺损状况	0.32	恶化状况评定标度 E 按下式计算： $E=\sum_{j=1}^{7}E_j\alpha_j$ 式中：E_j——结构或构件某一检测评定指标的评定标度； α_j——某一检测评定指标的权重，$\sum_{j=1}^{7}\alpha_j=1$
2	钢筋锈蚀电位	0.11	
3	混凝土电阻率	0.05	
4	混凝土碳化状况	0.20	
5	钢筋保护层厚度	0.12	
6	氯离子含量	0.15	
7	混凝土强度	0.05	

注：对混凝土电阻率、混凝土碳化状况、氯离子含量三项检测指标，按《规程》规定不需要进行检测评定时，其评定标度值应取 1。

(2)根据恶化状况评定标度 E 及桥梁所处的环境条件，确定配筋混凝土桥梁的承载能力恶化系数 ξ_e(表 7-23)。

配筋混凝土桥梁的承载能力恶化系数 ξ_e 值 表 7-23

恶化状况评定标度 E	环境条件			
	干燥，不冻，无侵蚀性介质	干、湿交替，不冻，无侵蚀性介质	干、湿交替，冻，无侵蚀性介质	干、湿交替，冻，有侵蚀性介质
1	0.00	0.02	0.05	0.06
2	0.02	0.04	0.07	0.08
3	0.05	0.07	0.10	0.12
4	0.10	0.12	0.14	0.18
5	0.15	0.17	0.20	0.25

注：恶化系数 ξ_e 按结构或构件恶化状况评定标度值线性内插。

5)圬工与配筋混凝土桥梁结构或构件的截面折减系数 ξ_c 的确定

(1)依据材料风化、碳化、物理与化学损伤三项检测指标的评定标度，按下式计算确定结构或构件截面损伤的综合评定标度 R：

$$R=\sum_{j=1}^{N}R_j\alpha_j \tag{7-41}$$

式中：R_j——某项检测指标的评定标度，按表 7-24、表 7-25 的规定确定，并根据测区碳化深度平均值与实测保护层厚度平均值的比值 K_c，按表 7-26 的规定确定混凝土碳化评定标度；

α_j——某项检测指标的权重值，$\sum_{j=1}^{N}\alpha_j=1$，按表 7-27 的规定确定；

N——对砖、石结构，$N=2$；对混凝土及配筋混凝土结构，$N=3$。

(2)依据截面损伤的综合评定标度，按表 7-28 确定截面折减系数 ξ_c(表 7-28)。

圬工与配筋混凝土桥梁材料风化评定标准 表 7-24

评定标度	材料风化状况	性状描述
1	微风化	手搓构件表面,无砂粒滚动摩擦的感觉,手掌上粘有构件材料粉末,无砂粒。构件表面直观较光洁
2	弱风化	手搓构件表面,有砂粒滚动摩擦的感觉,手掌上附着物大多为构件材料粉末,砂粒较少。构件表面砂粒附着不明显或略显粗糙
3	中度风化	手搓构件表面,有较强的砂粒滚动摩擦的感觉或粗糙感,手掌上附着物大多为砂粒,粉末较少。构件表面明显可见砂粒附着或明显粗糙
4	较强风化	手搓构件表面,有强烈的砂粒滚动摩擦的感觉或粗糙感,手掌上附着物基本为砂粒,粉末很少。构件表面可见大量砂粒附着或有轻微剥落
5	严重风化	构件表面可见大量砂粒附着,且构件部分表层剥离或混凝土已露粗集料

圬工与配筋混凝土桥梁物理与化学损伤评定标准 表 7-25

评定标度	性状描述
1	构件表面较好,局部表面有轻微剥落
2	构件表面剥落面积在 5%以内,或损伤最大深度与截面损伤发生部位构件最小尺寸之比小于 0.02
3	构件表面剥落面积在 5%~10%以内,或损伤最大深度与截面损伤发生部位构件最小尺寸之比小于 0.04
4	构件表面剥落面积在 10%~15%以内,或损伤最大深度与截面损伤发生部位构件最小尺寸之比小于 0.10
5	构件表面剥落面积在 15%~20%以内,或损伤最大深度与截面损伤发生部位构件最小尺寸之比大于 0.10

混凝土碳化评定标准 表 7-26

K_c	评定标度	K_c	评定标度
<0.5	1	[1.5,2.0)	4
[0.5,1.0)	2	≥2.0	5
[1.0,1.5)	3		

材料风化、碳化及物理与化学损伤权重值 表 7-27

结构类别	检测指标名称	权重值 α_j
砖、石结构	材料风化	0.20
	物理与化学损伤	0.80
混凝土及配筋混凝土结构	材料风化	0.10
	混凝土碳化	0.35
	物理与化学损伤	0.55

注:对混凝土碳化,按《规程》规定不需要进行检测评定时,其评定标度值应取 1。

圬工与配筋混凝土桥梁截面折减系数 ξ_c 值 表 7-28

截面损伤综合评定标度 R	截面折减系数 ξ_c	截面损伤综合评定标度 R	截面折减系数 ξ_c
$1 \leq R < 2$	(0.98,1.00]	$3 \leq R < 4$	(0.85,0.93]
$2 \leq R < 3$	(0.93,0.98]	$4 \leq R < 5$	≤0.85

6)配筋混凝土结构钢筋截面折减系数 ξ_s 的确定(表 7-29)。

配筋混凝土钢筋截面折减系数 ξ_s 值 表 7-29

评定标度	性状描述	截面折减系数 ξ_s
1	沿钢筋出现裂缝,宽度小于限值	(0.98,1.00]
2	沿钢筋出现裂缝,宽度大于限值,或钢筋锈蚀引起混凝土发生层离	(0.95,0.98]
3	钢筋锈蚀引起混凝土剥落,钢筋外露,表面有膨胀薄锈层或坑蚀	(0.90,0.95]
4	钢筋锈蚀引起混凝土剥落,钢筋外露,表面膨胀性锈层显著,钢筋断面损失在10%以内	(0.80,0.90]
5	钢筋锈蚀引起混凝土剥落,钢筋外露,出现锈蚀剥落,钢筋断面损失在 10%以上	≤0.80

7)活载影响修正系数 ξ_q 的确定

依据实际调查的典型代表交通量、大吨位车辆混入率和轴荷分布情况确定活载影响修正系数 ξ_q:

$$\xi_q = \sqrt[3]{\xi_{q1}\xi_{q2}\xi_{q3}} \tag{7-42}$$

式中:ξ_{q1}——典型代表交通量影响修正系数,按表 7-30 确定;

ξ_{q2}——大吨位车辆混入影响修正系数,按表 7-31 确定;

ξ_{q3}——轴荷分布影响修正系数,按表 7-32 确定。

交通量影响修正系数 ξ_{q1} 表 7-30

Q_m/Q_d	ξ_{q1}	Q_m/Q_d	ξ_{q1}
$1<\frac{Q_m}{Q_d}\leq 1.3$	[1.0,1.05)	$1.7<\frac{Q_m}{Q_d}\leq 2.0$	[1.10,1.20)
$1.3<\frac{Q_m}{Q_d}\leq 1.7$	[1.05,1.10)	$2.0<\frac{Q_m}{Q_d}$	[1.20,1.35)

注:Q_m 为典型代表交通量;Q_d 为设计交通量。

大吨位车辆混入影响修正系数 ξ_{q2} 表 7-31

α	ξ_{q2}	α	ξ_{q2}
$\alpha<0.3$	[1.00,1.05)	$0.5\leq\alpha<0.8$	[1.10,1.20)
$0.3\leq\alpha<0.5$	[1.05,1.10)	$0.8\leq\alpha<1.0$	[1.20,1.35]

注:ξ_{q2} 值可按 α 值线性内插。

轴荷分布影响修正系数 ξ_{q3} 表 7-32

β	ξ_{q3}	β	ξ_{q3}
$\beta<5\%$	1.00	$15\%\leq\beta<30\%$	1.30
$5\%\leq\beta<15\%$	1.15	$\beta\geq 30\%$	1.40

注:β 为实际调查轴荷分布中轴重超过 14t 所占的百分比。

二、基于荷载试验的承载能力评定方法

《规程》规定:当作用效应与抗力效应的比值在 1.0~1.2 之间时,应通过荷载试验评定承载能力。《规程》进一步解释说,当通过检算分析无法明确评定桥梁承载能力时,可采用荷载试

验测定桥梁结构在试验荷载作用下的响应，并据此确定检算系数 Z_2，继而进行承载能力检算评定或直接判定桥梁承载能力是否满足要求。

通过荷载试验荷载作用下结构或构件控制断面变形和应力实测值与对应理论计算值的分析和比较，得到变形和应力校验系数。这个校验系数的大小显然与桥梁实际结构的承载能力大小有关，所以可以用以评估试验桥梁的实际承载能力。

整个过程可以图 7-51 表示。

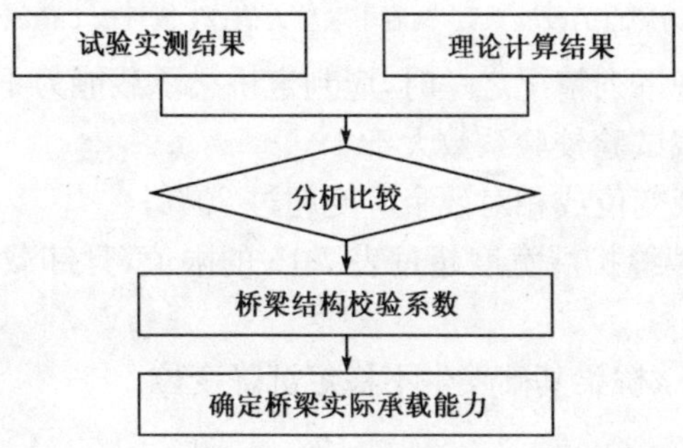

图 7-51 由荷载试验结果确定桥梁承载能力的过程

1. 桥梁结构校验系数 ζ

试验荷载作用下，结构主要控制断面或构件控制测点的弹性变形或应力实测值与对应理论计算值的比值，以校验系数 ζ 表示：

$$\zeta = \frac{S_e}{S_s} \tag{7-43}$$

式中：S_e——试验荷载作用下控制测点的实测弹性变位（或应变）值；

S_s——试验荷载作用下控制测点的理论计算变位（或应变）值。

校验系数 ζ 是反映结构工作状态的一个重要指标。实际工程上，一般取各控制断面或最不利受力（如简支梁跨中下缘受拉应力）测点值进行计算，并作为整桥校验系数的控制值。校验系数小于 1，说明桥梁结构实际强度或刚度有安全储备；校验系数大于 1，则表明强度或刚度不足。

实际桥梁的 ζ 值因不同桥型、不同桥跨，差别较大，所以主要应从实测值与对应计算值比较的思路和方法上理解。一方面，校验系数的大小肯定与桥梁结构实际承载能力有关；另一方面，结构校验系数与实测值和计算值关系都很直接。这实际意味着，当出现 ζ 偏小或偏大时，除了要确认实测值的可靠外，还应核实结构尺寸、材料性能以及计算方法和结果的正确。

2. 实桥承载能力评定

一座桥梁的承载能力是指它在保证安全使用条件下能承受的最大外作用，要评定桥梁的承载力，须分别对桥梁的上、下部结构（所有主要构件）的承载能力加以评定，其中承载能力最低的那部分就是全桥能通过荷载的标准。

《规程》规定：判定桥梁承载能力时，应取主要测点应力校验系数或变位校验系数较大值，按表 7-33 确定检算系数 Z_2，代替式（7-33）～式（7-39）中的 Z_1，按《规程》有关规定进行承载能力评定。当按《规程》检算的荷载效应与抗力效应的比值小于 1.05 时，应判定桥梁承载能力满足要求，否则应判定桥梁承载能力不满足要求。

经过荷载试验的承载能力检算系数 Z_2 值　　表 7-33

ζ	Z_2	ζ	Z_2
0.4 及以下	1.30	0.8	1.05
0.5	1.20	0.9	1.00
0.6	1.15	1.0	0.95
0.7	1.10		

注：对主要挠度测点和主要应力测点的校验系数，两者中取较大值；Z_2 值可按 ζ 值线性内插。

《规程》还规定：当出现下列情况之一时，应判定桥梁承载能力不满足要求：

(1)主要测点静力荷载试验校验系数大于 1；

(2)主要测点相对残余变位或相对残余应变超过 20%；

(3)试验荷载作用下裂缝扩展宽度超过表 7-15 的限值，且卸载后裂缝闭合宽度小于扩展宽度的 2/3；

(4)在试验荷载作用下，桥梁基础发生不稳定沉降变位。

三、桥梁承载能力评估实例

下面举四座简支梁桥承载能力评定的实例。其中【例 7-5】和【例 7-6】分别为钢筋混凝土和预应力混凝土的 T 形简支梁桥，主要结合《规程》基于结构技术状况检测与检算的承载能力评定的相关内容，说明具体应用的方法和过程。【例 7-7】介绍一座钢筋混凝土简支空心板梁桥，主要说明如何通过静载试验，按《规程》对在用旧桥进行承载能力评估的一般过程。【例 7-8】为一座日常超载车运营较多的多跨预应力混凝土简支 T 梁桥，介绍如何通过"在线动载试验"评估其结构承载能力的思路和方法，供读者参考。

【例 7-5】 20m 钢筋混凝土简支 T 梁承载能力评定。

1. 桥梁概况

多跨 20m 钢筋混凝土简支 T 梁和 35m 预应力混凝土简支 T 梁桥。桥面连续结构，6cm 厚钢筋混凝土铺装加 2cm 厚沥青混凝土。下部结构为钻孔灌注桩，双柱式盖梁。桥面横向净—9m+2×1.5m 人行道。T 梁高 130cm、宽 158cm，梁肋宽 18cm；横桥向 7 片主梁，纵桥向布置 5 道横隔板。混凝土为原 25 号，轴心抗压设计强度 R_a=14.5MPa，抗拉设计强度 R_l=1.55MPa，弹性模量 E_h=285 00MPa。主筋为Ⅱ级钢筋，其余为Ⅰ级钢筋。设计标准跨径为 20m，计算跨径 19.5m，梁长 19.96m。

设计荷载按汽车—20 级，挂—100 验算，人群荷载 3kN/m²。设计车速 80km/h。

2. 桥梁典型病害

1)桥面系

桥面系局部坑洼、开裂、破损严重，已严重影响车辆通行。部分栏杆和人行道板已经断裂，属危险状态。

2)上部结构

T 梁表观质量较差，麻面、蜂窝现象普遍。沿腹板高度方向多处存在混凝土空洞、露筋等病害。T 梁梁体普遍存在竖向和斜向裂缝。

铰缝普遍渗水，超过 20% 的 T 梁翼板存在泛白现象。40% 横隔板联结部位发生混凝土开裂、剥落。T梁横向联结构件损坏，导致横向联系减弱，T梁趋于单梁受力状态。超过50%T梁端部限位挡块因受剪而破损，严重的已被剪断，失去了限位和加强横向稳定性的功能。由于T梁彼此间横向联结的破坏，使得T梁端部已经移位，并导致支座脱空。

3)下部结构

全桥盖梁，在墩柱位置上缘普遍存在负弯矩裂缝，部分跨中下部发现正弯矩裂缝。

3.原结构复算

分别计算荷载横向分布系数、恒载、活载(汽车荷载考虑冲击系数)和荷载组合，最后计算出控制截面的荷载效应与抗力效应，见表7-34。

控制截面的荷载效应与抗力效应 表7-34

控制截面的控制内力	荷载效应		设计抗力效应
	组合Ⅰ	组合Ⅱ	
跨中弯矩(kN·m)	1 960	1 940	2 294.5
支点剪力(kN)	381	360	436.5

4.基于检测结果的承载能力评定

引入桥梁检算系数 Z_1、承载能力恶化系数 ξ_e、截面折减系数(混凝土为 ξ_c，钢筋为 ξ_s)和活载影响修正系数 ξ_q 等，按式(7-34)检算承载能力。

1)主要评定指标

(1)钢筋锈蚀状况(钢筋锈蚀电位测试评定，表7-35)

钢筋锈蚀电位测定结果 表7-35

测区	测点	1	2	3	4	5	均值(mV)	锈蚀电位标度值
1	1	−140	−107	−87	−56	−66	−87	1
	2	−120	−105	−75	−65	−103		
	3	−89	−77	−94	−48	−50		
	4	−115	−115	−68	−53	−102		
2	1	−114	−124	−76	−60	−21	−110	1
	2	−124	−110	−114	−113	−103		
	3	−155	−119	−132	−148	−86		
	4	−159	−112	−89	−90	−125		

(2)混凝土保护层厚度检测(表7-36)

混凝土保护层厚度测定结果 表7-36

测试部位	测点	碳化深度(mm)	保护层厚度(mm)	$\frac{D_{ne}}{D_{nd}}$	影响程度评价标度值	说明
1号梁	1	24	35	0.66	4	对结构耐久性有较大影响
	2	30	35			
	3	28	35			
	4	29	35			

续上表

测试部位	测点	碳化深度(mm)	保护层厚度(mm)	$\frac{D_{ne}}{D_{nd}}$	影响程度评价标度值	说明
1号梁	5	25	35	0.66	4	对结构耐久性有较大影响
	6	28	35			
	7	26	35			
	8	24	35			
	9	25	35			
	10	29	35			
2号梁	1	23	35	0.50	5	钢筋易失去碱性保护，发生锈蚀
	2	23	35			
	3	23	35			
	4	22	35			
	5	22	35			
	6	27	35			
	7	36	35			
	8	29	35			
	9	35	35			
	10	25	35			

(3)混凝土强度测试评定(表7-37)

混凝土强度测定结果 表7-37

测试部位	实测值(MPa)	设计强度(MPa)	实测/设计
某跨1号梁	14.1	25	0.56
某跨4号梁	11.2	25	0.45
某跨5号梁	10.3	25	0.41
某跨6号梁	10.0	25	0.40

2)检算系数的确定

(1)检算系数 Z_1 的确定(表7-38)

承载能力检算系数 Z_1 表7-38

检测指标	权重 α_j	检测指标的评定标度值 D_j	构件技术状况评定值 D	对应于受弯构件的检算系数 Z_1
外观质量	0.4	3	2.7	0.93
混凝土强度	0.3	3		
结构模态参数	0.3	2		

(2)承载能力恶化系数ξ_e的确定(表7-39)

承载能力恶化系数ξ_e 表7-39

序号	检测指标	权重α_j	指标评定标度E_j	恶化状况评定标度E	恶化系数ξ_e
1	混凝土表观质量	0.32	3	2.69	0.04(环境条件按干燥、不冻及无侵蚀介质考虑)
2	钢筋锈蚀电位	0.11	2		
3	混凝土电阻率	0.05	2		
4	混凝土碳化深度	0.20	3		
5	混凝土保护层厚度	0.12	3		
6	氯离子(Cl^-)含量	0.15	2		
7	混凝土强度推定值	0.05	3		

(3)截面折减系数ξ_c和ξ_s的确定(表7-40)

截面折减系数$\xi_c(\xi_c)$ 表7-40

检测指标	权重α_j	检测指标的评定标度值R_j	构件技术状况评定值R	截面折减系数$\xi_c(\xi_s)$
材料风化	0.10	2	2.35	0.96(0.98)
碳化	0.35	3		
物理与化学损伤	0.55	2		

(4)活载影响修正系数ξ_q的确定

交通量的活载影响修正系数:$\xi_{q1}=1.2$。

大吨位车辆混入率的活载影响修正系数:$\xi_{q2}=1.1$。

轴荷分布的活载影响修正系数:$\xi_{q3}=1.1$。

活载影响修正系数:$\xi_q=\sqrt[3]{\xi_{q1}\xi_{q2}\xi_{q3}}=1.13$。

(5)承载能力评定(表7-41)

结构抗弯和抗剪承载能力计算结果 表7-41

指标	设计抗力效应	各项折减后抗力效应	设计荷载效应	修正后荷载效应	承载能力评定
抗弯能力(kN·m)	M_R	M'_R	M_j	M'_j	$M'_R<M'_j$(不能满足要求)
	2 294.5	2 049.4	1 960	2 094.8	
抗剪能力(kN)	Q_R	Q'_R	Q_j	Q'_j	$Q'_R<Q'_j$(不能满足要求)
	436.5	389.9	381	427.2	

【例7-6】 35m预应力混凝土简支T梁桥承载能力评定。

1.桥梁概况

多跨35m预应力混凝土简支T梁桥。桥面连续结构,6cm厚钢筋混凝土铺装加2cm厚沥青混凝土。下部结构为钻孔灌注桩,双柱式盖梁。桥面横向净—9m+2×1.5m人行道。T梁高200cm、宽160cm,梁肋宽16~36cm;横桥向7片主梁,纵桥向布置5道横隔板。混凝土为原400号，轴心抗压设计强度 R_a＝23.0MPa，抗拉设计强度 R_l＝2.15MPa，弹性模量 E_h＝33 000MPa。主筋为Ⅱ级钢筋，其余为Ⅰ级钢筋。预应力钢束为24ϕ^s5碳素钢丝。极限强度 R_y^b＝1 600MPa，抗拉设计强度 R_y＝1 280MPa，张拉控制力565kN。设计标准跨径为35m，计算跨径34.02m，梁长34.96m。设计荷载汽车—20级，挂—100验算，人群荷载3kN/m²。设计车速80km/h。

2.桥梁典型病害

(1)桥面铺装网状开裂。

(2)上部结构：T梁间铰缝开裂渗水、泛白，横隔梁普遍存在错位(严重的已达5cm)、接缝混凝土脱落，并露出焊接钢板。少数T梁底面混凝土空洞、露筋，波纹管和箍筋外露。该T梁属较差状态。

3.原结构复算

控制截面的荷载效应与抗力效应见表7-42。

控制截面的荷载效应与抗力效应 表7-42

极限状态	检算内容	部位	计算值	抗力效应或限值
承载能力	弯矩(kN·m)	跨中	6 710	7 640
	剪力(kN)	支点	755	960.6
正常使用	梁下缘混凝土正应力(MPa)	跨中	−0.1(压应力)	14.0
	梁体混凝土主应力(MPa)	支点附近	0.2	2.08

4.基于检测结果的承载能力评定

引入桥梁检算系数 Z_1、承载能力恶化系数 ξ_e、截面折减系数(混凝土为 ξ_c，钢筋为 ξ_s)和活载影响修正系数 ξ_q 等，按式(7-34)检算承载能力。

1)检算系数 Z_1 的确定(表7-43)

承载能力检算系数 Z_1 表7-43

检测指标	权重 α_j	检测指标的评定标度值 D_j	构件技术状况评定值 D	对应于受弯构件的检算系数 Z_1
外观质量	0.4	2	2.15	0.98
混凝土强度	0.3	2.5		
结构模态参数	0.3	2		

2)承载能力恶化系数 ξ_e 的确定(表7-44)

承载能力恶化系数 ξ_e 表7-44

序号	检测指标	权重 α_j	指标评定标度 E_j	恶化状况评定标度 E	恶化系数 ξ_e
1	混凝土表观质量	0.32	3	2.37	0.02(环境条件按干燥、不冻及无侵蚀介质考虑)
2	钢筋锈蚀电位	0.11	2		
3	混凝土电阻率	0.05	2		
4	混凝土碳化深度	0.20	2		

续上表

序 号	检测指标	权重 α_j	指标评定标度 E_j	恶化状况评定标度 E	恶化系数 ξ_e
5	混凝土保护层厚度	0.12	2	2.37	0.02(环境条件按干燥、不冻及无侵蚀介质考虑)
6	氯离子(Cl^-)含量	0.15	2		
7	混凝土强度推定值	0.05	3		

3)截面折减系数 ξ_c 和 ξ_s 的确定(表 7-45)

截面折减系数 $\xi_c(\xi_s)$ 表 7-45

检测指标	权重 α_j	检测指标的评定标度值 R_j	构件技术状况评定值 R	截面折减系数 $\xi_c(\xi_s)$
材料风化	0.10	2	2	0.98(0.95)
碳化	0.35	2		
物理与化学损伤	0.55	2		

4)活载影响修正系数 ξ_q 的确定

活载影响修正系数 ξ_q 的确定过程和结果均同【例 7-5】。$\xi_q=1.13$。

5)承载能力评定(表 7-46)

结构抗弯和抗剪能力计算结果 表 7-46

指 标	设计抗力效应	各项折减后抗力效应	设计荷载效应	修正后荷载效应	承载能力评定
抗弯能力(kN·m)	M_R	M'_R	M_j	M'_j	$M'_R>M'_j$(能满足要求)
	7 640	7 117	6 710	7 080	
抗剪能力(kN)	Q_R	Q'_R	Q_j	Q'_j	$Q'_R>Q'_j$(能满足要求)
	960.3	854.9	755	790	

【例 7-7】 钢筋混凝土栈桥承载能力评定。

主要结构为 10 孔跨径 10m 的钢筋混凝土简支梁码头栈桥，建于 1994 年，桥宽 7.25m。上部采用钢筋混凝土空心板梁，下部结构为钢筋混凝土双柱墩台，钻孔灌注桩基础。设计荷载参照 1985 年版《公路钢筋混凝土及预应力混凝土桥涵设计规范》取汽—15。

该栈桥设计标准不高，日常却要承受比较大的汽车轮渡荷载。为了桥梁运营安全，对该栈桥进行静力加载试验，并对其结构承载能力进行评估。

首先通过静载试验测量桥梁结构在静力试验荷载作用下主梁的变形和内力，全面了解整孔结构实际刚度、板梁强度以及荷载横向分布。为更确切评定实际桥梁的工作状态，还对桥梁外观和材性进行了检查和检测。

1. 现场外观检测和无损检测

通过外观检查和无损检测，栈桥结构技术状况总体评定标度值为 2。

2. 静力加载试验

在栈桥承载能力评定中静载试验是最主要的内容。静力加载试验选择近岸侧两跨作为加载测试跨。

1)试验荷载

选用1辆总重300kN的载重车作为加载车,经计算跨中断面静力加载效率为0.96。

2)试验内容

按主梁横向对称和偏心布载时测量并观测两跨梁的跨中、四分点挠度和梁底下缘钢筋应变,并观测主测试跨跨附近下缘混凝土裂缝。

测点布置、仪器设备和试验程序等从略。

3)试验结果

表7-47列出了试验荷载作用下主测试跨跨中挠度实测数据,相应计算值也列在一起。对应表7-47值的挠度曲线如图7-52所示。

试验荷载作用下测试跨跨中挠度值　　表7-47

荷载	梁号	1	2	3	4	5	6	7
一辆对称	实测(两跨平均)	−0.6	−0.6	−0.9	−0.7	−0.8	−0.6	−0.5
	计算	−0.9	−1.1	−1.4	−1.4	−1.4	−1.1	−0.9
	校验系数	0.67	0.55	0.64	0.50	0.57	0.55	0.56
一辆偏心	实测(两跨平均)	−0.1	−0.2	−0.5	−0.5	−0.9	−1.2	−1.3
	计算	−0.4	−0.5	−0.7	−1.1	−1.7	−1.8	−2.1
	校验系数	0.25	0.40	0.71	0.45	0.53	0.67	0.62

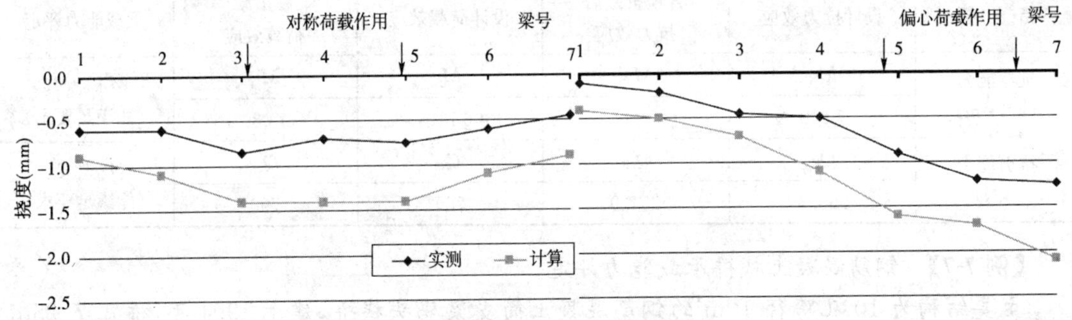

图7-52　试验荷载作用下跨中挠度曲线

表7-48列出了试验荷载作用下主测试跨跨中断面下缘(已换算到钢筋形心位置的混凝土应力,相应的计算值也列在一起)。对应表7-48值的应力曲线如图7-53所示。

试验荷载作用下主测试跨跨中断面下缘应力　　表7-48

荷载	梁号	1	2	3	4	5	6	7
一辆对称	实测	−0.64	−1.02	−1.15	−0.51	−0.64	−0.77	−0.38
	计算	−1.03	−1.25	−1.64	−1.64	−1.64	−1.25	−1.03
	校验系数	0.62	0.82	0.70	0.31	0.39	0.62	0.37
一辆偏心	实测	0.00	0.00	−0.13	−0.26	−0.64	−1.41	−1.66
	计算	−0.47	−0.59	−0.82	−1.22	−1.78	−1.99	−2.39
	校验系数	0.00	0.00	0.16	0.21	0.36	0.71	0.69

加载后,个别板梁(如边梁)原有裂缝有所开展,但仍小于0.1mm,也没有发现新裂缝。

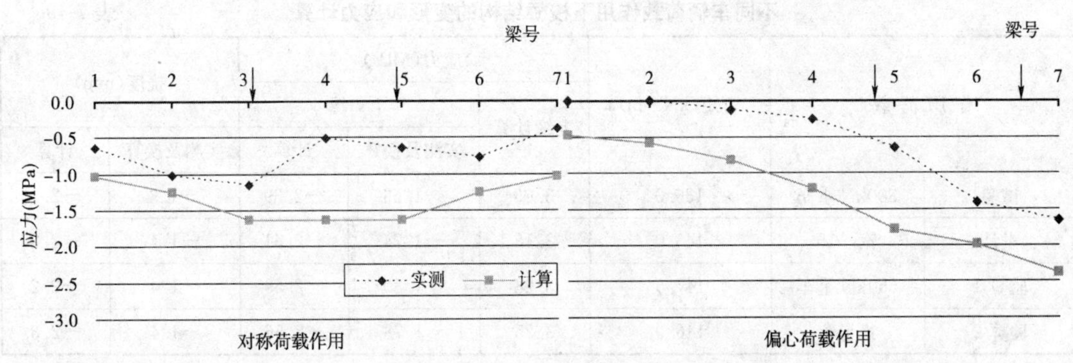

图 7-53　试验荷载作用下跨中下缘应力曲线

由上述图表可知：

(1)对称试验荷载作用下跨中中间三片梁的最大挠度校验系数和应力校验系数分别是 0.70和 0.64；偏心试验荷载作用下跨中加载测三片梁的最大挠度校验系数和应力校验系数分别是 0.71 和 0.67；两者相当一致。

(2)7 根板梁的挠度荷载横向分布曲线与计算曲线基本一致，这说明板梁计算的假定和结果与结构实际受力状态是吻合的。

结构挠度和应力校验系数和横向分布规律说明，主梁的整体和局部受力都处于正常状态。另一方面，本桥桥面铺装层实际参与了受力，它加大了主梁截面高度，从而使得主梁的抗弯刚度有所提高。

(3)应力荷载横向分布曲线相对挠度曲线个别梁变化大一些(特别是对称荷载作用下情形)，这是因为挠度反映结构整体刚度，应力既反映整体也反映局部，当应变测试范围内(或外)有裂缝时，该测试值实际对应着裂缝的开展(或收缩)。实际板梁存在裂缝，但加载后继续展开值很小。

3.结构承载能力分析和评定

栈桥现场检测前、后分别进行了相应的结构计算。其中，现场检测前的结构计算是为加载试验服务的，主要内容是建立结构数学模型，确定试验荷载的大小、结构受载后的响应等。加载试验以后的计算，主要是对结构的实际工作状态和承载能力进行分析评估，并对栈桥可能出现的超重车及桥梁的承载能力进行检算。

1)主梁承载能力检算系数的确定

本桥主梁挠度和应力的校验系数最大值分别为 0.64 和 0.70，符合板梁桥校验系数正常范围。取挠度和应力校验系数中的最大值 0.70，得到栈桥承载能力检算系数为 1.10(按表 7-16取值)，即结构实际承载能力检算时主梁的抗力可以提高 1.1 倍。

2)栈桥实际承载能力评估

按照栈桥结构实际工作模型对栈桥可能承受的车辆荷载，如汽车超—20 级重车或集装箱货车等进行验算。具体计算结果如表 7-49 所列。

表 7-49 列车辆均为单辆车，这符合栈桥实际使用情况。

按实际承载能力 1.1 倍的提高系数，栈桥主体结构有能力承载上述车辆荷载。

不同车辆荷载作用下栈桥结构的变形和应力计算　　表 7-49

作用荷载		弯矩(kN·m)	应力(MPa)			挠度(mm)	
			上缘计算	下缘			
				实测及换算	计算	实测及换算	计算
试验	300kN 重车	136.0	3.03	−1.66	−2.39	−1.3	−2.1
设计	汽—15	143.0	3.18	−1.74	−2.51	−1.4	−2.2
验算 1	550kN 重车	147.5	3.28	−1.80	−2.59	−1.4	−2.2
验算 2	集卡车	146.0	3.25	−1.78	−2.56	−1.4	−2.3

【例 7-8】 预应力混凝土简支 T 梁桥承载能力鉴定。

某桥为多跨 31.7m 跨径的预应力混凝土简支 T 形梁桥，桥面宽度方向 6 片主梁，3 车道，路面宽 11m，两侧各留 1.5m 人行道。下部桥墩采用轻型双柱式刚架，钻孔灌注桩。设计荷载等级：汽车—20 级设计，挂车—100 验算。

该桥地处矿区，超载车辆问题比较突出，大桥的运营安全备受关注。本例主要介绍利用“在线动载试验”对该桥进行实际承载能力评估的方法。

在线动载试验的基本思路是先通过常规静载试验，了解桥梁抵抗正常设计荷载作用的能力，再对超载运营状态下的桥梁进行动态实时测量，依据实际超载车辆对桥梁的作用及桥梁抗力水平，对桥梁实际使用状态的安全性作出评估。

1. 静载试验

本例静载试验的目的是建立结构的实际工作模型，检验桥梁抵抗设计正常使用荷载作用的能力。静载试验获得的数据结果将作为在线动载试验的基础数据。

下面简要介绍静载试验过程和数据结果。

根据大桥简支结构(总共有 80 孔)特点，选择 3 孔桥跨进行静力加载试验。加载试验中 η 取 1.0，实际采用了 3 辆(每辆总重 300kN)载重车作为加载车辆。

在桥跨跨中横向对称和偏心荷载作用下测试各主梁跨中挠度和截面上下缘混凝土应变，以及其挠度和应变的荷载横向分布曲线。

不同试验荷载作用下主梁跨中最大挠度和断面下缘最大钢筋应力值如表 7-50 所列。

不同试验荷载作用下主梁跨中断面最大挠度和下缘最大钢筋应力值　　表 7-50

试验荷载	跨中 3 辆对称			跨中 3 辆偏心		
参数	实测值①	计算值②	①/②	实测值①	计算值②	①/②
挠度(mm)	4.6	8.4	0.55	3.4	8.8	0.39
应力(MPa)	2.97	3.99	0.74	2.28	4.07	0.56

注：表中实测值对称工况为中梁、偏心工况为次边梁；计算值取对应梁值。

3 孔测试跨主梁的挠度和应力实测值基本接近，试验荷载作用下各主梁无可视裂缝。

实测结果表明，中梁的实际受力最大，最不利加载工况是对称荷载作用，其挠度和应力校验系数分别为 0.55 和 0.74。

2. 在线动载试验

1）实际交通情况测量、统计

为更好地获得在线动载试验的效果，确定进行在线动载试验的时间，先对大桥进行了交通情况观测，统计出一昼夜内最大超载交通量(重量和数量)及其出现的时段。

超重车统计结果：该地区超载车基本为四轴加长型，总重在80～100t之间；每天19:00～21:00是超载车过桥高峰时间段；超载车为单向重车分布(回程空车)，且偏右车道行驶。

根据超重车统计结果：确定把在线动载试验的时段选在19:00～21:00。测量北岸018～019号跨主梁(该跨为静载试验跨，且在重车上坡路段)跨中断面的最大动挠度和动应力值，以及动应力时程曲线。

2)数据结果

图7-54为在线测得的典型超载车比较集中经过时主梁跨中断面下缘混凝土动应力时程曲线。

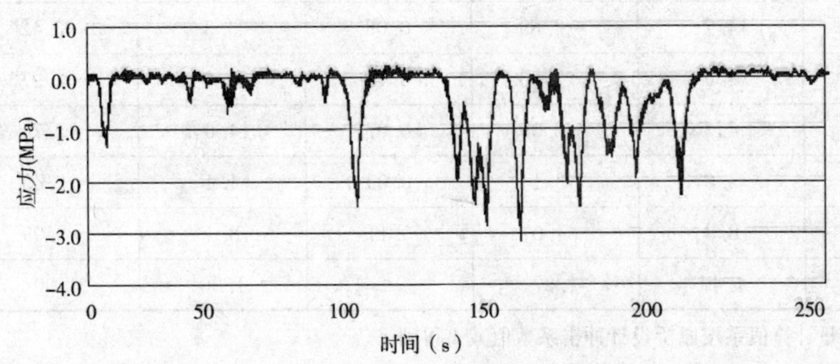

图7-54 超载车比较集中过桥时主梁跨中断面下缘动应变时程曲线

图7-55是图7-54中在线记录的主梁跨中动应力时程曲线中某一峰值的横向放大曲线，实际是超载车辆在桥跨内行进过程中，该跨跨中应力的动态变化曲线。

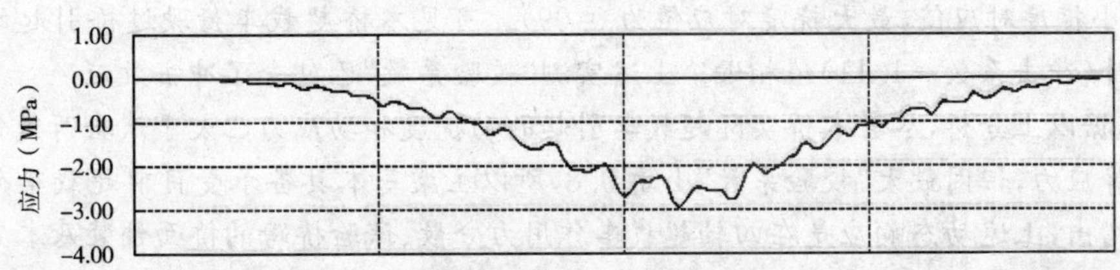

图7-55 一辆超重车经过桥跨时主梁跨中动应变时程曲线

表7-51列出了超载车辆过桥时测得的主梁跨中最大动挠度和最大动应力以及对应的动态增量，与静力加载挠度和应力的比较也列在最后。

3)分析

(1)由图7-54可见，每过一辆超重车结构都会产生较大的动态响应。分析表7-51数据，可知：

①实测最大挠度和应力值分别为5.6mm和－3.14MPa，且均发生在次边梁；两者分别超出静载试验次边梁静力响应值的1.47和1.37倍(次边梁静力响应的绝对值小于中梁，所以实际动态增大没那么多)。如将其(作为当量静荷载作用，下同)最大挠度和应力绝对值与对应计算值比较，“校验系数”分别为0.64和0.77。

②实测中梁动挠度和动应力最大值均未超过静载最大响应值(与实际超载车偏右行走有关)。如考虑超载车可能对称作用，将次边梁的最大动挠度和动应力绝对值与中梁对应计算值

比较,“校验系数”分别为0.67和0.79。

在线动载试验实测应力值及其与静载试验值比较(挠度单位:mm;应力单位:MPa) 表7-51

荷载		次边梁			中梁		
		挠度(mm)	下缘应力(MPa)		挠度(mm)	下缘应力(MPa)	
			峰值	动态增量		峰值	动态增量
静载	对称	3.8	−2.30	—	4.6	−2.97	—
	偏心	3.4	−2.25	—	3.4	−2.45	—
动载	1	3.5	−1.84	0.14	3.0	−2.31	0.11
	2	5.1	−2.26	0.11	3.2	−2.51	0.12
	3	4.7	−2.89	0.08	3.3	−2.42	0.07
	4	4.6	−2.50	0.12	4.6	−2.97	0.11
	5	4.7	−2.09	0.07	4.6	−2.74	0.06
	6	5.6	−3.14	0.09	4.4	−2.45	0.09
计算值		8.8	−4.07	0.11	8.4	−3.99	0.11
最大动载/静载		1.47	1.37	—	1.00	1.00	—

注:表中动态增量计算值系按原桥设计冲击系数值减1得到。

按表7-33所列结构承载能力检算系数Z_2可提高约1.06。

(2)当超重车经过桥跨时,结构除产生较大变形和应力外,还伴有振动,该振动频率约为3.6Hz。由图7-55和表7-25还得知,实际超载重车引起的最大动态增量为0.07～0.14(这里0.14为最小挠度对应值,最大挠度对应值为0.09)。可见本桥超载车行驶过桥引起的冲击系数与原设计(冲击系数=1.11)值相近。上述实测“校验系数”已包含了冲击效应。

(3)根据以上分析,尽管本桥实际超载车引起的动挠度和动应力已大于试验荷载作用下的静挠度和静应力,但因最大“校验系数”小于0.8,所以主梁基本具备承受目前超载车荷载的能力。必须指出,上述动态响应是在四轴超载车作用力分散、试验桥跨的桥面铺装基本完好的情形下测得的,如果超载车作用情况发生变化,或桥面坏损、凹凸,主梁结构的动力影响都会有所增大。

3.结论

(1)相当于设计正常使用荷载作用下,实测桥跨跨中的最大挠度和断面下缘最大混凝土应力均能满足原设计荷载要求。

(2)四轴超载车作用下实测桥跨跨中的最大挠度和断面下缘最大混凝土应力比相当于设计正常使用荷载作用下最大静力响应大,但在桥面铺装完好的状态下,主梁结构基本仍能承受目前的超载车辆作用。

(3)为保证大桥运营的安全性和耐久性,对大桥管理单位建议如下:

①日常养护注意保持桥面平整完好。

②严格禁止多辆超载车辆同时过桥,并控制目前超载车辆再“升级”。

③有可能把桥跨改成2～3跨一联的连续桥面,一方面减少伸缩缝、改善行车条件,另一方面也可减少跨中弯矩。

第四节　本 章 小 结

通过本章学习，我们知道怎样着手拟订桥梁荷载试验方案，试验的目的是什么，想要得到的结果又是什么，最后怎样用实测得到的参数来评定桥梁结构或构件的承载能力。

学习本章，要求了解或掌握的内容如下：

(1)了解桥梁荷载试验从组织到实施的方方面面。根据试验目的和要求，学会编写(各类桥梁的)荷载试验检测方案是学习本章最基本的要求。

(2)静载试验的基本内容包括全桥、桥梁构件试验时的各种加载方式、测点布置的原则、仪器的选择和配套使用、实测数据处理等。试验理论性的内容不多，最需要的是实践和经验，学习过程中，建议读者多看一些实例，以便掌握这部分内容。

(3)动载试验相对静载试验要“难”一些。首先要分清结构动力特性(主要是自振频率、振型和阻尼比这三个参数)和动力响应(动应力、动位移和加速度等参数)之间的区别。前者是结构的固有特性，与外作用无关；后者则是结构对外作用的响应。

①动力特性测试是桥梁动载试验里最基本的内容。桥梁结构动力特性(如频率、振型)测试，重要的是测振仪器系统的频响特性以及多通道仪器之间的相对关系。目前，实桥环境随机振动法已日趋成熟，该方法的理论基础是“随机过程”和“随机振动信号处理和分析”。受大纲限制，本书只简单介绍了一些最基本的内容和具体做法，有兴趣的读者可通过其他文献进一步深入了解。

②实桥动力(包括车致振动)响应测定要求得到结构响应参数的绝对值(这与动力特性测试不同)，所以对测试仪器的正确使用要求比较高，对仪器动态幅值标定及定量转换关系比较严格。

(4)桥梁结构承载能力评定是一个比较大的题目，这里简要介绍了采用桥梁结构技术状况检测结合结构检算进行评定，及通过荷载试验进行评定的两种方法，这些知识的学习应结合本书第六章内容的学习。

参考文献

[1] 交通运输部工程质量监督局,交通运输部职业资格中心.公路水运工程试验检测人员考试大纲.2012年版.北京:人民交通出版社,2012.

[2] 中华人民共和国行业标准.JTG H11—2004 公路桥涵养护规范.北京:人民交通出版社,2004.

[3] 中华人民共和国行业标准.JTG/T F50—2011 公路桥涵施工技术规范.北京:人民交通出版社,2011.

[4] 中华人民共和国行业标准.JTG F80/1—2004 公路工程质量检验评定标准 第一册 土建工程.北京:人民交通出版社,2004.

[5] 中华人民共和国行业标准.JTG E41—2005 公路工程岩石试验规程.北京:人民交通出版社,2005.

[6] 中华人民共和国国家标准.GB/T 50081—2002 普通混凝土力学性能试验方法标准.北京:中国建筑工业出版社,2003.

[7] 中华人民共和国行业标准.JTG/T F81-01—2004 公路工程基桩动测技术规程.北京:人民交通出版社,2004.

[8] 中华人民共和国行业标准.JT/T 4—2004 公路桥梁板式橡胶支座.北京:人民交通出版社,2004.

[9] 中华人民共和国行业标准.JT/T 327—2004 公路桥梁伸缩装置.北京:人民交通出版社,2004.

[10] 中华人民共和国国家标准.GB/T 5224—2003 预应力混凝土用钢绞线.北京:中国标准出版社,2003.

[11] 中华人民共和国国家标准.GB/T 5223—2002 预应力混凝土用钢丝.北京:中国标准出版社,2002.

[12] 中华人民共和国国家标准.GB/T 3159—2008 液压式万能试验机.北京:中国标准出版社,2008.

[13] 中华人民共和国国家标准.GB/T 2611—2007 试验机 通用技术要求.北京:中国标准出版社,2008.

[14] 中华人民共和国行业标准.JG 237—2008 混凝土试模.北京:中国标准出版社,2009.

[15] 中华人民共和国国家标准.GB/T 228.1—2010 金属材料 拉伸试验 第1部分:室温试验方法.北京:中国标准出版社,2010.

[16] 中华人民共和国国家标准.GB/T 2975—1998 钢及钢产品 力学性能试验取样位置及试样制备.北京:中国标准出版社,1999.

[17] 中华人民共和国国家标准.GB/T 232—2010 金属材料 弯曲试验方法.北京:中国标准出版社,2010.

[18] 中华人民共和国国家标准.GB/T 238—2002 金属材料 线材 反复弯曲试验方法.北

京:中国标准出版社,2004.

[19] 中华人民共和国国家标准. GB 1499.1—2008 钢筋混凝土用钢 第1部分:热轧光圆钢筋. 北京:中国标准出版,2008.

[20] 中华人民共和国国家标准. GB 1499.2—2007 钢筋混凝土用钢 第2部分:热轧带肋钢筋. 北京:中国标准出版社,2009.

[21] 中华人民共和国国家标准. GB/T 10120—1996 金属应力松弛试验方法. 北京:中国标准出版社,1997.

[22] 中华人民共和国国家标准. GB/T 5223.3—2005 预应力混凝土用钢棒. 北京:中国标准出版社,2005.

[23] 中华人民共和国国家标准. GB/T 20065—2006 预应力混凝土用螺纹钢筋. 北京:中国标准出版社,2006.

[24] 中华人民共和国国家标准. GB/T 700—2006 碳素结构钢. 北京:中国标准出版社,2007.

[25] 中华人民共和国国家标准. GB/T 229—2007 金属材料 夏比摆锤冲击试验方法. 北京:中国标准出版社,2008.

[26] 中华人民共和国国家标准. GB/T 1591—2008 低合金高强度结构钢. 北京:中国标准出版社,2009.

[27] 中华人民共和国国家标准. GB/T 714—2008 桥梁用结构钢. 北京:中国标准出版社,2009.

[28] 中华人民共和国行业标准. JGJ 18—2003 钢筋焊接及验收规程. 北京:中国建筑工业出版社,2004.

[29] 中华人民共和国行业标准. JGJ/T 27—2001 钢筋焊接接头试验方法标准. 北京:中国建筑工业出版社,2002.

[30] 中华人民共和国行业标准. JG 163—2004 滚轧直螺纹钢筋连接接头. 北京:中国标准出版社,2004.

[31] 中华人民共和国行业标准. JG 171—2005 镦粗直螺纹钢筋接头. 北京:中国标准出版社,2005.

[32] 中华人民共和国行业标准. JGJ 107—2010 钢筋机械连接技术规程. 北京:中国建筑工业出版社,2010.

[33] 中华人民共和国行业标准. JGJ 109—96 钢筋锥螺纹接头技术规程. 北京:中国建筑工业出版社,1996.

[34] 中华人民共和国行业标准. JGJ 107—2003 钢筋机械连接通用技术规程. 北京:建筑工业出版社,2003.

[35] 中华人民共和国行业标准. JT/T 329—2010 公路桥梁预应力钢绞线用锚具、夹具和连接器. 北京:人民交通出版社,2010.

[36] 中华人民共和国行业标准. JTG/T H21—2011 公路桥梁技术状况评定标准. 北京:人民交通出版社,2011.

[37] 中华人民共和国国家标准. GB/T 14370—2007 预应力筋用锚具、夹具和连接器. 北京:

中国标准出版社,2008.

[38] 中华人民共和国行业标准.JT/T 663—2006 公路桥梁板式橡胶支座规格系列.北京:人民交通出版社,2007.

[39] 中华人民共和国行业标准.JT/T 391—2009 公路桥梁盆式支座.北京:人民交通出版社,2009.

[40] 中华人民共和国国家标准.GB 20688.4—2007 橡胶支座 第4部分:普通橡胶支座.北京:中国标准出版社,2007.

[41] 中华人民共和国国家标准.GB/T 17955—2009 桥梁球型支座.北京:中国标准出版社,2009.

[42] 中华人民共和国行业标准.JT/T 529—2004 预应力混凝土桥梁用塑料波纹管.北京:人民交通出版社,2004.

[43] 中华人民共和国行业标准.JG 225—2007 预应力混凝土用金属波纹管.北京:中国标准出版社,2007.

[44] 中华人民共和国行业标准.JGJ 85—2010 预应力筋用锚具、夹具和连接器应用技术规程.北京:中国建筑工业出版社,2010.

[45] 中华人民共和国国家标准.GB/T 230.1—2009 金属材料 洛氏硬度试验 第1部分:试验方法(A、B、C、D、E、F、G、H、K、N、T 标尺).北京:中国标准出版社,2009.

[46] 中华人民共和国国家标准.GB/T 231.1—2009 金属材料 布氏硬度试验 第1部分:试验方法.北京:中国标准出版社,2009.

[47] 中华人民共和国行业标准.JGJ 94—2008 建筑桩基技术规范.北京:中国建筑工业出版社,2008.

[48] 中华人民共和国行业标准.JTG D63—2007.公路桥涵地基与基础设计规范.北京:人民交通出版社,2007.

[49] 中国工程建设标准化委员会标准.CECS 03:2007 钻芯法检测混凝土强度技术规程.北京:中国建筑工业出版社,2007.

[50] 中国工程建设标准化委员会标准.CECS 02:2005 超声回弹综合法检测混凝土强度技术规程.北京:中国建筑工业出版社,2005.

[51] 中华人民共和国行业标准.JGJ/T 23—2011 回弹法检测混凝土抗压强度技术规程.北京:中国建筑工业出版社,2011.

[52] 中华人民共和国行业标准.JTG D60—2004 公路桥涵设计通用规范.北京:人民交通出版社,2004.

[53] 中华人民共和国行业标准.JTG D62—2004 公路钢筋混凝土及预应力混凝土桥涵设计规范.北京:人民交通出版社,2004.

[54] 中华人民共和国行业标准.JTG/T J21—2011 公路桥梁承载能力检测评定规程.北京:人民交通出版社,2011.

[55] 王建华,孙胜江.桥涵工程试验检测技术.北京:人民交通出版社,2004.

[56] 章关永.桥梁结构试验.2版.北京:人民交通出版社,2010.

[57] 罗骐先.桩基工程检测手册.北京:人民交通出版社,2002.

[58] 刘屠梅,赵竹占,吴慧明. 基桩检测技术与实例. 北京:中国建筑工业出版社,1995.
[59] 陈凡,徐天平,陈久照,关立军. 基桩质量检测技术. 北京:中国建筑工业出版社,2003.
[60] 徐攸在. 桩的动测新技术. 北京:中国建筑工业出版社,2002.
[61] 常士骠,张苏民. 工程地质手册. 4 版. 北京:中国建筑出版社,2007.
[62] 李扬海,程朝洋,鲍卫刚,郑学珍. 公路桥梁伸缩装置实用手册. 2 版. 北京:人民交通出版社,2007.
[63] 李扬海. 公路桥梁支座实用手册. 北京:人民交通出版社,2009.
[64] 张劲泉,宿健,程寿山,何玉珊. 混凝土旧桥材质状况与耐久性检测评定指南及工程实例. 北京:人民交通出版社,2007.
[65] 张劲泉,王文涛. 桥梁检测与加固手册(上). 北京:人民交通出版社,2007.
[66] 林维正. 土木工程质量无损检测技术. 北京:中国电力出版社,2008.